# MÉMOIRES

POUR SERVIR

A L'HISTOIRE DE MON TEMPS

I

PARIS. — IMPRIMÉ CHEZ BONAVENTURE ET DUCESSOIS,
55, QUAI DES AUGUSTINS.

# MÉMOIRES

POUR SERVIR A

## L'HISTOIRE DE MON TEMPS

PAR

## M. GUIZOT

TOME PREMIER

PARIS

MICHEL LÉVY FRÈRES, LIBRAIRES-ÉDITEURS
RUE VIVIENNE, 2 BIS.

1858

Droits de reproduction et traduction réservés.

# MÉMOIRES

POUR SERVIR

# A L'HISTOIRE DE MON TEMPS

## CHAPITRE I.

### LA FRANCE AVANT LA RESTAURATION.

Mes raisons pour publier ces *Mémoires* de mon vivant.—Mon entrée dans le monde.—Mes premières relations avec M. de Chateaubriand, M. Suard, M<sup>me</sup> de Staël, M. de Fontanes, M. Royer-Collard. — On veut me faire nommer auditeur au Conseil d'État impérial. —Pourquoi cela n'eut pas lieu.—J'entre dans l'Université.—J'ouvre mon cours d'histoire moderne. —Salons libéraux et comité royaliste.—Caractère des diverses oppositions vers la fin de l'Empire.—Tentative de résistance du Corps législatif.—MM. Lainé, Gallois, Maine-Biran, Raynouard et Flaugergues.—Je pars pour Nîmes.—État et aspect de Paris et de la France en mars 1814.—La Restauration s'accomplit.—Je reviens à Paris et je suis nommé secrétaire général au ministère de l'intérieur.

(1807-1814.)

J'agis autrement que n'ont fait naguère plusieurs de mes contemporains; je publie mes Mémoires pendant que je suis encore là pour en répondre. Ce n'est point par lassitude du repos, ni pour rouvrir à d'anciennes luttes une petite arène, à défaut de la grande, maintenant fermée. J'ai beaucoup lutté dans ma vie, et avec ardeur. L'âge et la retraite ont répandu, pour moi, leur

paix sur le passé. C'est d'un ciel profondément serein
que je reporte aujourd'hui mes regards vers cet horizon
chargé de tant d'orages. Je sonde attentivement mon
âme, et je n'y découvre aucun sentiment qui envenime
mes souvenirs. Point de fiel permet beaucoup de franchise. C'est la personnalité qui altère ou décrie la vérité.
Voulant parler de mon temps et de ma propre vie,
j'aime mieux le faire du bord que du fond de la tombe.
Pour moi-même, j'y trouve plus de dignité, et pour les
autres j'en apporterai, dans mes jugements et dans mes
paroles, plus de scrupule. Si des plaintes s'élèvent, ce
que je ne me flatte guère d'éviter, on ne dira pas du
moins que je n'ai pas voulu les entendre, et que je me
suis soustrait au fardeau de mes œuvres.

D'autres raisons encore me décident. La plupart des
Mémoires sont publiés ou trop tôt ou trop tard. Trop
tôt, ils sont indiscrets ou insignifiants; on dit ce qu'il
conviendrait encore de taire, ou bien on tait ce qui serait
curieux et utile à dire. Trop tard, les Mémoires ont
perdu beaucoup de leur opportunité et de leur intérêt;
les contemporains ne sont plus là pour mettre à profit
les vérités qui s'y révèlent et pour prendre à leurs récits
un plaisir presque personnel. Ils n'ont plus qu'une valeur morale ou littéraire, et n'excitent plus qu'une
curiosité oisive. Quoique je sache combien l'expérience
s'évanouit en passant d'une génération à l'autre, je ne
crois pas qu'il n'en reste absolument rien, ni que la connaissance précise des fautes des pères et des raisons de
leurs échecs demeure tout à fait sans fruit pour les en-

fants. Je voudrais transmettre à ceux qui viendront après moi, et qui auront aussi leurs épreuves, un peu de la lumière qui s'est faite, pour moi, à travers les miennes. J'ai défendu tour à tour la liberté contre le pouvoir absolu et l'ordre contre l'esprit révolutionnaire ; deux grandes causes qui, à bien dire, n'en font qu'une, car c'est leur séparation qui les perd tour à tour l'une et l'autre. Tant que la liberté n'aura pas hautement rompu avec l'esprit révolutionnaire et l'ordre avec le pouvoir absolu, la France sera ballottée de crise en crise et de mécompte en mécompte. C'est ici vraiment la cause nationale. Je suis attristé, mais point troublé de ses revers ; je ne renonce ni à son service ni à son triomphe. Dans les épreuves suprêmes, c'est mon naturel, et j'en remercie Dieu comme d'une faveur, de conserver les grands désirs, quelque incertaines ou lointaines que soient les espérances.

Dans les temps anciens et modernes, de grands historiens, les plus grands, Thucydide, Xénophon, Salluste, César, Tacite, Machiavel, Clarendon, ont écrit et quelques-uns ont eux-mêmes publié l'histoire de leur temps et des événements auxquels ils avaient pris part. Je n'entreprends point une telle œuvre ; le jour de l'histoire n'est pas venu pour nous, de l'histoire complète et libre, sans réticence ni sur les faits ni sur les hommes. Mais mon histoire propre et intime, ce que j'ai pensé, senti et voulu dans mon concours aux affaires de mon pays, ce qu'ont pensé, senti et voulu avec moi les amis politiques auxquels j'ai été associé, la vie de nos âmes dans nos actions, je puis dire cela librement, et c'est là surtout ce que j'ai à cœur de dire, pour être, sinon toujours approuvé, du moins toujours connu et compris. A cette condition, d'autres marqueront un jour avec justice notre place dans l'histoire de notre temps.

Je ne suis entré qu'en 1814 dans la vie publique; je n'avais servi ni la Révolution ni l'Empire. Étranger par mon âge à la Révolution, je suis resté étranger à l'Empire par mes idées. Depuis que j'ai pris quelque part au gouvernement des hommes, j'ai appris à être juste envers l'empereur Napoléon : génie incomparablement actif et puissant, admirable par son horreur du désordre, par ses profonds instincts de gouvernement, et par son énergique et efficace rapidité dans la reconstruction de la charpente sociale. Mais génie sans mesure et sans frein, qui n'acceptait ni de Dieu, ni des hommes, aucune limite à ses désirs ni à ses volontés, et qui par là demeurait révolutionnaire en combattant la révolution; supérieur dans l'intelligence des conditions générales de la société, mais ne comprenant qu'imparfaitement, dirai-je grossièrement, les besoins moraux de la nature humaine, et tantôt leur donnant satisfaction avec un bon sens sublime, tantôt les méconnaissant et les offensant avec un orgueil impie. Qui eût pu croire que le même homme qui avait fait le Concordat et rouvert en France les églises enlèverait le pape de Rome et le retiendrait prisonnier à Fontainebleau ? C'est trop de maltraiter également les philosophes et les chrétiens, la raison et la foi. Entre les grands hommes ses pareils, Napoléon a été le plus nécessaire à son temps, car nul n'a fait si promptement ni avec tant d'éclat succéder l'ordre à l'anarchie, mais aussi le plus chimérique en vue de l'avenir, car après avoir possédé la France et l'Europe, il a vu l'Europe le chasser, même de la France, et son nom demeurera plus grand que ses œuvres, dont les plus brillantes, ses conquêtes, ont tout à coup et entièrement disparu avec lui. En rendant hommage à sa grandeur, je ne regrette pas de ne l'avoir appréciée que tard et quand il n'était plus ; il y avait pour moi, sous l'Empire, trop d'arrogance dans la force et trop de dédain du droit, trop de révolution et trop peu de liberté.

Ce n'est pas que je fusse, à cette époque, très-préoccupé de la politique, ni très-impatient que la liberté m'en ouvrît l'accès. Je vivais dans la société de l'opposition, mais d'une opposition qui ne ressemblait guère à celle que nous avons vue et faite pendant trente ans. C'étaient les débris du monde philosophique et de l'aristocratie libérale du XVIIIe siècle, les derniers représentants de ces salons qui avaient librement pensé à tout, parlé de tout, mis tout en question, tout espéré et tout promis, par mouvement et plaisir d'esprit plutôt que par aucun dessein d'intérêt et d'ambition. Les mécomptes et les désastres de la Révolution n'avaient point fait abjurer aux survivants de cette brillante génération leurs idées et leurs désirs ; ils restaient sincèrement libéraux, mais sans prétentions pressantes, et avec la réserve de gens qui ont peu réussi et beaucoup souffert dans leurs tentatives de réforme et de gouvernement. Ils tenaient à la liberté de la pensée et de la parole, mais n'aspiraient point à la puissance ; ils détestaient et critiquaient vivement le despotisme, mais sans rien faire pour le réprimer ou le renverser. C'était une opposition de spectateurs éclairés et indépendants qui n'avaient aucune chance ni aucune envie d'intervenir comme acteurs.

Société charmante, dont, après une longue vie de rudes combats, je me plais à retrouver les souvenirs. M. de Talleyrand me disait un jour : « Qui n'a pas vécu « dans les années voisines de 1789 ne sait pas ce que c'est « que le plaisir de vivre. » Quel puissant plaisir en effet que celui d'un grand mouvement intellectuel et social qui, loin de suspendre et de troubler à cette époque la vie mondaine, l'animait et l'ennoblissait en mêlant de sérieuses préoccupations à ses frivoles passe-temps, qui n'imposait encore aux hommes aucune souffrance, aucun sacrifice, et leur ouvrait pourtant les plus brillantes perspectives ! Le xviii$^e$ siècle a été certainement le plus tentateur et le plus séducteur des siècles, car il a promis à la fois satisfaction à toutes les grandeurs et à toutes les faiblesses de l'humanité ; il l'a en même temps élevée et énervée, flattant tour à tour ses plus nobles sentiments et ses plus terrestres penchants, l'enivrant d'espérances sublimes et la berçant de molles complaisances. Aussi a-t-il fait pêle-mêle des utopistes et des égoïstes, des fanatiques et des sceptiques, des enthousiastes et des incrédules moqueurs, enfants très-divers du même temps, mais tous charmés de leur temps et d'eux-mêmes, et jouissant ensemble de leur commune ivresse à la veille du chaos. Quand j'entrai dans le monde en 1807, le chaos avait depuis longtemps éclaté; l'enivrement de 1789 avait bien complétement disparu; la société, tout occupée de se rasseoir, ne songeait plus à s'élever en s'amusant; les spectacles de la force avaient remplacé pour elle les élans vers la liberté. La sécheresse, la froideur, l'isolement des sentiments et des intérêts personnels, c'est le train et l'ennui ordinaires du monde; la France, lasse d'erreurs et d'excès étranges, avide d'ordre et de bon sens commun, retombait dans cette ornière. Au milieu de la réaction générale, les fidèles héritiers des salons lettrés du xviiie siècle y demeuraient seuls étrangers; seuls ils conservaient deux des plus nobles et plus aimables dispositions de leur temps, le goût désintéressé des plaisirs de l'esprit et cette promptitude à la sympathie, cette curiosité bienveillante et empressée, ce besoin de mouvement moral et de libre entretien, qui répandent sur les relations sociales tant de fécondité et de douceur.

J'en fis, pour mon propre compte, une heureuse épreuve. Amené dans cette société par un incident de ma vie privée, j'y arrivais très-jeune, parfaitement obscur, sans autre titre qu'un peu d'esprit présumé, quelque instruction et un goût très-vif pour les plaisirs nobles, les lettres et la bonne compagnie. Je n'y apportais pas des idées en harmonie avec celles que j'y trouvais; j'avais été élevé à Genève, dans des sentiments très-libéraux, mais dans des habitudes austères et des croyances pieuses, en réaction contre la philosophie du XVIII<sup>e</sup> siècle plutôt qu'en admiration de ses œuvres et de son influence. Depuis que je vivais à Paris, la philosophie et la littérature allemandes étaient mon étude favorite; je lisais Kant et Klopstock, Herder et Schiller, beaucoup plus que Condillac et Voltaire. M. Suard, l'abbé Morellet, le marquis de Boufflers, les habitués des salons de M<sup>me</sup> d'Houdetot et de M<sup>me</sup> de Rumford, qui m'accueillaient avec une extrême bonté, souriaient et s'impatientaient quelquefois de mes traditions chrétiennes et de mon enthousiasme germanique; mais au fond cette diversité de nos idées et de nos habitudes était pour moi, dans leur société, une cause d'intérêt et de faveur plutôt que de mauvais vouloir ou seulement d'indifférence. Ils me savaient aussi sincèrement attaché qu'eux-mêmes à la liberté et à l'honneur de l'intelligence humaine, et j'avais pour eux quelque chose de nouveau et d'indépendant qui leur inspirait de l'estime et de l'attrait. Ils m'ont, à cette époque, constamment soutenu de leur amitié et de leur influence, sans jamais prétendre à me gêner dans nos dissentiments. J'ai appris d'eux plus que de personne à porter dans la pratique de la vie cette large équité et ce respect de la liberté d'autrui qui sont le devoir et le caractère de l'esprit vraiment libéral.

En toute occasion, cette généreuse disposition se déployait. En 1809, M. de Chateaubriand publia *les Martyrs*. Le succès en fut d'abord pénible et très-contesté.

Parmi les disciples du xviiie siècle et de Voltaire, la plupart traitaient M. de Chateaubriand en ennemi, et les plus modérés lui portaient peu de faveur. Ils ne goûtaient pas ses idées, même quand ils ne croyaient pas devoir les combattre, et sa façon d'écrire choquait leur goût dénué d'imagination et plus fin que grand. Ma disposition était toute contraire ; j'admirais passionnément M. de Chateaubriand, idées et langage ; ce beau mélange de sentiment religieux et d'esprit romanesque, de poésie et de polémique morale, m'avait si puissamment ému et conquis que, peu après mon arrivée à Paris, en 1806, une de mes premières fantaisies littéraires avait été d'adresser à M. de Chateaubriand une très-médiocre épître en vers dont il s'empressa de me remercier en prose artistement modeste et polie. Sa lettre flatta ma jeunesse, et *les Martyrs* redoublèrent mon zèle. Les voyant si violemment attaqués, je résolus de les défendre dans *le Publiciste*, où j'écrivais quelquefois ; et quoique fort éloigné d'approuver tout ce que j'en pensais, M. Suard, qui dirigeait ce journal, se prêta complaisamment à mon désir. J'ai connu très-peu d'hommes d'un naturel aussi libéral et aussi doux, quoique d'un esprit minutieusement délicat et difficile. Il trouvait dans le talent de M. de Chateaubriand plus à critiquer qu'à louer ; mais c'était du talent, un grand talent, et à ce titre il restait pour lui bienveillant, quoique toujours et finement moqueur. C'était de plus un talent plein d'indépendance, engagé dans l'opposition et en butte à la redoutable humeur du pouvoir impérial : autres mérites auxquels M. Suard portait beaucoup d'estime. Il me laissa donc, dans le *le Publiciste*, libre carrière, et j'y pris parti pour *les Martyrs* contre leurs détracteurs.

M. de Chateaubriand en fut très-touché et s'empressa de me le témoigner. Mes articles devinrent entre nous l'objet d'une correspondance qu'aujourd'hui encore je ne relis pas sans plaisir[1]. Il m'expliquait ses intentions et ses raisons dans la composition de son poëme, discutait avec quelque susceptibilité, et même avec un peu d'humeur cachée sous sa reconnaissance, les critiques mêlées à mes éloges, et finissait par me dire : « Au reste, monsieur, vous connaissez les tempêtes élevées contre mon ouvrage et d'où elles partent. Il y a une autre plaie qu'on ne montre pas et qui, au fond, est la source de la colère ; c'est ce *Hiéroclès* qui égorge les chrétiens au nom de la *philosophie* et de la *liberté*. Le temps fera justice si mon livre en vaut la peine, et vous hâterez beaucoup cette justice en publiant vos articles, dussiez-vous les changer et les mutiler jusqu'à un certain point. Montrez-moi mes fautes, monsieur ; je les corrigerai. Je ne méprise que les critiques aussi bas dans leur langage que dans les raisons secrètes qui les font parler. Je ne puis trouver la raison et l'honneur dans la bouche de ces saltimbanques littéraires aux gages de la police, qui dansent dans le ruisseau pour amuser les laquais...

---

[1] J'insère dans les *Pièces historiques*, placées à la fin de ce volume, trois des lettres que M. de Chateaubriand m'écrivit à cette époque et à ce sujet. (*Pièces historiques*, n° I.)

Je ne renonce point à l'espoir d'aller vous chercher, ni à vous recevoir dans mon ermitage : les honnêtes gens doivent, surtout à présent, se réunir pour se consoler ; les idées généreuses et les sentiments élevés deviennent tous les jours si rares qu'on est trop heureux quand on les retrouve... Agréez de nouveau, je vous en prie, l'assurance de ma haute considération, de mon dévouement sincère, et, si vous le permettez, d'une amitié que nous commençons sous les auspices de la franchise et de l'honneur. »

Entre M. de Chateaubriand et moi, la franchise et l'honneur ont persisté, à coup sûr, à travers nos luttes politiques ; mais l'amitié n'y a pas survécu. Lien trop beau pour ne pas être rare, et dont il ne faut pas prononcer si vite le nom.

Quand on a vécu sous un régime de vraie et sérieuse liberté, on a quelque envie et quelque droit de sourire en voyant ce qui, dans d'autres temps, a pu passer pour des actes d'opposition factieuse selon les uns, courageuse selon les autres. En août 1807, dix-huit mois avant la publication des *Martyrs*, je m'arrêtai quelques jours en Suisse en allant voir ma mère à Nîmes, et dans le confiant empressement de ma jeunesse, aussi curieux des grandes renommées qu'encore inconnu moi-même, j'écrivis à madame de Staël pour lui demander l'honneur de la voir. Elle m'invita à dîner à Ouchy, près de Lausanne, où elle se trouvait alors. J'étais assis à côté d'elle ; je venais de Paris ; elle me questionna sur ce qui s'y passait, ce qu'on y disait, ce qui occupait le public et les salons. Je parlai d'un article de M. de Chateaubriand dans le *Mercure* qui faisait du bruit au moment de mon départ. Une phrase surtout m'avait frappé, et je la citai textuellement, car elle s'était gravée dans ma mémoire : « Lorsque, dans le silence de l'abjection, l'on n'entend plus retentir que la chaîne de l'esclave et la voix du délateur, lorsque tout tremble devant le tyran et qu'il est aussi dangereux d'encourir sa faveur que de mériter sa disgrâce, l'historien paraît chargé de la vengeance des peuples. C'est en vain que Néron prospère; Tacite est déjà né dans l'Empire; il croît inconnu auprès des cendres de Germanicus, et déjà l'intègre Providence a livré à un enfant obscur la gloire du maître du monde. » Mon accent était sans doute ému et saisissant, comme j'étais ému et saisi moi-même; madame de Staël me prit vivement par le bras en me disant : « Je suis sûre que vous joueriez très-bien la tragédie; restez avec nous et prenez place dans *Andromaque*. » C'était là, chez elle, le goût et l'amusement du moment. Je me défendis de sa bienveillante conjecture, et la conversation revint à M. de Chateaubriand et à son article, qu'on admira beaucoup en s'en inquiétant un peu. On avait raison d'admirer, car la phrase était vraiment éloquente, et aussi de s'inquiéter, car le *Mercure* fut supprimé précisément à cause de cette phrase. Ainsi l'empereur Napoléon, vainqueur de l'Europe et maître absolu de la France, ne croyait pas pouvoir souffrir qu'on dît que son historien futur naîtrait peut-être sous son règne, et se tenait pour obligé de prendre l'honneur

M. de Fontanes, alors grand maître de l'Université, me nomma professeur adjoint à la chaire d'histoire qu'occupait M. de Lacretelle dans la Faculté des lettres de l'académie de Paris; et peu après, avant que j'eusse commencé mon enseignement, et comme s'il eût cru n'avoir pas assez fait pour m'attacher fortement à l'Université, il divisa la chaire en deux et me nomma professeur titulaire d'histoire moderne, avec dispense d'âge, car je n'avais pas encore vingt-cinq ans. J'ouvris mon cours au collége du Plessis, en présence des élèves de l'École normale et d'un public peu nombreux, mais avide d'étude, de mouvement intellectuel, et pour qui l'histoire moderne, même remontant à ses plus lointaines sources, aux Barbares conquérants de l'empire romain, semblait avoir un intérêt pressant et presque contemporain.

Ce n'était point là, de la part de M. de Fontanes, simplement un acte de bienveillance attirée sur moi par quelques pages de moi qu'il avait lues, ou quelques propos favorables qu'il avait entendus à mon sujet. Ce lettré épicurien, devenu puissant et le favori intellectuel du plus puissant souverain de l'Europe, aimait toujours les lettres pour elles-mêmes et d'un sentiment aussi désintéressé que sincère; le beau le touchait comme aux jours de sa jeunesse et de ses poétiques travaux. Et ce qui est plus rare encore, ce courtisan raffiné

---

volume, une lettre que le comte de Lally-Tolendal m'écrivit de Bruxelles à propos des *Annales de l'éducation,* et dans laquelle le caractère et de l'homme et du temps se montre avec un aimable abandon. (*Pièces historiques,* n° II.)

d'un despote glorieux, cet orateur officiel qui se tenait pour satisfait quand il avait prêté à la flatterie un noble langage, honorait, quand il la rencontrait, une indépendance plus sérieuse et prenait plaisir à le lui témoigner. Peu après m'avoir nommé, il m'invita à dîner à sa maison de campagne, à Courbevoie; assis près de lui à table, nous causâmes des études, des méthodes d'enseignement, des lettres classiques et modernes, vivement, librement, comme d'anciennes connaissances et presque comme des compagnons de travail. La conversation tomba sur les poëtes latins et leurs commentateurs; je parlai avec éloge de la grande édition de Virgile par Heyne, le célèbre professeur de l'Université de Gœttingue, et du mérite de ses dissertations. M. de Fontanes attaqua brusquement les savants allemands; selon lui, ils n'avaient rien découvert, rien ajouté aux anciens commentaires, et Heyne n'en savait pas plus, sur Virgile et sur l'antiquité, que le père La Rue. Il était plein d'humeur contre la littérature allemande en général, philosophes, poëtes, historiens ou philologues, et décidé à ne pas les croire dignes de son attention. Je les défendis avec la confiance de ma conviction et de ma jeunesse, et M. de Fontanes, se tournant vers son autre voisin, lui dit en souriant : « Ces protestants, on ne les fait jamais céder. » Mais loin de m'en vouloir de mon obstination, il se plaisait évidemment au contraire dans la franchise de ce petit débat. Sa tolérance pour mon indépendance fut mise un peu plus tard à une plus délicate épreuve. Quand j'eus à commencer mon cours, en dé-

rédiger un mémoire sur une question dont l'Empereur était ou voulait paraître préoccupé, l'échange des prisonniers français détenus en Angleterre contre les prisonniers anglais retenus en France. De nombreux documents me furent remis à ce sujet. Je fis le mémoire, et ne doutant pas que l'Empereur ne voulût sérieusement l'échange, je mis soigneusement en lumière les principes du droit des gens qui le commandaient et les concessions mutuelles qui devaient le faire réussir. Je portai mon travail au duc de Bassano. J'ai lieu de présumer que je m'étais mépris sur son véritable objet, et que l'empereur Napoléon, regardant les prisonniers anglais qu'il avait en France comme plus considérables que les Français détenus en Angleterre, et croyant que le nombre de ces derniers était pour le gouvernement anglais une charge incommode, n'avait au fond nulle intention d'accomplir l'échange. Quoi qu'il en soit, je n'entendis plus parler de mon mémoire ni de ma nomination. Je me permets de dire que j'en eus peu de regret.

Une autre carrière s'ouvrit bientôt pour moi qui me convenait mieux, car elle était plus étrangère au gouvernement. Mes premiers travaux, surtout mes *Notes critiques* sur l'*Histoire de la décadence et de la chute de l'Empire romain*, de Gibbon, et les *Annales de l'éducation*, recueil périodique où j'avais abordé quelques-unes des grandes questions d'éducation publique et privée, avaient obtenu, de la part des hommes sérieux, quelque attention [1]. Avec une bienveillance toute spontanée,

[1] Je publie, dans les *Pièces historiques* placées à la fin de ce

de Néron sous sa garde. C'était bien la peine d'être un si grand homme pour avoir de telles craintes à témoigner et de tels clients à protéger!

Les esprits élevés et un peu susceptibles pour le compte de la dignité humaine avaient bien raison de ne pas goûter ce régime, et de prévoir qu'il ne fonderait ni le bonheur, ni la grandeur durable de la France; mais il paraissait, à cette époque, si bien établi dans le sentiment général du pays, on était si convaincu de sa force, on pensait si peu à toute autre chance d'avenir, que, même dans cette région haute et étroite où l'esprit d'opposition dominait, on trouvait parfaitement simple que les jeunes gens entrassent à son service, seule carrière publique qui leur fût ouverte. Une femme d'un esprit très-distingué et d'un noble cœur, qui me portait quelque amitié, madame de Rémusat se prit du désir de me faire nommer auditeur au Conseil d'État; son cousin, M. Pasquier, alors préfet de police et que je rencontrais quelquefois chez elle, s'y employa de très-bonne grâce; et, de l'avis de mes plus intimes amis, je ne repoussai point cette proposition, quoique, au fond de l'âme, elle me causât quelque trouble. C'était au ministère des affaires étrangères qu'on avait le projet de me faire attacher. M. Pasquier parla de moi au duc de Bassano, alors ministre de ce département, et au comte d'Hauterive, directeur des Archives. Le duc de Bassano me fit appeler. Je vis aussi M. d'Hauterive, esprit fécond, ingénieux et bienveillant pour les jeunes gens disposés aux fortes études. Pour m'essayer, ils me chargèrent de

cembre 1812, il me parla de mon discours d'ouverture et m'insinua que j'y devrais mettre une ou deux phrases à l'éloge de l'Empereur; c'était l'usage, me dit-il, surtout à la création d'une chaire nouvelle, et l'Empereur se faisait quelquefois rendre compte par lui de ces séances. Je m'en défendis; je ne voyais à cela, lui dis-je, point de convenance générale; j'avais à faire uniquement de la science devant un public d'étudiants; je ne pouvais être obligé d'y mêler de la politique, et de la politique contre mon opinion : « Faites comme vous voudrez, me dit M. de Fontanes, avec un mélange visible d'estime et d'embarras; si on se plaint de vous, on s'en prendra à moi; je nous défendrai, vous et moi, comme je pourrai [1]. »

Il faisait acte de clairvoyance et de bon sens autant que d'esprit généreux en renonçant si vite et de si bonne grâce à l'exigence qu'il m'avait témoignée. Pour le maître qu'il servait, l'opposition de la société où je vivais n'avait point d'importance pratique ni prochaine; c'était une pure opposition de pensée et de conversation, sans dessein précis, sans passion efficace, grave pour la longue vue du philosophe, mais indifférente à l'action du politique, et disposée à se contenter long-

---

[1] Malgré ses imperfections, que personne ne sentira plus que moi, on ne lira peut-être pas sans quelque intérêt ce discours, ma première leçon d'histoire et ma première parole publique, et qui est resté enfoui dans les archives de la Faculté des lettres, depuis le jour où il y fut prononcé, il y a quarante-cinq ans. Je le joins aux *Pièces historiques* (n° III).

temps de l'indépendance des idées et des paroles dans l'inaction de la vie.

En entrant dans l'Université, je me trouvai en contact avec une autre opposition, moins apparente, mais plus sérieuse sans être, pour le moment, plus active. M. Royer-Collard, alors professeur d'histoire de la philosophie et doyen de la Faculté des lettres, me prit en prompte et vive amitié. Nous ne nous connaissions pas auparavant; j'étais beaucoup plus jeune que lui; il vivait loin du monde, n'entretenant qu'un petit nombre de relations intimes; nous fûmes nouveaux et attrayants l'un pour l'autre. C'était un homme, non pas de l'ancien régime, mais de l'ancien temps, que la Révolution avait développé sans le dominer, et qui la jugeait avec une sévère indépendance, principes, actes et personnes, sans déserter sa cause primitive et nationale. Esprit admirablement libre et élevé avec un ferme bon sens, plus original qu'inventif, plus profond qu'étendu, plus capable de mener loin une idée que d'en combiner plusieurs, trop préoccupé de lui-même, mais singulièrement puissant sur les autres par la gravité impérieuse de sa rasion et par son habileté à répandre, sur des formes un peu solennelles, l'éclat imprévu d'une imagination forte excitée par des impressions très-vives. Avant d'être appelé à enseigner la philosophie, il n'en avait pas fait une étude spéciale, ni le but principal de ses travaux, et dans nos vicissitudes politiques de 1789 à 1814, il n'avait jamais joué un rôle important, ni hautement épousé aucun parti. Mais il avait reçu dans sa jeunesse, sous l'influence des traditions de Port-Royal, une forte éducation classique et chrétienne ; et après la *Terreur*, sous le régime du Directoire, il était entré dans le petit comité royaliste qui correspondait avec Louis XVIII, non pour conspirer, mais pour éclairer ce prince sur le véritable état du pays, et lui donner des conseils aussi bons pour la France que pour la maison de Bourbon, si la maison de Bourbon et la France devaient se retrouver un jour. Il était donc décidément spiritualiste en philosophie et royaliste en politique ; restaurer l'âme dans l'homme et le droit dans le gouvernement, telle était, dans sa modeste vie, sa grande pensée : « Vous ne pouvez pas croire, m'écrivait-il en 1823, que j'aie jamais pris le mot *Restauration* dans le sens étroit et borné d'un fait particulier; mais j'ai regardé et je regarde encore ce fait comme l'expression d'un certain système de société et de gouvernement, et comme la condition, dans les circonstances de la France, de l'ordre, de la justice et de la liberté ; tandis que, sans cette condition, le désordre, la violence, et un despotisme irrémédiable, né des choses et non des hommes, sont la conséquence nécessaire de l'esprit et des doctrines politiques de la révolution. » Passionnément pénétré de cette idée, philosophe agressif et politique expectant, il luttait avec succès, dans sa chaire, contre l'école matérialiste du xviiie siècle, et suivait du fond de son cabinet, avec anxiété mais non sans espoir, les chances du jeu terrible où Napoléon jouait tous les jours son empire.

Par ses grands instincts, Napoléon était spiritualiste ;

les hommes de son ordre ont des éclairs de lumière et des élans de pensée qui leur entr'ouvrent la sphère des hautes vérités. Dans ses bons moments, le spiritualisme renaissant sous son règne, et sapant le matérialisme du dernier siècle, lui était sympathique et agréable. Mais le despote avait de prompts retours qui l'avertissaient qu'on n'élève pas les âmes sans les affranchir, et la philosophie spiritualiste de M. Royer-Collard l'offusquait alors autant que l'idéologie sensualiste de M. de Tracy. C'était de plus un des traits de génie de Napoléon qu'il se souvenait constamment de ces Bourbons si oubliés, et savait bien que là étaient ses seuls concurrents au trône de France. Au plus fort de ses grandeurs, il avait plus d'une fois exprimé cette idée, et elle lui revenait plus claire et plus pressante quand il sentait approcher le péril. A ce titre encore, M. Royer-Collard et ses amis, dont il connaissait bien les sentiments et les relations, lui étaient profondément suspects et importuns. Non que leur opposition, Napoléon le savait bien aussi, fût active ni puissante; les événements ne se décidaient pas dans ce petit cercle; mais là étaient les plus justes pressentiments de l'avenir et les plus sensés amis du gouvernement futur.

Ils n'avaient entre eux que des conversations bien vagues et à voix bien basse quand l'Empereur vint donner lui-même à leurs idées une consistance et une publicité qu'ils étaient loin de prétendre. Lorsqu'il fit remettre au Sénat et au Corps législatif, réunis le 19 décembre 1813, quelques-unes des pièces de ses négociations avec les puissances coalisées, en provoquant la manifestation de leurs sentiments à ce sujet, s'il avait eu le sincère dessein de faire la paix, ou de convaincre sérieusement la France que, si la paix ne se faisait pas, ce n'était point par l'obstination de sa volonté conquérante, il eût trouvé, à coup sûr, dans ces deux corps, quelque énervés qu'ils fussent, un énergique et populaire appui. Je voyais souvent, et assez intimement, trois des cinq membres de la commission du Corps législatif, MM. Maine-Biran, Gallois et Raynouard, et par eux je connaissais bien les dispositions des deux autres, MM. Laîné et Flaugergues. M. Maine-Biran, qui faisait partie, avec M. Royer-Collard et moi, d'une petite réunion philosophique où nous causions librement de toutes choses, nous tenait au courant de ce qui se passait dans la commission et dans le Corps législatif lui-même. Quoique royaliste d'origine (il avait été danssa jeunesse garde du corps de Louis XVI), il était étranger à tout parti et à toute intrigue, consciencieux jusqu'au scrupule, timide même quand sa conscience ne lui commandait pas absolument le courage, peu politique par goût, et en tout cas fort éloigné de prendre jamais une résolution extrême, ni aucune initiative d'action. M. Gallois, homme du monde et d'étude, libéral modéré de l'école philosophique du xviiie siècle, s'occupait plus de soigner sa bibliothèque que de rechercher une importance publique, et voulait s'acquitter dignement envers son pays sans troubler les sereines habitudes de sa vie. Plus vif de manières et de langage, comme Provençal et comme poëte, M. Raynouard n'était cependant pas d'humeur aventureuse, et ses plaintes rudes disait-on, contre les abus tyranniques de l'administration impériale, n'auraient pas empêché qu'il ne se contentât de ces satisfactions tempérées qui, dans le présent, sauvent l'honneur et donnent l'espoir pour l'avenir. M. Flaugergues, honnête républicain qui avait pris le deuil à la mort de Louis XVI, roide d'esprit et de caractère, était capable de résolutions énergiques, mais solitaires, et influait peu sur ses collègues, quoiqu'il parlât beaucoup. M. Laîné, au contraire, avait le cœur chaud et sympathique sous des formes tristes, et l'esprit élevé sans beaucoup d'originalité ni de force; sa parole était pénétrante et saisissante quand il était lui-même vivement ému; républicain jadis, mais resté simplement partisan généreux des idées et des sentiments de liberté, il fut promptement adopté comme le premier homme de la commission et accepta sans hésiter d'être son organe. Mais il n'avait, comme ses collègues, point d'hostilité préméditée, ni d'engagement secret contre l'Empereur; ils ne voulaient tous que lui porter l'expression sérieuse du vœu de la France, au dehors pour une politique sincèrement pacifique, au dedans pour le respect des droits publics et l'exercice légal du pouvoir. Leur rapport ne fut que l'expression modérée de ces modestes sentiments.

Avec de tels hommes, animés de telles vues, il était aisé de s'entendre; Napoléon ne voulut pas même écouter. On sait comment il fit tout à coup supprimer le rapport, ajourna le Corps législatif, et avec quel emportement à la fois calculé et brutal il traita, en les recevant le 1er janvier 1814, les députés et leurs commissaires : « Qui êtes-vous pour m'attaquer ? C'est moi qui suis le représentant de la nation. S'en prendre à moi, c'est s'en prendre à elle. J'ai un titre et vous n'en avez pas... M. Laîné, votre rapporteur, est un méchant homme, qui correspond avec l'Angleterre par l'entremise de l'avocat Desèze. Je le suivrai de l'œil. M. Raynouard est un menteur. » En faisant communiquer à la commission les pièces de la négociation, Napoléon avait interdit à son ministre des affaires étrangères, le duc de Vicence, d'y placer celle qui faisait connaître à quelles conditions les puissances alliées étaient prêtes à traiter, ne voulant, lui, s'engager à aucune base de paix. Son ministre de la police, le duc de Rovigo, se chargea de pousser jusqu'au bout l'indiscrétion de sa colère : « Vos paroles sont bien imprudentes, dit-il aux membres de la commission, quand il y a un Bourbon à cheval. » Ainsi, dans la situation la plus extrême, sous le coup des plus éclatants avertissements de Dieu et des hommes, le despote aux abois faisait parade de pouvoir absolu ; le conquérant vaincu laissait voir que les négociations n'étaient pour lui qu'un moyen d'attendre les retours des chances de la guerre ; et le chef ébranlé de la dynastie nouvelle proclamait lui-même que l'ancienne dynastie était là, prête à lui succéder.

Le jour était venu où la gloire même ne répare plus les fautes qu'elle couvre encore. La campagne de 1814, ce chef-d'œuvre continu d'habileté et d'héroïsme du chef comme des soldats, n'en porta pas moins l'empreinte de la fausse pensée et de la fausse situation de l'Empereur. Il flotta constamment entre la nécessité de couvrir Paris et sa passion de reconquérir l'Europe, voulant sauver à la fois son trône et son ambition, et changeant à chaque instant de tactique, selon que le péril fatal ou la chance favorable lui semblait l'emporter. Dieu vengeait la justice et le bon sens en condamnant le génie qui les avait tant bravés à succomber dans l'hésitation et le tâtonnement, sous le poids de ses inconciliables désirs et de ses impossibles volontés.

Pendant que Napoléon usait dans cette lutte suprême les restes de sa fortune et de sa puissance, il ne lui vint d'aucun point de la France, ni de Paris, ni des départements, et pas plus de l'opposition que du public, aucune traverse, aucun obstacle. Il n'y avait point d'enthousiasme pour sa défense et peu de confiance dans son succès; mais personne ne tentait rien contre lui; des conversations malveillantes, quelques avertissements préparatoires, quelques allées et venues à raison de l'issue qu'on entrevoyait, c'était là tout. L'Empereur agissait en pleine liberté et avec toute la force que comportaient son isolement et l'épuisement moral et matériel du pays. On n'a jamais vu une telle inertie publique au milieu de tant d'anxiété nationale, ni des mécontents s'abstenant à ce point de toute action, ni des agents si empressés à désavouer leur maître en restant si dociles à le servir. C'était une nation de spectateurs harassés, qui avaient perdu toute habitude d'intervenir eux-mêmes dans leur propre sort, et qui ne savaient quel dénoûment ils devaient désirer ou craindre à ce drame terrible dont ils étaient l'enjeu.

Je me lassai de rester immobile à ma place devant ce spectacle, et ne prévoyant pas quand ni comment il finirait, je résolus, vers le milieu de mars, d'aller à Nîmes passer quelques semaines auprès de ma mère que je n'avais pas vue depuis longtemps. J'ai encore devant les yeux l'aspect de Paris, entre autres de la rue de Rivoli que l'on commençait alors à construire, quand je la traversai le matin de mon départ : point d'ouvriers, point de mouvement, des matériaux entassés sans emploi, des échafaudages déserts, des constructions abandonnées faute d'argent, de bras et de confiance, des ruines neuves. Partout, dans la population, un air de malaise et d'oisiveté inquiète, comme de gens à qui manquent également le travail et le repos. Pendant mon voyage, sur les routes, dans les villes et dans les campagnes, même apparence d'inaction et d'agitation, même appauvrissement visible du pays ; beaucoup plus de femmes et d'enfants que d'hommes ; de jeunes conscrits tristement en marche pour leur corps ; des malades et des blessés refluant à l'intérieur ; une nation mutilée et exténuée. Et à côté de cette détresse matérielle, une grande perplexité morale, le trouble de sentiments contraires, le désir ardent de la paix et la haine violente de l'étranger ; des alternatives, envers Napoléon, d'irritation et de sympathie, tantôt maudit comme l'auteur de tant de souffrances, tantôt célébré comme le défenseur de la patrie et le vengeur de ses injures. Et ce qui me frappait comme un mal bien grave, quoique je fusse loin d'en mesurer dès lors toute la portée, c'était la profonde inégalité de ces sentiments divers dans les diverses classes de la population. Au sein des classes aisées et éclairées, le désir de la paix, le dégoût des exigences et des aventures du despotisme impérial, la prévoyance raisonnée de sa chute et les perspectives d'un autre régime politique dominaient évidemment. Le peuple, au contraire, ne sortait par moments de sa lassitude que pour se livrer à ses colères patriotiques et à ses souvenirs révolutionnaires; le régime impérial l'avait discipliné sans le réformer; les apparences étaient calmes, mais au fond on eût pu dire des masses populaires, comme des émigrés, qu'elles n'avaient rien oublié ni rien appris. Point d'unité morale dans le pays; point de pensée ni de passion commune, malgré l'expérience et le malheur communs. La nation était presque aussi aveuglément et aussi profondément divisée dans sa langueur qu'elle l'avait été naguère dans ses emportements.

J'entrevoyais ces mauvais symptômes; mais j'étais jeune et bien plus préoccupé des espérances de l'avenir que de ses périls. J'appris bientôt à Nîmes les événements accomplis à Paris; M. Royer-Collard m'écrivit pour me presser de revenir; je partis sur-le-champ, et peu de jours après mon arrivée, je fus nommé secrétaire général du ministère de l'intérieur, que le Roi venait de confier à l'abbé de Montesquiou.

## CHAPITRE II.

### LA RESTAURATION.

Mes sentiments en entrant dans la vie publique.—Vraie cause et vrai caractère de la Restauration.—Faute capitale du Sénat impérial.—La Charte s'en ressent.— Objections diverses à la Charte. — Pourquoi elles furent vaines. — Ministère du roi Louis XVIII.—Inaptitude des principaux ministres au gouvernement constitutionnel.—M. de Talleyrand.—L'abbé de Montesquiou.—M de Blacas.—Louis XVIII.—Principales affaires auxquelles j'ai pris part à cette époque. — Présentation aux Chambres de l'exposé de la situation du royaume.—Loi sur la presse.—Ordonnance pour la réforme de l'instruction publique.—État du gouvernement et du pays.—Leur inexpérience commune. — Effets du régime de liberté. — Appréciation du mécontentement public et des complots. — Mot de Napoléon sur la facilité de son retour.

(1814-1815.)

Je n'hésitai point à entrer, sous de tels auspices, dans les affaires. Aucun engagement antérieur, aucun motif personnel ne me portaient vers la Restauration. Je suis de ceux que l'élan de 1789 a élevés et qui ne consentiront point à descendre. Mais si je ne tiens à l'ancien régime par aucun intérêt, je n'ai jamais ressenti contre l'ancienne France aucune amertume. Né bourgeois et protestant, je suis profondément dévoué à la liberté de conscience, à l'égalité devant la loi, à toutes les grandes conquêtes de notre ordre social. Mais ma confiance dans ces conquêtes est pleine et tranquille, et je ne me crois point obligé, pour servir leur cause, de considérer la maison de Bourbon, la noblesse française et le clergé catholique comme des ennemis. Il n'y a plus maintenant que des forcenés qui crient : « A bas les nobles! à bas les prêtres! » Pourtant bien des gens honnêtes et sensés, et qui désirent ardemment que les révolutions finissent, ont encore au fond du cœur quelques restes des sentiments auxquels ce cri répond. Qu'ils y prennent garde : ces sentiments sont essentiellement révolutionnaires et antisociaux; l'ordre ne se rétablira point tant que les honnêtes gens les laisseront passer avec une secrète complaisance. J'entends cet ordre vrai et durable dont, pour durer elle-même et prospérer, toute grande société a besoin. Les intérêts et les droits conquis de nos jours ont pris rang dans la France, dont ils font désormais la vie et la force; mais parce qu'elle est pleine d'éléments nouveaux, la société française n'est pas nouvelle; elle ne peut pas plus renier ce qu'elle a été jadis que renoncer à ce qu'elle est aujourd'hui; elle établirait dans son sein le trouble et l'abaissement continus si elle demeurait hostile à sa propre histoire. L'histoire, c'est la nation, c'est la patrie à travers les siècles. Pour moi, j'ai toujours porté, aux faits et aux noms qui ont tenu une grande place dans notre destinée, un respect affectueux; et tout homme nouveau que je suis, quand le roi Louis XVIII est rentré la Charte à la main, je ne me suis point senti irrité ni humilié d'avoir à jouir de nos libertés, ou à les défendre, sous l'ancienne race des rois de France, et en commun avec tous les Français, nobles ou bourgeois, dussent leurs anciennes rivalités être encore quelque temps une source de méfiance et d'agitation.

Les étrangers! leur souvenir a été la plaie de la Restauration et le cauchemar de la France sous son empire. Sentiment bien légitime en soi! La passion jalouse de l'indépendance et de la gloire nationales double la force des peuples dans les jours prospères et sauve leur dignité dans les revers. S'il avait plu à Dieu de me jeter dans les rangs des soldats de Napoléon, peut-être cette passion aurait, seule aussi, dominé mon âme. Placé dans la vie civile, d'autres idées, d'autres instincts m'ont fait chercher ailleurs que dans la prépotence par la guerre la grandeur et la force de mon pays. J'ai aimé et j'aime surtout la politique juste et la liberté sous la loi. J'en désespérais avec l'Empire; je les espérai de la Restauration. On m'a quelquefois reproché de ne pas m'associer assez vivement aux impressions publiques. Partout où je les rencontre sincères et fortes, je les respecte et j'en tiens grand compte; mais je ne me crois point tenu d'abdiquer ma raison pour les partager, ni de déserter, pour leur plaire, l'intérêt réel et permanent du pays. C'était vraiment une absurde injustice de s'en prendre à la Restauration de la présence de ces étrangers que l'ambition insensée de Napoléon avait seule amenés sur notre sol et que les Bourbons pouvaient seuls en éloigner par une prompte et sûre paix. Les ennemis de la Restauration se sont jetés, pour la condamner dès son premier jour, dans des contradictions étranges : à les en croire, tantôt elle a été imposée à la France par les baïonnettes ennemies ; tantôt personne, en 1814, ne se souciait d'elle, pas plus l'Europe que la France ; quelques vieilles fidélités, quelques défections soudaines, quelques intrigues égoïstes la firent seules prévaloir. Puéril aveuglement de l'esprit de parti ! Plus on prouvera qu'aucune volonté générale, aucune grande force, intérieure ou extérieure, n'appelait et n'a fait la Restauration, plus on mettra en lumière sa force propre et intime et cette nécessité supérieure qui détermina l'événement. Je m'étonne toujours que des esprits libres et distingués s'emprisonnent ainsi dans les subtilités ou les crédulités de la passion, et n'éprouvent pas le besoin de regarder les choses en face et de les voir telles qu'elles sont réellement. Dans la redoutable crise de 1814, le rétablissement de la maison de Bourbon était la seule solution naturelle et sérieuse, la seule qui se rattachât à des principes indépendants des coups de la force comme des caprices de la volonté humaine. On pouvait en concevoir des alarmes pour les intérêts nouveaux de la société française ; mais, sous l'égide d'institutions mutuellement acceptées, on pouvait aussi en attendre les deux biens dont la France avait le plus pressant besoin et qui lui manquaient le plus depuis vingt-cinq ans, la paix et la liberté. Grâce à ce double espoir, non-seulement la Restauration s'accomplit sans effort ; mais, en dépit des souvenirs révolutionnaires, elle fut promptement et facilement accueillie de la France. Et la France eut raison, car la Restauration lui donna en effet la paix et la liberté.

Jamais on n'avait plus parlé de paix en France que depuis vingt-cinq ans; l'Assemblée constituante avait proclamé : « Plus de conquêtes; » la Convention nationale célébrait l'union des peuples; l'empereur Napoléon avait conclu, en quinze ans, plus de traités de paix qu'aucun autre roi. Jamais la guerre n'avait si souvent éclaté et recommencé; jamais la paix n'avait été un mensonge si court; les traités n'étaient que des trêves pendant lesquelles on préparait de nouveaux combats.

Il en était de la liberté comme de la paix : célébrée et promise d'abord avec enthousiasme, elle avait promptement disparu devant la discorde civile, sans qu'on cessât de la célébrer et de la promettre; puis, pour mettre fin à la discorde, on avait mis fin aussi à la liberté. Tantôt on s'était enivré du mot sans se soucier de la réalité du fait; tantôt, pour échapper à une fatale ivresse, le fait et le mot avaient été presque également proscrits et oubliés.

La paix et la liberté réelles revenaient avec la Restauration. La guerre n'était, pour les Bourbons, ni une nécessité, ni une passion; ils pouvaient régner sans recourir chaque jour à quelque nouveau déploiement de forces, à quelque nouvel ébranlement de l'imagination des peuples. Avec eux, les gouvernements étrangers pouvaient croire et croyaient en effet à la paix sincère et durable. De même la liberté que la France recouvrait en 1814 n'était le triomphe ni d'une école philosophique, ni d'un parti politique; les passions turbulentes, les entêtements théoriques, les imaginations à la fois ardentes et oisives n'y trouvaient point la satisfaction de leurs appétits sans règle et sans frein; c'était vraiment la liberté sociale, c'est-à-dire la jouissance pratique et légale des droits essentiels à la vie active des citoyens comme à la dignité morale de la nation.

Quelles seraient les garanties de la liberté et par conséquent de tous les intérêts que la liberté devait elle-même garantir? Par quelles institutions s'exerceraient le contrôle et l'influence du pays dans son gouvernement? C'était là le problème souverain que, le 6 avril 1814, le Sénat impérial tenta, sans succès, de résoudre par son projet de constitution, et que, le 4 juin, le roi Louis XVIII résolut effectivement par la Charte.

On a beaucoup et justement reproché aux sénateurs de 1814 l'égoïsme avec lequel, en renversant l'Empire, ils s'attribuèrent à eux-mêmes non-seulement l'intégrité, mais la perpétuité des avantages matériels dont l'Empire les avait fait jouir. Faute cynique en effet, et de celles qui décrient le plus les pouvoirs dans l'esprit des peuples, car elles blessent à la fois les sentiments honnêtes et les passions envieuses. Le Sénat en commit une autre, moins palpable et plus conforme aux préjugés du pays, mais encore plus grave à mon sens, et comme méprise politique, et par ses conséquences. Au même moment où il proclamait le retour de l'ancienne maison royale, il étala la prétention d'élire le Roi, méconnaissant ainsi le droit monarchique dont il acceptait l'empire, et pratiquant le droit républicain en rétablissant la monarchie. Contradiction choquante entre les principes et les actes, puérile bravade envers le grand fait auquel on rendait hommage, et déplorable confusion des droits comme des idées. Évidemment c'était par nécessité, non par choix, et à raison de son titre héréditaire, non comme l'élu du jour, qu'on rappelait Louis XVIII au trône de France. Il n'y avait de vérité, de dignité et de prudence que dans une seule conduite : reconnaître hautement le droit monarchique dans la maison de Bourbon, et lui demander de reconnaître hautement à son tour les droits nationaux, tels que les proclamaient l'état du pays et l'esprit du temps. Cet aveu et ce respect mutuels des droits mutuels sont l'essence même du gouvernement libre ; c'est en s'y attachant fermement qu'ailleurs la monarchie et la liberté se sont développées ensemble, et c'est en y revenant franchement que les rois et les peuples ont mis fin à ces guerres intérieures qu'on appelle des révolutions. Au lieu de cela, le Sénat, à la fois obstiné et timide, en voulant placer sous le drapeau de l'élection républicaine la monarchie restaurée, ne fit qu'évoquer le principe despotique en face du principe révolutionnaire, et susciter pour rival au droit absolu du peuple le droit absolu du Roi.

La Charte se ressentit de cette impolitique conduite ; obstinée et timide à son tour, et voulant couvrir la retraite de la royauté comme la révolution avait voulu couvrir la sienne, elle répondit aux prétentions du régime révolutionnaire par les prétentions de l'ancien régime, et se présenta comme une pure concession royale, au lieu de se proclamer ce qu'elle était réellement, un traité de paix après une longue guerre, une série d'articles nouveaux ajoutés, d'un commun accord, au pacte d'ancienne union entre la nation et le roi.

Ce fut là contre la Charte, dès qu'elle parut, le grief des libéraux de la Révolution : leurs adversaires, les hommes de l'ancien régime, lui adressaient d'autres reproches ; les plus fougueux, comme les disciples de M. de Maistre, ne lui pardonnaient pas son existence même ; selon eux, le pouvoir absolu, seul légitime en soi, convenait seul à la France ; les modérés, comme M. de Villèle dans l'écrit qu'il publia à Toulouse contre la déclaration de Saint-Ouen, accusaient ce plan de constitution, qui devint la Charte, d'être une machine d'importation anglaise, étrangère à l'histoire, aux idées, aux mœurs de la France, « et qui coûterait plus à établir, disaient-ils, que notre ancienne organisation ne coûterait à réparer. »

Je ne songe pas à entrer ici, avec les apôtres du pouvoir absolu, dans une discussion de principes; en ce qui touche la France et notre temps, l'expérience, une expérience foudroyante leur a répondu. Le pouvoir absolu ne peut appartenir, parmi nous, qu'à la révolution et à ses descendants, car eux seuls peuvent, je ne sais pour combien d'années, rassurer les masses sur leurs intérêts en leur refusant les garanties de la liberté. Pour la maison de Bourbon et ses partisans, le pouvoir absolu est impossible; avec eux, la France a besoin d'être libre; elle n'accepte leur gouvernement qu'en y portant elle-même l'œil et la main.

Les objections des modérés étaient plus spécieuses. Le gouvernement établi par la Charte avait, dans ses formes du moins, une physionomie un peu étrangère. Peut-être aussi pouvait-on dire qu'il supposait dans le pays un élément aristocratique plus fort et un esprit politique plus exercé qu'on n'en devait présumer en France. Une autre difficulté plus cachée, mais réelle, l'attendait; la Charte n'était pas seulement le triomphe de 1789 sur l'ancien régime; c'était la victoire de l'un des partis libéraux de 1789 sur ses rivaux comme sur ses ennemis, la victoire des partisans d'une constitution analogue à la Constitution anglaise sur les auteurs de la Constitution de 1791 et sur les républicains aussi bien que sur les défenseurs de l'ancienne monarchie. Source féconde en hostilités d'amour-propre; base un peu étroite pour un établissement nouveau dans un grand et vieil État.

Mais toutes ces objections étaient en 1814 de nul poids; la situation était impérieuse et urgente; il s'agissait de réformer l'ancienne monarchie en la rétablissant. De tous les systèmes de réforme proposés ou tentés depuis 1789, celui que la Charte fit prévaloir était le plus généralement accrédité dans le public comme parmi les politiques de profession. La controverse n'est pas de mise en de tels moments; les résolutions qu'adoptent les hommes d'action sont le résumé des idées communes à la plupart des hommes de sens. La république, c'était la révolution; la Constitution de 1791, c'était l'impuissance dans le gouvernement; l'ancienne Constitution française, si on pouvait lui donner ce nom, avait été trouvée vaine en 1789, également hors d'état de se maintenir et de se réformer; ce qu'elle avait eu jadis de grand, les Parlements, les Ordres, les diverses institutions locales étaient si évidemment impossibles à rétablir, que nul homme sérieux ne songea à le proposer. La Charte était écrite d'avance dans l'expérience et la pensée du pays; elle sortit naturellement de l'esprit de Louis XVIII revenant d'Angleterre comme des délibérations du Sénat secouant le joug de l'Empire; elle fut l'œuvre de la nécessité et de la raison du temps.

Prise en elle-même, et en dépit de ses imperfections propres comme des objections de ses adversaires, la Charte était une machine politique très-praticable; le pouvoir et la liberté y trouvaient de quoi s'exercer ou se défendre efficacement, et les ouvriers ont bien plus manqué à l'instrument que l'instrument aux ouvriers.

Très-divers de caractère et très-inégaux d'esprit et de mérite, les trois principaux ministres de Louis XVIII à cette époque, M. de Talleyrand, l'abbé de Montesquiou et M. de Blacas, étaient tous trois presque également impropres au gouvernement qu'ils étaient chargés de fonder.

Je ne dis que ce que je pense; mais je ne me tiens point pour obligé de dire, sur les hommes que je ren-

contre en passant, tout ce que je pense. Je ne dois rien
à M. de Talleyrand; dans ma vie publique, il m'a
même plutôt desservi que secondé; mais quand on a
beaucoup connu un homme considérable et accepté
longtemps avec lui de bons rapports, on se doit à soi-
même, sur son compte, quelque réserve. M. de Talleyrand venait de déployer dans la crise de la Restauration une sagacité hardie et de sang-froid, un grand
art de prépondérance, et il devait bientôt déployer à
Vienne, dans les affaires de la maison de Bourbon et de
la France en Europe, les mêmes qualités et d'autres
encore aussi peu communes et aussi efficaces. Mais hors
d'une crise ou d'un congrès, il n'était ni habile, ni
puissant. Homme de cour et de diplomatie, non de
gouvernement, et moins de gouvernement libre que
de tout autre, il excellait à traiter par la conversation,
par l'agrément et l'habile emploi des relations sociales,
avec les individus isolés; mais l'autorité du caractère,
la fécondité de l'esprit, la promptitude de résolution,
la puissance de la parole, l'intelligence sympathique
des idées générales et des passions publiques, tous ces
grands moyens d'action sur les hommes réunis lui
manquaient absolument. Il n'avait pas davantage le
goût ni l'habitude du travail régulier et soutenu, autre
condition du gouvernement intérieur. Ambitieux et
indolent, flatteur et dédaigneux, c'était un courtisan
consommé dans l'art de plaire et de servir sans servilité, prêt à tout et capable de toutes les souplesses utiles
à sa fortune en conservant toujours des airs et repré-

nant au besoin des allures d'indépendance; politique sans scrupules, indifférent aux moyens et presque aussi au but pourvu qu'il y trouvât son succès personnel, plus hardi que profond dans ses vues, froidement courageux dans le péril, propre aux grandes affaires du gouvernement absolu, mais à qui le grand air et le grand jour de la liberté ne convenaient point; il s'y sentait dépaysé et n'y savait pas agir. Il se hâta de sortir des Chambres et de France pour aller retrouver à Vienne sa société et sa sphère.

Homme de cour autant que M. de Talleyrand et d'ancien régime bien plus purement que lui, l'abbé de Montesquiou était plus capable de tenir sa place dans le régime constitutionnel. Pour le pratiquer à cette époque d'incertitude, il était en meilleure position. Auprès du Roi et des royalistes, il se sentait fort; il avait été inébranlablement fidèle à sa cause, à sa classe, à ses amis, à son maître; il ne craignait pas qu'on le taxât de révolutionnaire, ni qu'on lui jetât à la tête de fâcheux souvenirs. Par son désintéressement bien connu et la simplicité de sa vie, il avait la confiance des honnêtes gens. Il était d'un caractère ouvert, d'un esprit agréable et abondant, prompt à la conversation, sans se montrer difficile en interlocuteurs. Il savait traiter avec les hommes de condition moyenne, quoiqu'un fond de hauteur et quelquefois même d'impertinence aristocratique perçât dans ses manières et dans ses paroles; mais les esprits fins s'en apercevaient seuls; la plupart le trouvaient bon homme et sans prétentions.

Dans les Chambres, il parlait sinon éloquemment, du moins facilement, spirituellement, et souvent avec une verve agréable. Il aurait pu bien servir le gouvernement constitutionnel s'il y avait cru et s'il l'avait aimé; mais il l'acceptait sans foi et sans goût, comme une nécessité qu'il fallait éluder et amoindrir de son mieux en la subissant. Par habitude, par déférence pour son parti, ou plutôt pour sa propre coterie, il revenait sans cesse aux traditions et aux tendances de l'ancien régime, et il essayait d'y ramener ses auditeurs par des habiletés superficielles ou par d'assez mauvaises raisons dont il se payait quelquefois lui-même. Un peu en plaisantant, un peu sérieusement, il offrit un jour à M. Royer-Collard de lui faire donner par le Roi le titre de comte : « Comte? lui répondit sur le même ton M. Royer-Collard, comte vous-même. » L'abbé de Montesquiou sourit un peu tristement à cette boutade de fierté bourgeoise. Il croyait l'ancien régime vaincu; mais il eût voulu le faire rajeunir et ressusciter par la société nouvelle. Il s'y prenait mal en se figurant qu'on pouvait impunément choquer ses instincts pourvu qu'on ménageât ses intérêts, et qu'elle se laisserait gagner par des caresses sans sympathie. Homme parfaitement honorable, d'un cœur plus libéral que ses idées, d'un esprit distingué, éclairé, naturel avec élégance, mais léger, inconséquent, distrait, peu propre aux luttes âpres et longues, fait pour plaire, non pour dominer, hors d'état de conduire son parti et de se conduire lui-même dans les voies où sa raison lui disait de marcher.

M. de Blacas n'avait point de perplexité semblable. Non que ce fût un homme violent, ni un partisan décidé de la réaction contre-révolutionnaire; il était modéré par froideur d'esprit et par crainte de compromettre le Roi, auquel il était sincèrement dévoué, plutôt que par clairvoyance; mais ni sa modération ni son dévouement ne lui donnaient aucune intelligence du véritable état du pays, ni presque aucun désir de s'en préoccuper. Il resta aux Tuileries ce qu'il était à Hartwell, un gentilhomme de province, un émigré, un courtisan et un favori, fidèle, courageux, ne manquant point de dignité personnelle ni de savoir-faire domestique, mais sans esprit politique, sans ambition ni activité d'homme d'État, à peu près aussi étranger à la France qu'il l'était avant d'y rentrer. Il faisait obstacle au gouvernement plus qu'il ne prétendait à gouverner lui-même, prenait plus de part aux querelles ou aux intrigues du palais qu'aux délibérations du Conseil, et nuisait bien plus aux affaires publiques en n'en tenant nul compte qu'en s'en mêlant.

Je ne crois pas qu'il eût été impossible à un roi actif et ferme dans ses desseins d'employer utilement et à la fois ces trois hommes, quelque divers et incohérents qu'ils fussent entre eux : aucun d'eux n'aspirait à gouverner l'État, et, chacun dans sa sphère, ils pouvaient bien servir. M. de Talleyrand ne demandait pas mieux que de ne traiter qu'avec l'Europe; l'abbé de Montesquiou n'avait nulle envie de dominer à la cour; et M. de Blacas, froid, prudent et fidèle, pouvait être, contre les prétentions et les menées des princes et des courtisans, un utile favori. Mais Louis XVIII n'était nullement propre à gouverner ses ministres; il avait, comme roi, de grandes qualités négatives ou expectantes, peu de qualités actives et efficaces; imposant d'apparence, judicieux, fin, mesuré, il savait contenir, arrêter, déjouer; il était hors d'état d'inspirer, de diriger, de donner l'impulsion en tenant les rênes. Il avait peu d'idées et point de passion; la forte application au travail ne lui convenait guère mieux que le mouvement. Il maintenait bien son rang, son droit, son pouvoir, et se défendait assez bien des fautes; mais sa dignité et sa prudence une fois rassurées, il laissait aller et faire, trop peu énergique d'âme et de corps pour dominer les hommes et les faire concourir à l'accomplissement de ses volontés.

Dans mon inexpérience et à mon poste secondaire dans un département spécial, j'étais loin de sentir tout le vice de cette absence d'unité et de direction efficace dans le gouvernement. L'abbé de Montesquiou m'en parlait quelquefois avec impatience et chagrin; il était de ceux qui ont assez d'esprit et de probité pour ne pas se faire illusion sur leurs propres fautes. Il avait pris grande confiance en moi : non qu'il ne se fût fait autour de lui, et jusque dans sa coterie intime, des efforts pour l'en empêcher; mais avec une ironie libérale, il répondait à ceux qui lui reprochaient ma qualité de protestant : « Croyez-vous que je veux le faire pape? » Expansif et causeur, il me racontait ses ennuis à la cour, son humeur contre M. de Blacas, son impuissance tantôt à faire faire ce qu'il jugeait bon, tantôt à empêcher ce qui devait nuire. Il allait bien au delà de ce laisser-aller de conversation; il me chargeait, dans son département, de beaucoup d'affaires étrangères à mes attributions naturelles, et m'eût volontiers laissé prendre une bonne part de son pouvoir[1]. J'intervins ainsi, durant son ministère, dans trois circonstances importantes, les seules auxquelles je veuille m'arrêter, car je n'écris point l'histoire de ce temps; je ne retrace que ce que j'ai moi-même fait, vu ou pensé dans le cours général des événements.

La Charte promulguée et le gouvernement établi, je demandai à l'abbé de Montesquiou s'il ne serait pas bon que le Roi fît mettre sous les yeux des Chambres un exposé de la situation dans laquelle, à l'intérieur, il avait trouvé la France, constatant ainsi les résultats du régime qui l'avait précédé, et faisant pressentir l'esprit de celui qu'il voulait fonder. L'idée plut au ministre; le Roi l'agréa; je me mis aussitôt à l'œuvre; l'abbé de Montesquiou travailla de son côté, car il écrivait bien et y prenait plaisir; et le 12 juillet, l'Exposé fut présenté aux deux Chambres qui en remercièrent le roi par des adresses. C'était, sans violence comme sans ménagement, le tableau des souffrances que la guerre illimitée

---

[1] Je joins aux *Pièces historiques* deux lettres que l'abbé de Montesquiou m'écrivit en 1815 et 1816, et qui donnent une idée de mes rapports avec lui et du tour naturel et aimable de son esprit. (*Pièces historiques*, n° IV.)

et continue avait infligées à la France, et des plaies matérielles et morales qu'elle laissait à guérir. Étrange tableau à mettre en regard de ceux que Napoléon, sous le Consulat et l'Empire naissant, avait fait publier aussi, et qui célébraient, à bon droit alors, l'ordre rétabli, l'administration créée, la prospérité ranimée, tous les excellents effets d'un pouvoir fort, capable et encore sensé. Les deux tableaux étaient parfaitement vrais l'un et l'autre quoique immensément contraires, et c'était précisément dans leur contraste que résidait l'éclatante moralité à laquelle l'histoire du despotisme impérial venait d'aboutir. L'abbé de Montesquiou aurait dû placer les glorieuses constructions du Consulat à côté des ruines méritées de l'Empire; loin d'y rien perdre, l'impression que son travail était destiné à produire y aurait gagné; mais les hommes ne se décident guère à louer leurs ennemis, même pour leur nuire : en ne retraçant que les désastres de Napoléon, l'Exposé de l'état du royaume en 1814 manquait de grandeur et semblait manquer d'équité. Par où cet Exposé faisait honneur au pouvoir qui le présentait, c'était par le sentiment moral, l'esprit libéral et l'absence de toute charlatanerie qui s'y faisaient remarquer : mérites dont les gens de bien et de sens étaient touchés, mais qui ne frappaient guère un public accoutumé au fracas éblouissant du pouvoir qui venait de tomber.

Un autre Exposé, plus spécial mais d'un intérêt plus pressant, fut présenté, peu de jours après, par le ministre des finances à la Chambre des députés : c'était l'état des dettes que l'Empire léguait à la Restauration, et le plan du ministre pour faire face soit à cet arriéré, soit au service des années 1814 et 1815. De tous les hommes de gouvernement de mon temps, je n'en ai connu aucun qui fût plus véritablement que le baron Louis un homme public, passionné pour l'intérêt public, ferme à écarter toute autre considération et à s'imposer à lui-même tous les risques comme tous les efforts pour faire réussir ce que l'intérêt public commandait. Et ce n'était pas seulement le succès de ses mesures financières qu'il poursuivait avec ardeur; c'était celui de la politique générale dont elles faisaient partie et à laquelle il savait les subordonner. En 1830, au milieu de la perturbation qu'avait causée la Révolution de juillet, je vins un jour, comme ministre de l'intérieur, demander au Conseil, où le baron Louis siégeait aussi comme ministre des finances, de fortes allocations; quelques-uns de nos collègues faisaient des objections à cause des embarras du trésor : « Gouvernez bien, me dit le baron Louis, vous ne dépenserez jamais autant d'argent que je pourrai vous en donner. » Judicieuse parole, digne d'un caractère franc et rude, au service d'un esprit ferme et conséquent. Le plan de finances du baron Louis reposait sur deux bases, l'ordre constitutionnel dans l'État et la probité dans le gouvernement : à ces deux conditions, il comptait sur la prospérité publique et sur le crédit public, et ne s'effrayait ni des dettes à payer, ni des dépenses à faire. Quelques-unes de ses assertions sur le dernier état des finances de l'Empire suscitèrent, de la part du dernier ministre du trésor de l'Empereur, le comte Mollien, administrateur aussi intègre qu'habile, quelques réclamations fondées, et ses mesures rencontrèrent dans les Chambres de vives résistances; elles avaient pour adversaires les traditions malhonnêtes en matière de finances, les passions de l'ancien régime et les courtes vues des petits esprits. Le baron Louis soutint la lutte avec autant de verve que de persévérance; il avait cette bonne fortune que M. de Talleyrand et l'abbé de Montesquiou avaient été, dans l'Église, ses compagnons de jeunesse et étaient restés avec lui en relation intime. Très-éclairés tous deux en économie politique, ils l'appuyèrent fortement dans le Conseil et dans les Chambres. Le prince de Talleyrand se chargea même de présenter son projet de loi à la Chambre des pairs, en en acceptant hautement la responsabilité comme les principes. Ce fut de la bonne politique bien conduite par le cabinet tout entier, et qui, malgré les résistances passionnées ou ignorantes, obtint justement un plein succès.

Il n'en fut pas de même d'une autre mesure à laquelle je pris une part plus active, le projet de loi sur la presse présenté le 5 juillet 1814 à la Chambre des députés par l'abbé de Montesquiou, et converti en loi le 21 octobre suivant, après avoir subi, dans l'une et l'autre Chambres, de vifs débats et d'importants amendements.

Dans sa pensée première et fondamentale, ce projet était sensé et sincère; il avait pour but de consacrer législativement la liberté de la presse comme droit général et permanent du pays, et en même temps de lui imposer, au lendemain d'une grande révolution et d'un long despotisme et au début du gouvernement libre, quelques restrictions limitées et temporaires. Les deux personnes qui avaient pris le plus de part à la rédaction du projet, M. Royer-Collard et moi, nous avions ce double but, rien de moins, rien de plus. On peut se reporter à un court écrit que je publiai alors [1], peu avant la présentation du projet; c'est là l'esprit et le dessein qu'on y trouvera hautement proclamés.

Que le Roi et les deux Chambres eussent le droit d'ordonner de concert, temporairement et à raison des circonstances, de telles limitations à l'une des libertés reconnues par la Charte, cela est évident; on ne saurait le nier sans nier le gouvernement constitutionnel lui-même et ses fréquentes pratiques dans les pays où il s'est déployé avec le plus de vigueur. Des lois transitoires ont plusieurs fois modifié ou suspendu en Angleterre les principales libertés constitutionnelles, et quant à la liberté de la presse, ce fut cinq ans seulement après la révolution de 1688, que, sous le règne de Guillaume III, en 1693, elle fut affranchie de la censure.

Je ne connais, pour les institutions libres, point de plus grand danger que la tyrannie aveugle que prétend

---

[1] *Quelques Idées sur la liberté de la presse*, 52 pages in-8. Paris, 1814. — J'insère, dans les *Pièces historiques* placées à la fin de ce volume quelques passages de cette brochure, qui en marquent clairement l'intention et le caractère. (*Pièces historiques*, n° V.

exercer, au nom des idées libérales, le fanatisme routinier de l'esprit de secte, ou de coterie, ou de faction. Vous êtes ami décidé du régime constitutionnel et des garanties politiques; vous voulez vivre et agir de concert avec le parti qui porte leur drapeau : renoncez à votre jugement et à votre indépendance ; il y a dans le parti, sur toutes les questions et quelles que soient les circonstances, des opinions toutes faites, des résolutions arrêtées d'avance, qui se croyent en droit de vous gouverner absolument. Des faits évidents sont en désaccord avec ces opinions; il vous est interdit de les voir : des obstacles puissants s'opposent à ces résolutions; vous n'en devez tenir nul compte; des ménagements sont conseillés par l'équité ou la prudence ; on ne souffrira pas que vous les gardiez. Vous êtes en présence d'un *Credo* superstitieux et de la passion populaire; ne discutez pas, vous ne seriez plus un libéral; ne résistez pas, vous seriez un révolté : obéissez, marchez, n'importe à quel pas on vous pousse et par quel chemin; si vous cessez d'être un esclave, à l'instant vous devenez un déserteur.

Mon bon sens et un peu de fierté naturelle répugnaient invinciblement à un tel joug. Je n'avais jamais imaginé que le plus excellent système d'institutions dût être imposé tout à coup et tout entier à un pays, sans aucun souci ni des événements récents et des faits actuels, ni des dispositions d'une grande partie du pays lui-même et de ses gouvernants nécessaires. Je voyais non-seulement le Roi, sa famille et la plupart des anciens royalistes, mais aussi dans la France nouvelle une foule de bons citoyens, d'esprits éclairés, probablement la majorité des hommes de sens et de bien, très-inquiets de l'entière liberté de la presse et des périls qu'elle pouvait faire courir à la paix publique, à l'ordre politique, à l'ordre moral. Sans partager au même degré leurs inquiétudes, j'étais moi-même frappé des excès où tombait déjà la presse, de ce déluge de récriminations, d'accusations, de suppositions, de prédictions, d'invectives ardentes ou de sarcasmes frivoles qui menaçaient de remettre aux prises tous les partis avec toutes leurs erreurs et tous leurs mensonges, toutes leurs alarmes et toutes leurs haines. En présence de tels sentiments et de tels faits, je me serais pris pour un insensé de n'y avoir aucun égard, et je n'hésitai pas à penser qu'une limitation temporaire de la liberté, pour les journaux et les pamphlets seulement, n'était pas un trop grand sacrifice pour écarter de tels dangers ou de telles craintes, pour donner du moins au pays le temps de les surmonter lui-même en s'y accoutumant.

Mais pour le succès du bon sens une franchise hardie est indispensable; il fallait que, soit dans le projet, soit dans le débat, le gouvernement proclamât lui-même d'abord le droit général, puis les limites comme les motifs de la restriction partielle qu'il y proposait; il ne fallait éluder ni le principe de la liberté, ni le caractère de la loi d'exception. Il n'en fut point ainsi : ni le Roi ni ses conseillers ne formaient, contre la liberté de la presse, aucun dessein arrêté; mais il leur en coûtait de la reconnaître en droit, bien plus que de la subir en fait, et ils auraient souhaité que la loi nouvelle, au lieu de donner au principe écrit dans la Charte une nouvelle sanction, le laissât dans un état un peu vague qui permît encore le doute et l'hésitation. On ne marqua point, en présentant le projet, son vrai sens ni sa juste portée. Faible lui-même et cédant encore plus aux faiblesses d'autrui, l'abbé de Montesquiou essaya de donner à la discussion un tour plus moral et littéraire que politique; à l'en croire, c'était de la protection des lettres et des sciences, du bon goût et des bonnes mœurs, non de l'exercice et de la garantie d'un droit public qu'il s'agissait. Il fallut un amendement de la Chambre des pairs pour donner à la mesure le caractère politique et temporaire qu'elle aurait dû porter dès l'origine, et qui seul la ramenait à ses motifs sérieux comme dans ses limites légitimes. Le gouvernement accepta sans hésiter l'amendement; mais son attitude avait été embarrassée; la méfiance est, de toutes les passions, la plus crédule; elle se répandit rapidement parmi les libéraux; ceux-là même qui n'étaient point ennemis de la Restauration avaient, comme elle, leurs faiblesses; le goût de la popularité leur venait et ils n'avaient pas encore appris la prévoyance; ils saisirent volontiers cette occasion de se faire avec quelque éclat les défenseurs d'un principe constitutionnel et d'un droit public qui, en fait, ne couraient aucun péril, mais que le pouvoir avait l'air de méconnaître ou d'éluder. Trois des cinq honorables membres qui avaient, les premiers, tenté de contenir le despotisme impérial, MM. Raynouard, Gallois et Flaugergues, furent les adversaires déclarés du projet de loi ; et faute d'avoir été, dès le premier moment, hardiment présentée sous son aspect sérieux et légitime, la mesure causa au gouvernement plus de discrédit qu'elle ne lui valut de sécurité.

La liberté de la presse, cette orageuse garantie de la civilisation moderne, a déjà été, est et sera la plus rude épreuve des gouvernements libres, et par conséquent des peuples libres eux-mêmes qui sont grandement compromis dans les épreuves de leur gouvernement, puisqu'elles ont pour conclusion dernière, s'ils y succombent, l'anarchie ou la tyrannie. Gouvernements et peuples libres n'ont qu'une façon honorable et efficace de vivre avec la liberté de la presse ; c'est de l'accepter franchement sans la traiter complaisamment. Qu'ils n'en fassent ni un martyr, ni une idole ; qu'ils lui laissent sa place sans l'élever au-dessus de son rang. La liberté de la presse n'est ni un pouvoir dans l'État, ni le représentant de la raison publique, ni le juge suprême des pouvoirs de l'État ; c'est simplement le droit, pour les citoyens, de dire leur avis sur les affaires de l'État et sur la conduite du gouvernement : droit puissant et respectable, mais naturellement arrogant et qui a besoin, pour rester salutaire, que les pouvoirs publics ne s'abaissent point devant lui, et qu'ils lui imposent cette sérieuse et constante responsabilité qui doit peser sur tous les droits pour qu'ils ne deviennent pas d'abord séditieux, puis tyranniques.

La troisième mesure considérable à laquelle je con-

courus à cette époque, la réforme du système général
de l'instruction publique par l'ordonnance du Roi du
17 février 1815, fit beaucoup moins de bruit que la loi
de la presse, et encore moins d'effet que de bruit, car
la catastrophe du 20 mars en arrêta complétement l'exécution, qui ne fut point reprise après les Cent-Jours. On
eut alors de bien plus pressantes pensées. C'était ce
qu'on appellerait aujourd'hui la décentralisation de
l'Université [1]. Dix-sept Universités, établies dans les
principales villes du royaume, devaient être substituées
à l'Université unique et générale de l'Empire. Chacune
de ces Universités locales avait son organisation séparée
et complète, soit pour les divers degrés d'enseignement,
soit pour les divers établissements d'instruction situés
dans son ressort. Au-dessus des dix-sept Universités, un
Conseil royal et une grande École normale étaient chargés, l'un de présider à la direction générale de l'instruction publique, l'autre de former comme professeurs les
élèves d'élite qui se destineraient à cette carrière et que
les Universités locales devaient lui envoyer. Deux idées
avaient inspiré cette réforme : la première, le désir de
créer hors de Paris, dans les départements, de grands
foyers d'étude et d'activité intellectuelle ; la seconde, le
dessein d'abolir le pouvoir absolu qui, dans l'Université impériale, disposait seul soit de l'administration
des établissements, soit du sort des maîtres, et de pla-

[1] Je joins aux *Pièces historiques* placées à la fin de ce volume
le texte même de cette ordonnance et le Rapport au Roi qui en
explique la pensée et les motifs. (*Pièces historiques*, n° VI.)

cer les établissements sous une autorité plus rapprochée et plus contrôlée, en assurant aux maîtres plus de fixité, d'indépendance et de dignité dans leur situation. Idées justes, dont l'ordonnance du 17 février 1815 était un essai timide plutôt qu'une large et puissante application. Le nombre des Universités locales y était trop considérable ; il n'y a pas en France dix-sept foyers naturels de hautes et complètes études ; quatre ou cinq suffiraient et pourraient seuls devenir grands et féconds. La réforme oubliée que je rappelle ici avait un autre tort ; elle venait trop tôt ; c'était le résultat à la fois systématique et incomplet des méditations de quelques hommes depuis longtemps préoccupés des défauts du régime universitaire, non pas le fruit d'une impulsion et d'une opinion vraiment publiques. Une autre influence y apparaissait aussi, celle du Clergé, qui commençait alors sans bruit sa lutte contre l'Université, et cherchait habilement sa propre puissance dans le progrès de la liberté commune. L'ordonnance du 17 février 1815 ouvrit cette arène qui a été depuis si agitée. L'abbé de Montesquiou s'empressa de donner au clergé une première satisfaction, celle de voir un de ses membres, justement honoré, M. de Beausset, ancien évêque d'Alais, à la tête du Conseil royal ; les libéraux de l'Université saisirent volontiers cette occasion d'y introduire plus de mouvement et d'indépendance ; et le roi Louis XVIII se prêta de bonne grâce à donner sur sa liste civile un million pour abolir immédiatement la taxe universitaire, en attendant qu'une loi nouvelle, promise dans le préambule de l'ordonnance, vint compléter la réforme et pourvoir, sur les fonds de l'État, à tous les besoins du nouveau système.

Je me fais un devoir d'exprimer ici un regret né d'une faute que j'aurais dû, pour ma part, m'appliquer plus vivement à prévenir : on ne tint pas, dans cette réforme, assez de compte de l'avis et de la situation de M. de Fontanes. Comme grand maître de l'Université impériale, il avait rendu à l'instruction publique trop et de trop éminents services pour que le titre de grand officier de la Légion d'honneur fût une compensation suffisante à la retraite dont le nouveau système faisait, pour lui, une convenance et presque une nécessité.

Mais ni la réforme de l'instruction publique, ni aucune autre réforme n'inspiraient alors grand intérêt à la France; elle était en proie à de bien autres préoccupations. A peine entrée dans son nouveau régime, une impression soudaine d'alarme et de méfiance l'avait saisie et s'aggravait de jour en jour. Ce régime, c'était la liberté avec ses incertitudes, ses luttes et ses périls. Personne n'était accoutumé à la liberté, et elle ne contentait personne. De la Restauration, les hommes de l'ancienne France s'étaient promis la victoire; de la Charte, la France nouvelle attendait la sécurité; ni les uns ni les autres n'obtenaient satisfaction; ils se retrouvaient au contraire en présence, avec leurs prétentions et leurs passions mutuelles. Triste mécompte pour les royalistes de voir le Roi vainqueur sans l'être eux-mêmes; dure nécessité pour les hommes de la Révolution d'avoir à se défendre, eux qui dominaient depuis si longtemps. Les uns et les autres étaient étonnés et irrités de cette situation, comme d'une offense à leur dignité et d'une atteinte à leurs droits. Dans leur irritation, les uns et les autres se livraient, en projet et en paroles, à toutes les fantaisies, à tous les emportements de leurs désirs ou de leurs alarmes. Parmi les puissants et les riches de l'ancien régime, beaucoup ne se refusaient, envers les riches et les puissants nouveaux, ni impertinences, ni menaces. A la cour, dans les salons de Paris, et bien plus encore au fond des départements, par les journaux, par les pamphlets, par les conversations, par les incidents journaliers de la vie privée, les nobles et les bourgeois, les ecclésiastiques et les laïques, les émigrés et les acquéreurs de biens nationaux laissaient percer ou éclater leurs rivalités, leurs humeurs, leurs rêves d'espérance ou de crainte. Ce n'était là que la conséquence naturelle et inévitable de l'état très-nouveau que la Charte mise en pratique inaugurait brusquement en France : pendant la Révolution, on se battait; sous l'Empire, on se taisait; la Restauration avait jeté la liberté au sein de la paix. Dans l'inexpérience et la susceptibilité générales, le mouvement et le bruit de la liberté, c'était la guerre civile près de recommencer.

Pour suffire à une telle situation, pour maintenir à la fois la paix et la liberté, pour guérir les blessures sans supprimer les coups, nul gouvernement n'eût été trop fort ni trop habile. Louis XVIII et ses conseillers n'y

réussissaient pas. Ils n'étaient pas, en fait de régime
libre, plus expérimentés ni plus aguerris que la France
elle-même. Par leurs actes, ils ne donnaient à ses inquiétudes aucun motif sérieux ; ils avaient cru que la Charte
empêcherait les inquiétudes de naître; dès qu'elles se
manifestaient un peu vivement, ils s'efforçaient de les
calmer en abandonnant ou en atténuant les mesures
qui les avaient suscitées. La fameuse ordonnance du
comte Beugnot [1] sur l'observation des dimanches et
fêtes n'aboutit qu'à une loi inefficace, qui ne fut pas
même appliquée. Les paroles blessantes du comte
Ferrand, en présentant à la Chambre des députés le
projet de loi pour la restitution des biens non vendus
à leurs anciens propriétaires [2], furent hautement dés-
avouées, non-seulement par les discours, mais par
les résolutions et la conduite du gouvernement en
cette matière. Au fond, les intérêts qui se croyaient
menacés ne couraient aucun vrai péril ; en présence
des alarmes de la France nouvelle, le Roi et ses principaux conseillers étaient bien plus disposés à céder
qu'à engager la lutte; mais, après avoir fait acte de
sagesse constitutionnelle, ils se croyaient quittes de
tout souci, et rentraient dans leurs habitudes et leurs
goûts d'ancien régime, voulant aussi vivre en paix avec
leurs vieux et familiers amis. C'était un pouvoir modéré,
qui faisait cas de ses serments et ne formait, contre les

[1] 7 juin 1814.
[2] 13 septembre 1814.

intérêts et les droits nouveaux du pays, point de redoutables desseins, mais sans initiative et sans vigueur, dépaysé et isolé dans son royaume, divisé et entravé dans son intérieur, faible avec ses ennemis, faible avec ses amis, n'aspirant pour lui-même qu'à la sécurité dans le repos, et appelé à traiter chaque jour avec un peuple remuant et hardi, qui passait soudainement des rudes secousses de la révolution et de la guerre aux difficiles travaux de la liberté.

Sous l'influence prolongée de cette liberté, un tel gouvernement, sans passions obstinées et docile au vœu public quand l'expression en devenait claire, eût pu se redresser en s'affermissant et suffire mieux à sa tâche. Mais il lui fallait du temps et le concours du pays. Le pays mécontent et inquiet ne sut ni attendre, ni aider. De toutes les sagesses nécessaires aux peuples libres, la plus difficile est de savoir supporter ce qui leur déplaît pour conserver les biens qu'ils possèdent et acquérir ceux qu'ils désirent.

On a beaucoup agité la question de savoir quels complots et quels conspirateurs avaient, le 20 mars 1815, renversé les Bourbons et ramené Napoléon. Débat subalterne et qui n'a qu'un intérêt de curiosité historique. A coup sûr, il y eut de 1814 à 1815, et dans l'armée et dans la Révolution, parmi les généraux et parmi les conventionnels, bien des plans et bien des menées contre la Restauration et pour un gouvernement nouveau, l'Empire, la Régence, le duc d'Orléans, la République. Le maréchal Davoust promettait au parti impérial son concours et Fouché offrait à tous le sien. Mais si Napoléon fût resté immobile à l'île d'Elbe, tous ces projets de révolution auraient probablement avorté ou échoué bien des fois, comme échoua celui des généraux d'Erlon, Lallemand et Lefèvre Desnouettes, à l'entrée même du mois de mars. La fatuité des faiseurs de conspirations est infinie, et quand l'événement semble leur avoir donné raison, ils s'attribuent à eux-mêmes ce qui a été le résultat de causes bien plus grandes et bien plus complexes que leurs machinations. Ce fut Napoléon seul qui renversa en 1815 les Bourbons en évoquant, de sa personne, le dévouement fanatique de l'armée et les instincts révolutionnaires des masses populaires. Quelque chancelante que fût la monarchie naguère restaurée, il fallait ce grand homme et ces grandes forces sociales pour l'abattre. Stupéfaite, la France laissa, sans résistance comme sans confiance, l'événement s'accomplir. Napoléon en jugea lui-même ainsi avec un bon sens admirable : « Ils m'ont laissé arriver, dit-il au comte Mollien, comme ils les ont laissé partir. »

Quatre fois en moins d'un demi-siècle, nous avons vu les rois partir et traverser en fugitifs leur royaume. Leurs ennemis divers ont peint avec complaisance leur inertie et leur délaissement dans leur fuite. Basse et imprudente satisfaction que personne de nos jours n'a droit de se donner. La retraite de Napoléon, en 1814 et en 1815, n'a pas été plus brillante ni moins amère que celle de Louis XVIII au 20 mars, de Charles X en 1830, et de Louis-Philippe en 1848. La détresse a été égale pour toutes les grandeurs. Tous les partis ont le même besoin de modestie et de respect mutuel. Autant que personne, je fus frappé, au 20 mars 1815, des aveuglements, des hésitations, des impuissances, des misères de toute sorte que cette terrible épreuve fit éclater. Je ne prendrais nul plaisir et je ne vois nulle utilité à les redire ; les peuples ne sont maintenant que trop enclins à cacher leurs propres faiblesses sous l'étalage des faiblesses royales. J'aime mieux rappeler que ni la dignité de la royauté, ni celle du pays ne manquèrent, à cette triste époque, de nobles représentants. Madame la duchesse d'Angoulême, à Bordeaux, éleva son courage au niveau de son malheur ; et M. Laîné, comme président de la Chambre des députés, protesta avec éclat, le 28 mars, au nom du droit et de la liberté, contre l'événement alors accompli, qui ne rencontrait plus en France d'autre résistance que ces solitaires accents de sa voix.

## CHAPITRE III.

### LES CENT-JOURS.

Je quitte sur-le-champ le ministère de l'intérieur pour reprendre mon cours.—Attitude inquiète des classes moyennes au retour de Napoléon.—Ses motifs légitimes.—Sentiments des peuples comme des gouvernements étrangers envers Napoléon.—Rapprochement apparent et lutte secrète de Napoléon et des libéraux.—Les Fédérés.—Carnot et Fouché.—Explosion de la liberté pendant les Cent-Jours, même dans le palais imrial. — Louis XVIII et son conseil à Gand. — Le congrès et M. de Talleyrand à Vienne. — Je vais à Gand, de la part du comité royaliste constitutionnel de Paris.—Mes motifs et mes sentiments pendant ce voyage.—État des partis à Gand.—Ma conversation avec Louis XVIII.—M. de Blacas.—M. de Chateaubriand. — M. de Talleyrand revient de Vienne. — Louis XVIII rentre en France.—Intrigue ourdie à Mons et déjouée à Cambrai.—Aveuglement et faiblesse de la Chambre des représentants.—Mon opinion sur l'entrée de Fouché dans le Conseil du Roi.

(1815.)

Le Roi parti et l'Empereur rentré à Paris, je retournai à la Faculté des lettres, décidé à rester en dehors de toute menée secrète, de toute agitation vaine, et à reprendre mes travaux historiques et mon cours, non sans un vif regret de la vie politique à peine ouverte pour moi et tout à coup fermée[1]. A vrai dire, je ne la

---

[1] Je me dois de répéter ici moi-même la rectification d'une erreur (je ne veux pas me servir d'un autre mot) commise sur mon compte à propos des Cent-Jours et de la conduite que j'ai

croyais pas fermée sans retour. Non que le prodigieux succès de Napoléon ne m'eût révélé en lui une puissance à laquelle, depuis que j'avais assisté à sa chute, j'étais loin de croire. Jamais la grandeur personnelle d'un homme ne s'était déployée avec un plus foudroyant éclat; jamais acte plus audacieux et mieux calculé dans son audace n'avait frappé l'imagination des peuples. Et les forces extérieures ne manquaient pas à l'homme qui en trouvait tant en lui-même et en lui seul. L'armée lui appartenait avec un dévouement ardent et aveugle. Dans les masses populaires, l'esprit révolu-

tenue à cette époque. Cette rectification, insérée dans le *Moniteur universel* du 4 février 1844, y est conçue en ces termes :

« Plusieurs journaux ont récemment dit ou répété que M. Guizot, ministre des affaires étrangères, qui fut secrétaire général du ministère de l'intérieur en 1814 et 1815, avait conservé ces fonctions dans les Cent-Jours, sous le ministère du général comte Carnot, nommé ministre de l'intérieur par décret du 20 mars 1815, qu'il avait signé l'acte additionnel et qu'il avait été destitué. L'un de ces journaux a invoqué le témoignage du *Moniteur*.

« Ces assertions sont complétement fausses.

« M. Guizot, actuellement ministre des affaires étrangères, avait quitté, dès le 20 mars 1815, le ministère de l'intérieur; il fut remplacé dans ses fonctions de secrétaire général par un décret impérial du 23 mars, qui les confia à M. le baron Basset de Châteaubourg, ancien préfet (*Bulletin des lois*, n. V, p. 34). Ce n'est point de M. François Guizot qu'il est question dans la note publiée par le *Moniteur* du 14 mai 1815, p. 546, mais de M. Jean-Jacques Guizot, chef de bureau à cette époque au ministère de l'intérieur, qui fut en effet révoqué de ses fonctions dans le courant du mois de mai 1815. »

Malgré cette rectification officielle, fondée sur des actes officiels, et publiée en 1844 dans le *Moniteur* même où la confusion avait d'abord été commise, la même erreur a été reproduite, en 1847, dans l'*Histoire des deux Restaurations*, de M. Vaulabelle (2e édition, t. II, p. 276), et en 1831 dans l'*Histoire de la Restauration*, de M. de Lamartine (t. IV, p. 15).

tionnaire et l'esprit guerrier, la haine de l'ancien régime et l'orgueil national s'étaient soulevés à son aspect et se précipitaient à son service. Il remontait avec un cortége passionné sur un trône délaissé à son approche.

Mais à côté de cette force éclatante et bruyante se révéla presque au même instant une immense faiblesse. L'homme qui venait de traverser la France en triomphateur, en se portant partout, de sa personne, au-devant de tous, amis ou ennemis, rentra dans Paris de nuit, comme Louis XVIII en était sorti, sa voiture entourée de cavaliers et ne rencontrant sur son passage qu'une population rare et morne. L'enthousiasme l'avait accompagné sur sa route : il trouva au terme la froideur, le doute, les méfiances libérales, les abstentions prudentes, la France profondément inquiète et l'Europe irrévocablement ennemie.

On a souvent reproché aux classes élevées, surtout aux classes moyennes, leur indifférence et leur égoïsme; elles ne consultent, dit-on, que leur intérêt personnel et sont incapables de dévouement et de sacrifice. Je suis de ceux qui pensent que les nations, et toutes les classes au sein des nations, et surtout les nations qui veulent être libres, ne peuvent vivre avec sûreté comme avec honneur qu'à des conditions d'énergie et de persévérance morale, en sachant faire acte de dévouement à leur cause et opposer aux périls le courage et les sacrifices. Mais le dévouement n'exclut pas le bon sens, ni le courage l'intelligence. Il serait trop commode pour les ambitieux et les charlatans d'avoir toujours à leur disposition des dévouements hardis et aveugles. C'est trop souvent la condition des passions populaires; ignorante, irréfléchie et imprévoyante, la multitude, peuple ou armée, devient trop souvent, dans ses généreux instincts, l'instrument et la dupe d'égoïsmes bien plus pervers et bien plus indifférents à son sort que celui dont on accuse les classes riches et éclairées. Napoléon est peut-être, de tous les grands hommes de sa sorte, celui qui a mis le dévouement, civil et militaire, aux plus rudes épreuves; et lorsque le 21 juin 1815, envoyé par lui à la Chambre des représentants, son frère Lucien reprochait à la France de ne pas le soutenir avec assez d'ardeur et de constance, M. de La Fayette avait raison de s'écrier : « De quel droit accuse-t-on la nation d'avoir manqué, envers l'empereur Napoléon, de dévouement et de persévérance? Elle l'a suivi dans les sables brûlants de l'Égypte et dans les déserts glacés de la Russie, sur cinquante champs de bataille, dans ses revers comme dans ses succès; depuis dix ans, trois millions de Français ont péri à son service; nous avons assez fait pour lui. » Grands et petits, nobles, bourgeois et paysans, riches et pauvres, savants et simples, généraux et soldats, les Français avaient du moins assez fait et assez souffert au service de Napoléon pour avoir le droit de ne plus le suivre aveuglément et d'examiner s'il les conduisait au salut ou à la ruine. L'inquiétude des classes moyennes, en 1815, était une inquiétude légitime et patriotique; ce qu'elles souhaitaient, ce qu'elles avaient raison de souhaiter, dans l'intérêt du peuple entier comme dans leur intérêt propre, c'était la paix et la liberté sous la loi ; elles avaient bien raison de douter que Napoléon pût les leur assurer.

Le doute devint bien plus pressant quand on connut les résolutions des puissances alliées réunies au congrès de Vienne, leur déclaration du 13 mars et leur traité du 25. Nul homme sensé ne comprend aujourd'hui qu'à moins d'avoir un parti pris d'aveuglement, on ait pu alors se faire illusion sur la situation de l'empereur Napoléon et sur les chances de son avenir. Non-seulement les puissances, en l'appelant « ennemi et perturbateur de la paix du monde, » lui déclaraient une guerre à outrance, et s'engageaient à réunir contre lui toutes leurs forces ; mais elles se disaient « prêtes à donner au roi de France et à la nation française les secours nécessaires pour rétablir la tranquillité publique ; » et elles invitaient expressément Louis XVIII à donner à leur traité du 25 mars son adhésion. Elles posaient ainsi en principe que l'œuvre de pacification et de reconstruction européenne, accomplie à Paris par le traité du 30 mai 1814 entre le roi de France et l'Europe, n'était point anéantie par la perturbation violente qui venait d'éclater, et qu'elles la maintiendraient contre Napoléon dont le retour et le succès soudains, fruit d'un entraînement militaire et révolutionnaire, ne pouvaient lui créer aucun droit en Europe, et n'étaient point, à leurs yeux, le vœu réel et général de la France.

Solennel exemple des justices implacables que, Dieu et le temps aidant, les grandes fautes attirent sur leurs auteurs ! Les partisans de Napoléon pouvaient contester l'opinion des alliés sur le vœu de la France ; ils pouvaient croire que, pour l'honneur de son indépendance, elle lui devait son appui ; mais ils ne pouvaient prétendre que les nations étrangères n'eussent pas aussi leur propre indépendance à cœur, ni leur persuader qu'avec Napoléon maître de la France elles seraient en sûreté. Nulles promesses, nuls traités, nuls embarras, nuls revers ne donnaient confiance dans sa modération future ; son caractère et son histoire enlevaient tout crédit à ses paroles. Et ce n'étaient pas les gouvernements seuls, les rois et leurs conseillers qui se montraient ainsi prévenus et aliénés sans retour ; les peuples étaient bien plus méfiants et plus ardents contre Napoléon. Il ne les avait pas seulement accablés de guerres, de taxes, d'invasions, de démembrements ; il les avait offensés autant qu'opprimés. Les Allemands surtout lui portaient une haine violente ; ils voulaient venger la reine de Prusse de ses insultes et la nation allemande de ses dédains. Les paroles dures et blessantes qu'il avait souvent laissé échapper sur leur compte étaient partout répétées, répandues, commentées, probablement avec une crédule exagération. Après la campagne de Russie, l'Empereur causant un jour avec quelques personnes des pertes de l'armée française dans cette terrible épreuve, l'un des assistants, le duc de Vicence, les estimait à plus de 200,000 hommes. — « Non, non, dit Napoléon, vous vous trompez, ce n'est pas tant ; » et après avoir un moment cherché dans sa mémoire : « Vous pourriez bien ne pas avoir tort; mais il y avait là beaucoup d'Allemands. » C'est au duc de Vicence lui-même que j'ai entendu raconter ce méprisant propos; et l'empereur Napoléon s'était complu sans doute dans son calcul et dans sa réponse, car le 28 juin 1813, à Dresde, dans un entretien devenu célèbre, il tint le même langage au premier ministre de la première des puissances allemandes, à M. de Metternich lui-même. Qui pourrait mesurer la profondeur des colères amassées par de tels actes et de telles paroles dans l'âme, je ne dis pas seulement des chefs de gouvernement et d'armée, des Stein, des Gneisenau, des Blücher, des Müffling, mais de la race allemande tout entière? Le sentiment des peuples de l'Allemagne eut, aux résolutions du congrès de Vienne, au moins autant de part que la prévoyance de ses diplomates et la volonté de ses souverains.

Napoléon se faisait-il lui-même, en quittant l'île d'Elbe, quelque illusion sur les dispositions de l'Europe à son égard? Concevait-il quelque espérance soit de traiter avec la coalition, soit de la diviser? On l'a beaucoup dit, et c'est possible; les plus fermes esprits ne s'avouent guère tout le mal de leur situation. Mais une fois arrivé à Paris et instruit des actes du congrès, Napoléon vit la sienne telle qu'elle était et l'apprécia sur-le-champ avec son grand et libre jugement. Ses entretiens avec les hommes sérieux qui l'approchaient alors, entre autres avec M. Molé et le duc de Vicence, en font foi. Il essaya de prolonger quelque temps dans le public l'incertitude qu'il n'avait pas; la déclaration du congrès du

13 mars ne fut publiée dans le *Moniteur* que le 5 avril, le traité du 25 mars que le 3 mai, et Napoléon les fit accompagner de longs commentaires pour établir que ce ne pouvait être là, envers lui, le dernier mot de l'Europe. Il fit à Vienne, et par des lettres solennellement publiques, et par des émissaires secrets, quelques tentatives pour renouer avec l'empereur François, son beau-père, quelques relations, pour rappeler auprès de lui sa femme et son fils, pour semer, entre l'empereur Alexandre et les souverains d'Angleterre et d'Autriche, la désunion ou du moins la défiance, pour regagner à sa cause le prince de Metternich et M. de Talleyrand lui-même. Il n'attendait probablement pas grand'chose de ces démarches et ne s'étonna guère de ne trouver, dans les liens et les sentiments de famille, nul appui contre les intérêts et les engagements de la politique. Il comprit et accepta, sans colère contre personne et probablement aussi sans retour sur lui-même, la situation que lui faisait en ce moment sa vie passée : c'était celle d'un joueur effréné, complétement ruiné quoique encore debout, et qui joue seul, contre tous ses rivaux réunis, une partie désespérée, sans autre chance qu'un de ces coups imprévus que l'habileté la plus consommée ne saurait amener, mais que la fortune accorde quelquefois à ses favoris.

On a prétendu, quelques-uns même de ses plus chauds admirateurs, qu'à cette époque le génie et l'énergie de Napoléon avaient baissé; on a cherché dans son embonpoint, dans ses accès de langueur, dans ses longs sommeils, l'explication de son insuccès. Je crois le reproche injuste et la plainte frivole; je n'aperçois, dans l'esprit et la conduite de Napoléon, durant les Cent-Jours, aucun symptôme d'affaiblissement; je lui trouve, et dans le jugement et dans l'action, ses qualités accoutumées. Les causes de son mauvais sort sont plus hautes. Il n'était plus alors, comme il l'avait été longtemps, porté et soutenu par le sentiment général et le besoin d'ordre et de sécurité d'un grand peuple; il tentait au contraire une mauvaise œuvre, une œuvre inspirée par ses seules passions et ses seules nécessités personnelles, réprouvée par le sens moral et le bon sens comme par le véritable intérêt de la France. Et il tentait cette œuvre profondément égoïste avec des moyens contradictoires et dans une situation impossible. De là est venu le revers qu'il a subi comme le mal qu'il a fait.

C'était, pour les spectateurs intelligents, un spectacle étrange et, des deux parts, un peu ridicule, que Napoléon et les chefs du parti libéral aux prises, non pour se combattre, mais pour se persuader, ou se séduire, ou se dominer mutuellement. On n'avait pas besoin d'y regarder de très-près pour s'apercevoir que ni les uns, ni les autres ne prenaient au sérieux ni le rapprochement, ni la discussion. Les uns et les autres savaient bien que la vraie lutte n'était pas entre eux, et que la question dont dépendait leur sort se déciderait ailleurs que dans leurs entretiens. Si Napoléon eût vaincu l'Europe, à coup sûr il ne serait pas resté longtemps le rival de M. de La Fayette et le disciple de M. Benjamin Constant;

et dès qu'il fut vaincu à Waterloo, M. de La Fayette et ses amis se mirent à l'œuvre pour le renverser. Par nécessité, par calcul, les vraies idées et les vraies passions des hommes descendent quelquefois au fond de leur cœur ; mais elles remontent promptement à la surface dès qu'elles se croient quelque chance d'y reparaître avec succès. Le plus souvent, Napoléon se résignait avec une souplesse, une finesse et des ressources d'esprit infinies, à la comédie que les libéraux et lui jouaient ensemble ; tantôt il défendait doucement, quoique obstinément, sa vieille politique et sa propre pensée ; tantôt il les abandonnait de bonne grâce sans les renier, et comme par complaisance, pour des opinions qu'il ne partageait pas. Mais quelquefois, soit préméditation, soit impatience, il redevenait violemment lui-même, et le despote, à la fois fils et dompteur de la Révolution, reparaissait tout entier. Quand on voulut lui faire insérer dans l'Acte additionnel aux constitutions de l'Empire l'abolition de la confiscation proclamée par la Charte de Louis XVIII, il se récria avec colère : « On me pousse dans une route qui n'est pas la mienne. On m'affaiblit, on m'enchaîne. La France me cherche et ne me retrouve plus. L'opinion était excellente ; elle est exécrable. La France se demande ce qu'est devenu le vieux bras de l'Empereur, ce bras dont elle a besoin pour dompter l'Europe. Que me parle-t-on de bonté, de justice abstraite, de lois naturelles ? La première loi, c'est la nécessité ; la première justice, c'est le salut public... A chaque jour sa peine, à chaque circonstance sa loi, à chacun sa nature. La mienne n'est pas d'être un ange. Quand la paix sera faite, nous verrons. » Un autre jour, dans ce même travail de préparation de l'Acte additionnel, à propos de l'institution de la pairie héréditaire, il s'abandonna à la riche mobilité de son esprit, prenant tour à tour la question sous ses diverses faces, et jetant à pleines mains, sans conclure, les observations et les vues contraires : « La pairie est en désaccord avec l'état présent des esprits; elle blessera l'orgueil de l'armée; elle trompera l'attente des partisans de l'égalité; elle soulèvera contre moi mille prétentions individuelles. Où voulez-vous que je trouve les éléments d'aristocratie que la pairie exige?... Pourtant une constitution sans aristocratie n'est qu'un ballon perdu dans les airs. On dirige un vaisseau parce qu'il y a deux forces qui se balancent; le gouvernail trouve un point d'appui. Mais un ballon est le jouet d'une seule force; le point d'appui lui manque; le vent l'emporte et la direction est impossible. » Quand la question de principe fut décidée et qu'il en vint à nommer sa Chambre des pairs héréditaire, il avait grande envie d'y appeler beaucoup de noms de l'ancienne monarchie; après mûre réflexion, il y renonça, « non sans tristesse, » dit Benjamin Constant, et en s'écriant : « Il faudra pourtant y revenir une fois ou une autre; mais les souvenirs sont trop récents; ajournons cela jusqu'après la bataille; je les aurai bien si je suis le plus fort. » Il eût bien voulu ajourner ainsi toutes les questions, et ne rien faire avant d'être redevenu le plus fort; mais avec la Restauration, la liberté était rentrée en France, et il venait, lui, d'y réveiller la Révolution ; il était en face de ces deux puissances, contraint de les tolérer et essayant de s'en servir, en attendant qu'il pût les vaincre.

Quand il eut adopté toutes les institutions, toutes les garanties de liberté que l'Acte additionnel empruntait à la Charte, il eut à traiter avec un autre vœu, un autre article de foi des libéraux encore plus déplaisant pour lui. Ils demandèrent que ce fût là une constitution toute nouvelle, qui lui déférât la couronne impériale par la volonté du peuple et aux conditions que cette volonté y attacherait. C'était toujours la prétention de créer à nouveau, au nom de la souveraineté populaire, le gouvernement tout entier, institutions et dynastie : arrogante et chimérique manie qui avait possédé, un an auparavant, le Sénat impérial quand il rappela Louis XVIII, et qui vicie dans leur source la plupart des théories politiques de notre temps. Napoléon, en la proclamant sans cesse, n'entendait point ainsi la souveraineté du peuple : « Vous m'ôtez mon passé, dit-il à ses docteurs ; je veux le conserver. Que faites-vous donc de mes onze ans de règne ? J'y ai quelques droits, je pense ; l'Europe le sait. Il faut que la nouvelle constitution se rattache à l'ancienne ; elle aura la sanction de plusieurs années de gloire et de succès. » Il avait raison : l'abdication qu'on voulait de lui eût été plus humiliante que celle de Fontainebleau, car, si on lui rendait le trône, c'était lui-même et sa grande histoire qu'on lui demandait d'abdiquer. Il fit, en s'y refusant, acte de fierté intelligente, et par le préambule comme par le nom même de l'Acte additionnel, il maintint le vieil Empire en le réformant. Quand vint le jour de la promulgation, le 1er juin, au Champ de Mai, sa fidélité aux traditions impériales fut moins sérieuse et moins digne; il voulut paraître devant le peuple avec toutes les pompes de sa cour, entouré des princes de sa famille vêtus en taffetas blanc, de ses grands dignitaires en manteau orange, de ses chambellans, de ses pages : attachement puéril à des splendeurs de palais qui s'accordaient mal avec l'état des affaires et des esprits, et dont le public fut choqué en voyant défiler, au milieu de cet apparat magnifique, vingt mille soldats qui saluaient l'Empereur en passant pour aller mourir.

Quelques jours auparavant, une cérémonie bien différente avait mis en lumière un autre des inconséquents embarras de l'Empire renaissant. En même temps qu'il discutait avec l'aristocratie libérale sa constitution nouvelle, Napoléon s'appliquait à rallier autour de lui et à discipliner, en la caressant, la démocratie révolutionnaire. La population des faubourgs Saint-Antoine et Saint-Marceau s'agitait; l'idée leur vint de s'organiser en fédération, comme avaient fait leurs pères, et d'aller demander à l'Empereur des chefs et des armes. On accueillit leur vœu ; mais ils ne furent plus des *Fédérés*, comme en 1792 ; on les appela des *Confédérés*, dans l'espoir, en altérant un peu le nom, d'effacer un peu les souvenirs. Une ordonnance de police régla minutieusement leur marche à travers les rues, les précautions contre tout désordre et les détails de leur présentation à l'Empereur dans la cour des Tuileries. Ils lui remirent une adresse, longue et grave jusqu'à la froideur. Il les remercia en les appelant *soldats fédérés,* soigneux de leur imprimer lui-même le caractère qui lui convenait; et le lendemain on lisait dans le *Journal de l'Empire* : « L'ordre le plus parfait a régné depuis le départ des Confédérés jusqu'à leur retour; mais on a entendu avec peine, dans quelques endroits, le nom de l'Empereur mêlé à des chants qui rappelaient une époque trop fameuse. » Scrupule bien sévère dans un semblable travail.

Je traversais, peu de jours après, le jardin des Tuileries; une centaine de Fédérés, d'assez mauvaise apparence, étaient réunis sous les fenêtres du palais, criant *vive l'Empereur!* et le provoquant à se montrer. Il tarda beaucoup à tenir compte de leur désir; enfin une fenêtre s'ouvrit; il parut et salua de la main; mais presque à l'instant la fenêtre se referma, et je vis clairement Napoléon se retirer en haussant les épaules, plein d'humeur sans doute d'avoir à se prêter à des démonstrations dont la nature lui déplaisait et dont la force très-médiocre ne le satisfaisait pas.

Il avait voulu donner au parti révolutionnaire plus d'un gage: avant d'en recevoir les bataillons dans la cour de son palais, il en avait appelé dans son conseil les plus anciens et plus célèbres chefs. Je doute qu'il attendît de leur part un très-utile concours. Carnot, habile officier, républicain sincère et honnête homme, autant que peut l'être un fanatique badaud, devait être un mauvais ministre de l'intérieur, car il ne possédait ni l'une ni l'autre des deux qualités essentielles dans ce grand poste, ni la connaissance et le discernement des hommes, ni l'art de les inspirer et de les diriger autrement que par des maximes générales et d'uniformes circulaires. Napoléon savait mieux que personne comment Fouché faisait la police : pour lui-même d'abord et pour son propre pouvoir, puis pour le pouvoir qui l'employait, et tant qu'il trouvait plus de sûreté ou d'avantage à le servir qu'à le trahir. Je n'ai vu le duc d'Otrante que deux fois et dans de courtes conversations; nul homme ne m'a plus complétement donné l'idée d'une indifférence hardie, ironique, cynique, d'un sang-froid imperturbable dans un besoin immodéré de mouvement et d'importance, et d'un parti-pris de tout faire pour réussir, non dans un dessein déterminé, mais dans le dessein et selon la chance du moment. Il avait conservé, de sa vie de proconsul jacobin, une certaine indépendance audacieuse, et restait un roué de révolution, bien qu'il fût devenu aussi un roué de gouvernement et de cour. Napoléon, à coup sûr, ne comptait pas sur un tel homme, et savait bien qu'en le prenant pour ministre, il aurait à le surveiller plus qu'à s'en servir. Mais il avait besoin que, par les noms propres, le drapeau de la Révolution flottât clairement sur l'Empire, et il aimait mieux subir Carnot et Fouché dans son gouvernement que les laisser en dehors, murmurant ou conspirant avec tels ou tels de ses ennemis. Au moment de son retour et dans les premières semaines de l'Empire ressuscité, il retira probablement de ces deux choix l'avantage qu'il s'en était promis; mais quand les périls et les difficultés de sa situation eurent éclaté, quand il fut aux prises, au dedans avec les libéraux méfiants, au dehors avec l'Europe, Carnot et Fouché devinrent aussi pour lui des difficultés et des périls. Carnot, sans le trahir, le servait gauchement et froidement, car, dans la plupart des circonstances et des questions, il était bien plutôt du bord de l'opposition que de celui de l'Empereur; et Fouché le trahissait indéfiniment, causant et traitant à voix basse de sa fin prochaine avec tous ses héritiers possibles, comme un médecin indifférent au lit d'un malade désespéré.

Même chez ses plus intimes et plus dévoués serviteurs, Napoléon ne rencontrait plus, comme jadis, une foi implicite, une disposition facile et prompte à penser et à agir comme il voulait et quand il voulait. L'indépendance d'esprit et le sentiment de la responsabilité personnelle avaient repris, autour de lui, leurs scrupules et leur empire. Quinze jours après son arrivée à Paris, il fit appeler son grand maréchal, le général Bertrand, et lui présenta à contre-signer le décret, daté de Lyon, par lequel il ordonnait la mise en jugement et le séquestre des biens du prince de Talleyrand, du duc de Raguse, de l'abbé de Montesquiou, de M. Bellard et de neuf autres personnes qui, en 1814 et avant son abdication, avaient concouru à sa chute. Le général Bertrand s'y refusa : « Je suis étonné, lui dit l'Empereur, que vous me fassiez de telles difficultés; cette sévérité est nécessaire au bien de l'État.—Je ne le crois pas, Sire.—Je le crois, moi, et c'est à moi seul qu'il appartient d'en juger. Je ne vous ai pas fait demander votre aveu, mais votre signature, qui n'est qu'une affaire de forme et ne peut vous compromettre en rien. — Sire, un ministre qui contre-signe un acte du souverain en est moralement responsable. Votre Majesté a déclaré par ses proclamations qu'elle accorderait une amnistie générale; je les ai contre-signées de tout mon cœur; je ne contre-signerai pas le décret qui les révoque. » Napoléon insista et caressa en vain; Bertrand fut invincible; le décret parut sans contre-seing; et Napoléon put se convaincre à l'instant même que son grand maréchal n'était pas seul à protester; comme il traversait le salon où se tenaient ses aides de camp, M. de La Bédoyère dit assez haut pour être entendu : « Si le régime des proscriptions et des séquestres recommence, tout sera bientôt fini. »

Quand la liberté éclate à ce point dans l'intérieur du palais, c'est qu'elle règne au dehors. Après quelques semaines de stupeur, elle devint en effet étrangement générale et hardie. Non-seulement la guerre civile renaissait dans les départements de l'ouest; non-seulement des actes matériels de résistance ou d'hostilité étaient commis sur divers points du territoire, dans des villes importantes, par des hommes considérables; mais partout, et surtout à Paris, on pensait, on parlait tout haut, dans les lieux publics comme dans les salons; on allait et venait, on manifestait des espérances, on se livrait à des menées ennemies, comme si elles eussent été légales ou assurées du succès; les journaux, les pamphlets, les chansons se multipliaient, s'envenimaient de jour en jour, et circulaient à peu près sans obstacle et sans crainte. Les amis chauds, les serviteurs dévoués de l'Empire témoignaient leur surprise et leur indignation; Fouché faisait à l'Empereur des rapports pour signaler le mal et réclamer des mesures de répression; le *Moniteur* publiait les rapports; les mesures étaient décrétées; quelques arrestations, quelques poursuites avaient lieu, mais sans vigueur ni efficacité générale : grands ou petits, la plupart des agents du pouvoir n'avaient évidemment ni ardeur dans leur cause, ni confiance dans leur force. Napoléon n'ignorait rien de tout cela et laissait aller, subissant, comme une nécessité du moment, la liberté de ses ennemis, la mollesse de ses agents, et gardant sans doute dans son cœur le sentiment qu'il avait exprimé tout haut dans une autre occasion : « Je les aurai bien si je suis le plus fort. »

Je doute qu'il appréciât à sa juste valeur une des causes, une cause cachée mais puissante, de sa faiblesse au lendemain d'un si prodigieux succès. Malgré l'humeur, les inquiétudes, les méfiances, les colères qu'avait excitées le gouvernement de la Restauration, ce fut bientôt, au fond des cœurs, le sentiment général qu'il n'y avait pas là de quoi justifier une révolution semblable, de tels attentats de la force armée contre le pouvoir légal, et de tels risques pour la patrie. L'armée avait été entraînée vers son ancien chef par un mouvement d'affection et de dévouement généreux encore plus que par des intérêts personnels ; elle était nationale et populaire : pourtant rien ne pouvait changer la nature des actes ni le sens des mots ; la violation des serments, la défection sous les armes, le passage subit d'un camp dans le camp contraire ont toujours été condamnés par l'honneur comme par le devoir, militaire ou civil, et qualifiés de trahison. Individus, peuples ou armées, les hommes en proie à une passion violente dédaignent souvent, ou même ne ressentent pas du tout, au premier moment, l'impression morale qui s'attache naturellement à leurs actes ; mais elle ne tarde guère à reparaître, et quand elle est secondée par les conseils de la prudence ou par les coups du malheur, elle reprend bientôt son empire. Ce fut le triste destin du gouvernement des Cent-Jours, que l'autorité du sens moral se rangeât du bord des royalistes ses adversaires et que la conscience publique, clairement ou confusément, volontiers ou à contre-cœur, donnât raison aux jugements sévères dont son origine était l'objet.

Nous observions attentivement, mes amis et moi, les progrès de cette situation impériale et de ces dispositions publiques ; ce fut bientôt notre conviction profonde que Napoléon tomberait et que Louis XVIII remonterait sur le trône. Et en même temps que tel nous apparaissait l'avenir, nous étions de plus en plus convaincus que, dans le déplorable état où l'entreprise des Cent-Jours avait jeté la France, au dedans et au dehors, le retour de Louis XVIII était pour elle la meilleure chance de retrouver au dedans un gouvernement régulier, au dehors la paix et son rang dans l'ordre européen. Dans la vie publique, la prudence et le devoir veulent également qu'on ne se fasse aucune illusion sur le mal et qu'on accepte fermement le remède, quels qu'en soient l'amertume et le prix. Je n'avais point pris de part active à la première Restauration; je m'unis sans hésiter aux efforts de mes amis pour que la seconde s'accomplît dans les conditions les plus propres à sauver la dignité, les libertés et le repos de la France.

Ce que nous apprenions de Gand nous inquiétait beaucoup : transactions ou institutions, tous les problèmes de principe ou de circonstance qu'on se flattait d'avoir résolus en 1814 étaient là remis en question; la lutte était rengagée entre les royalistes constitutionnels et les absolutistes de réaction ou de cour, entre la Charte et l'ancien régime. On s'est souvent complu à sourire et à faire sourire en racontant les dissensions, les rivalités, les projets, les espérances et les craintes qui se débattaient parmi cette poignée d'exilés, autour de ce roi impotent et impuissant. C'est là un plaisir peu intelligent et peu digne. Qu'importe que le théâtre soit grand ou petit, que les acteurs y paraissent dans la haute ou dans la mauvaise fortune, et que les misères de la nature humaine s'y déploient sous de brillantes ou de mesquines formes? La grandeur est dans les questions qui s'agitent et les destinées qui se préparent. On traitait à Gand la question de savoir comment la France serait gouvernée quand ce vieux roi sans États et sans soldats serait appelé une seconde fois à s'interposer entre elle et l'Europe. Le problème et l'événement en perspective étaient assez grands pour préoccuper dignement les hommes sérieux et les bons citoyens.

Les nouvelles de Vienne n'étaient pas moins graves. Non qu'il y eût au fond, dans les desseins ou dans l'union des puissances alliées, aucune hésitation : Fouché, depuis longtemps en bons rapports avec le prince de Metternich, lui faisait faire, il est vrai, toutes sortes d'ouvertures que le chancelier d'Autriche ne repoussait pas absolument ; toutes les combinaisons qui pouvaient fournir un gouvernement à la France étaient admises à se faire présenter ; on parlait de tout dans les cabinets ou dans les salons des ministres, et jusque dans les conférences du congrès, de Napoléon II et de la régence, du duc d'Orléans, du prince d'Orange ; le ministère anglais, prenant ses précautions avec le Parlement, déclarait officiellement qu'il n'entendait point poursuivre la guerre pour imposer aucun gouvernement particulier à la France, et le cabinet autrichien adhérait à cette déclaration. Mais ce n'était là que des ménagements de personnes, ou des convenances de situation, ou des moyens d'information, ou des complaisances de conversation, ou des perspectives de cas extrêmes auxquels les meneurs de la politique européenne ne pensaient pas qu'ils fussent jamais réduits. La diplomatie abonde en démarches et en propos sans valeur, qu'il ne faut ni ignorer, ni croire, et sous lesquels persistent la vraie pensée, le travail réel des chefs de gouvernement. Sans vouloir le proclamer tout haut, ni s'y engager par des textes formels et publics, les grands gouvernements de l'Europe, par principe, par intérêt ou par honneur, regardaient à cette époque leur cause comme liée à celle de la maison de Bourbon en France : c'était auprès de Louis XVIII dans l'exil que leurs représentants continuaient de résider; et auprès des gouvernements européens, grands ou petits, c'étaient toujours les agents diplomatiques de Louis XVIII qui représentaient la France. A l'exemple et sous la direction de M. de Talleyrand, tous ces agents, en 1815, restèrent attachés à la cause royale, par fidélité ou par prévoyance, et convaincus comme lui qu'en définitive là serait le succès.

Mais à côté de cette intention générale de l'Europe en faveur de la maison de Bourbon existait un grand danger, le danger que les souverains et les diplomates réunis à Vienne n'en vinssent à la regarder comme incapable de gouverner la France. Ils avaient tous, depuis vingt ans, traité et vécu avec cette France, telle que la Révolution et l'Empire l'avaient faite; en la craignant, ils la considéraient beaucoup; plus ils s'inquiétaient de sa pente vers l'anarchie et la guerre, plus ils jugeaient indispensable que le pouvoir y fût aux mains d'hommes sensés, habiles, prudents, capables de la bien comprendre et de s'en faire comprendre à leur tour. Depuis longtemps, ils étaient loin d'avoir, dans les compagnons d'exil ou dans l'entourage de cour de Louis XVIII, cette confiance, et l'expérience qu'ils venaient d'en faire redoublait leurs appréhensions. Ils regardaient le vieux parti royaliste comme infiniment plus propre à perdre les rois qu'à gouverner les États.

Témoin de ces doutes inquiets des étrangers sur l'avenir qu'ils préparaient eux-mêmes, M. de Talleyrand, à Vienne, avait aussi les siens. A travers toutes les transformations de sa politique et de sa vie, et quoique la dernière eût fait de lui le représentant de l'ancienne royauté, il ne voulait pas et n'a jamais voulu se séparer de la Révolution; il y tenait par des actes trop décisifs, il l'avait acceptée et servie sous trop de formes diverses pour ne pas se trouver lui-même vaincu si elle était vaincue; point révolutionnaire par nature, ni par goût, c'était dans le camp de la révolution qu'il avait grandi et fait sa fortune; il n'en pouvait sortir avec sûreté; il y a des défections que l'égoïsme habile ne se permet pas. Mais la situation générale et la sienne propre ne l'en préoccupaient que plus vivement : que deviendraient la cause et les hommes de la Révolution sous la seconde Restauration près de s'accomplir? Que deviendrait cette seconde Restauration elle-même si elle ne savait pas se gouverner et se maintenir mieux que n'avait fait la première? Dans la seconde comme dans la première, M. de Talleyrand jouait un grand rôle et rendait à la royauté d'éminents services. Quel en serait, pour lui, le fruit? Ses conseils seraient-ils écoutés et son influence acceptée? Aurait-il encore l'abbé de Montesquiou et M. de Blacas pour rivaux? Je ne crois pas qu'il ait hésité, à cette époque, sur la cause qu'il lui convenait de servir; mais, sentant sa force et le besoin que la maison de Bourbon avait de lui, il laissait clairement entrevoir son humeur du passé et ses inquiétudes pour l'avenir.

Bien informés de tous ces faits et de ces dispositions des principaux acteurs, les royalistes constitutionnels, qui se réunissaient alors autour de M. Royer-Collard, jugèrent qu'il était de leur devoir de faire connaître sans réserve à Louis XVIII leur pensée sur l'état des affaires et sur la conduite qu'il avait à tenir. Il ne s'agissait pas seulement d'insister auprès de lui sur la nécessité de la persévérance dans le régime constitutionnel et dans la franche acceptation de la société française telle que les temps nouveaux l'avaient faite; il fallait entrer dans les questions de personnes, dire au Roi que la présence de M. de Blacas auprès de lui nuisait essentiellement à sa cause, solliciter l'éloignement du favori, provoquer quelque acte, quelques paroles publiques propres à caractériser nettement les intentions du Roi près de ressaisir le gouvernement de ses États, l'engager enfin à tenir grand compte des conseils et de l'influence de M. de Talleyrand, avec qui d'ailleurs, à cette époque, aucun des hommes qui donnaient cet avis n'avait aucune relation personnelle et pour qui même la plupart d'entre eux se sentaient peu de goût.

J'étais le plus jeune et le plus disponible de cette petite réunion. On m'engagea à me charger de cette mission peu agréable en soi. Je l'acceptai sans hésiter. Quoique j'eusse encore, à cette époque, peu d'expérience des animosités politiques et de leurs aveugles fureurs, je ne laissais pas d'entrevoir quel parti des ennemis pourraient un jour tirer contre moi d'une semblable démarche; mais j'aurais honte de moi-même si la crainte de la responsabilité et les appréhensions de l'avenir pouvaient m'arrêter quand les circonstances m'appellent à faire, dans les limites du devoir et de ma propre pensée, ce que commande, à mes yeux, l'intérêt de mon pays.

Je quittai Paris le 23 mai. Une seule circonstance mérite d'être remarquée dans mon voyage, la facilité que je trouvai à l'accomplir. Non que beaucoup de mesures de police ne fussent prescrites sur les routes et tout le long de la frontière; mais la plupart des agents ne mettaient nul empressement, nulle exactitude à les exécuter; on rencontrait dans les paroles, dans le silence, dans les regards, une sorte de tolérance sous-entendue et presque de connivence tacite; et plus d'une physionomie administrative semblait dire au voyageur inconnu : « Passez vite », comme si l'on eût craint de se faire une mauvaise note ou de nuire à une œuvre utile en l'entravant dans le dessein qu'on lui supposait.

Arrivé à Gand, j'allai voir d'abord les hommes que je connaissais et dont les vues répondaient aux miennes, MM. de Jaucourt, Louis, Beugnot, de Lally-Tolendal, Mounier. Je les trouvai très-fidèles à la cause constitutionnelle, mais tristes comme des exilés et inquiets comme des conseillers sans repos dans l'exil, car ils avaient à lutter incessamment contre les passions et les desseins, odieux ou ridicules, de l'esprit de réaction.

Les mêmes faits fournissent aux partis divers les arguments et les conclusions les plus contraires : la catastrophe qui rattachait plus étroitement les uns aux principes et à la politique de la Charte était, pour les autres, la condamnation de la Charte et la démonstration que le retour à l'ancien régime pouvait seul sauver la monarchie. Ce n'est pas la peine de répéter les détails que me donnèrent mes amis sur les conseils contre-révolutionnaires et absolutistes qui assiégeaient le Roi ; c'est dans l'oisiveté du malheur que les hommes se livrent à tous leurs rêves, et l'impuissance passionnée engendre la folie. Le Roi tenait bon et donnait raison à ses conseillers constitutionnels ; le *Rapport sur l'état de la France* que, peu de jours avant mon arrivée, lui avait présenté M. de Chateaubriand au nom de tout le Conseil, et qui venait d'être publié dans le *Moniteur de Gand*, était une éloquente exposition de la politique libérale qu'acceptait la royauté. Mais le parti ainsi désavoué ne renonçait point ; il entourait le Roi qu'il ne parvenait pas à dominer ; il avait, dans la famille et dans l'intimité royale, les plus fortes racines ; M. le comte d'Artois en était le chef public et M. de Blacas le discret, mais constant allié. Il y avait là une victoire aussi difficile que nécessaire à remporter.

Je priai le duc de Duras de demander pour moi, au Roi, une audience particulière. Le Roi me reçut le lendemain, 1ᵉʳ juin, et me garda plus d'une heure. Je n'ai nul goût pour l'étalage minutieux et arrangé de semblables entretiens ; je ne redirai, de celui-ci et de mes impressions, que ce qui, aujourd'hui encore, vaut la peine d'être rappelé.

Deux choses en sont restées fortement empreintes dans ma mémoire, l'impotence et la dignité du Roi : il y avait dans l'attitude et le regard de ce vieillard immobile et comme cloué sur son fauteuil une sérénité hautaine, et, au milieu de sa faiblesse une confiance tranquille dans la force de son nom et de son droit, dont je fus frappé et touché. Ce que j'avais à lui dire devait lui déplaire; par respect, non par calcul, je commençai par ce qui lui était agréable; je lui parlai du sentiment royaliste qui, de jour en jour, éclatait plus vivement dans Paris; je lui racontai quelques anecdotes, quelques couplets de chansons qui l'attestaient gaiement. Il s'en amusa; il se plaisait aux récits gais, comme il arrive aux hommes qui ne peuvent guère se fournir eux-mêmes de gaieté. Je lui dis que l'espérance de son retour était générale : — « Mais ce qu'il y a de fâcheux, Sire, c'est qu'en croyant au rétablissement de la monarchie, on n'a pas confiance dans sa durée. — Pourquoi donc? Quand le grand artisan de révolution n'y sera plus, la monarchie durera; il est clair que si Bonaparte retourne à l'île d'Elbe, ce sera à recommencer; mais lui fini, les révolutions finiront aussi. — On ne s'en flatte guère, Sire; on craint autre chose encore que Bonaparte, on craint la faiblesse du gouvernement royal, son incertitude entre les anciennes et les nouvelles idées, les anciens et les nouveaux intérêts; on craint la désunion ou du moins l'incohérence de ses ministres. » Le Roi ne me répondait pas; j'insistai, je nommai M. de Blacas; je dis que j'étais expressément chargé, par des hommes que le Roi connaissait bien comme d'anciens, fidèles et intelligents serviteurs, de lui représenter la méfiance qui s'attachait à ce nom et le mal qui en résultait pour lui-même : — « Je tiendrai tout ce que j'ai promis dans la Charte; les noms n'y font rien; qu'importe à la France quels amis je garde dans mon palais, pourvu qu'il n'en sorte nul acte qui ne lui convienne? Parlez-moi de motifs d'inquiétude plus sérieux. » J'entrai dans quelques détails; je touchai à divers traits des menées et des menaces des partis; je parlai aussi au Roi des protestants du Midi, de leurs alarmes, des violences même dont, sur quelques points, ils avaient déjà été l'objet : — « Ceci est très-mauvais; je ferai ce qu'il faudra pour l'empêcher; mais je ne peux pas tout empêcher; je ne peux pas être à la fois un roi libéral et un roi absolu. » Il me questionna sur quelques faits récents, sur quelques hommes du régime impérial : « Il y en a deux, Sire, M\*\*\* et M\*\*\*, qui, sachant que je me rendais auprès du Roi, m'ont fait demander de lui prononcer leur nom et de l'assurer de leurs sentiments? — Pour M\*\*\*, j'y compte, et j'en suis fort aise; je sais ce qu'il vaut. Quant à M\*\*\*, il est de ceux dont je ne dois ni ne veux entendre parler. » Je m'en tins là. Je n'ignorais pas que le Roi était dès lors en relation avec Fouché, l'un des pires entre les régicides; mais je fus peu surpris que des relations secrètes et amenées par un intérêt pressant ne l'empêchassent pas de maintenir tout haut et en thèse générale une ligne de conduite fort naturelle. Il était, à coup sûr, loin de prévoir à quel dégoût sa relation avec le duc d'Otrante le réduirait. Il me congédia avec quelques paroles banales de satisfaction bienveillante, me laissant l'impression d'un esprit sensé et libre, dignement superficiel, fin avec les personnes et soigneux des apparences, peu préoccupé et assez peu intelligent du fond des choses, et presque également incapable des fautes qui perdent et des succès qui fondent l'avenir des races royales.

Je fis une visite à M. de Blacas. Il avait témoigné, à mon sujet, quelque humeur : « Que vient faire ici ce jeune homme? avait-il dit au baron d'Eckstein, commissaire général de police du Roi des Pays-Bas à Gand; il a, de je ne sais qui, je ne sais quelle mission auprès du Roi. » Il connaissait très-bien et ma mission et mes amis. Il ne m'en reçut pas moins avec une politesse parfaite, et j'ajoute avec une honorable franchise, me demandant ce qu'on disait de lui à Paris et pourquoi on lui en voulait tant. Il me parla même de ses mauvais rapports avec l'abbé de Montesquiou, se plaignant des vivacités et des boutades qui les avaient brouillés, au détriment du service du Roi. Je lui rendis franchise pour franchise, et son attitude, dans tout le cours de notre entretien, fut digne avec un peu de roideur, marquant plus de surprise que d'irritation. Je trouve, dans quelques notes écrites en sortant de chez lui, cette phrase : « Je serais bien trompé si la plupart de ses torts ne tenaient pas à la médiocrité de son esprit. »

La situation de M. de Chateaubriand à Gand était singulière. Membre du Conseil du Roi, il en exposait brillamment la politique dans les pièces officielles et la défendait dans le *Moniteur de Gand* avec le même éclat. Il n'en avait pas moins beaucoup d'humeur contre tout le monde, et personne ne comptait beaucoup avec lui. A mon avis, et soit alors, soit plus tard, ni le Roi, ni les divers cabinets n'ont bien compris la nature de M. de Chateaubriand, ni apprécié assez haut son concours ou son hostilité. Il était, j'en conviens, un allié incommode, car il prétendait à tout et se blessait de tout ; au niveau des plus rares esprits et des plus beaux génies, c'était sa chimère de se croire aussi l'égal des plus grands maîtres dans l'art de gouverner, et d'avoir le cœur plein d'amertume quand on ne le prenait pas pour le rival de Napoléon aussi bien que de Milton. Les hommes sérieux ne se prêtaient pas à cette complaisance idolâtre ; mais ils oubliaient trop ce que valait, comme ami ou comme ennemi, celui à qui ils la refusaient ; on eût pu trouver, dans les hommages à son génie et dans les satisfactions de sa vanité, de quoi endormir les rêves de son orgueil ; et s'il n'y avait pas moyen de le satisfaire, il fallait, en tout cas, par prudence comme par reconnaissance, non-seulement le ménager, mais le combler. Il était de ceux envers qui l'ingratitude est périlleuse autant qu'injuste, car ils la ressentent avec passion et savent se venger sans trahir. Il vivait à Gand dans une grande intimité avec M. Bertin, et s'assurait dès lors, sur le *Journal des Débats,* cet empire dont il devait faire plus tard un si puissant usage. Malgré la bienveillance de nos premiers rapports, j'étais déjà alors assez froidement avec lui; il avait été mécontent en 1814, et parlait mal de l'abbé de Montesquiou et de ses amis. Je n'en fus pas moins surpris et choqué, comme d'une injustice et d'une faute, du peu de compte qu'on faisait de lui en se servant tant de lui, et je regrettai de ne pas le voir plus souvent et sur un pied plus amical.

C'était au milieu de ces discussions non-seulement de principes et de partis, mais d'amours-propres et de coteries que nous attendions, hors de France et ne sachant que faire de notre temps comme de notre âme, l'issue de la lutte engagée entre Napoléon et l'Europe. Situation profondément douloureuse, que j'acceptais pour servir la cause que je croyais et n'ai pas cessé de croire bonne, mais dont je ressentais, à chaque heure du jour, toutes les tristesses. Je ne m'arrêterai pas à les décrire; rien ne m'est plus antipathique que d'étaler mon propre cœur, surtout quand je sais que beaucoup de ceux qui m'entendront ne voudront ou ne sauront ni me comprendre ni me croire. Je n'en veux point aux hommes de leurs méprises ni de leurs invectives; c'est la condition de la vie publique ; mais je ne me tiens point pour obligé d'entrer dans de vaines controverses sur moi-même, et je sais attendre la justice sans la demander. La bataille de Waterloo vint mettre un terme à notre immobile anxiété. Le Roi quitta Gand le 22 juin, pressé par ses plus sûrs amis et par son propre jugement de ne pas perdre une minute pour aller se placer entre la France perplexe et l'invasion étrangère. J'en partis le lendemain avec M. Mounier, et le même soir nous rejoignîmes le Roi à Mons, où il s'était arrêté.

Là éclata, en présence de nouveaux acteurs et avec des complications qui restent encore obscures, le dénoûment que j'étais venu provoquer, la chute de M. de Blacas. Je n'ai garde de discuter les récits très-divers qu'en ont donnés plusieurs des intéressés ou des témoins; je reproduirai simplement ce que j'en ai vu moi-même, sur les lieux, comme je le retrouve dans une lettre écrite à Cambrai six jours après [1], pour la personne à qui, même dans l'absence de toute communication immédiate, je me donnais le plaisir de tout raconter : « Comme nous entrions à Mons, M. Mounier et moi, on nous a dit que M. de Blacas était congédié et s'en allait ambassadeur à Naples; mais notre surprise a été grande quand nous avons su que M. de Talleyrand, venu naguère de Vienne à Bruxelles pour être à portée des événements, et arrivé à Mons peu d'heures après le Roi, avait en même temps donné sa démission, que le Roi, en la refusant, avait froidement accueilli M. de Talleyrand lui-même, et que celui-ci repartait pour Bruxelles, tandis que, contre son avis, le Roi venait de partir pour Cateau-Cambresis, quartier général, en ce moment, de l'armée anglaise. Nous ne comprenions ab-

[1] Le 29 juin 1815.

solument rien à des incidents si contradictoires, et notre inquiétude égalait notre surprise. Nous avons couru de tous côtés; nous avons vu tout le monde, ceux de nos amis qui nous avaient devancés à Mons et les ministres étrangers qui avaient suivi le Roi, MM. de Jaucourt, Louis, Beugnot, de Chateaubriand, Pozzo di Borgo, de Vincent; et à travers les demi-confidences, les colères contenues, les sourires moqueurs, les regrets sincères, nous avons fini par comprendre, ou à peu près. La petite cour de M. le comte d'Artois, sachant que M. de Talleyrand conseillait au Roi de ne point se presser et que le duc de Wellington l'engageait au contraire à s'avancer rapidement en France, n'avait rien imaginé de mieux que de chasser à la fois M. de Blacas et M. de Talleyrand, et d'enlever le Roi à ses conseillers constitutionnels comme à son favori en le faisant partir brusquement pour le quartier général de l'armée anglaise, entouré des seuls partisans de *Monsieur* dont on espérait faire ses ministres. L'irritation était grande chez nos amis et le blâme vif chez les étrangers; ces derniers demandaient en qui ils pourraient avoir confiance pour la question française et avec qui ils en traiteraient dans une telle crise. M. de Talleyrand revenait de Vienne avec un grand renom d'habileté et de succès; il était, aux yeux de l'Europe, le représentant du Roi et de la France; le ministre d'Autriche venait de lui dire à Bruxelles : « J'ai ordre de vous consulter en toute occasion et de me diriger surtout d'après vos conseils. » Lui-même témoignait hautement son humeur et repoussait vivement ceux qui l'engageaient à rejoindre le Roi. Après six heures d'entretiens un peu confus, il fut convenu que Pozzo di Borgo se rendrait au Cateau et engagerait le duc de Wellington à faire lui-même une démarche pour mettre fin à cette étrange brouillerie, et que MM. de Jaucourt, Louis et Beugnot iraient en même temps dire au Roi que les hommes auxquels il paraissait accorder sa confiance ayant des idées et des projets diamétralement contraires aux leurs, ils ne pouvaient plus le servir utilement et lui demandaient la permission de se retirer. Probablement des réflexions ou des démarches conformes à ces résolutions avaient déjà été faites au Cateau, car le 25 au matin, en même temps que nous apprenions les événements de Paris, l'abdication de Napoléon et l'envoi de commissaires aux souverains alliés, est arrivée à Mons une lettre du duc de Wellington à M. de Talleyrand lui disant, m'assure-t-on, en propres termes : « Je regrette beaucoup que vous n'ayez pas accompagné ici le Roi ; c'est moi qui l'ai vivement engagé à entrer en France en même temps que nous. Si j'avais pu vous dire les motifs qui me dirigent dans cette circonstance, je ne doute pas que vous n'eussiez donné au Roi le même conseil. J'espère que vous viendrez les entendre. » M. de Talleyrand s'est décidé sur-le-champ à partir, et nous avec lui. Nous avons rejoint le Roi ici le 26. Il était temps ; déjà une proclamation datée du Cateau, et rédigée, dit-on, par M. Dambray, donnait à la rentrée du Roi une couleur qui ne convient nullement. Nous nous sommes hâtés d'en préparer une autre dont M. Beugnot est le principal auteur, et qui contient les pronostics d'une bonne politique. Le Roi l'a signée sans difficulté. Elle a paru hier, à la grande satisfaction du public de Cambrai. J'espère qu'elle produira partout le même effet. »

On pouvait en effet espérer et se croire au terme de la grande crise qui avait bouleversé la France comme de la petite crise qui venait d'agiter les entours de la royauté. De toutes parts les choses semblaient se précipiter vers la même issue. Le Roi était en France; une politique modérée et nationale prévalait dans ses conseils et animait ses paroles; le sentiment royaliste éclatait partout sur son passage, non-seulement dans son ancien parti, mais dans les masses; toutes les mains s'élevaient vers lui comme vers la planche de salut dans le naufrage. Les peuples s'inquiètent peu d'être conséquents; j'ai vu, à cette époque, dans les départements du Nord, la même popularité entourer le Roi exilé et l'armée vaincue. A Paris, Napoléon avait abdiqué, et malgré des alternatives peu dignes d'abattement ou d'élan fébrile, de résignation ou de bouillonnement, il était évidemment hors d'état de rengager la lutte. La Chambre des représentants qui, dès son début, s'était montrée peu favorable au régime impérial et ennemie des excès révolutionnaires, semblait surtout préoccupée du désir de traverser un défilé périlleux en évitant toute violence et tout engagement irrévocable. Les passions populaires grondaient quelquefois, mais se laissaient aisément contenir, ou s'arrêtaient d'elles-mêmes, comme déshabituées de l'action et de la domination. L'armée, dont les corps errants venaient successivement se rallier autour de Paris, était en proie à une effervescence patriotique, et se fût précipitée, et la France avec elle, dans l'abîme, pour prouver son dévouement et venger son injure : mais parmi ses anciens et plus illustres chefs, les uns, comme Gouvion Saint-Cyr, Macdonald et Oudinot, s'étaient refusés à servir Napoléon et soutenaient ouvertement la cause du Roi ; les autres, comme Ney, Davout, Soult, Masséna, protestaient avec une rude franchise contre des illusions funestes, donnaient leur vieux courage pour passe-port à de tristes vérités ou à de sages conseils, et réprimaient, aux dépens de leur renom de parti, les entraînements militaires ou les désordres populaires ; d'autres enfin, comme Drouot, avec un ascendant que méritait leur vertu, maintenaient la discipline dans l'armée au milieu des douleurs de la retraite sur la Loire, et déterminaient son obéissance aux ordres d'un pouvoir civil détesté. Il y avait, après tant de fautes et de malheurs, et à travers toutes les différences de situation et d'opinion, un concert spontané et un effort général pour éviter à la France les fautes irréparables et les malheurs suprêmes.

Mais les sagesses tardives ne suffisent point; et même quand elles veulent être prudentes, l'esprit politique manque aux nations qui ne sont pas exercées à faire elles-mêmes leurs affaires et leur destinée. Dans le déplorable état où l'entreprise d'un égoïsme héroïque et chimérique avait jeté la France, il n'y avait évidemment qu'une conduite à tenir : reconnaître Louis XVIII, prendre acte de ses dispositions libérales et se concerter avec lui pour traiter avec les étrangers. Il le fallait, car aux yeux de la plus vulgaire prévoyance, le retour de la maison de Bourbon était inévitable et comme un fait accompli. C'était un devoir dans l'intérêt de la paix et pour se donner les meilleures chances d'atténuer les maux de l'invasion, car Louis XVIII pouvait seul les repousser avec quelque autorité. Des chances favorables s'ouvraient, par cette voie, à la liberté, car la raison disait et l'expérience a démontré qu'après ce qui s'est passé en France depuis 1789, le despotisme est impossible aux princes de la maison de Bourbon ; une insurmontable nécessité leur impose les transactions et les ménagements ; et s'ils tentent de pousser les choses à l'extrême, la force leur manque pour réussir. Accepter sans hésitation ni délai la seconde Restauration et placer soi-même le Roi entre la France et l'Europe, c'était donc ce que commandaient clairement le patriotisme et le bon sens.

Non-seulement on ne le fit point, mais on fit ou on laissa faire tout ce qu'il fallait pour que la Restauration parût l'œuvre de la force étrangère seule, et pour faire subir à la France, après sa défaite militaire, une défaite politique et diplomatique. Ce n'est pas d'indépendance envers l'Empire ni de bonnes intentions pour la patrie, c'est d'intelligence et de résolution que la Chambre des Cent-Jours a manqué ; elle ne se prêta ni au despotisme impérial, ni aux violences révolutionnaires ; elle ne fut l'instrument d'aucun des partis extrêmes; elle s'appliqua honnêtement à retenir la France sur le bord des abîmes où ils auraient voulu la pousser; mais elle ne sut faire que de la politique négative; elle louvoya timidement devant le port au lieu d'y entrer résolûment, fermant les yeux quand elle touchait à la passe, subissant, non par confiance, mais par faiblesse, les aveuglements et les entêtements des ennemis, anciens ou nouveaux, du Roi qui s'approchait, et se donnant même quelquefois, par faiblesse encore, l'air de vouloir des combinaisons qu'au fond elle s'efforçait d'éluder, tantôt Napoléon II, tantôt le prince quelconque qu'il plairait au peuple souverain de choisir.

Ce fut à ces hésitations, à ces tâtonnements stériles du seul pouvoir public alors debout qu'un des hommes les plus tristement célèbres des plus mauvais temps de la révolution, Fouché, dut son importance et son succès éphémères. Quand les honnêtes gens ne savent pas comprendre et accomplir les desseins de la Providence, les malhonnêtes gens s'en chargent; sous le coup de la nécessité et au milieu de l'impuissance générale, il se rencontre toujours des esprits corrompus, sagaces et hardis, qui démêlent ce qui doit arriver, ce qui se peut tenter, et se font les instruments d'un triomphe qui ne leur appartient pas naturellement, mais dont ils réussissent à se donner les airs pour s'en approprier les fruits. Le duc d'Otrante fut, dans les Cent-Jours, cet homme-là : révolutionnaire devenu grand seigneur, et voulant se faire sacrer, sous ce double caractère, par l'ancienne royauté française, il déploya, à la poursuite de son but, tout le savoir-faire et toute l'audace d'un roué plus prévoyant et plus sensé que ses pareils. Peut-être aussi, car la justice doit avoir ses scrupules, même envers les hommes qui n'en ont point, peut-être le désir d'épargner à son pays des violences et des souffrances inutiles ne fut-il pas étranger à cette série de trahisons et de voltes-faces imperturbables à l'aide desquelles, trompant et jouant tour à tour Napoléon, La Fayette et Carnot, l'Empire, la République et la Convention régicide, Fouché gagna le temps dont il avait besoin pour s'ouvrir à lui-même les portes du cabinet du Roi en ouvrant au Roi celles de Paris.

Louis XVIII fit quelque résistance. Malgré ce qu'il m'avait dit à Gand, à propos des régicides, je doute qu'il ait fortement résisté. Sa dignité n'était pas toujours soutenue par une conviction forte ou par un sentiment énergique, et elle pouvait quelquefois céder devant la nécessité. Il avait, pour garants de la nécessité dans cette circonstance, les deux autorités les plus propres à influer sur sa décision et à couvrir son honneur, le duc de Wellington et M. le comte d'Artois : tous deux le pressaient d'accepter Fouché pour ministre ; Wellington, pour assurer au Roi un retour facile, et aussi pour rester lui-même, et l'Angleterre avec lui, le principal auteur de la Restauration en mettant promptement fin à la guerre devant Paris, où il craignait de se voir compromis dans les emportements haineux des Prussiens ; le comte d'Artois, par légèreté impatiente, toujours prêt à promettre et à accorder, et engagé d'avance par son plus actif affidé, M. de Vitrolles, dans les lacs que Fouché avait tendus de toutes parts aux royalistes. Je ne crois point à la nécessité dont ils assiégèrent le Roi. Fouché ne disposait point de Paris. L'armée s'en éloignait. Les fédérés y étaient plus bruyants que puissants. La Chambre des représentants se consolait, en discutant une constitution, de n'avoir pas su ni osé faire un gouvernement. Personne n'était en état ni en humeur d'arrêter longtemps le flot qui ramenait le Roi. Un peu moins d'empressement et un peu plus de fermeté d'esprit lui auraient épargné une triste honte. Il suffisait d'attendre quelques jours en acceptant le risque, non de résolutions ou de violences funestes, mais de quelque prolongation de désordres et d'alarmes. La nécessité pèse sur les peuples comme sur les rois; celle dont Fouché s'armait pour se faire ministre de Louis XVIII était en grande partie factice et évidemment passagère; celle qui ramenait Louis XVIII aux Tuileries était naturelle et de jour en jour plus pressante. Il n'avait nul besoin de recevoir le duc d'Otrante dans son cabinet, à Arnouville; il pouvait s'y tenir en repos; on serait bientôt venu l'y chercher. J'en pensai ainsi au moment même, après avoir passé deux jours dans Paris où j'étais rentré le 3 juillet, pendant que les manœuvres de Fouché suivaient leur cours. Tout ce que j'ai vu et appris depuis m'a confirmé dans cette conviction.

# CHAPITRE IV.

## LA CHAMBRE DE 1815.

Chute de M. de Talleyrand et de Fouché.—Formation du cabinet du duc de Richelieu. — Mes relations comme secrétaire général du ministère de la justice, avec M. de Marbois, garde des sceaux.—Arrivée et physionomie de la Chambre des députés.—Intentions et attitude de l'ancien parti royaliste.—Formation et composition d'un nouveau parti royaliste.—Lutte des classes sous le manteau des partis.—Lois d'exception.— Loi d'amnistie.—Le centre devient le parti du gouvernement et le côté droit l'opposition. — Questions sur les rapports de l'État avec l'Église.—État du gouvernement hors des Chambres.—Insuffisance de sa résistance à l'esprit de réaction.— Le duc de Feltre et le général Bernard.—Procès du maréchal Ney.—Polémique entre M. de Vitrolles et moi.—Clôture de la session.—Modifications dans le cabinet.—M. Laîné, ministre de l'intérieur.—Je quitte le ministère de la justice et j'entre comme maître des requêtes au Conseil d'État.—Le cabinet s'engage dans la résistance au côté droit. — M. Decazes. — Attitude de MM. Royer-Collard et de Serre. — Opposition de M. de Chateaubriand.—Le pays s'élève contre la Chambre des députés.— Travail de M. Decazes pour en amener la dissolution.—Le Roi s'y décide.—Ordonnance du 5 septembre 1816.

(1815-1816.)

Trois mois ne s'étaient pas encore écoulés, et ni Fouché, ni M. de Talleyrand n'étaient plus ministres. Ils étaient tombés, non sous le coup de quelque événement nouveau et imprévu, mais par le vice de leur situation personnelle et par leur inaptitude au rôle qu'ils avaient entrepris de jouer.

## CHAPITRE IV.

M. de Talleyrand avait fait à Vienne une grande chose ; par le traité d'alliance qu'il avait conclu le 3 janvier 1815 entre la France, l'Angleterre et l'Autriche, il avait mis fin à la coalition formée contre nous en 1813, et coupé l'Europe en deux au profit de la France. Mais l'événement du 20 mars avait détruit son œuvre ; la coalition européenne s'était reformée contre Napoléon et contre la France, qui se faisait ou se laissait faire l'instrument de Napoléon. Et il n'y avait plus aucune chance de rompre ce redoutable faisceau ; un même sentiment d'inquiétude et de méfiance à notre égard, un même dessein de ferme et durable union animaient les souverains et les peuples. Ils avaient réglé en toute hâte à Vienne les questions qui menaçaient de les diviser ; et, dans cette intimité retrempée contre nous, l'empereur Alexandre était rentré particulièrement irrité contre la maison de Bourbon et M. de Talleyrand, qui avaient voulu lui enlever ses alliés. La seconde restauration d'ailleurs n'était point, comme la première, son œuvre et sa gloire personnelle ; c'était surtout à l'Angleterre et au duc de Wellington qu'en revenait l'honneur. Par amour-propre comme par politique, l'empereur Alexandre arrivait, le 10 juillet 1815, à Paris, froid et plein d'humeur envers le Roi et ses conseillers.

La France et le Roi avaient pourtant un pressant besoin du bon vouloir de l'empereur Alexandre. Ils étaient en présence des rancunes et des ambitions passionnées de l'Allemagne. Ses diplomates dressaient la carte de notre territoire, moins les provinces qu'ils voulaient nous enlever. Ses généraux minaient, pour les faire sauter, les monuments qui rappelaient leurs défaites au milieu de leurs victoires. Louis XVIII résistait dignement à ces brutalités étrangères ; il menaçait de faire porter son fauteuil sur le pont d'Iéna, et disait tout haut au duc de Wellington : « Croyez-vous, mylord, que votre gouvernement consente à me recevoir si je lui demande de nouveau asile ? » Wellington entravait de son mieux les emportements de Blücher et lui adressait des représentations pressantes, bien que très-mesurées. Mais ni la dignité du Roi, ni l'intervention amicale de l'Angleterre ne suffisaient contre les passions et les prétentions allemandes ; l'empereur Alexandre pouvait seul les contenir. M. de Talleyrand essaya de se le concilier par des satisfactions personnelles ; en formant son cabinet, il fit nommer le duc de Richelieu, encore absent, ministre de la maison du Roi, et le ministère de l'intérieur fut tenu en réserve pour Pozzo di Borgo, qui eût volontiers échangé le service officiel de la Russie pour une part dans le gouvernement de la France. M. de Talleyrand croyait aisément à la puissance des tentations. Mais elles échouèrent cette fois ; le duc de Richelieu refusa, probablement de concert avec le Roi lui-même ; Pozzo n'obtint pas, ou n'osa peut-être pas demander à son maître l'autorisation de redevenir Français. Je le voyais souvent, et cet esprit à la fois vif et profond, hardi et inquiet, sentait sa situation douteuse, et cachait mal ses perplexités. L'empereur Alexandre persista dans sa froide réserve, laissant M. de Talleyrand faible et embarrassé dans cette arène des négociations, théâtre ordinaire de ses succès.

La faiblesse de Fouché était autre et tenait à d'autres causes. Non que les souverains étrangers et leurs ministres fussent plus bienveillants pour lui que pour M. de Talleyrand; son entrée dans le Conseil du Roi avait été, pour l'Europe monarchique, un grand scandale; le duc de Wellington seul persistait encore à le soutenir; mais personne, parmi les étrangers, ne l'attaquait et ne se croyait intéressé à sa chute. C'était au dedans que se formait contre lui l'orage. Avec une présomption étrangement frivole, il s'était promis de livrer la Révolution au Roi et le Roi à la Révolution, se fiant sur sa prestesse et sa hardiesse pour passer et repasser d'un camp dans l'autre, et les dominer l'un par l'autre en les trahissant tour à tour. Les élections qui s'accomplissaient en ce moment dans toute la France donnèrent à son espérance un éclatant démenti; il eut beau répandre avec profusion les circulaires et les agents, il n'y exerça pas la moindre influence; les royalistes décidés prévalurent à peu près partout, presque sans combat. C'est notre faiblesse et notre malheur que, dans les grandes crises, les vaincus deviennent des morts. La Chambre de 1815 n'apparaissait encore que dans le lointain, et déjà le duc d'Otrante chancelait, comme frappé de la foudre, à côté de M. Talleyrand ébranlé.

Dans ce péril divers et inégal, mais pressant pour tous deux, l'attitude et la conduite de ces deux hommes fu-

rent très-différentes. M. de Talleyrand se fit le patron
de la monarchie constitutionnelle grandement organisée, comme elle l'était en Angleterre. Des modifications conformes aux vœux du parti libéral furent,
les unes immédiatement accomplies, les autres promises dans la Charte. Les jeunes gens purent entrer
dans la Chambre des députés. Quatorze articles relatifs
à la constitution de cette Chambre furent soumis à la
révision de la prochaine législature. La pairie devint
héréditaire. La censure, à laquelle étaient assujettis les
ouvrages au-dessous de vingt feuilles d'impression, fut
abolie. Un grand Conseil privé associa aux délibérations
du gouvernement, dans les grandes circonstances, les
hommes considérables des divers partis. Aucune nécessité pratique, aucune forte opinion publique n'imposait à la royauté restaurée ces importantes réformes;
mais le cabinet voulait se montrer favorable au large
développement des institutions libres, et donner satisfaction au parti, je devrais peut-être dire à la coterie
des esprits éclairés et impatients.

Les préoccupations et les mesures de Fouché étaient
plus personnelles. Violemment menacé par la réaction
royaliste, il essaya d'abord de l'apaiser en lui jetant
quelque pâture ; il consentit à se faire l'instrument de
la proscription des hommes naguère ses agents, ses
confidents, ses complices, ses collègues, ses amis. En
même temps qu'il écrivait avec apparat des mémoires
et des circulaires pour démontrer la nécessité de la
clémence et de l'oubli, il présentait au Conseil du Roi

une liste de cent dix noms à excepter de toute amnistie ; et quand la discussion eut réduit ce nombre à dix-huit accusés devant les conseils de guerre et à trente-huit exilés provisoires, il contre-signa sans hésiter l'ordonnance qui les frappait. Peu de jours après, et sur sa demande, une autre ordonnance révoqua toutes les autorisations jusque-là accordées aux journaux, leur imposa la nécessité d'une autorisation nouvelle, et les soumit à la censure d'une commission dans laquelle plusieurs des principaux écrivains royalistes, entre autres MM. Auger et Fiévée, refusèrent de siéger sous son patronage. Peu importait au duc d'Otrante, en 1815 comme en 1793, la justice ou l'utilité nationale de ses actes; il était toujours prêt à se faire, n'importe à quel prix, le praticien de la nécessité. Mais quand il vit que ses rigueurs ne le couvraient pas, quand il sentit les vives approches du péril, il changea de tactique ; le ministre de la réaction monarchique redevint le factieux révolutionnaire ; il fit secrètement publier et répandre des *Rapports au Roi* et des *Notes aux ministres étrangers*, destinés bien moins à éclairer les pouvoirs auxquels il les adressait qu'à lui préparer à lui-même des alliés et des armes contre le gouvernement et le parti dont il se voyait près d'être répudié. Il était de ceux qui essayent de se faire redouter en travaillant à nuire dès qu'ils ne sont plus admis à servir.

Ni les réformes libérales de M. de Talleyrand, ni les menaces révolutionnaires du duc d'Otrante ne conjurèrent le péril qui les pressait. Malgré leur rare esprit et leur longue expérience, ils méconnaissaient l'un et l'autre la nouvelle face des temps, ne voyant pas, ou ne voulant pas voir combien ils convenaient peu aux luttes que les Cent-Jours devaient ranimer. L'élection d'une Chambre ardemment royaliste les surprit comme un phénomène inattendu; ils tombèrent tous deux à son approche, à peu de jours de distance l'un de l'autre, laissés pourtant, après leur chute commune, dans des situations très-diverses. M. de Talleyrand resta debout; le Roi et son nouveau cabinet le comblèrent des dons et des honneurs de cour; ses collègues dans sa courte administration, MM. de Jaucourt, Pasquier, Louis, Gouvion Saint-Cyr reçurent des marques signalées de l'estime royale; ils sortaient de l'arène comme destinés à y rentrer. Acceptant la petite et lointaine mission de Dresde, Fouché s'empressa de partir et sortit de Paris sous un déguisement qu'il ne quitta qu'à la frontière, troublé par la crainte d'être vu dans sa patrie qu'il ne devait jamais revoir.

Le cabinet du duc de Richelieu entra aux affaires, bien venu du Roi et même du parti que les élections faisaient prévaloir. C'était un ministère vraiment nouveau et royaliste. Son chef, rentré naguère en France, honoré de l'Europe, aimé de l'empereur Alexandre, était pour le roi Louis XVIII ce que le Roi lui-même était pour la France, le gage d'une meilleure paix. Deux de ses collègues, MM. Decazes et Dubouchage, n'avaient pris, avant la Restauration, aucune part aux affaires publiques. Les quatre autres, MM. Barbé-Marbois, de Vaublanc, Corvetto et le duc de Feltre, venaient de donner à la cause royale des preuves de leur attachement. Leur réunion inspirait au public, comme au parti triomphant, des espérances et point de défiance. Je connaissais beaucoup M. de Marbois; je l'avais souvent rencontré chez madame de Rumford et chez madame Suard; il appartenait à cette ancienne France généreusement libérale qui avait accepté et soutenu, avec une modération éclairée, les principes chers à la France nouvelle. Je conservai auprès de lui, dans des rapports de confiante amitié, le poste de secrétaire général du ministère de la justice, auquel M. Pasquier, alors garde des sceaux, m'avait fait appeler sous le cabinet de M. de Talleyrand.

Le nouveau ministère à peine installé, la Chambre des députés arriva et s'installa à son tour, bien plus nouvelle que lui. Elle était presque exclusivement royaliste. A peine quelques hommes des autres partis avaient trouvé place dans ses rangs. Ils y siégeaient péniblement, isolés et mal à l'aise, comme des étrangers ou des suspects; et quand ils essayaient de se produire et d'exprimer leurs sentiments, ils étaient brusquement repoussés dans l'impuissance et le silence. Le 23 octobre 1815, dans le débat de la loi présentée par M. Decazes pour la suspension temporaire de la liberté individuelle, M. d'Argenson parla des bruits qui couraient sur des protestants massacrés dans le Midi; un violent tumulte s'éleva pour le démentir; il s'expliqua avec une réserve extrême : « Je n'ai point énoncé de faits, dit-il, je n'ai point établi d'allégations; j'ai dit que j'avais été frappé par des bruits incertains et contradictoires... C'est le vague même de ces bruits qui rend nécessaire un rapport du ministre sur l'état du royaume. » Non-seulement M. d'Argenson n'obtint pas ce qu'il demandait; non-seulement il ne put continuer à parler; il fut expressément rappelé à l'ordre pour avoir fait allusion à des faits malheureusement certains, mais qu'on voulait étouffer en étouffant sa voix.

Pour la première fois depuis vingt-cinq ans, le parti royaliste se voyait le plus fort; tout en croyant son triomphe légitime, il en était un peu surpris et enivré, et il se livrait aux joies de la puissance avec un mélange d'arrogance aristocratique et d'ardeur novice, comme peu accoutumé à vaincre et peu sûr de la force qu'il s'empressait de déployer.

Des mobiles très-divers jetèrent la Chambre de 1815 dans la réaction violente qui est restée son caractère historique. D'abord et surtout les passions du parti royaliste, ses bonnes et ses mauvaises passions, ses sentiments moraux et ses ressentiments personnels, l'amour de l'ordre et la soif de la vengeance, l'orgueil du passé et la peur de l'avenir, l'intention de remettre en honneur le respect des choses saintes, des anciens attachements, de la foi jurée, et le plaisir d'opprimer ses vainqueurs. A l'emportement des passions se joignait le calcul des intérêts : pour la sûreté du parti, pour la fortune des personnes, les nouveaux dominateurs de la France avaient besoin de prendre partout possession des places et du pouvoir ; c'était là le champ à exploiter, le territoire à occuper pour recueillir les fruits de la victoire. Venait enfin l'empire des idées, plus grand qu'on ne le croit communément, et souvent plus puissant, à leur insu, sur les hommes que leurs passions ou leurs intérêts. Après tant d'années de grands spectacles et de grands débats, les royalistes avaient, sur toutes les questions politiques et sociales, des vues systématiques à réaliser, des retours historiques à poursuivre, des besoins d'esprit à satisfaire. Ils se hâtaient de mettre la main à l'œuvre, croyant le jour enfin venu de reprendre dans leur patrie, moralement comme matériellement, par la pensée comme en fait, l'ascendant qui leur avait depuis si longtemps échappé.

Comme il arrive dans les grandes crises des sociétés humaines, ces principes divers de la réaction de 1815 avaient chacun, dans les rangs royalistes, leur représentant spécial et particulièrement efficace. Le parti avait son champion agresseur, son politique et son philosophe. M. de la Bourdonnaye marchait à la tête de ses passions, M. de Villèle de ses intérêts, M. de Bonald de ses idées. Trois hommes très-propres à leur rôle, car ils excellaient, l'un dans la polémique fougueuse, l'autre dans la tactique prudente et patiente, le troisième dans l'exposition spécieuse et subtile avec élévation. Et tous trois, bien qu'aucune ancienne intimité ne les unît, mettaient avec persévérance, au service de la cause commune, leurs talents et leurs procédés si divers.

Quelle était, au fond, cette cause? Quel but se proposaient en réalité les chefs de ce parti qui se croyait si près du succès? S'ils avaient voulu parler sincèrement, ils auraient été eux-mêmes bien embarrassés de répondre. On a beaucoup dit, et beaucoup de gens ont cru, et probablement bien des royalistes se figuraient, en 1815, qu'ils travaillaient à abolir la Charte et à rétablir l'ancien régime. Lieu commun d'une crédulité puérile; cri de guerre des ennemis, habiles ou aveugles, de la Restauration. Il n'y avait, dans la Chambre de 1815, au milieu de ses plus ardentes espérances, point de dessein si audacieux ni si arrêté. Ramené en vainqueur sur la scène, non par lui-même, mais par les fautes de ses adversaires et le cours des événements européens, l'ancien parti royaliste se promettait que les revers de la Révolution et de l'Empire lui vaudraient de grands avantages, surtout de grandes satisfactions; mais ce que, pour le gouvernement de la France, il ferait de sa victoire quand il serait décidément en possession du pouvoir, il ne le savait pas; ses vues étaient aussi incertaines et confuses que ses passions étaient violentes; c'était surtout la victoire qu'il voulait, pour l'orgueilleux plaisir de la victoire même, pour l'affermissement définitif de la Restauration, pour sa propre domination, au centre de l'État par le gouvernement, dans chaque localité par l'administration.

Mais, dans de telles secousses sociales, les questions sont infiniment plus grandes que ne le savent les acteurs : les Cent-Jours firent à la France un mal bien plus grave encore que le mal du sang et des trésors qu'ils lui coûtèrent ; ils rallumèrent la vieille querelle que l'Empire avait étouffée et que la Charte voulait éteindre, la querelle de l'ancienne France et de la France nouvelle, de l'émigration et de la révolution. Ce ne fut pas seulement entre des partis politiques, mais entre des classes rivales que la lutte recommença en 1815, comme elle avait éclaté en 1789.

Mauvaise situation pour la fondation d'un gouvernement, surtout d'un gouvernement libre. Il y a un certain degré de fermentation et d'émulation, entre les citoyens et les partis, qui est la vie même du corps social et qui favorise son développement énergique et sain. Mais si la fermentation ne s'arrête pas aux questions de gouvernement et à la conduite des affaires publiques, si elle s'attaque aux fondements mêmes de la société, si au lieu de l'émulation entre les partis on a l'hostilité entre les classes, ce n'est plus le mouvement de la santé, c'est un mal destructeur qui entraîne les désordres les plus douloureux et qui peut aller jusqu'à la dissolution de l'État. La domination d'une classe sur les autres classes, qu'elle soit aristocratique ou démocratique, c'est la tyrannie. La lutte ardente et continue des classes pour la domination, c'est l'état révolutionnaire, tantôt déclaré, tantôt imminent. Le monde a vu, par deux grands exemples, les résultats profondément divers que peut amener ce fait redoutable. La lutte des patriciens et des plébéiens tint, pendant des siècles, Rome dans de cruelles alternatives de tyrannie et de révolution qui n'avaient de distraction que la guerre. Tant que les uns et les autres eurent des vertus à dépenser dans cette lutte, la République y trouva, sinon la paix sociale, du moins la grandeur ; mais lorsque patriciens et plébéiens se furent épuisés et corrompus dans leurs dissensions sans parvenir à l'accord dans la liberté, la société romaine ne put échapper à la ruine qu'en tombant sous le despotisme et dans le long déclin de l'Empire. L'Angleterre a offert à l'Europe moderne un autre spectacle. En Angleterre aussi, les classes aristocratiques et démocratiques ont longtemps lutté pour le pouvoir; mais par un heureux concours de fortune et de sagesse, elles sont parvenues à s'entendre et à s'unir pour l'exercer en commun; et l'Angleterre a trouvé dans cette entente politique des classes diverses, dans l'harmonie de leurs droits et de leurs influences mutuelles, la paix intérieure avec la grandeur, la stabilité avec la liberté.

J'espérais, du gouvernement institué par la Charte, un résultat analogue pour mon pays. On m'a quelquefois accusé de vouloir modeler la France à l'exemple de l'Angleterre : l'Angleterre, en 1815, ne me préoccupait nullement ; je n'avais fait alors, de ses institutions et de son histoire, aucune étude sérieuse. La France, ses destinées, sa civilisation, ses lois, sa littérature, ses grands hommes avaient seuls rempli ma pensée ; je vivais au milieu d'une société toute française, plus fortement imprégnée peut-être qu'aucune autre des goûts et de l'esprit français. J'assistais précisément là à ce rapprochement, à ce mélange, à cet accord des classes et même des partis divers qui me paraissaient la condition de notre nouveau et libre régime. Des hommes de toute origine, de toute condition, de toute profession, presque de toute opinion, des grands seigneurs, des magistrats, des avocats, des ecclésiastiques, des lettrés, des gens du monde et des gens d'affaires, de l'ancien régime, de l'Assemblée constituante, de la Convention, de l'Empire, vivaient dans des rapports faciles et bienveillants, acceptant sans effort leurs différences de situation ou de vues, et disposés en apparence à s'entendre aisément sur les affaires de leur pays. Étrange contraste de nos mœurs! Quand il s'agit uniquement des relations vouées aux plaisirs de l'esprit ou du monde, il n'y a plus de classes, plus de luttes; les situations se rapprochent, les dissidences s'effacent; nous ne songeons tous qu'à jouir en commun de nos mérites et de nos agréments mutuels. Que les questions politiques et les intérêts positifs de la vie reviennent; qu'il s'agisse, non plus de se réunir pour se plaire ou s'amuser ensemble, mais de prendre chacun sa part dans les droits, les affaires, les honneurs, les avantages et les charges de la condition sociale; à l'instant, toutes les dissidences reparaissent; toutes les prétentions, tous les entêtements, toutes les susceptibilités, toutes les luttes recommencent; et cette société, qui avait paru si semblable et si unie, se retrouve aussi diverse et aussi divisée qu'elle l'ait jamais été.

Cette triste incohérence de l'état apparent et de l'état

réel de la société française se révéla tout à coup en 1815; la réaction provoquée par les Cent-Jours détruisit en un clin d'œil le travail de pacification sociale poursuivi en France depuis seize ans, et fit brusquement éclater toutes les passions, bonnes ou mauvaises, de l'ancien régime contre toutes les œuvres, bonnes ou mauvaises, de la révolution.

Atteint aussi d'un autre mal, le parti qui dominait, au début de la session, dans la Chambre de 1815, tomba dans une autre faute. Les classes aristocratiques en France, bien que généreusement dévouées, dans les périls publics, au Roi et au pays, ont eu le malheur de ne savoir faire cause commune ni avec la couronne, ni avec le peuple; elles ont frondé et bravé tour à tour le pouvoir royal et les libertés publiques. S'isolant dans des priviléges qui satisfaisaient leur vanité sans leur valoir une force réelle dans l'État, elles n'avaient pris, depuis trois siècles, ni auprès du prince, ni à la tête de la nation, la place qui semblait naturellement leur échoir. Après tout ce qu'elles avaient perdu et malgré tout ce qu'elles auraient dû apprendre à la révolution, elles se retrouvèrent en 1815, au moment où le pouvoir leur revenait, dans les mêmes dispositions indécises et alternatives. Dans les rapports des grands pouvoirs de l'État, dans les débats publics, dans l'usage qu'elle fit de ses propres droits, la Chambre de 1815 eut le mérite de pratiquer énergiquement le régime constitutionnel à peine sorti, en 1814, de sa torpeur sous l'Empire; mais elle ne sut garder, dans cette œuvre nouvelle, ni équité, ni à-propos, ni mesure; elle voulut dominer à la fois le Roi et la France. Elle fut indépendante et fière, quelquefois libérale, souvent révolutionnaire dans ses procédés envers la couronne, en même temps qu'elle était violente et contre-révolutionnaire envers le pays. C'était trop entreprendre; il fallait choisir, et être ou monarchique ou populaire. La Chambre de 1815 ne fut ni l'un ni l'autre; elle se montra fortement imbue de l'esprit de l'ancien régime envenimé par les idées ou les exemples de l'esprit de révolution; mais l'esprit de gouvernement, plus nécessaire encore dans un régime libre que sous le pouvoir absolu, lui manqua complétement.

Aussi vit-on se former promptement contre elle, et dans son propre sein, une opposition qui fut bientôt populaire et monarchique à la fois, car elle défendit à la fois, contre le parti dominant, la Couronne qu'il offensait témérairement et le pays qu'il inquiétait profondément. Et après quelques grandes luttes, soutenues des deux parts avec une énergie sincère, cette opposition, forte de l'appui de la royauté et de la sympathie publique, conquit fréquemment la majorité et devint le parti du gouvernement.

Je ne siégeais pas alors dans la Chambre des députés. On m'a souvent attribué, dans le gouvernement de cette époque, une part plus grande que celle qui m'a réellement appartenu. Je ne m'en suis jamais plaint et je ne m'en plaindrai pas davantage aujourd'hui. J'accepte la responsabilité, non-seulement de ce que j'ai fait, mais

de ce qu'ont fait les amis que j'ai choisis et approuvés.
Le parti monarchique et constitutionnel qui se forma
en 1815 devint aussitôt le mien. Je dirai sans hésiter
ce que l'expérience m'a appris de nos fautes; je m'honore d'avoir constamment marché dans ses rangs.

Ce parti se forma brusquement, spontanément, sans
but prémédité, sans combinaisons antérieures et personnelles, sous le seul empire de la nécessité du moment, pour résister à un mal pressant, non pour faire
prévaloir tel ou tel système, tel ou tel ensemble d'idées,
de résolutions et de desseins. Soutenir la Restauration
en combattant la réaction, ce fut d'abord toute sa politique. Rôle ingrat, même quand il est le plus salutaire ;
car on a beau combattre une réaction violente, quand
on soutient en même temps le pouvoir dont le drapeau
sert de manteau à la réaction, on n'empêche pas tout le
mal qu'on voudrait empêcher, et on semble accepter
celui qu'on ne réussit pas à empêcher. C'est une de ces
injustices auxquelles, dans les jours d'orage, les honnêtes gens qui agissent sérieusement doivent se résigner.

Pas plus par sa composition que par ses desseins, le
nouveau parti royaliste n'avait un caractère spécial et
systématique. Il comptait parmi ses chefs naissants,
comme dans ses plus modestes rangs, des hommes de
toutes les origines, de toutes les situations, venus de
tous les points de l'horizon social et politique. M. de
Serre était un émigré, lieutenant dans l'armée de
Condé; MM. Pasquier, Beugnot, Siméon, Barante, Sainte-

Aulaire, des hommes considérables du régime impérial; MM. Royer-Collard et Camille Jordan des opposants à l'Empire. Un même jugement, un même sentiment sur les événements du jour et les chances du lendemain, sur les droits et les intérêts légitimes du pays et du trône, rapprochaient tout à coup ces hommes jusque-là étrangers les uns aux autres. Ils s'unissaient comme les habitants d'un même quartier accourent de toutes parts, et sans se connaître, sans s'être jamais vus, travaillent ensemble à éteindre un grand incendie.

Un fait pourtant se laissait entrevoir et caractérisait déjà le nouveau parti royaliste dans la lutte qui s'engageait. Inquiétées l'une et l'autre par les prétentions de l'ancien parti aristocratique, la royauté et la bourgeoisie française se rapprochaient pour se prêter un mutuel appui. Louis XVIII et la France nouvelle reprenaient ensemble la politique de leurs pères. Un peuple a beau renier son passé, il n'est pas en son pouvoir de l'anéantir ni de s'y soustraire absolument, et bientôt surviennent des situations, des nécessités qui le ramènent dans les voies où il a marché pendant des siècles.

Choisi par la Chambre elle-même et par le Roi pour la présider, M. Laîné, en gardant, avec une dignité à la fois naturelle et un peu apprêtée, l'impartialité qui convenait à sa situation, partageait pourtant les sentiments de la minorité modérée, et la soutenait de son influence morale, quelquefois même de sa parole. L'élévation du caractère, la gravité des mœurs, et, dans certains moments, l'effusion passionnée de l'âme, lui donnaient une autorité que son esprit et ses lumières n'auraient pas suffi à lui assurer.

La Chambre siégeait à peine depuis quelques jours, et déjà par les conversations, par la formation de son bureau, par les projets d'initiative intérieure qui s'annonçaient, les députés commençaient à se reconnaître et à se classer, avec doute encore et confusion, comme, dans une troupe inopinément appelée, les soldats se rassemblent en désordre, cherchant leurs armes et leur drapeau. Le gouvernement, par ses propositions, amena bientôt les partis au grand jour et à la lutte. Ce fut, comme on pouvait s'y attendre, par des mesures de circonstance que la session commença. Des quatre projets de loi qui portaient évidemment ce caractère, deux, la suspension de la liberté individuelle et l'établissement des cours prévôtales, étaient présentés comme des lois d'exception et purement temporaires; les deux autres, pour la répression des actes séditieux et pour l'amnistie, appartenaient à la législation définitive et permanente.

On a si souvent et si tyranniquement abusé, parmi nous, des mesures de circonstance et des lois d'exception que, sur leur nom seul et leur physionomie, elles sont restées suspectes et odieuses; sentiment bien naturel après tant et de si cruelles épreuves. C'est pourtant là, surtout dans un régime libre, le moyen le moins dangereux, comme le plus efficace, de pourvoir à des nécessités impérieuses et passagères. Il vaut mieux suspendre, pour un temps limité et franchement, telle ou telle liberté spéciale que pervertir, à force d'aggravations et de subtilités, la législation permanente pour l'adapter aux besoins du jour. L'expérience de l'histoire confirme en ceci les pressentiments de la raison. Dans les pays où la liberté politique s'est enfin établie, comme en Angleterre, c'est précisément depuis qu'elle a triomphé avec éclat que la suspension temporaire de telle ou telle de ses garanties a été, dans les circonstances graves, adoptée comme moyen de gouvernement. Dans des temps plus rudes et moins intelligents, on rendait à toujours, sous l'empire des périls du moment et pour s'en défendre, ces statuts rigoureux et artificieux où toutes les tyrannies ont trouvé des armes sans avoir à les forger elles-mêmes, et dont une civilisation plus avancée a eu tant de peine à se débarrasser.

Il faut, j'en conviens, pour que les lois d'exception atteignent leur but sans trop de danger, qu'en dehors de leurs dispositions et pendant leur durée il reste dans le pays assez de liberté générale et dans le pouvoir assez de responsabilité réelle pour que ces mesures soient contenues dans leurs limites et contrôlées dans leur exercice. Mais en dépit des colères et des aveuglements des partis vaincus, il suffit de lire les débats des chambres de 1815 et les écrits du temps pour se convaincre qu'à cette époque la liberté était loin d'avoir péri tout entière; et l'histoire des ministres qui possédaient alors le pouvoir démontre invinciblement qu'ils n'avaient pas cessé de porter le poids d'une efficace responsabilité.

Des deux lois temporaires présentées à la Chambre

de 1815, la loi sur les cours prévôtales fut la moins contestée; deux hommes supérieurs, MM. Royer-Collard et Cuvier avaient consenti à en être, en qualité de commissaires du Roi, les défenseurs officiels, et, dans le débat, M. Cuvier prit effectivement la parole. Ce débat fut court; deux cent quatre-vingt-dix membres votèrent pour la loi; dix seulement la repoussèrent. On peut s'en étonner. C'était certainement, en principe, la dérogation la plus grave au droit commun, et la plus redoutable dans la pratique, car on supprimait, devant ces cours, la plupart des garanties qu'offrent les juridictions ordinaires. Un article de la loi allait jusqu'à retirer au Roi le droit de grâce, en ordonnant l'exécution immédiate des condamnés, à moins que la cour prévôtale ne leur fît grâce elle-même en les recommandant à la clémence royale. L'un des plus chauds royalistes du côté droit, M. Hyde de Neuville, réclama vivement, mais en vain, contre une disposition si dure et si peu monarchique. Les deux passions les plus intraitables, la colère et la peur, emportaient la Chambre; elle avait le trône et sa propre cause à venger et à défendre; elle ne croyait pas pouvoir frapper trop fort ni trop vite, quand elle les voyait attaqués.

A cette occasion, comme à d'autres, on a maltraité la mémoire de M. Cuvier; on l'a accusé d'ambition servile et de pusillanimité. C'est bien mal connaître la nature humaine et injurier bien légèrement un homme de génie. J'ai beaucoup vécu avec M. Cuvier; la fermeté d'âme et de conduite n'était pas sa qualité dominante;

mais il n'était ni servile, ni dominé, contre sa conscience, par la peur. Il aimait l'ordre, un peu pour sa propre sécurité, bien plus encore dans l'intérêt de la justice, de la civilisation, du bien-être social, du progrès intellectuel. Il y avait, dans sa complaisance pour le pouvoir, plus de goût sincère que d'égoïsme : il était de ceux à qui l'expérience n'a pas laissé grande confiance dans la liberté, et que le souvenir de l'anarchie révolutionnaire rend aisément accessibles à des alarmes honnêtes et désintéressées. Dans les temps de perturbation sociale, beaucoup d'hommes de sens et de bien aiment mieux dériver vers la plage que courir le risque d'aller se briser sur les écueils où le courant les emporte.

Dans la discussion de la loi qui suspendait pour un an les garanties de la liberté individuelle, M. Royer-Collard, en appuyant le gouvernement, marqua l'indépendance de son caractère et la méfiance prévoyante du moraliste envers le pouvoir même que le politique avait à cœur d'affermir. Il demanda que le droit arbitraire de détention ne fût confié qu'à un petit nombre de fonctionnaires d'un ordre élevé, et que les plus élevés de tous, les ministres, en demeurassent, en tout cas, clairement responsables ; mais ces amendements, qui auraient prévenu beaucoup d'abus sans désarmer le pouvoir, furent repoussés. L'inexpérience et la précipitation étaient générales ; le cabinet et ses plus considérables partisans dans les Chambres se connaissaient à peine ; ni les uns, ni les autres n'avaient encore appris à se concerter d'avance, à se mettre d'accord sur les limites comme sur le fond même des mesures, et à ne marcher qu'avec ensemble au combat.

L'entente cependant, l'entente active et continue du gouvernement avec les royalistes modérés devenait chaque jour plus nécessaire, car la divergence des partis qui commençaient à se former et la gravité de leurs dissentiments se manifestaient plus fortement chaque jour. En proposant la loi destinée à réprimer les actes séditieux, M. de Marbois, esprit doux et libéral avec austérité, et fort peu au courant des passions qui fermentaient autour de lui, n'avait considéré ces actes que comme des délits, et les avait renvoyés devant les tribunaux de police correctionnelle, en n'y attachant que des peines d'emprisonnement. Mieux instruite des dispositions d'une partie de la Chambre, la commission chargée d'examiner le projet de loi, et dont M. Pasquier fut le rapporteur, essaya de contenir les mécontents en leur donnant une certaine satisfaction; parmi les actes séditieux, elle distingua des crimes et des délits, renvoya les crimes devant les cours d'assises en leur appliquant la peine de la déportation, et ajouta, pour les délits, l'amende à l'emprisonnement. C'était encore trop peu pour les violents du parti. Ils réclamèrent la peine de mort, les travaux forcés, le séquestre des biens. Ces aggravations furent repoussées, et la Chambre, à une forte majorité, adopta le projet de loi amendé par la commission. A coup sûr, bien des membres du côté droit, qui n'avaient pas osé combattre les propositions de MM. Piet et de Salaberry, se félicitèrent de les voir échouer, et votèrent pour la loi. Que de fautes et de maux s'épargneraient les hommes s'ils avaient le courage d'agir comme ils pensent et de faire hautement ce qu'ils désirent !

Tous ces débats n'étaient que le prélude de la grande lutte près de s'engager sur la plus grande des questions de circonstance dont la Chambre eût à s'occuper. C'est à regret que je me sers du mot *question*; l'amnistie n'en était plus une. En rentrant en France, par sa proclamation de Cambrai, le Roi l'avait promise, et pour les rois promettre une amnistie c'est la faire. Quel roi manquerait à la grâce qu'il aurait laissé entrevoir à un condamné? La parole royale n'est pas moins sacrée envers un peuple qu'envers un homme. Mais en annonçant, le 23 juin 1815, qu'il n'excepterait de l'amnistie « que les auteurs et les instigateurs de la trame qui avait renversé le trône, » le Roi avait annoncé aussi « que les deux Chambres les désigneraient à la vengeance des lois; » et lorsque un mois plus tard, le cabinet avait, sur le rapport du duc d'Otrante, arrêté les deux listes des personnes exceptées, l'ordonnance du 24 juillet avait encore déclaré que « les Chambres statueraient sur celles qui devraient ou sortir du royaume, ou être livrées à la poursuite des tribunaux. » Les Chambres étaient donc inévitablement saisies. L'amnistie était faite, et pourtant il restait encore une question; il fallait encore une loi.

Quatre membres de la Chambre des députés s'empressèrent d'en prendre l'initiative; trois avec une grande violence, M. de La Bourdonnaye le plus violent des trois. Il avait de la force, de la verve, de l'indépendance, du tact politique comme homme de parti, et une dureté franche et passionnée qui devenait quelquefois éloquente. Son projet mettait, dit-on, onze cents personnes en jugement. Quoi qu'il en soit de ce calcul, les trois propositions étaient entachées de deux vices capitaux. Elles posaient en fait que la catastrophe du 20 mars avait été le fruit d'une grande conspiration dont il fallait punir les auteurs comme ils auraient été punis en temps ordinaire et par le cours régulier des lois s'ils avaient échoué. Elles attribuaient aux Chambres le droit de désigner, par catégories générales et sans limite de nombre, les conspirateurs à punir, quoique le Roi, par son ordonnance du 24 juillet précédent, ne leur eût réservé que le droit de décider, parmi les trente-huit personnes nominativement et seules exceptées, lesquelles devraient sortir du royaume et lesquelles seraient traduites devant les tribunaux. Il y avait ainsi à la fois, dans ces projets, un acte d'accusation sous le nom d'amnistie, et un envahissement des pouvoirs déjà exercés comme des limites déjà posées par la royauté.

Le gouvernement du Roi ne se méprit point sur la portée de semblables résolutions, et maintint dignement ses droits, ses actes et ses promesses. Il se hâta de couper court à l'initiative de la Chambre; le projet de loi que présenta le 8 décembre 1815 le duc de Richelieu était une véritable amnistie, sans autre exception que celle des cinquante-six personnes portées sur les deux listes de l'ordonnance du 24 juillet et de la famille de l'empereur Napoléon. Une seule disposition, dont à coup sûr on n'avait pas prévu les fatales conséquences, se rencontrait en outre dans le projet : l'article 5 exceptait de l'amnistie les personnes contre lesquelles des poursuites auraient été dirigées ou des jugements seraient intervenus avant la promulgation de la loi. Déplorable réserve, également contraire au principe de la mesure et au but de ses auteurs. C'est le caractère et le mérite essentiel d'une amnistie de mettre un terme aux procès et aux châtiments, d'arrêter l'action judiciaire au nom de l'intérêt politique, et de rétablir le calme dans l'esprit public comme la sécurité dans les existences en faisant cesser les spectacles comme les périls sanglants. Le gouvernement du Roi avait déjà fait, par la première liste de l'ordonnance du 24 juillet, une exception qui lui donnait un lourd fardeau à porter; il avait renvoyé dix-huit généraux devant les conseils de guerre. Dix-huit grands procès politiques après l'amnistie proclamée! C'eût été beaucoup pour le pouvoir le plus fort. Le cabinet du duc de Richelieu se donnait de plus, par l'article 5 du projet de loi, la perspective et la charge d'un nombre indéterminé de procès politiques inconnus qui devaient se débattre pendant un temps indéfini, on ne savait sur quels points du royaume, ni au milieu de quelles circonstances. Le mal de cette imprévoyance dura, en éclatant coup sur coup, pendant plus de deux ans. Ce fut l'application prolongée de cet article qui altéra l'efficacité et presque l'honneur de l'amnistie, et compromit le gouvernement royal dans cette réaction de 1815 qui a laissé de si tristes souvenirs.

Un membre du côté droit, qui en devait être bientôt le chef et qui n'avait pris jusque-là aucune part à ce débat, M. de Villèle pressentit seul le danger de l'article 5, et n'hésita pas à le combattre : « Cet article, dit-il, me paraît trop vague et trop étendu ; l'exception à l'amnistie, après une rébellion comme celle qui a eu lieu dans notre pays, livre inévitablement à la rigueur des lois tous les individus exceptés. Or, il est d'une justice rigoureuse de n'excepter en pareil cas que les grands coupables ou les hommes les plus dangereux. N'ayant aucune garantie que les individus atteints par l'article 5 méritent l'exception, je vote pour que cet article soit rejeté. » Pour le malheur du gouvernement, ce vote du chef de l'opposition demeura sans effet.

Indépendamment de la question même, cette discussion eut un résultat grave ; elle détermina la division de la Chambre en deux grands partis, le côté droit et le centre, l'un adversaire, l'autre allié du cabinet. Les dissentiments qui se manifestèrent à cette occasion étaient trop vifs et furent soutenus, de part et d'autre, avec trop d'éclat pour ne pas devenir la base d'une classification permanente. Le côté droit persista à vouloir plusieurs catégories d'exceptions à l'amnistie, des confiscations sous le nom d'indemnités pour préjudice causé à l'État, et le bannissement des régicides compromis dans les Cent-Jours. Le centre et le cabinet réunis combattirent fermement ces dispositions. M. Royer-Collard et M. de Serre, entre autres, déployèrent dans ce débat autant d'esprit politique que de sens moral et de gravité éloquente : « Ce n'est pas toujours le nombre des supplices qui sauve les empires, dit M. Royer-Collard ; l'art de gouverner les hommes est plus difficile et a gloire s'y acquiert à un plus haut prix. Nous aurons assez puni si nous sommes sages et habiles, jamais assez si nous ne le sommes pas. » M. de Serre s'attacha surtout à repousser les confiscations réclamées à titre d'indemnités : « Les révolutionnaires en ont fait ainsi, dit-on, ils en feraient encore ainsi s'ils saisissaient la puissance. C'est précisément parce qu'ils l'ont fait que vous ne devez pas imiter leur odieux exemple, et cela par un sens torturé d'une expression qui n'est pas franche, par un artifice qui serait tout au plus digne du théâtre... Messieurs, notre trésor peut être pauvre, mais qu'il soit pur! » Les catégories et les indemnités furent définitivement rejetées. Au dernier moment, au milieu d'un silence à peu près universel, le bannissement des régicides resta seul écrit dans le projet de loi. De l'avis de ses ministres, le Roi ne crut pas devoir, pour obéir invinciblement au testament de Louis XVI, refuser sa sanction à l'amnistie et laisser en suspens cette question redoutable. Il y a des justices divines que les pouvoirs humains ne doivent pas prévenir, mais qu'ils ne sauraient repousser quand le cours des événements les fait éclater.

Aux dissentiments sur les questions de circonstance

s'ajoutaient chaque jour les dissentiments sur les questions de principe. Le gouvernement n'en éleva pas beaucoup lui-même. Un projet de loi électorale présenté par le ministre de l'intérieur, M. de Vaublanc, fut le seul qui portât ce caractère. La discussion en fut longue et animée. Les hommes considérables des divers côtés de la Chambre, MM. de Villèle, de la Bourdonnaye, de Bonald, Royer-Collard, Pasquier, de Serre, Beugnot, Laîné, s'y engagèrent vivement. Mais le projet ministériel était mal conçu, fondé sur des bases incohérentes, et donnait aux élections un caractère plus administratif que politique. Les principaux orateurs du centre le repoussèrent aussi bien qu'un contre-projet proposé par la commission, et que n'acceptait pas non plus le cabinet. Ce dernier travail prévalut pourtant, mais très-amendé et contesté jusqu'au bout. La Chambre des députés ne l'adopta qu'à une faible majorité; la Chambre des pairs le rejeta. Quoique les partis eussent clairement manifesté leurs instincts et leurs vœux quant au système électoral, les idées étaient encore obscures et flottantes. La question resta posée et ajournée. Ce fut au sein de la Chambre même que naquirent toutes les autres propositions qui soulevaient des questions de principe; elles émanèrent toutes du côté droit et se rapportaient toutes à un même objet, à la situation de l'Église dans l'État. M. de Castelbajac proposa que les évêques et les curés fussent autorisés à recevoir et à posséder à perpétuité, sans aucune nécessité de l'approbation du gouvernement, toutes donations de biens meubles ou immeubles pour l'entretien du culte ou des établissements ecclésiastiques. M. de Blangy demanda que la condition du clergé fût grandement améliorée, et que les prêtres mariés ne jouissent plus des pensions qu'ils avaient obtenues comme ecclésiastiques. M. de Bonald réclama l'abolition du divorce. M. Lachèze-Murel insista pour que la tenue des registres de l'état civil fût rendue aux ministres de la religion. M. Murard de Saint-Romain attaqua l'Université et soutint que la direction de l'instruction publique devait être confiée au clergé. C'était vers la restauration de la religion et de l'Église comme pouvoir social que se portait surtout le zèle des nouveaux législateurs.

Au premier moment, les inquiétudes et l'opposition suscitées par ces propositions furent moins vives qu'on ne le présumerait aujourd'hui. Des dangers plus pressants préoccupaient alors les adversaires du gouvernement et le public lui-même. Un sentiment général favorable à la religion, comme principe nécessaire d'ordre et de moralité, régnait dans le pays ; sentiment ravivé même par la crise des Cent-Jours, par les plaies morales qu'elle avait révélées et les périls sociaux qu'elle avait fait entrevoir. L'Église catholique n'avait pas encore été alors l'objet de la réaction qui s'éleva contre elle un peu plus tard. Le clergé ne prenait aucune part directe à ces débats. L'Université avait été, sous l'Empire, en butte aux méfiances et aux attaques des libéraux. Le mouvement en faveur des influences religieuses étonnait peu ceux-là même à qui il déplaisait. Mais au sein même de la Chambre où ce mouvement éclatait, les esprits élevés ne manquaient pas qui en reconnurent sur-le-champ la portée et pressentirent les colères que soulèveraient tôt ou tard, dans la société nouvelle, quelques-unes de ces propositions si contraires à ses principes les plus essentiels et les plus chers. Ils s'appliquèrent, avec un ferme bon sens, à faire, dans les mesures présentées, un triage conforme aux vrais intérêts de la société et de l'Église elle-même. Le divorce fut aboli. La situation des curés, des desservants et de plusieurs établissements ecclésiastiques reçut des améliorations notables. Le scandale des prêtres mariés, recevant encore des pensions comme prêtres, cessa. Mais ni la proposition de rendre au clergé la tenue des registres de l'état civil, ni celle de lui abandonner l'instruction publique, n'eurent aucune suite. L'Université, bien défendue et bien dirigée par M. Royer-Collard, resta debout; et quant à la faculté réclamée pour le clergé de recevoir, sans aucune intervention du pouvoir civil, toutes sortes de donations, la Chambre des pairs, sur un rapport aussi judicieux qu'élégant de l'abbé de Montesquiou, décida que les établissements ecclésiastiques « reconnus par la loi » posséderaient seuls cette faculté, et que, dans chaque cas particulier, l'autorisation du Roi y serait nécessaire. La Chambre des députés adopta la proposition ainsi amendée; et de tout ce mouvement qui avait menacé de jeter tant de perturbation dans les rapports de l'Église et de l'État, il ne sortit rien qui portât une sérieuse atteinte, soit aux anciennes maximes, soit aux principes modernes de la société française.

Le cabinet prenait loyalement part à ces débats et concourait à ces sages résolutions, mais avec moins de verve et d'ascendant que les chefs des royalistes modérés dans les Chambres. Il n'y portait pas cette grandeur de pensée, ni cette puissance de parole qui placent un gouvernement à la tête des assemblées, et l'élèvent dans l'esprit des peuples, même malgré ses fautes. Le duc de Richelieu était universellement honoré; parmi ses collègues, tous hommes de bien et de dévouement, plusieurs avaient de rares lumières, de l'habileté, du courage. Mais le cabinet manquait d'unité et d'éclat, conditions de la force dans tous les régimes, et dans le régime libre plus que dans tout autre.

En dehors des Chambres, le gouvernement avait à porter un fardeau plus lourd encore que dans leur enceinte et n'y suffisait pas plus complétement. La France était en proie, non pas à la plus tyrannique ni à la plus sanglante, mais à la plus vexatoire et à la plus irritante des dominations passagères que les vicissitudes des révolutions font peser sur les peuples. Un parti longtemps vaincu, opprimé et enfin amnistié, le parti de l'ancien régime se croyait tout à coup redevenu le maître et se livrait avec emportement aux plaisirs d'un pouvoir nouveau qu'il regardait comme son ancien droit. Dieu me garde de raviver les tristes souvenirs de cette réaction! je ne veux qu'en marquer le vrai caractère. C'était, dans la société civile, dans l'administration intérieure, dans les affaires locales, et sur presque tous les points du territoire, une sorte d'invasion étrangère, violente dans certains lieux, blessante partout, et qui faisait redouter plus de mal encore qu'elle n'en infligeait, car ces vainqueurs inattendus menaçaient et offensaient là même où ils ne frappaient pas; ils semblaient vouloir se dédommager par leur témérité arrogante de leur impuissance à recouvrer tout ce qu'ils avaient perdu, et ils se disaient, pour rassurer leur conscience au milieu de leurs violences, qu'ils étaient loin de rendre à leurs adversaires tout ce qu'ils en avaient eux-mêmes souffert.

Étrangers aux passions du parti, pénétrés du mal qu'elles faisaient à la cause royale, et blessés pour leur propre compte des embarras qu'elles créaient à leur gouvernement, le duc de Richelieu et la plupart de ses collègues luttaient sincèrement contre elles. Même à côté des actes le plus justement reprochés à la réaction de 1815 et qui restèrent le plus impunis, on retrouve la trace des efforts du pouvoir, soit pour les empêcher, soit pour en prévenir le retour, soit du moins pour en repousser la triste responsabilité. Dès que les violences contre les protestants éclatèrent dans les départements du Midi, et plus de six semaines avant que M. d'Argenson en parlât à la Chambre des députés, une proclamation du Roi, contre-signée par M. Pasquier, les réprouva énergiquement et enjoignit aux magistrats de les réprimer. Après le scandaleux acquittement, par la cour d'assises de Nîmes, de l'assassin du général Lagarde qui protégeait le libre culte des protestants, M. Pasquier provoqua et fit prononcer par la cour de cassation l'annulation de cet arrêt, dans l'intérêt de la loi, dernière protestation de la justice méconnue. Malgré toutes sortes de lenteurs et d'entraves, les procédures commencées à Toulouse aboutirent à un arrêt de la cour prévôtale de Pau qui condamna à cinq ans de réclusion deux des assassins du général Ramel. Ceux du maréchal Brune avaient échappé à toute poursuite sérieuse; mais M. de Serre, devenu garde des sceaux, fit reprendre à la justice son cours, et la cour d'assises de Riom condamna à mort par contumace l'assassin qu'on n'avait pu saisir. Réparations bien insuffisantes et bien tardives, mais qui révèlent la résistance aussi bien que la faiblesse du pouvoir. Les ministres même les plus dociles au parti royaliste extrême s'efforçaient de l'arrêter en le suivant, et se gardaient bien de lui donner tout ce qu'ils lui avaient promis. Au moment même où il divisait l'ancienne armée en catégories pour en écarter tous les officiers suspects à des titres et à des degrés divers, le ministre de la guerre, le duc de Feltre, appelait à la direction du personnel de son département le général de Meulan, mon beau-frère, vaillant officier entré au service comme soldat en 1797, et qui avait gagné tous ses grades sur les champs de bataille, à force de blessures. M. de Meulan était royaliste, mais très-attaché à l'armée, à ses camarades et passionnément attristé des rigueurs qui pesaient sur eux. J'ai été témoin de ses constants efforts pour que justice leur fût rendue, et pour faire rester ou rentrer dans les rangs tous ceux qu'il croyait disposés à servir honnêtement le Roi. L'œuvre était difficile. En 1815, l'un de nos plus habiles et plus honorables officiers du génie, le général Bernard avait été mis en demi-solde et vivait comme exilé à Dôle; les États-Unis d'Amérique lui firent offrir le commandement du génie dans la République avec des avantages considérables; il accepta et demanda à son ministre l'autorisation de partir. Le duc de Feltre le fit appeler et le détourna de son dessein, lui promettant de le replacer en France comme il lui convenait : « Vous me promettez là, lui dit Bernard, ce que vous ne pouvez pas faire; placez-moi, et dans quinze jours je serai tellement dénoncé qu'il vous sera impossible de me soutenir, et tellement tracassé que je ne voudrai pas rester. Tant que le gouvernement n'aura pas plus de force, il ne peut ni m'employer, ni me protéger. Je suis, dans mon coin, à la merci d'un sous-préfet, d'un commissaire de police qui peut m'arrêter, m'emprisonner, qui me mande tous les jours et me fait attendre dans son antichambre pour être ensuite très-mal reçu. Laissez-moi partir pour l'Amérique. Les États-Unis sont les alliés naturels de la France. Je suis décidé; à moins qu'on ne me mette en prison, je pars. » On lui donna son passe-port. Le duc de Berry se plaignit au général Haxo du parti qu'avait pris le général Bernard : « A la façon dont on avait traité Bernard, lui répondit Haxo, je m'étonne qu'il n'ait pas pris ce parti-là plus tôt. Il n'est pas dit que je n'en fasse pas quelque jour autant. »

Rien ne révèle mieux que ce petit fait la situation des ministres à cette époque, et leur sincérité comme leur timidité dans leurs désirs de sagesse et d'équité.

Il eût fallu un grand acte résolûment conçu et accompli, dans une grande circonstance, pour relever le pouvoir de ce renom comme de ce mal de faiblesse, et l'affranchir du parti sous lequel il pliait en lui résistant. Aujourd'hui, à la distance où nous sommes de ce temps, plus j'y pense dans la liberté tranquille de mon jugement, plus je me persuade que le procès du maréchal Ney eût été, pour un tel acte, une occasion très-propice. Il y avait certainement de graves motifs pour laisser à la justice légale son libre cours : la société et la royauté avaient besoin que le respect du droit et le sentiment de la crainte rentrassent dans les âmes; il importait que des générations formées dans les vicissitudes de la révolution et dans les triomphes de l'Empire apprissent, par d'éclatants exemples, que la force et le succès du moment ne décident pas de tout, qu'il y a des devoirs inviolables, qu'on ne se joue pas impunément du sort des gouvernements ni du repos des peuples, et qu'à ce jeu terrible les plus puissants, les plus célèbres risquent leur honneur et leur vie. En politique et en morale, ces considérations étaient d'un grand poids. Mais une autre grande vérité, politique aussi et morale, devait entrer en balance et peser fortement sur la décision dernière. L'empereur Napoléon avait duré longtemps et avec éclat, accepté et admiré de la France et de l'Europe, soutenu par le dévouement d'un grand nombre d'hommes, armée et peuple. Les idées de droit et de devoir, les sentiments de respect et de fidélité étaient confus et en conflit dans bien des âmes. Il y avait là comme deux vrais et naturels gouvernements en présence, et bien des esprits avaient pu, sans perversité, se troubler dans le choix. Le roi Louis XVIII et ses conseillers pouvaient, à leur tour, sans faiblesse, tenir compte de cette perturbation morale. Le maréchal Ney en était la plus illustre image. Plus son tort envers le Roi avait été grand, plus on pouvait, sans péril, placer la clémence à côté de la justice, et déployer, au-dessus de sa tête condamnée, cette grandeur de l'esprit et du cœur qui a aussi sa force pour fonder le pouvoir et commander la fidélité. La violence même de la réaction royaliste, l'âpreté des passions de parti, leur soif de châtiments et de vengeances auraient donné à cet acte encore plus d'éclat et plus d'effet, car elles en auraient fait ressortir la hardiesse et la liberté. J'ai entendu, à cette époque, une femme du monde, ordinairement sensée et bonne, dire à propos de mademoiselle de Lavalette aidant sa mère à sauver son père : « Petite scélérate ! » Quand de tels égarements de sentiment et de langage éclatent autour des rois et de leurs conseillers, ce sont, pour eux, de clairs avertissements qu'il faut résister et non pas céder. Le maréchal Ney gracié et banni, après sa condamnation, par des lettres royales gravement motivées, c'eût été la royauté s'élevant comme une digue au-dessus de tous, amis ou ennemis, pour arrêter le flot du sang, et la réaction de 1815 eût été domptée et close, aussi bien que les Cent-Jours.

Je n'ai pas la prétention d'avoir clairement pensé alors tout ce que je pense aujourd'hui. J'étais triste et perplexe. Les ministres du Roi l'étaient aussi. Ils ne crurent pas pouvoir ni devoir lui conseiller la clémence. Dans cette circonstance solennelle, le pouvoir ne sut pas être grand, seul moyen quelquefois d'être fort.

Contenu, mais point abattu, et irrité en même temps que déjoué par ces alternatives de concession et de résistance, le côté droit, décidément devenu l'opposition, cherchait en grondant et en tâtonnant quelque moyen de sortir de sa situation à la fois puissante et vaine, quelque brèche par où il pût donner l'assaut au gouvernement, entrer dans la place et s'y établir. Un homme d'esprit et de courage, ambitieux, remuant, adroit et mécontent pour son propre compte comme pour son parti, tenta une attaque très-hardie au fond, quoique mesurée dans la forme et purement théorique en apparence. Dans un court pamphlet intitulé *Du Ministère dans le gouvernement représentatif*, «La France, dit M. de Vitrolles, exprime de toute part le besoin profondément senti d'une action plus forte dans son gouvernement. J'ai cherché les causes de ce sentiment universel, et les raisons qui pouvaient expliquer comment les divers ministères qui s'étaient succédé depuis dix-huit mois n'avaient pu donner au gouvernement du Roi ce caractère de force et d'ensemble dont ils sentaient eux-mêmes le besoin. J'ai cru les trouver dans l'incohérence qui existait entre la nature du gouvernement qu'on avait adopté et l'organisation ministérielle qu'on n'avait pas cru nécessaire de modifier en même temps qu'on nous donnait une nouvelle division des pouvoirs, et à ces pouvoirs une action toute nouvelle. » Invoquant alors à chaque pas les maximes et les exemples de l'Angleterre, M. de Vitrolles établissait que le ministère, qu'il appelait *une institution,* devait avoir dans son sein une rigoureuse unité, avec la majorité des chambres une intime union, et dans la conduite des affaires une responsabilité réelle qui lui assurât, auprès de la Couronne, la mesure nécessaire d'influence et de dignité. A ces trois conditions seulement le gouvernement pouvait être fort. Curieux souvenir à retrouver aujourd'hui ! C'est par le plus intime confident de Monsieur le comte d'Artois, et pour faire monter au pouvoir le parti de l'ancien régime que le gouvernement parlementaire a été pour la première fois célébré et réclamé parmi nous, comme conséquence nécessaire du gouvernement représentatif.

Je me chargeai de repousser cette attaque [1] en la démasquant. J'exposai à mon tour les principes essentiels du gouvernement représentatif, leur sens vrai, leur action réelle, et les conditions de leur développement salutaire dans l'état où nos révolutions et nos dissensions avaient jeté la France. Je m'appliquai surtout à

---

[1] Dans un écrit intitulé : *Du Gouvernement représentatif et de l'état actuel de la France,* publié en 1816.

faire reconnaître, sous cette joute savante et polie entre raisonneurs politiques, la lutte acharnée des partis et les coups fourrés que, dans l'insuffisance de leurs armes publiques, ils essayaient de se porter. Il y avait, je crois, dans mes idées de quoi satisfaire les gens d'esprit qui se préoccupaient du fond des choses et de l'avenir, mais point d'efficacité pratique et prochaine. Quand les grands intérêts des peuples et les grandes passions des hommes sont en jeu, les débats spéculatifs les plus ingénieux sont une guerre de luxe qui ne change rien au cours des événements.

Dès que le budget eut été voté, et le jour même où il était promulgué, la session fut close, et la Chambre de 1815 se retira, ayant fortement pratiqué, pour la défense comme pour l'attaque, les institutions libres que la France tenait de la Charte, mais divisée en deux partis royalistes, l'un chancelant et inquiet, quoique en possession du pouvoir, l'autre ardent et se promettant, pour la session prochaine, un meilleur succès de ses efforts, et tous deux profondément irrités.

Malgré leurs inquiétudes et leurs faiblesses, c'était au cabinet et à ses amis que restait l'avantage. Pour la première fois depuis que la France était en proie à la révolution, les luttes de la liberté avaient tourné au profit de la politique modérée; elle avait, sinon définitivement vaincu, du moins efficacement arrêté ses adversaires. Le flot de la réaction grondait toujours, mais ne montait plus. Le cabinet, bien soutenu dans les Chambres, avait la confiance du Roi, qui portait au duc de Richelieu beaucoup d'estime, et à son jeune ministre de la police, M. Decazes, une faveur amicale de jour en jour plus intime. Huit jours après la clôture de la session, le cabinet acquit dans son sein plus d'unité et pour sa politique un interprète éloquent. M. Laîné remplaça M. de Vaublanc au ministère de l'intérieur. Par une petite compensation accordée au côté droit, M. de Marbois, qui lui déplaisait fort, fut écarté du ministère de la justice, et le chancelier, M. Dambray, reprit les sceaux. M. de Marbois était l'un de ces hommes vertueux et éclairés, mais peu clairvoyants et peu influents, qui apportent au pouvoir plus de considération que de force et s'y usent bientôt sans s'y perdre. Il avait résisté à la réaction avec plus de droiture que d'énergie, et servi le Roi avec une dignité qui ne lui donnait pourtant pas d'autorité. En octobre 1815, au moment de la plus violente fermentation, le Roi s'était montré pressé que la loi sur les cours prévôtales fût présentée. On convint au Conseil que le garde des sceaux s'entendrait avec le ministre de la guerre pour la faire préparer. Peu de jours après, le Roi la redemanda avec quelque impatience : « Sire, lui répondit M. de Marbois, je suis honteux de dire à Votre Majesté qu'elle est déjà prête. » Il sortit du pouvoir dignement, bien qu'avec quelque regret. Je quittai en même temps le poste de secrétaire général du ministère de la justice. M. de Marbois m'y avait témoigné une confiance pleine de sympathie. Il ne me convenait pas d'y rester avec M. Dambray, à qui, par mon origine protestante et mes opinions, je ne convenais pas non plus. Je rentrai, comme maître des requêtes, dans le Conseil d'État.

Les Chambres à peine parties, la conspiration de Grenoble, ourdie par Didier, et à Paris le complot dit des patriotes de 1816, vinrent coup sur coup mettre la modération du cabinet à l'épreuve. Les informations que lui transmirent les autorités du département de l'Isère étaient pleines d'exagération et d'emportement déclamatoire. La répression qu'il ordonna fut rigoureuse avec précipitation. Grenoble avait été le berceau des Cent-Jours. On crut nécessaire de frapper fort le bonapartisme dans le lieu même où il avait d'abord éclaté. On trouvait là une occasion naturelle de se montrer ferme envers les fauteurs de conspiration, quand on résistait ailleurs aux fauteurs de réaction. Les modérés s'inquiètent quelquefois de leur nom, et cèdent à la tentation de le faire un moment oublier.

Le gouvernement ne cessa pourtant point d'être modéré, et le public ne s'y trompait pas. Quoique M. Decazes, par la nature de son département, fût le ministre obligé des mesures de surveillance et de répression, il n'en était pas moins et n'en passait pas moins, à juste titre, pour le protecteur des vaincus et des suspects qui ne conspiraient pas. Par caractère comme par habitude de magistrat, il avait à cœur la justice. Étranger à toute haine de parti, clairvoyant, courageux, d'une activité infatigable et aussi empressé dans sa bienveillance que dans son devoir, il usait des pouvoirs que lui conféraient les lois d'exception avec mesure et équité, les employant contre l'esprit de réaction et de persécution autant que contre les complots, et s'appliquant à prévenir ou à réparer les abus qu'en faisaient les autorités inférieures. Aussi croissait-il dans la bonne opinion du pays en même temps que dans la faveur du Roi. Les peuples et les partis ont un instinct sûr pour reconnaître, dans les situations les plus complexes, qui les attaque et qui les défend, qui leur nuit et qui les sert. Les royalistes violents ne tardèrent pas à regarder M. Decazes comme leur principal adversaire, et les modérés à voir en lui leur plus efficace allié.

En même temps, et dans le silence de la tribune, les principaux représentants de la politique modérée dans les Chambres saisissaient avec empressement les occasions de la soutenir devant le public, de mettre en lumière ses maximes et de rallier autour du Roi et du régime constitutionnel la France encore hésitante. Je prends plaisir à reproduire ici les paroles, probablement oubliées, que prononçaient précisément à cette époque trois hommes restés justement célèbres, et tous trois mes amis; elles montreront, je crois, avec quelque éclat dans quel esprit se formait alors le parti monarchique dévoué à la société française telle que nos temps l'ont faite, et quelles idées, quels sentiments il s'appliquait à répandre.

Le 6 juillet 1816, M. de Serre disait en installant, comme premier président, la cour royale de Colmar : « La liberté, ce prétexte de toutes les ambitions séditieuses, la liberté, qui n'est que le règne des lois, a toujours été la première ensevelie avec les lois sous les débris du trône. La religion elle-même est en péril dès que le trône et les lois sont attaqués; car tout se tient du ciel à la terre; tout est en harmonie entre les lois divines et les lois humaines; on ne saurait renverser les unes et respecter les autres. Que tous nos soins tendent donc à recueillir parmi nous, à épurer, à fortifier sans cesse cet esprit monarchique et chrétien qui inspire la force de tout sacrifier à ses devoirs! Que nos premiers efforts tendent à faire respecter la Charte que le Roi nous a donnée! Nos lois, notre Charte peuvent être perfectionnées sans doute, et nous n'entendons interdire ni tous regrets du passé, ni toute espérance pour l'avenir. Mais commençons d'abord par nous soumettre de cœur et sans réserve à la loi existante; mettons ce premier frein à cette mobilité impatiente qui nous entraîne depuis vingt-cinq années; donnons-nous à nous-mêmes cette première confiance que nous savons tenir à quelque chose. Laissons au temps le reste. »

Six semaines plus tard, le 19 août, M. Royer-Collard, en présidant à la distribution des prix du grand concours de l'Université, adressait aux jeunes gens ces paroles : « Aujourd'hui que le règne du mensonge est fini, et que la légitimité du pouvoir, qui est la vérité dans le gouvernement, donne un plus libre essor à toutes les doctrines salutaires et généreuses, l'instruction publique voit ses destinées s'élever et s'agrandir. La religion lui redemande des cœurs purs et des esprits dociles; l'État, des mœurs profondément monarchiques; les sciences, la philosophie, les lettres attendent d'elle un nouvel éclat et de nouveaux honneurs. Ce seront les bienfaits du prince à qui ses peuples doivent déjà tant de reconnaissance et d'amour. Il saura bien, lui qui a fait fleurir la liberté publique à l'ombre de son trône héréditaire, il saura bien appuyer sur les principes tutélaires des empires un enseignement digne des lumières du siècle, et tel que la France le réclame pour ne pas déchoir du rang glorieux qu'elle occupe entre les nations. »

Huit jours après enfin, dans une solennité purement littéraire, un homme absolument étranger à toute fonction publique, mais depuis plus d'un demi-siècle ami sincère et constant de la liberté, le secrétaire perpétuel de l'Académie française, M. Suard, en rendant compte à l'Académie du concours dans lequel elle avait décerné le prix à M. Villemain pour son *Éloge de Montesquieu*, s'exprimait en ces termes : « L'instabilité des gouvernements tient d'ordinaire à l'indécision dans les principes qui doivent régler l'exercice des pouvoirs. Un prince éclairé par les lumières de son siècle, par celles de l'expérience et par celles d'un esprit supérieur, vient de donner à l'autorité royale un appui qu'aucun autre ne peut remplacer, dans cette Charte qui consacre tous les droits du monarque en même temps qu'elle garantit à la nation tous ceux qui constituent la vraie et légitime liberté. Rallions-nous à ce signe d'alliance entre le peuple et son Roi, leur union est le seul garant assuré du bonheur de l'un et de l'autre. Que la Charte soit pour nous ce qu'était pour les Hébreux l'arche sainte qui contenait les tables de la loi. Si l'ombre du grand publiciste qui a répandu la lumière sur les principes des monarchies constitutionnelles pouvait assister au triomphe que nous lui décernons, elle appuyerait de son autorité les sentiments que j'ose exprimer. »

C'était un grand fait que cet harmonieux concours d'intentions et d'efforts entre de tels hommes, représentants de groupes sociaux si importants, et groupés eux-mêmes autour du Roi et de ses conseillers. Il y avait là un indice certain que, dans l'opinion modérée, les esprits élevés ne manquaient pas pour comprendre les conditions de l'ordre nouveau, ni les volontés sérieuses pour le soutenir. Ce n'était pourtant encore que des éléments épars, et comme les premiers rudiments d'un grand parti conservateur sous un régime libre. Il fallait du temps pour que le parti se formât, ralliât toutes ses forces naturelles et se fît accepter du pays. Le temps serait-il donné à cette œuvre difficile? La question était douteuse. On touchait à une crise redoutable ; la Chambre de 1815 était près de revenir, encore plus ardente et plus agressive que dans sa précédente session. Le parti qui y dominait avait non-seulement ses échecs à réparer et ses desseins à poursuivre, mais des injures récentes à venger. Il était, depuis la clôture de la session, l'objet de vives attaques; le gouvernement combattait partout son influence; le public lui témoignait hautement sa méfiance et son antipathie; on le taxait tour à tour de fanatisme et d'hypocrisie, de dureté vindicative et d'incapacité. Tantôt la passion, tantôt la moquerie populaire se donnaient, contre lui, un libre cours. Dans le silence ou la réserve des journaux censurés, les petits pamphlets, les correspondances, les conversations répandaient de tous côtés, soit contre la Chambre en masse, soit contre les membres les plus connus du côté droit, la dérision ou l'invective. On les craignait encore beaucoup, mais plus assez pour se taire; on se donnait le plaisir de raconter, avec colère ou avec gaieté, leurs violences ou leurs ridicules; on invoquait à demi-voix la dissolution, pour le salut du Roi et de la France [1]. Ainsi

[1] Je retrouve, dans des notes recueillies au moment même, quelques traits de la guerre sarcastique qui poursuivait alors cette Chambre; je les cite textuellement :

« *Avril* 1816. Avant de partir, la Chambre des députés s'est organisée en chapelle. *Trésorier*, M. Laborie, sujet à caution. *Entrepreneur des enterrements*, M. de la Bourdonnaye. *Fossoyeur*, M. Duplessis-Grénédan. *Serpent*, M. de Bouville, et en sa qualité de vice-président, *serpent à sonnette*. *Donneur d'eau bénite*, M. de Vitrolles. *Général des capucins*, M. de Villèle; il le mérite par son organe. *Grand aumônier*, M. de Marcellus; pour celui-là, il donne une partie de son bien aux pauvres. *Sonneur de cloches*, M. Hyde de Neuville, etc. »

« *Mai* 1816. Voici la Charte que veut nous donner la majorité de la Chambre. *Article*. Les articles fondamentaux de la Constitution pourront être changés aussi souvent qu'on le voudra; cependant, vu que la stabilité est nécessaire, on ne les changera que trois fois par an.—*Art*. Le Roi a l'initiative des lois; premier exemple du droit de pétition accordé à tous les Français. —*Art*. Les lois seront exécutées autant qu'il plaira aux députés qu'elles le soient, chacun dans son département.—*Art*. Chaque députation aura la nomination à toutes les places, dans son département. »

« *Juillet* 1816. On dit que le Roi est un peu malade. Il faudrait qu'il le fût beaucoup pour être obligé de garder la Chambre cinq ans. »

était publiquement traitée cette assemblée de qui l'un de ses plus honorables membres, M. de Kergorlay, disait peu de mois auparavant : « La Chambre n'avait pas encore chuchoté que déjà l'autre ministère était tombé ; qu'elle parle, et celui-ci ne tiendra pas huit jours. »

Le ministère avait tenu pourtant, et tenait encore ; mais il était évidemment impossible qu'il restât debout devant la Chambre revenue avec un redoublement d'irritation. On savait le parti résolu à livrer au pouvoir les plus violents assauts. M. de Chateaubriand faisait imprimer sa *Monarchie selon la Charte;* et quoique ce puissant pamphlet ne fût pas encore publié, on connaissait l'art de l'auteur pour mêler éloquemment le vrai et le faux, jeter avec éclat la confusion dans les sentiments comme dans les idées, et attirer dans ce brillant chaos le public ébloui et troublé. Ministres ni opposants ne pouvaient se faire et ne se faisaient illusion sur la nature et les conséquences de la lutte près de s'engager. La question des personnes n'était que le manteau des grandes questions sociales qui se débattaient entre les partis. Il s'agissait de savoir si le pouvoir passerait aux mains du côté droit tel qu'il s'était manifesté dans la session qui venait de finir, c'est-à-dire si les théories de M. de Bonald et les passions de M. de la Bourdonnaye, faiblement tempérées par la prudence et l'influence encore novices de M. de Villèle, deviendraient la politique du gouvernement du Roi.

Je ne suis point, et même en 1815, je n'étais point de

ceux qui regardent le côté droit comme impropre au gouvernement de la France. J'avais dès lors, au contraire, quoique avec un sentiment moins profond et moins clair qu'aujourd'hui, l'instinct qu'il fallait le concours de toutes les classes éclairées et indépendantes, anciennes et nouvelles, pour retirer notre pays des ornières alternatives de l'anarchie et du despotisme, et que, sans leur accord, nous ne posséderions jamais longtemps ensemble l'ordre et la liberté. Peut-être même serais-je en droit de ranger cet instinct au nombre des raisons un peu confuses qui m'avaient disposé en faveur de la Restauration. La monarchie héréditaire, devenue constitutionnelle, s'offrait à mon esprit et comme un principe de stabilité, et comme un moyen naturel de rapprochement entre les classes et les partis qui s'étaient fait si ardemment la guerre. Mais en 1816, si près de la secousse révolutionnaire des Cent-Jours et encore sous le vent de la réaction contre-révolutionnaire de 1815, l'avénement du côté droit au pouvoir eût été bien autre chose que la victoire d'hommes capables de gouverner sans trouble social, quoique dans un système impopulaire; c'eût été la révolution et la contre-révolution encore une fois aux prises dans un de leurs accès de fièvre chaude, et le trône comme la Charte, la paix intérieure et la sûreté de la France comme ses libertés, livrés aux périls de cette lutte, sous les yeux de l'Europe campée chez nous et en armes autour des combattants.

Dans cette menaçante situation, ce fut le mérite de

M. Decazes d'oser chercher et appliquer au mal un grand remède. De tous les ministres, il fut le premier et quelque temps le seul qui regardât la dissolution de la Chambre de 1815 à la fois comme nécessaire et comme possible. A coup sûr, son intérêt personnel eut sa part dans sa clairvoyance et dans sa hardiesse; mais je le connais assez pour être sûr que son dévouement au pays et au Roi contribua puissamment à le décider comme à l'éclairer, et qu'il y eut, dans sa conduite à cette époque, autant de patriotisme que d'ambition.

Il avait un double travail de persuasion à accomplir; d'abord sur ses deux principaux collègues, le duc de Richelieu et M. Laîné, puis sur le Roi lui-même. Tous deux sincèrement dévoués à la politique modérée, M. de Richelieu et M. Laîné étaient tous deux indécis, timides devant une grande responsabilité, et plus enclins à attendre les difficultés et les périls qu'à les affronter pour les surmonter. Le duc de Richelieu avait, dans son cercle naturel, beaucoup de royalistes violents qui n'exerçaient sur lui aucune influence, qu'il traitait même rudement quand leur violence paraissait devant lui, mais envers qui il lui déplaisait de prendre l'initiative de la guerre. M. Laîné, plein de scrupules sur ses résolutions et d'alarmes sur leurs conséquences, avait de plus un amour-propre susceptible, et n'aimait pas à faire ce qu'il n'avait pas lui-même inventé [1]. Les

---

[1] J'insère dans les *Pièces historiques* une note qu'il remit au Roi, dans le cours du mois d'août, sur la question de la dissolution de la Chambre, et dans laquelle se révèlent les fluctuations

hésitations du Roi étaient très-naturelles : comment dissoudre la première Chambre hardiment royaliste qui se fût réunie depuis vingt-cinq ans, une Chambre qu'il avait lui-même qualifiée *d'introuvable* et dans laquelle il comptait tant de ses plus anciens et plus fidèles amis? Quels périls pour sa maison et pour lui-même naîtraient peut-être un jour d'un tel acte! Et à l'instant même, quelles humeurs, quelles colères dans sa famille et parmi ses intimes serviteurs, et par conséquent, pour lui-même, quels embarras! quels ennuis!

Mais le roi Louis XVIII avait le cœur froid et l'esprit libre; la colère et l'humeur de ses proches le touchaient peu quand il était bien décidé à ne pas s'en laisser importuner. C'était son orgueil et son plaisir de se sentir plus éclairé, plus politique que tous les siens, et d'agir dans la pleine indépendance de sa pensée comme de sa volonté. Plus d'une fois, sinon dans ses paroles, du moins dans ses actes et dans ses airs, la Chambre avait été, envers lui, irrévérente et presque dédaigneuse, comme eût pu l'être une assemblée révolutionnaire; il lui convenait, à lui, de montrer à tous qu'il ne souffrirait pas l'esprit et les procédés révolutionnaires, pas plus chez ses amis que chez ses ennemis. Il tenait à la Charte, comme à son œuvre et à sa gloire; le côté droit insultait souvent la Charte, et la menaçait quelquefois; c'était au Roi de la défendre. Il trouvait, en la défendant, l'occasion de la rétablir

et les fantaisies, plus ingénieuses que judicieuses, de son esprit. (*Pièces historiques*, n° VII.)

dans son intégrité primitive; c'était sans conviction et à regret qu'il avait consenti, pendant l'administration de M. de Talleyrand, à en modifier lui-même plusieurs articles et à en soumettre quatorze autres à la révision des pouvoirs législatifs. Couper court à cette révision, rentrer dans la Charte pure, c'était la donner une seconde fois à la France, et y trouver, pour la France comme pour lui-même, un nouveau gage de repos.

Pendant plus de deux mois, M. Decazes toucha toutes ces cordes avec beaucoup d'intelligence et d'adresse, décidé et point pressé, persévérant sans obstination, changeant de thème selon la disposition qu'il rencontrait, et amenant chaque jour à propos, devant ces esprits incertains, les faits et les raisons propres à les persuader. Sans mettre ses amis particuliers dans la quotidienne confidence de son travail, il les en entretenait souvent, en leur demandant de l'y aider par des considérations, des réflexions qu'il pût placer sous les yeux du Roi et qui jetassent quelque variété dans ses arguments. Plusieurs d'entre eux lui remirent des notes dans ce dessein. Je lui en donnai une aussi, où j'insistai sur les espérances que plaçaient dans le Roi ces nombreuses classes moyennes qui ne demandaient qu'à jouir avec sécurité du repos qu'elles tenaient de lui, et que lui seul pouvait délivrer des inquiétudes où les jetait la Chambre. Divers d'origine et de forme, mais tous animés du même esprit et tendant au même but, ces essais de persuasion devenaient de jour en jour plus efficaces. Décidés enfin, le duc de Richelieu et M. Laîné s'unirent à M. Decazes pour décider le Roi qui avait pris son parti avant eux, mais qui voulait paraître encore incertain, se plaisant à n'avoir pour vrai confident que son favori. On a beaucoup dit que les trois ministres amis du côté droit, M. Dambray, le duc de Feltre et M. Dubouchage, étaient restés étrangers à ce travail et l'avaient même ignoré jusqu'au dernier moment. J'ai lieu de croire que, soit déférence pour le Roi, soit désir de ne pas entrer en lutte avec le favori, ils s'étaient de bonne heure résignés à un résultat qu'ils prévoyaient. Quoi qu'il en soit, le mercredi 14 août, le Roi avait tenu son Conseil; la séance finissait; le duc de Feltre s'était déjà levé pour partir; le Roi le fit rasseoir : « Messieurs, dit-il, le moment est venu de prendre un parti à l'égard de la Chambre des députés; il y a trois mois, j'étais décidé à la rappeler; c'était encore mon avis il y a un mois; mais tout ce que j'ai vu, tout ce que je vois tous les jours prouve si clairement l'esprit de faction qui domine cette Chambre, les dangers dont elle menace et la France et moi sont si évidents, que mon opinion a complétement changé. De ce moment, vous pouvez regarder la Chambre comme dissoute. Partez de là, messieurs; préparez l'exécution de la mesure, et en attendant gardez-en le secret le plus exact. J'y tiens absolument. » Quand Louis XVIII était sérieusement décidé et voulait être obéi, il avait un ton de dignité et de commandement qui coupait court aux objections. Pendant trois semaines, quoique la question préoccupât vivement les esprits, et malgré quelques retours d'hésitation du Roi lui-même, le secret de la résolution fut si bien gardé que le 3 septembre encore, on était persuadé à la cour que la Chambre reviendrait. Le 5 septembre seulement, à onze heures et demie du soir, après que le Roi se fut retiré et couché, le duc de Richelieu alla, de sa part, annoncer à *Monsieur* que l'ordonnance de dissolution était signée et serait publiée le lendemain dans le *Moniteur*. La surprise et la colère de *Monsieur* furent grandes; il voulait courir chez le Roi; le duc de Richelieu le retint en lui disant que le Roi était sans doute déjà endormi et avait formellement défendu que personne vînt troubler son sommeil. Les princes ses fils, accoutumés, vis-à-vis du Roi, à une extrême réserve, se montrèrent plus disposés à approuver qu'à blâmer : « Le Roi a bien fait, dit le duc de Berry; je l'avais dit à ces messieurs de la Chambre; ils ont vraiment trop abusé. » La cour fut consternée et intimidée en apprenant un coup auquel elle n'avait pas cru. Le parti frappé tenta d'abord un peu de bruit; M. de Chateaubriand ajouta à sa *Monarchie selon la Charte* un *Post-scriptum* habilement irrité, et opposa même quelques démonstrations de résistance, plus hautaines que sensées, aux mesures ordonnées, par suite d'une contravention aux règlements de l'imprimerie, pour en retarder la publication[1]. Mais bientôt, mieux conseillé, le parti

---

[1] J'insère dans les *Pièces historiques* les lettres échangées, à cette occasion, entre M. de Chateaubriand, M. Decazes et M. le chancelier Dambray, et qui caractérisent vivement l'incident et les personnes. (**Pièces historiques**, n° VIII.)

rongea décemment son frein, et se mit à l'œuvre pour rengager la lutte. Le public, je devrais dire le pays, témoigna hautement sa satisfaction : c'était, pour les honnêtes gens tranquilles, le sentiment de la délivrance, et pour les esprits politiques, celui de l'espérance. Personne n'ignorait que M. Decazes avait été le premier et le plus efficace promoteur de la mesure; on l'entourait, on le félicitait, on lui promettait que tous les hommes de sens et de bien se rallieraient à lui; il répondait avec un contentement modeste : « Il faut que ce pays soit bien malade pour que j'y sois si important. »

# CHAPITRE V.

### GOUVERNEMENT DU CENTRE.

Composition de la nouvelle Chambre des députés.— Le cabinet a la majorité.—Éléments de cette majorité, le centre proprement dit et les doctrinaires.—Vrai caractère du centre.—Vrai caractère des doctrinaires et vraie cause de leur influence.—M. de la Bourdonnaye et M. Royer-Collard à l'ouverture de la session.—Attitude des doctrinaires dans le débat des lois d'exception.—Loi des élections du 5 février 1817. — Part que j'ai prise à cette loi.—De la situation actuelle et du rôle politique des classes moyennes.—Le maréchal Gouvion Saint-Cyr et la loi du recrutement du 10 mars 1818.—Les lois sur la presse de 1819 et M. de Serre.—Discussion préparatoire de ces lois dans le Conseil d'État.—Administration générale du pays. — Modifications du cabinet de 1816 à 1820. — Imperfections du régime constitutionnel. — Fautes des hommes. — Dissentiments entre le cabinet et les doctrinaires. — Le duc de Richelieu négocie, à Aix-la-Chapelle, la retraite complète des troupes étrangères.—Sa situation et son caractère.—Il attaque la loi des élections.—Sa chute.—Cabinet de M. Decazes.—Sa faiblesse politique malgré ses succès parlementaires.—Elections de 1819. — Élection et non-admission de M. Grégoire.— Assassinat du duc de Berry. — Chute de M. Decazes.—Le duc de Richelieu rentre au pouvoir. — Son alliance avec le côté droit.—Changement de la loi des élections.—Désorganisation du centre et progrès du côté droit. — Seconde chute du duc de Richelieu.—M. de Villèle et le côté droit arrivent au pouvoir.

(1816-1821.)

On se récria violemment, comme on l'a fait et comme on le fera toujours, contre les manœuvres du ministère dans les élections. Aigre consolation de vaincus qui ont besoin d'expliquer leur défaite. Les élections, à les prendre dans leur ensemble, sont presque toujours plus vraies que ne le croit une méfiance intéressée ou badaude. La volonté et le savoir-faire du pouvoir n'y exercent qu'une influence secondaire. Ce qui fait réellement les élections, c'est le vent qui souffle et l'impulsion que les événements impriment aux esprits. L'ordonnance du 5 septembre 1816 avait donné confiance aux modérés et quelque espérance aux persécutés de 1815. Ils se rallièrent tous autour du cabinet, laissant de côté leurs querelles, leurs antipathies, leurs rancunes, et uniquement préoccupés de soutenir le pouvoir qui promettait aux modérés la victoire, aux persécutés le salut.

La victoire appartint en effet au cabinet, mais une de ces victoires difficiles qui laissent les vainqueurs encore en face d'une rude guerre. La nouvelle Chambre contenait, au centre une majorité ministérielle, au côté droit une forte et ardente opposition, au côté gauche un très-petit groupe où M. d'Argenson et M. Laffitte étaient les seuls noms connus du public.

La majorité ministérielle se formait de deux éléments divers quoique alors très-unis, le centre proprement dit, grande armée du pouvoir, et l'état-major peu nombreux de cette armée, qu'on appela bientôt les doctrinaires.

Je dirai du centre de nos assemblées depuis 1814 ce que je disais tout à l'heure de M. Cuvier : on l'a méconnu et calomnié, quand on a fait de la servilité et de l'avide recherche des emplois son principal caractère.

Là comme ailleurs, l'intérêt personnel a tenu sa place et cherché ses satisfactions; mais une idée générale et vraie était l'âme et le lien du parti, l'idée que, de nos jours, après toutes nos révolutions, c'est de gouvernement surtout que la société a besoin, et au gouvernement surtout que les bons citoyens doivent leur appui. Beaucoup d'excellents et honnêtes sentiments, l'esprit de famille, le goût du travail régulier, le respect des supériorités, des lois et des traditions, les sollicitudes prévoyantes, les habitudes religieuses, se sont groupés autour de cette idée et ont souvent inspiré à ses croyants un ferme et rare courage. Les diffamateurs de ce persévérant parti du pouvoir, que j'appellerais volontiers le torysme bourgeois, sont de pauvres politiques et de pauvres philosophes qui ne comprennent ni les instincts moraux de l'âme, ni les intérêts essentiels de la société.

On a beaucoup attaqué les doctrinaires. Je tiens à les expliquer, non à les défendre. Hommes ou partis, quand on a exercé quelque influence sur les événements et tenu quelque place dans l'histoire, ce qui importe, c'est de se faire bien connaître ; ce but atteint, il faut rester en paix et se laisser juger.

Ce n'est ni l'esprit, ni le talent, ni la dignité morale, mérites que leurs ennemis mêmes ne leur ont guère contestés, qui ont fait le caractère original et la valeur politique des doctrinaires; d'autres hommes, dans d'autres partis, possédaient aussi ces mérites, et entre ces rivaux d'intelligence, d'éloquence et de sincérité, le public réglera les rangs. Les doctrinaires ont dû à une autre cause et leur nom et leur influence qui a été réelle, malgré leur petit nombre. C'est le grand caractère, bien chèrement payé, de la révolution française d'avoir été une œuvre de l'esprit humain, de ses conceptions et de ses prétentions, en même temps qu'une lutte d'intérêts sociaux. La philosophie s'était vantée qu'elle réglerait la politique, et que les institutions, les lois, les pouvoirs publics ne seraient que les créations et les serviteurs de la raison savante. Orgueil insensé, mais hommage éclatant à ce qu'il y a de plus élevé dans l'homme, à sa nature intellectuelle et morale! Les revers et les mécomptes ne tardèrent pas à donner à la Révolution leurs rudes leçons; mais jusqu'en 1815 elle n'avait guère rencontré, pour commentateurs de sa mauvaise fortune, que des ennemis implacables ou des complices désabusés, avides les uns de vengeance, les autres de repos, et qui ne savaient opposer aux principes révolutionnaires, les uns qu'une réaction rétrograde, les autres que le scepticisme de la fatigue. « Il n'y a eu dans la Révolution qu'erreur et crime, disaient les uns; l'ancien régime avait raison contre elle ;—la Révolution n'a péché que par excès, disaient les autres; ses principes étaient bons; mais elle les a poussés trop loin ; elle a abusé de son droit. » Les doctrinaires repoussèrent l'une et l'autre de ces assertions; ils se défendirent à la fois et du retour aux maximes de l'ancien régime, et de l'adhésion, même purement spéculative, aux principes révolutionnaires. En acceptant franchement la nouvelle société française telle que toute notre histoire, et non pas seulement 1789, l'a faite, ils entreprirent de fonder son gouvernement sur des bases rationnelles et pourtant tout autres que les théories au nom desquelles on avait détruit l'ancienne société, ou les maximes incohérentes qu'on essayait d'évoquer pour la reconstruire. Appelés tour à tour à combattre et à défendre la Révolution, ils se placèrent, dès l'abord et hardiment, dans l'ordre intellectuel, opposant des principes à des principes, faisant appel non-seulement à l'expérience, mais aussi à la raison, affirmant des droits au lieu de n'alléguer que des intérêts, et demandant à la France, non pas de confesser qu'elle n'avait fait que le mal, ni de se déclarer impuissante pour le bien, mais de sortir du chaos où elle s'était plongée et de relever la tête vers le ciel pour y retrouver la lumière.

Je me hâte d'en convenir; il y avait aussi, dans cette tentative, un grand orgueil, mais un orgueil qui commençait par un acte d'humilité, car il proclamait les erreurs d'hier en même temps que la volonté et l'espérance de n'y pas retomber aujourd'hui. C'était à la fois rendre hommage à l'intelligence humaine et l'avertir des limites de sa puissance; c'était faire acte de respect pour le passé sans défection envers le présent et sans abandon de l'avenir. C'était entreprendre de donner à la politique une bonne philosophie, non pour souveraine maîtresse, mais pour conseillère et pour appui.

Je dirai sans hésiter, selon ce que m'a appris l'expérience, quelles fautes se sont progressivement mêlées à ce généreux dessein, et en ont altéré ou arrêté le succès.

Ce que j'ai à cœur en ce moment, c'est d'en bien marquer le vrai caractère. Ce fut à ce mélange d'élévation philosophique et de modération politique, à ce respect rationnel des droits et des faits divers, à ces doctrines à la fois nouvelles et conservatrices, antirévolutionnaires sans être rétrogrades, et modestes au fond quoique souvent hautaines dans leur langage, que les doctrinaires durent leur importance comme leur nom. Malgré tant de mécomptes de la philosophie et de la raison humaine, notre temps conserve des goûts philosophiques et raisonneurs, et les plus déterminés praticiens politiques se donnent quelquefois les airs d'agir d'après des idées générales, les regardant comme un bon moyen de se justifier ou de s'accréditer. Les doctrinaires répondaient par là à un besoin réel et profond, quoique obscurément senti, des esprits en France; ils avaient à cœur l'honneur intellectuel comme le bon ordre de la société; leurs idées se présentaient comme propres à régénérer en même temps qu'à clore la Révolution. Et ils avaient à ce double titre, tantôt avec ses partisans, tantôt avec ses adversaires, des points de contact qui leur attiraient, sinon une complète sympathie, du moins une sérieuse estime : le côté droit les tenait pour des royalistes sincères, et le côté gauche, même en les combattant avec aigreur, savait bien qu'ils n'étaient les défenseurs ni de l'ancien régime, ni du pouvoir absolu.

A l'ouverture de la session de 1816, c'était là déjà leur situation, un peu obscure encore, mais au fond comprise et acceptée du cabinet comme des partis divers. Le duc de Richelieu, M. Laîné et M. Decazes, qu'ils eussent ou non du goût pour les doctrinaires, sentaient que, soit dans les débats des Chambres, soit pour agir sur la pensée publique, ils avaient absolument besoin de leur concours. Le côté gauche, impuissant par lui-même, marchait nécessairement avec eux, quoique leurs idées et leur langage lui inspirassent quelquefois plus de surprise que de sympathie. Le côté droit, malgré ses pertes dans les élections, restait encore très-fort et redevint promptement agressif. Le discours du Roi, en ouvrant la session, avait été doux et un peu terne, comme s'il eût eu plus d'envie d'atténuer l'ordonnance du 5 septembre que de la faire ressortir et triompher : « Comptez, avait-il dit en finissant, sur mon inébranlable fermeté pour réprimer les attentats de la malveillance et pour contenir les écarts d'un zèle trop ardent. »—« Ce n'est que cela? dit M. de Chateaubriand en sortant de la séance royale; en ce cas, la victoire est à nous; » et ce jour même, il dîna chez le chancelier. M. de la Bourdonnaye fut encore plus explicite : « Voilà donc, dit-il avec une expression brutale, le Roi qui nous livre de nouveau ses ministres. » Dans la séance du lendemain, rencontrant M. Royer-Collard avec qui il avait un grand laisser-aller de conversation : « Eh bien! lui dit-il, vous voilà plus de coquins que l'année dernière.—Et vous moins, » lui répondit M. Royer-Collard. Le côté droit, dans ses espérances renaissantes, savait bien quels étaient les adversaires avec qui il aurait à lutter.

Comme dans la session précédente, les premières rencontres eurent des questions de circonstance pour objet. Le cabinet jugea nécessaire de demander aux Chambres la prolongation, pour un an, des deux lois d'exception sur la liberté individuelle et les journaux. M. Decazes rendit un compte détaillé de l'emploi qu'il avait fait jusque-là du pouvoir arbitraire placé dans ses mains, et les propositions nouvelles le resserraient dans des limites qui en atténuaient les périls. Le côté droit les repoussa vivement, par le motif très-naturel qu'il n'avait point de confiance dans les ministres, mais sans autres arguments que les lieux communs libéraux. Les doctrinaires appuyèrent les projets de loi, mais en ajoutant à leur adhésion des commentaires qui marquaient fortement leur indépendance, et la direction qu'ils avaient à cœur d'imprimer au pouvoir qu'ils défendaient : « Chaque jour, dit M. de Serre, la nature de notre constitution sera mieux comprise, ses bienfaits mieux appréciés par la nation ; les lois auxquelles vous coopérerez mettront peu à peu nos institutions et nos mœurs en harmonie avec la monarchie représentative ; le gouvernement s'approchera de sa perfection, de cette unité de principe, de plan et d'action qui est la condition de son existence. En souffrant, en protégeant même l'opposition légale, il ne tolèrera pas que cette opposition trouve en lui-même des points d'appui. C'est parce qu'il peut, parce qu'il doit être surveillé et contredit par les hommes placés hors de lui, qu'il doit être ponctuellement obéi, fidèlement secondé et servi par les hommes qui se sont faits ou veulent rester ses agents directs. Le gouvernement aura ainsi ce degré de force qui dispense de l'emploi des moyens extraordinaires ; les moyens légaux, rendus à leur énergie, lui suffiront. »—« Il y a contre le projet de loi, dit M. Royer-Collard, une objection forte ; on peut dire au gouvernement : Avant de demander un pouvoir extraordinaire, avez-vous fait usage de tout celui que les lois vous confient ? Avez-vous épuisé son énergie ?... Je ne répondrai pas directement à cette question ; mais je dirai à ceux qui la font : Prenez garde aussi de mettre votre gouvernement à une épreuve trop rigoureuse, à laquelle presque tous les gouvernements succomberaient ; ne lui imposez pas la perfection ; considérez ses embarras aussi bien que ses devoirs... Nous souhaitons qu'il affermisse ses pas dans la carrière où il s'est engagé, et qu'il en fasse chaque jour de nouveaux. Nous attendons de lui l'entier développement des institutions et des transactions constitutionnelles ; nous lui demandons surtout cette unité rigoureuse de principes, de système et de conduite sans laquelle il n'atteindra pas entièrement le but vers lequel il marche. Mais ce qu'il a fait nous est une garantie de ce qu'il veut faire. Nous avons la juste confiance que les pouvoirs extraordinaires dont nous l'investissons seront exercés, non par et pour un parti, mais pour la nation contre tous les partis. Voilà notre traité ; voilà les stipulations dont on a parlé ; elles sont publiques comme notre confiance, et nous remercions ceux qui les ont rappelées d'avoir fait remarquer à la France que nous lui sommes fidèles, et que nous ne négligeons ni ses intérêts, ni nos devoirs. »

Avec une effusion d'esprit et de cœur plus douce, mais non moins décidée, M. Camille Jordan tint le même langage; les projets de loi furent votés; le côté droit ressentit, comme des coups qui s'adressaient à lui, les conseils donnés par les doctrinaires au cabinet, et le cabinet vit clairement qu'il avait là, pour défenseurs nécessaires, de fiers et exigeants alliés.

Leurs exigences ne furent point vaines; le cabinet, qui n'avait ni intentions despotiques, ni passions immodérées, ne chercha point à prolonger outre mesure le pouvoir arbitraire qui lui était confié; aucun effort ne fut nécessaire pour lui arracher les lois d'exception; elles tombèrent successivement et d'elles-mêmes, la suspension des garanties de la liberté individuelle en 1817, les cours prévôtales en 1818, la censure des journaux en 1819; et quatre ans après la tempête des Cent-Jours, le pays était en jouissance de toutes ses libertés constitutionnelles.

Dans le même intervalle, d'autres questions, plus grandes et plus obscures, furent posées et résolues. Quand le premier bouillonnement de la réaction de 1815 se fut un peu calmé, quand la France, moins troublée du présent, recommença à se préoccuper de l'avenir, elle fut appelée à l'œuvre la plus difficile qui puisse échoir à un peuple. C'était bien plus qu'un gouvernement nouveau à affermir; c'était un gouvernement libre à mettre en vigueur. Il était écrit; il fallait qu'il vécût. Promesse bien souvent faite à la France, et jamais accomplie. Que de fois, de 1789 à 1814, on avait inscrit, dans nos institutions et dans nos lois, des libertés et des droits politiques, pour les y laisser ensevelis et pour gouverner sans en tenir compte! Le premier entre les gouvernements de notre époque, la Restauration a pris ses paroles au sérieux; quels que fussent ses traditions et ses penchants, ce qu'elle a dit elle l'a fait; les libertés et les droits qu'elle a reconnus, elle a accepté leur action et leur concours. De 1814 à 1830, comme de 1830 à 1848, la Charte a été une vérité. C'est pour l'avoir oublié un jour que Charles X est tombé.

Quand ce travail d'organisation, ou pour mieux dire quand cet appel efficace à la vie politique commença en 1816, la question du système électoral, déjà abordée, mais sans résultat, dans la session précédente, se présenta la première. Elle était placée sous l'empire de l'art. 40 de la Charte qui portait : « Les électeurs qui concourent à la nomination des députés ne peuvent avoir droit de suffrage s'ils ne payent une contribution directe de 300 francs et s'ils ont moins de trente ans. » disposition ambiguë et qui tentait plus qu'elle n'osait accomplir. Elle contenait évidemment le désir de placer le droit de suffrage politique hors des masses populaires et de le déposer dans les régions élevées de la société. Mais le législateur constitutionnel n'avait pas marché franchement à ce but et ne l'atteignait pas avec certitude, car si la Charte exigeait, pour les électeurs appelés à choisir effectivement les députés, 300 francs de contribution directe et trente ans d'âge, elle n'interdisait pas que ces électeurs fussent eux-mêmes choisis par de premières assemblées électorales, c'est-à-dire qu'elle n'excluait pas l'élection indirecte, ni, sous cette forme, le suffrage qu'on est convenu d'appeler universel.

J'ai pris part à la rédaction de la loi du 5 février 1817, qui fut la solution donnée alors à cette grande question. J'ai assisté aux conférences chargées de la préparer. Quand elle fut prête, M. Laîné, qui devait, comme ministre de l'intérieur, la présenter à la Chambre des députés, m'écrivit qu'il désirait me voir : « J'ai adopté, me dit-il, tous les principes de ce projet, la concentration du droit de suffrage, l'élection directe, le droit égal des électeurs, leur réunion dans un seul collège par département; je crois vraiment que ce sont les meilleurs; j'ai pourtant encore, sur quelques-unes de ces questions, bien des perplexités d'esprit et bien peu de temps pour en sortir. Aidez-moi à préparer l'exposé des motifs. » Je répondis, comme je le devais, à cette sincérité confiante. La loi présentée, et pendant que mes amis la soutenaient dans la Chambre, où mon âge ne me permettait pas encore de siéger, je la défendis, au nom du gouvernement, dans plusieurs articles insérés au *Moniteur*. J'en ai bien connu l'intention et le véritable esprit, et j'en parle sans embarras en présence du suffrage universel qui prévaut aujourd'hui. Si le système électoral de 1817 a disparu dans la tempête de 1848, il a valu à la France plus de trente années d'un gouvernement régulier et libre, à la fois soutenu et contrôlé sérieusement ; et pendant tout ce temps, à travers les dominations changeantes des partis et l'ébranlement d'une révolution, ce système a suffi au maintien de la paix, au développement de la prospérité publique et au respect de tous les droits légaux. Dans notre âge d'expériences éphémères et vaines, c'est presque là, pour une loi politique, une vie longue et puissante. Il y a là du moins une œuvre qu'on peut avouer et qui mérite d'être bien comprise, même après ses revers.

Une idée dominante inspira la loi du 5 février 1817 : mettre un terme au régime révolutionnaire, mettre en vigueur le régime constitutionnel. A cette époque, le suffrage universel n'avait jamais été en France qu'un instrument de destruction ou de déception : de destruction, quand il avait réellement placé le pouvoir politique aux mains de la multitude ; de déception, quand il avait servi à annuler les droits politiques au profit du pouvoir absolu en maintenant, par une intervention vaine de la multitude, une fausse apparence de droit électoral. Sortir enfin de cette routine, tantôt de violence, tantôt de mensonge, placer le pouvoir politique dans la région où dominent naturellement, avec indépendance et lumières, les intérêts conservateurs de l'ordre social, et assurer à ces intérêts, par l'élection directe des députés du pays, une action franche et forte sur son gouvernement, c'était là ce que cherchaient les auteurs du système électoral de 1817; rien de moins, rien de plus.

Dans un pays voué depuis vingt-cinq ans, en matière d'élections politiques, soit réellement, soit en apparence, au principe de la souveraineté du nombre, si absurdement appelée la souveraineté du peuple, la tentative était nouvelle et pouvait paraître hardie. Au début, elle concentrait le pouvoir politique aux mains de cent quarante mille électeurs. Elle ne rencontra pourtant dans le public, et même dans ce qu'on appelait déjà le parti libéral, que peu d'opposition, quelques objections de souvenir, quelques réserves d'avenir, point d'hostilité véritable et active. Ce fut du sein même des classes vouées aux intérêts conservateurs et de leurs dissensions intestines que vinrent l'attaque et le danger.

Pendant la Chambre de 1815, l'ancien parti royaliste, dans ses vœux modérés et quand il renonçait à ses velléités systématiques et rétrogrades, s'était promis que du moins la faveur de la royauté et l'influence de la majorité lui donneraient le pouvoir, aussi bien dans les localités qu'au centre de l'État. L'ordonnance du 5 septembre 1816 lui avait enlevé cette double perspective. Il demandait au nouveau système électoral de la lui rendre. Il démêla sur-le-champ que la loi du 5 février 1817 n'aurait point pour lui de tels effets, et il l'attaqua aussitôt avec violence, l'accusant de livrer à la classe moyenne tout le pouvoir électoral, par conséquent tout le pouvoir politique, aux dépens de la grande propriété et du peuple.

Plus tard, le parti populaire, qui n'y pensait pas ou n'en parlait pas en 1817, s'est saisi à son tour de ce thème, et a placé, dans cette même accusation de monopole politique au profit des classes moyennes, son principal grief, non-seulement contre la loi électorale, mais contre tout le système de gouvernement dont elle était la base et la garantie.

Je recueille mes souvenirs, je recherche mes impressions. De 1814 à 1848, sous le gouvernement de la Restauration et sous le gouvernement de Juillet, j'ai hautement soutenu et quelquefois j'ai eu l'honneur de porter moi-même ce drapeau des classes moyennes qui était naturellement le mien. Quelle était, pour nous, sa signification? Avons-nous jamais conçu le dessein ou seulement entrevu la pensée que les bourgeois devinssent des privilégiés nouveaux, et que les lois destinées à régler l'exercice du droit de suffrage servissent à fonder la domination des classes moyennes en enlevant, soit en droit, soit en fait, toute influence politique, d'une part aux restes de l'ancienne aristocratie française, d'autre part au peuple?

La tentative eût été étrangement ignorante et insensée. Ce n'est ni par des théories politiques, ni par des articles de loi que s'établissent les priviléges et la domination d'une classe dans l'État; ces moyens savants et lents n'y suffisent point; il y faut la force de la conquête ou l'ascendant de la foi. C'est aux aristocraties militaires ou théocratiques, jamais aux influences bourgeoises qu'il appartient de s'approprier exclusivement la société. L'histoire de tous les temps et de tous les peuples est là pour le prouver aux plus superficiels observateurs.

De nos jours, l'impossibilité d'une telle domination des classes moyennes est encore plus frappante. Deux idées sont les grands caractères de la civilisation moderne, et lui impriment son redoutable mouvement; je les résume en ces termes : —Il y a des droits universels, inhérents à la seule qualité d'homme, et que nul régime ne peut légitimement refuser à nul homme;— il y a des droits individuels qui dérivent du seul mérite personnel de chaque homme, sans égard aux circonstances extérieures de la naissance, de la fortune ou du rang, et que tout homme qui les porte en lui-même doit être admis à déployer.—Le respect légal des droits généraux de l'humanité et le libre développement des supériorités naturelles, de ces deux principes, bien ou mal compris, ont découlé, depuis près d'un siècle, les biens et les maux, les grandes actions et les crimes, les progrès et les égarements que tantôt les révolutions, tantôt les gouvernements eux-mêmes ont fait surgir au sein des sociétés européennes. Lequel de ces principes provoque, ou seulement admet, la domination exclusive des classes moyennes? A coup sûr, ni l'un ni l'autre : l'un ouvre aux supériorités individuelles toutes les portes; l'autre veut, pour toute créature humaine, sa place et sa part; aucune grandeur n'est inaccessible; aucune existence n'est comptée pour rien. De tels principes sont inconciliables avec toute domination exclusive ; celle des classes moyennes, comme toute autre, serait en contradiction directe avec les tendances souveraines des sociétés modernes.

Les classes moyennes n'ont jamais songé à devenir, parmi nous, des classes privilégiées, et nul homme de quelque sens n'y a jamais songé pour elles. Cette folle accusation n'est qu'une machine de guerre dressée à la faveur de la confusion des idées, tantôt par l'adresse hypocrite, tantôt par l'aveugle passion des partis. Ce qui n'empêche pas qu'elle n'ait été et ne puisse devenir encore fatale à la paix intérieure de notre société ; car les hommes sont ainsi faits que les dangers chimériques sont pour eux les pires ; on se bat contre des corps ; on perd la tête, soit de peur, soit de colère, devant des fantômes.

C'était à des dangers réels que nous avions à faire en 1817, quand nous discutions le régime électoral de la France. Nous voyions les plus légitimes principes et les plus ombrageux intérêts de la société nouvelle indistinctement menacés par une réaction violente. Nous sentions en même temps renaître et fermenter autour de nous l'esprit révolutionnaire s'armant, selon son usage, des passions nobles pour couvrir la marche et préparer le triomphe des plus mauvaises. Par leurs dispositions comme par leurs intérêts, les classes moyennes étaient les plus propres à lutter à la fois contre l'un et l'autre péril ; opposées aux prétentions de l'ancien régime, elles avaient acquis, sous l'Empire, des idées et des habitudes de gouvernement ; quoi-

qu'elles n'accueillissent la Restauration qu'avec quelque
méfiance, elles ne lui étaient point hostiles; car, sous
l'empire de la Charte, elles n'avaient rien à demander
à des révolutions nouvelles; la Charte était pour elles
à la fois le Capitole et le port; elles y trouvaient et la
sécurité de leurs conquêtes et le triomphe de leurs
espérances. Faire tourner au profit de l'ancienne
monarchie, devenue constitutionnelle, cette situation
antirévolutionnaire des classes moyennes, assurer à
cette monarchie leur adhésion et leur concours en leur
assurant à elles-mêmes, dans son gouvernement, une
large influence, c'était une politique clairement indi-
quée par l'état des faits et des esprits; c'était la politique
de la loi électorale de 1817. En principe, cette loi coupait court aux théories révolutionnaires de la souveraineté du nombre et d'une fausse et tyrannique égalité; en fait, elle mettait la société nouvelle à l'abri des
menaces de la contre-révolution. Nous n'avions certes,
en la présentant, nul dessein d'établir, entre la grande
et la moyenne propriété, aucun antagonisme; mais
quand la question fut ainsi posée, nous n'hésitâmes
point; nous soutînmes fermement la loi en soutenant
que l'influence, non pas exclusive mais prépondérante,
des classes moyennes était conforme, d'une part au
vœu des institutions libres, de l'autre aux intérêts de
la France telle que la révolution l'avait faite, et de la
Restauration elle-même telle que la Charte l'avait défi-
nie en la proclamant.

La loi des élections avait rempli la session de 1816.

La loi du recrutement fut la grande affaire et la grande œuvre de la session de 1817. Le côté droit lui fut ardemment hostile; elle contrariait ses traditions, elle inquiétait ses sentiments monarchiques. Mais il avait affaire à un ministre imperturbable dans sa conviction et sa volonté, comme dans sa physionomie. Le maréchal Gouvion-Saint-Cyr était un esprit puissant, original et simple, qui ne combinait pas un grand nombre d'idées, mais qui s'attachait passionnément à celles qu'il avait lui-même conçues. Il s'était promis de rendre à la France ce qu'elle n'avait plus, une armée. Et une armée, c'était pour lui une petite nation sortie de la grande, fortement organisée, formée d'officiers et de soldats intimement unis, se connaissant et se respectant mutuellement, ayant tous des droits comme des devoirs, et tous bien dressés, par l'étude solide ou la longue pratique, à servir efficacement leur patrie.

De cette notion de l'armée, telle que la concevait le maréchal Saint-Cyr, découlaient naturellement les principes de sa loi. Toutes les classes de la nation étaient appelées à concourir à la formation de l'armée. Ceux qui y entraient par le dernier rang avaient droit de monter au premier et une part assurée dans le mouvement ascendant des rangs moyens. Ceux qui aspiraient à y entrer par un échelon plus élevé étaient tenus d'abord de prouver, par le concours, un mérite déjà acquis, puis d'acquérir, par de fortes études, l'instruction spéciale de leur état. Le temps de service, actif ou de réserve, était long, et faisait vraiment de la vie militaire une carrière. Les obligations imposées, les libérations promises et les droits reconnus à tous étaient garantis par la loi.

Outre ses principes généraux, la loi avait un résultat immédiat que Saint-Cyr avait fort à cœur; elle faisait rentrer, à titre de vétérans et comme réserve, dans l'armée nouvelle, les restes de cette vieille armée licenciée qui avait héroïquement porté la peine des fautes de son général couronné. Elle effaçait ainsi, pour l'armée, la trace d'un triste passé, en même temps que, par une sorte de Charte spéciale, elle assurait son avenir.

Que ce fussent là, pour l'organisation militaire de la France, de grandes idées et de généreux sentiments, personne ne saurait le nier. Une telle loi répondait à la nature morale comme à la conduite politique du maréchal Gouvion-Saint-Cyr, âme droite, caractère fier, d'opinions monarchiques et de mœurs républicaines, et qui, dans toutes les crises survenues depuis 1814, avait fait preuve à la fois de fidélité et d'indépendance. Lorsqu'il vint la soutenir à la tribune, lorsque, avec la mâle gravité et la passion contenue d'un vieil homme de guerre aussi sincèrement patriote que royaliste, il rappela les services et les souffrances de ce peuple d'anciens soldats qu'il voulait, pour quelques années encore, rattacher à la nouvelle armée de la France, il remua profondément le public comme les Chambres, et ses fortes paroles ne contribuèrent pas moins que le mérite des dispositions de sa loi à la faire sur-le-champ consacrer par l'estime affectueuse du pays.

Violemment attaquée en 1818, la loi de recrutement du maréchal Saint-Cyr a été plus d'une fois, depuis 1818, critiquée, remaniée, modifiée. Ses principes essentiels ont résisté à toutes les attaques et survécu à toutes les modifications. Elle a fait bien plus que durer par les principes; elle a donné, par les faits, à ses adversaires un éclatant démenti. On l'accusait de porter atteinte à la monarchie; elle a fait l'armée la plus monarchique que la France ait jamais connue, une armée dont ni les séductions de l'opinion populaire, ni les entraînements des crises révolutionnaires n'ont pu, à aucune époque, ni en 1830, ni en 1848, ébranler la fidélité. L'esprit militaire, cet esprit d'obéissance et de respect, de discipline et de dévouement, l'une des gloires de l'humanité et le gage nécessaire de l'honneur comme de la sûreté des nations, avait été puissamment développé, parmi nous, par les grandes guerres de la Révolution et de l'Empire. C'était un précieux héritage de ces temps si rudes qui nous ont légué tant de charges. On pouvait craindre qu'il ne se perdît ou ne s'affaiblît beaucoup au sein des loisirs de la paix et des débats de la liberté. Il s'est fermement maintenu dans l'armée que la loi de 1818 nous a faite et nous refait incessamment. L'esprit militaire ne s'est pas seulement maintenu; il s'est épuré et réglé. Par la probité de ses promesses et l'équité de ses dispositions en matière de libération et d'avancement, la loi du maréchal Saint-Cyr a fait pénétrer dans l'armée le sentiment permanent du droit, de son propre droit légal, et par là aussi l'attachement instinctif à l'ordre public, garantie de tous les droits. Nous avons eu le beau et rare spectacle d'une armée capable à la fois de se dévouer et de se contenir, prête aux sacrifices et modeste dans ses prétentions, ambitieuse de gloire sans être avide de guerre, fière de ses armes et docile au pouvoir civil. Les mœurs publiques, les idées générales du temps, l'ensemble de notre civilisation sont pour beaucoup sans doute dans ce grand résultat; mais la loi du maréchal Saint-Cyr y a certainement sa part, et je prends plaisir à rappeler ce titre d'honneur, parmi tant d'autres, de mon vieil et glorieux ami.

Ouverte au milieu d'une crise ministérielle, la session de 1818 eut à traiter une autre question d'organisation politique, non pas plus grande, mais plus difficile encore et plus périlleuse. Le cabinet résolut de ne pas laisser plus longtemps la presse sous un régime exceptionnel et provisoire. M. de Serre, alors garde des sceaux, présenta le même jour trois projets de loi qui réglaient complétement, en cette matière, la pénalité, le mode d'instruction, et les conditions de publication des journaux en les affranchissant de toute censure.

Je suis de ceux que la presse a beaucoup servis et beaucoup attaqués. J'en ai fait moi-même, dans le cours de ma vie, un grand usage. C'est en mettant publiquement mes idées sous les yeux de mon pays que j'ai fait mes premiers pas dans son attention et son estime. En avançant dans ma carrière, j'ai eu constamment la presse pour alliée ou pour ennemie, et je n'ai jamais hésité à me servir de ses armes, ni craint de m'exposer à ses coups. C'est une puissance que je respecte et que j'accepte plutôt avec goût qu'avec humeur, quoique sans illusion. Quelle que soit la forme du gouvernement, la vie politique est une lutte, et je ne prendrais nul plaisir, je dirai plus, j'éprouverais quelque honte à me voir en face d'adversaires muets et enchaînés. La liberté de la presse, c'est l'expansion et l'impulsion de la vapeur dans l'ordre intellectuel, force terrible mais vivifiante, qui porte et répand en un clin d'œil les faits et les idées sur toute la face de la terre. J'ai toujours souhaité la presse libre ; je la crois, à tout prendre, plus utile que nuisible à la moralité publique, et je la regarde comme essentielle à la bonne gestion des affaires publiques et à la sécurité des intérêts privés. Mais j'ai vu trop souvent et de trop près ses égaements et ses périls dans l'ordre politique pour ne pas demeurer convaincu qu'il faut à cette liberté une forte organisation sociale, de fortes lois répressives et de fortes mœurs. En 1819, nous pressentions bien, mes amis et moi, la nécessité de ces conditions ; mais il n'était pas en notre pouvoir de les mettre toutes promptement en vigueur, et nous pensions que pourtant le moment était venu de prouver la sincérité comme la force de la monarchie restaurée, en ôtant à la presse ses entraves préalables et en acceptant les chances de sa liberté.

La plupart des lois rendues sur la presse, en France ou ailleurs, ont été ou des actes de répression, légitime ou illégitime, contre la liberté, ou des conquêtes de telle ou telle garantie spéciale de la liberté, successivement arrachées au pouvoir à mesure que se manifestaient la nécessité et la possibilité de les obtenir. L'histoire législative de la presse en Angleterre est une série d'alternatives et de dispositions de ce genre.

Les lois de 1819 eurent un tout autre caractère. C'était une législation complète, conçue d'ensemble et par avance, conformément à certains principes généraux, définissant à tous leurs degrés les délits et les peines, réglant toutes les conditions comme les formes de l'instruction, et destinée à garantir et à fonder la liberté de la presse aussi bien qu'à défendre de ses écarts l'ordre et le pouvoir. Entreprise très-difficile en soi, comme toutes les œuvres législatives faites par prévoyance encore plus que par nécessité, et dans lesquelles le législateur est inspiré et gouverné par des idées plutôt que commandé et dirigé par des faits. Un autre péril, un péril moral et caché vient s'y ajouter : des lois ainsi préparées et soutenues deviennent un travail de philosophe et d'artiste auquel l'auteur est tenté de s'attacher avec un sentiment d'amour-propre qui lui fait quelquefois perdre de vue les circonstances extérieures et les convenances pratiques dont il aurait à tenir compte. La politique veut un certain mélange d'indifférence et de passion, de liberté d'esprit et de volonté arrêtée, qu'il n'est pas aisé de concilier avec une forte adhésion à des idées générales et une sincère intention de tenir la balance exacte entre les principes et les intérêts divers de la société.

Je ne voudrais pas affirmer que, dans les lois votées en 1819 sur la liberté de la presse, nous eussions complétement évité ces écueils, ni qu'elles fussent en parfaite harmonie avec l'état des esprits et les besoins de l'ordre à cette époque. Pourtant, à quarante ans bientôt de distance et en examinant aujourd'hui ces lois avec ma vieille raison, je n'hésite pas à les regarder comme une belle œuvre législative dans laquelle les vrais principes de la matière étaient bien saisis, et qui, malgré les mutilations qu'elle ne tarda pas à subir, fit faire alors, à la liberté de la presse bien entendue, un progrès dont la trace se reprendra un jour.

La discussion de ces lois répondit dignement à leur conception. M. de Serre avait une éloquence singulièrement élevée et pratique à la fois. Il soutenait les principes généraux en magistrat qui les applique, non en philosophe qui les explique. Sa parole était profonde et point abstraite, colorée et point figurée ; son argumentation était de l'action. Il exposait, raisonnait, discutait, attaquait ou se défendait sans préméditation littéraire, ni même oratoire, élevant la force des raisons au niveau de la grandeur des questions, abondant sans luxe, précis sans sécheresse, passionné sans déclamation, trouvant toujours la plus solide réponse à ses adversaires, aussi puissant dans l'improvisation qu'après la méditation, et quand il avait surmonté un peu d'hésitation et de lenteur au premier moment, marchant à son but d'un pas ferme et pressé, en homme ardemment sérieux qui ne recherche nullement un succès personnel, et ne se préoccupe que de faire triompher sa cause en communiquant à ses auditeurs son sentiment avec sa conviction.

Il eut affaire, dans ce débat, à des adversaires autres que ceux qui s'étaient élevés contre les lois des élections et du recrutement. C'était le côté droit qui avait attaqué ces deux lois; ce fut le côté gauche qui attaqua les nouvelles lois de la presse. MM. Benjamin Constant, Manuel, Chauvelin, Bignon, avec plus de malice parlementaire que d'esprit politique, les assaillirent de critiques et d'amendements mêlés çà et là de compliments chargés à leur tour de restrictions. Des élections récentes avaient fait rentrer dans la Chambre ces chefs libéraux de la Chambre des Cent-Jours. Ils ne songèrent qu'à remettre en scène leur parti depuis trois ans abattu, et à rétablir leur propre situation d'orateurs populaires. Quelques-unes des idées qui avaient présidé à la rédaction des trois projets de loi étaient peu conformes aux traditions philosophiques et législatives qui, depuis 1791, avaient cours à ce sujet. On y reconnaissait un sincère dessein de garantir la liberté, mais aussi un soin assidu de ne point désarmer le pouvoir. C'était un spectacle assez nouveau que des ministres acceptant franchement la liberté de la presse sans lui prodiguer l'encens, et prétendant qu'ils entendaient mieux ses droits et ses intérêts que ses anciens adorateurs. Il y eut, dans l'opposition du côté gauche à cette époque, beaucoup de routine, beaucoup de complaisance pour les préjugés et les passions du parti, et un peu d'humeur jalouse envers un cabinet libéralement novateur. Le public étranger aux coteries politiques s'étonnait de voir si vivement attaquer des lois qui atténuaient, en matière de presse, les peines en vigueur, remettaient au jury le jugement de cette classe de délits et affranchissaient les journaux de la censure; il était plutôt enclin à trouver ces mesures trop hardies. Le côté droit se tenait habilement à l'écart, charmé de voir les ministres aux prises avec des adversaires renaissants qui ne tarderaient pas à devenir leurs plus redoutables ennemis.

Ce fut dans cette discussion que je montai pour la première fois à la tribune. Nous avions été chargés, M. Cuvier et moi, d'y soutenir, en qualité de commissaires du Roi, les lois proposées. Fausse et faible situation qui dénote l'enfance du gouvernement représentatif. On ne parle pas politique comme on plaide une cause ou comme on soutient une thèse. Pour agir efficacement dans une assemblée délibérante, il faut y délibérer soi-même, c'est-à-dire en être membre et y avoir, à l'égal des autres, sa part de liberté, de pouvoir et de responsabilité. Je m'acquittai convenablement, je crois, mais froidement, de la mission que j'avais reçue. Je soutins, contre M. Benjamin Constant, l'application du droit commun en cas d'infidélité dans les comptes rendus des séances des Chambres, et contre M. Daunou les garanties exigées par le projet de loi pour l'établissement des journaux. La Chambre parut goûter mes raisons et me donna raison. Mais je me tins sur la réserve et ne pris que rarement, part au débat. Je n'ai nul goût pour les situations incomplètes et les rôles convenus. Quand on entre dans une arène où se débattent les affaires d'un pays libre, ce n'est pas pour y faire parade d'esprit et de beau langage : il faut s'engager dans la lutte en véritable et sérieux acteur.

Comme la loi du recrutement pour le maréchal Gouvion-Saint-Cyr, les lois de la presse furent, pour M. de Serre, l'occasion d'un succès personnel autant que politique. Ainsi, au sortir d'une violente crise de révolution et de guerre, en présence de l'Europe armée et dans le court espace de trois sessions, les trois plus grandes questions d'un régime libre, la formation du pouvoir électif, celle de l'armée nationale et l'intervention des opinions individuelles dans les affaires publiques par la voie de la presse, furent franchement posées, discutées, résolues. Et leur solution, quel qu'en pût être le jugement des partis, était certainement en harmonie avec les vœux de cette honnête majorité de la France qui acceptait sincèrement le Roi et la Charte et prenait leur gouvernement au sérieux.

Pendant ce même temps, beaucoup d'autres travaux d'organisation constitutionnelle ou de législation générale avaient été accomplis ou préparés. En 1818, un amendement de M. Royer-Collard détermina l'addition au budget d'une loi annuelle des comptes des finances; et dans le cours de l'année suivante, deux ministres des finances, le baron Louis et M. Roy, mirent en pratique cette garantie de la bonne administration du revenu public. Par l'institution des petits grands-livres de la dette nationale, le crédit de l'État pénétra et s'établit dans les départements. D'autres projets de loi, quoique présentés aux Chambres, n'aboutirent à aucun résultat, trois, entre autres, sur la responsabilité des ministres, sur l'organisation de la Chambre des Pairs en cour de justice, et sur le changement de l'année financière pour éviter le vote provisoire de l'impôt. D'autres enfin, notamment sur la réforme de l'administration départementale et communale et sur l'instruction publique, étaient encore à l'état de recherches et de discussions préparatoires. Loin d'éluder les questions importantes, le gouvernement les étudiait laborieusement et en occupait d'avance la pensée publique, décidé à les soumettre aux Chambres dès qu'il aurait recueilli les faits et arrêté son propre avis.

Je garde encore des séances du Conseil d'État, où ces divers projets étaient d'abord discutés, un profond souvenir. Ce Conseil n'avait alors point de grande existence officielle, ni d'action obligée dans la constitution de l'État; la politique y tenait cependant plus de place et s'y produisait avec plus de liberté et d'éclat qu'à aucune autre époque; toutes les nuances, je devrais dire toutes les diversités du parti royaliste, depuis le côté droit jusqu'à la lisière du côté gauche, s'y trouvaient représentées; les hommes politiques les plus considérables, les chefs de la majorité dans les Chambres y étaient associés aux chefs des services administratifs, aux anciens conseillers de l'Empire, à des hommes plus jeunes, encore étrangers aux Chambres, mais entrés avec la Charte dans la vie publique. MM. Royer-Collard, de Serre et Camille Jordan y siégeaient à côté de MM. Siméon, Portalis, Molé, Bérenger, Cuvier, Allent; et nous délibérions, MM. de Barante, Mounier et moi, en commun avec MM. de Ballainvilliers, Laporte-Lalanne et de Blaire, fidèles représentants de l'ancien régime. Lorsque des projets de loi importants étaient examinés dans le Conseil, les ministres ne manquaient pas d'y assister. Le duc de Richelieu présidait souvent les séances générales. La discussion y était parfaitement libre, sans apparat, sans prétentions oratoires, mais sérieuse, profonde, variée, détaillée, obstinée, savante à la fois et pratique. J'ai entendu là le comte Bérenger, esprit indépendant et querelleur, quasi-républicain sous l'Empire, soutenir, avec une subtilité ingénieuse et forte, le suffrage universel et les divers degrés d'élection contre l'élection directe et le droit électoral concentré. MM. Cuvier, Siméon et Allent étaient les défenseurs habituels des traditions et de l'influence administratives. Nous développions, mes amis et moi, les principes et les espérances de liberté fortement constituée qui nous paraissaient les conséquences naturelles de la Charte et les conditions nécessaires du succès de la Restauration. Les réformes dans la législation criminelle, l'application du jury aux délits de la presse, l'introduction du principe électif dans le régime municipal, furent réclamées dans le Conseil d'État avant que la proposition en fût faite dans les Chambres. Le gouvernement faisait là, non-seulement une étude approfondie des questions, mais une expérience préparatoire et amicale des idées, des désirs et des objections qu'il devait rencontrer plus tard, dans une lutte plus rude et sur un théâtre plus bruyant.

Le cabinet, tel qu'il était composé au moment où l'ordonnance du 5 septembre 1816 fut rendue, n'eût pas suffi à cette politique de plus en plus modérée, quelquefois résolûment libérale, et sinon toujours prévoyante, du moins toujours active. Mais le même progrès qui s'accomplissait dans les choses eut lieu aussi dans les personnes. Dans le cours de l'année 1817, M. Pasquier, le maréchal Gouvion-Saint-Cyr et M. Molé remplacèrent M. Dambray, le duc de Feltre et M. Dubouchage aux ministères de la justice, de la guerre et de la marine. Le cabinet ne manqua dès lors ni d'unité intérieure, ni de capacité parlementaire et administrative. Il fit des efforts pour introduire les mêmes mérites dans les diverses branches et les divers degrés du gouvernement. Il y réussit assez bien au centre de l'État : sans réaction ni esprit exclusif, il s'entoura d'hommes sincèrement dévoués à la politique constitutionnelle, et qui, par leur caractère et leurs talents, avaient déjà obtenu l'estime publique. Il fut moins ferme et moins efficace dans l'administration locale : quoiqu'il y ait apporté des changements plus nombreux qu'on ne le croit communément, il ne parvint pas à la mettre en harmonie avec sa politique générale. Dans un grand nombre de lieux, les procédés violents, l'humeur tracassière, l'inexpérience hautaine, les prétentions blessantes, les alarmes frivoles, toutes les grandes et petites passions de parti qui avaient envahi l'administration en 1815, continuèrent de peser sur le pays. Elles entretenaient dans la population tranquille un profond sentiment de malaise, et suscitaient quelquefois, parmi les mécontents actifs, des tentatives de conspiration et d'insurrection d'abord amplifiées avec une crédulité ridicule et réprimées avec une rigueur sans mesure, puis discutées, contestées, atténuées et réduites presque à rien par des explications et des récriminations sans fin. Alors éclataient tantôt les erreurs, tantôt les emportements, tantôt même les coupables calculs des autorités locales, et le cabinet apparaissait avec des airs de légèreté ou de faiblesse qui lui faisaient perdre, aux yeux des populations, le fruit comme le mérite de cette bonne politique générale dont elles ressentaient peu les effets. Les événements de Lyon, en juin 1817, et les longs débats dont, à la suite de la mission réparatrice du duc de Raguse, ils devinrent l'objet, sont un exemple déplorable du mal dont, à cette époque, la France avait encore à souffrir, quoiqu'au sommet du gouvernement la cause première en eût disparu.

Les choses se laissent manier plus aisément que les hommes. Ces mêmes ministres qui ne savaient pas toujours ranger à leur politique les préfets et les maires, ou qui hésitaient à les changer quand ils les trouvaient récalcitrants ou incapables, se montraient prompts et efficaces quand il s'agissait de l'administration générale et des mesures sans noms propres que réclamait l'intérêt public. Je trouve, en recueillant mes souvenirs, qu'on n'a pas rendu justice, sous ce rapport, au gouvernement de cette époque. Les établissements religieux, l'instruction publique, le régime des hôpitaux et des prisons, l'administration financière et militaire, les relations du pouvoir avec l'industrie et le commerce, tous les grands services publics ont reçu, de 1816 à 1820, beaucoup de salutaires réformes et accompli d'importants progrès. Le duc de Richelieu aimait l'administration éclairée, le bien-être populaire, et tenait à honneur d'y contribuer. M. Laîné se préoccupait, avec une sollicitude sérieuse et scrupuleuse, du régime des nombreux établissements placés dans son ministère, et s'appliquait à en redresser les abus ou à y introduire d'utiles modifications. Le baron Louis était un habile et infatigable administrateur, qui savait avec précision à quelles conditions l'ordre peut régner dans les finances de l'État, et qui employait à les bien régler toute la prévoyance de son esprit et toute l'énergie de sa volonté. Le maréchal Gouvion-Saint-Cyr avait, sur toutes les parties de l'organisation militaire, sur la formation et le régime intérieur des différents corps, sur les écoles savantes comme sur les services matériels, des idées à la fois systématiques et pratiques, inspirées par sa notion générale de l'armée ou par sa longue expérience, et il les réalisa dans une série d'ordonnances et de règlements, remarquables par l'unité des vues comme par la science des détails. M. Decazes avait l'esprit singulièrement curieux et inventif dans la recherche des satisfactions à donner, des améliorations à tenter, des moyens d'émulation et de conciliation à mettre en œuvre au profit de tous les intérêts sociaux, de toutes les classes de citoyens en rapport avec le gouvernement, et il portait partout une action intelligente, bienveillante et empressée. Sous le point de vue politique, l'administration laissait beaucoup à regretter et à désirer; mais dans sa propre sphère, elle était éclairée, active, impartiale, économe par la probité et la régularité, amie du progrès en même temps que soigneuse de l'ordre, et sincèrement préoccupée du désir de faire partout prévaloir la justice distributive et l'intérêt public [1].

C'était certainement là, dans des circonstances difficiles et tristes, un gouvernement sensé et salutaire, sous lequel le pays n'avait ni à se lamenter du présent, ni à désespérer de l'avenir. Pourtant ce gouvernement ne s'affermissait pas en durant; ses ennemis ne se décourageaient pas; ses amis ne sentaient pas grandir leur force et leur sécurité. La Restauration avait rendu la paix à la France, et travaillait avec succès à lui rendre son rang en Europe. Sous ce drapeau de la stabilité

---

[1] J'ai résumé dans les *Pièces historiques* les principales mesures d'administration générale qu'adoptèrent durant cette époque, chacun dans son département, M. Laîné, M. Decazes et le maréchal Gouvion St-Cyr. Ces courts tableaux manifestent clairement l'esprit d'amélioration et le soin intelligent des intérêts publics qui animaient le cabinet. (*Pièces historiques*, n° IX.)

et de l'ordre, la prospérité renaissait avec la liberté. Pourtant la Restauration était toujours en question.

A en croire ses ennemis, c'était son mal naturel et inévitable : l'ancien régime, l'émigration, les étrangers, les haines et les méfiances de la Révolution vouaient, disent-ils, la maison de Bourbon à cette situation obstinément précaire. Sans contester à ce passé fatal sa part d'influence, je n'admets pas qu'il ait exercé sur les événements un tel empire, ni qu'il suffise à expliquer pourquoi, même dans ses meilleurs jours, la Restauration a toujours été et paru chancelante. Le mal a eu des causes plus rapprochées et plus personnelles; il y a eu, dans le Gouvernement de cette époque, des infirmités organiques et des accidents, des vices de la machine politique et des fautes des acteurs, qui ont bien plus contribué que les souvenirs révolutionnaires à empêcher son affermissement.

Le désaccord naturel est grand entre le gouvernement représentatif institué par la Charte et la monarchie administrative fondée par Louis XIV et Napoléon. Là où l'administration est libre comme la politique, quand les affaires locales se traitent et se décident par des autorités ou des influences locales, et n'attendent ni leur impulsion, ni leur solution du pouvoir central qui n'y intervient qu'autant que l'exigent absolument les affaires générales de l'État, en Angleterre et aux États-Unis d'Amérique, en Hollande et en Belgique, par exemple, le régime représentatif se concilie sans peine avec un régime administratif qui n'en dépend que dans d'importantes et rares occasions. Mais quand le pouvoir supérieur est chargé à la fois de gouverner avec la liberté et d'administrer avec la centralisation, quand il a à lutter au sommet pour les grandes affaires de l'État, et en même temps à régler partout, sous sa responsabilité, presque toutes les affaires du pays, deux inconvénients graves ne tardent pas à éclater : ou bien le pouvoir central, absorbé par le soin des affaires générales et de sa propre défense, néglige les affaires locales et les laisse tomber dans le désordre et la langueur ; ou bien il les lie étroitement aux affaires générales, les fait servir à ses propres intérêts, et l'administration tout entière, depuis le hameau jusqu'au palais, n'est plus qu'un moyen de gouvernement entre les mains des partis politiques qui se disputent le pouvoir.

Je n'ai nul besoin d'insister aujourd'hui sur ce mal ; il est devenu le thème rebattu des adversaires du gouvernement représentatif et de la liberté politique. On le sentait longtemps avant le jour où ils l'ont exploité ; mais au lieu de s'en prévaloir pour médire des institutions libres, on s'appliquait à le guérir. Un double travail était à faire dans ce but ; il fallait, d'une part, faire pénétrer la liberté dans l'administration des affaires locales, de l'autre seconder le développement des forces locales capables d'exercer, dans leur sphère, le pouvoir. On ne crée point d'aristocratie par les lois, pas plus aux extrémités qu'au sommet de l'État ; mais la société la plus démocratique n'est pas dénuée de pouvoirs naturels, prêts à se déployer si on les y appelle. Non-seulement dans les départements, mais dans les arrondissements, dans les cantons, dans les communes, la propriété foncière, l'industrie, les fonctions, les professions, les traditions font naître des influences locales qui peuvent, si on sait les accepter et les organiser, devenir des autorités efficaces. De 1816 à 1848, sous l'une et l'autre des deux monarchies constitutionnelles, et soit de bonne grâce, soit à contre-cœur, c'est en ce sens qu'ont agi les cabinets les plus divers; ils ont tous plus ou moins reconnu la nécessité de décharger l'administration centrale en renvoyant une partie de ses attributions tantôt à ses propres agents locaux, tantôt à des auxiliaires plus indépendants. Mais, comme il arrive trop souvent, le remède n'a pas marché assez vite; la méfiance, la timidité, l'inexpérience, la routine en ont ralenti le progrès; ni le pouvoir, ni le pays n'ont su l'employer résolûment et en attendre patiemment les résultats; et condamnée à porter à la fois le fardeau de la liberté politique et celui de la centralisation administrative, la monarchie constitutionnelle naissante a été soumise à des difficultés et à des responsabilités contradictoires qui dépassaient la mesure d'habileté et de force qu'on peut raisonnablement exiger d'un gouvernement.

Un autre mal, résultat non pas incurable, mais naturel, de ses institutions mêmes, pesait aussi sur la Restauration. Le régime représentatif est, en dernière analyse, un régime de sacrifices mutuels et de transactions entre les intérêts divers qui coexistent dans la société. En même temps qu'il les met en présence et aux prises, il leur impose l'absolue nécessité d'arriver à un certain terme moyen, à une certaine mesure d'entente ou de tolérance réciproque qui puisse devenir la base des lois et du gouvernement. Mais en même temps aussi, par la publicité et l'ardeur de la lutte, il jette les partis dans une grande exagération de bruit et de langage, et il compromet violemment les uns contre les autres l'amour-propre et la dignité personnelle des hommes. En sorte que, par une contradiction pleine d'embarras, il rend de jour en jour plus difficile cet accord ou cette résignation qu'au dernier jour il rend indispensables. Grande difficulté de ce système de gouvernement, qui ne peut être surmontée que par une large dose de tact et de mesure dans les acteurs politiques eux-mêmes, et par un grand empire du bon sens public qui ramène en définitive les partis et leurs chefs à ces transactions, ou à cette tranquille acceptation de leurs échecs, dont l'emportement de leur rôle tend constamment à les écarter.

Ce régulateur nécessaire, mais si difficile à instituer, nous manquait essentiellement sous la Restauration; en entrant dans la carrière, nous avons été lancés sans frein sur cette pente des démonstrations excessives et des préoccupations exclusives, vice naturel des partis dans le gouvernement représentatif. Que de circonstances se présentèrent, de 1816 à 1830, où les éléments divers du parti monarchique auraient pu et dû, dans leur lutte, s'arrêter sur cette pente, au point où commençait, pour tous, le danger révolutionnaire ! Mais ni les uns ni les autres n'eurent le bon sens ou le courage de cette prévoyante retenue ; et le public, loin de la leur imposer, les excitait de plus en plus au combat, comme à un spectacle où il prenait plaisir à retrouver l'image dramatique de ses propres passions.

Une fâcheuse, quoique inévitable distribution des rôles entre les partis divers aggravait encore, de 1816 à 1820, ce mal de l'imprévoyance des hommes et de l'emportement des passions publiques. Sous le régime représentatif, c'est d'ordinaire à l'un des partis nettement dessinés et fermement arrêtés dans leurs idées et leurs désirs que le gouvernement appartient : tantôt les défenseurs systématiques du pouvoir, tantôt les amis de la liberté, tantôt les conservateurs, tantôt les novateurs dirigent les affaires du pays. Et entre ces partis organisés et ambitieux, se placent les opinions non classées, les volontés non décidées d'avance, ce chœur politique qui assiste à la conduite des acteurs, écoute leurs paroles, et les approuve ou les condamne selon qu'ils satisfont ou qu'ils choquent son libre bon sens. C'est là, en effet, sous des institutions libres, la pente naturelle et l'ordre vrai. Il est bon que le gouvernement ait un drapeau public et certain, que des principes fixes dirigent et que des amis sûrs soutiennent son action ; il puise dans cette situation non-seulement la force et l'esprit de suite dont il a besoin, mais aussi cette dignité morale qui rend le pouvoir plus facile et plus doux en le plaçant plus haut dans l'estime des peuples. Ce n'est point le hasard des événements ni la seule ambition des hommes, c'est l'instinct et l'intérêt publics qui ont fait naître, dans les pays libres, les grands partis politiques avoués, permanents, fidèles, et leur ont déféré le pouvoir. Il fut impossible à la Restauration de remplir, de 1816 à 1820, cette condition d'un gouvernement à la fois énergique et contenu. Les deux grands partis politiques qu'elle trouvait sur la scène, le parti de l'ancien régime et celui de la Révolution, étaient l'un et l'autre, à cette époque, incapables de gouverner en maintenant la paix intérieure avec la liberté; ils avaient l'un et l'autre des idées et des passions trop contraires à l'ordre établi et légal qu'ils auraient eu à défendre; ils acceptaient à grand'peine et d'une façon très-précaire, l'un la Charte, l'autre l'ancienne royauté. Par une nécessité absolue, le pouvoir alla se placer dans les rangs du chœur politique; la partie flottante et impartiale des Chambres, le centre fut appelé à gouverner. Sous un régime de liberté, le centre est le modérateur habituel et le juge définitif du gouvernement; il n'est pas le prétendant naturel au gouvernement; c'est lui qui donne ou retire la majorité; ce n'est pas sa mission d'avoir à la conquérir. Et il lui est bien plus difficile qu'aux partis fortement enrégimentés de conquérir ou de garder la majorité, car lorsque, dans une assemblée politique, le centre est chargé de gouverner, il trouve devant lui, non pas des spectateurs un peu incertains qui attendent ses actes pour le juger, mais des adversaires passionnés, résolus d'avance à le combattre. Faible et périlleuse situation, qui aggrave beaucoup les difficultés du gouvernement, soit qu'il s'agisse de déployer le pouvoir ou de protéger la liberté.

Non-seulement c'était là, de 1816 à 1820, la situation du gouvernement du Roi ; il n'y était pas même puissamment établi. Mal distribués entre les partis, les rôles ne l'étaient guère mieux dans l'intérieur même de ce flottant parti du centre, chargé par nécessité de gouverner. La plupart des chefs de la majorité étaient en dehors du gouvernement. De 1816 à 1819, plusieurs des hommes qui dirigeaient le centre des Chambres, qui lui parlaient et parlaient pour lui avec puissance, qui le défendaient contre le côté droit et le côté gauche, qui faisaient dans la discussion sa force et devant le public son éclat, MM. Royer-Collard, Camille Jordan, Beugnot, de Serre, ne faisaient point partie du cabinet ; deux seulement des représentants éminents de la majorité, M. Lainé et M. Pasquier, étaient ministres. Le gouvernement avait ainsi pour appui dans les Chambres des amis indépendants qui approuvaient sa politique, mais n'en portaient pas le fardeau et n'en acceptaient pas la responsabilité. C'était par leur éloquence, non par leurs œuvres actives, que les doctrinaires avaient acquis leur influence parlementaire et leur autorité morale ; ils soutenaient leurs principes sans les appliquer ; le drapeau des idées et le drapeau des affaires n'étaient pas dans les mêmes mains ; devant les Chambres, les ministres paraissaient souvent les clients des orateurs ; les orateurs ne regardaient pas leur cause comme identique et confondue avec celle des ministres ; ils s'en distinguaient en les appuyant ; ils avaient leurs exigences avant de défendre ; ils critiquaient en défendant ; ils attaquaient même quelquefois. Plus les questions devenaient importantes et délicates, plus l'indépendance et la dissidence, au sein du parti du gouvernement, se manifestaient avec éclat et danger. Dans la session de 1817, M. Pasquier, alors garde des sceaux, présenta à la Chambre des députés un projet de loi qui, en maintenant temporairement la censure des journaux, apportait d'ailleurs, dans la législation de la presse, quelques modifications favorables à la liberté. M. Camille Jordan et M. Royer-Collard en réclamèrent de bien plus grandes, surtout l'application du jury au jugement des délits de la presse, et le projet de loi, péniblement adopté par la Chambre des députés, fut rejeté par la Chambre des pairs où le duc de Broglie soutint, au nom des mêmes principes, les mêmes amendements. En 1817 aussi, un nouveau concordat avait été négocié et conclu à Rome par M. de Blacas ; il avait le double défaut de blesser, par quelques-unes de ses dispositions, les libertés de l'ancienne Église gallicane, tandis que, par l'abolition du concordat de 1801, il inspirait à la nouvelle société française, pour ses libertés civiles, de vives alarmes. Peu versé dans ces matières et presque exclusivement préoccupé des négociations qui devaient faire sortir de France les étrangers, le duc de Richelieu avait livré celle-ci à

M. de Blacas qui ne savait pas mieux l'histoire et n'appréciait pas mieux l'importance des anciennes ou des nouvelles libertés de la France, ecclésiastiques ou civiles. Présenté à la Chambre des députés par M. Laîné, avec les mesures nécessaires pour son exécution, ce concordat, dont les ministres eux-mêmes, depuis qu'ils y avaient bien regardé, étaient mécontents et inquiets, y rencontra une défaveur générale. Dans les bureaux, dans la commission chargée d'en faire à la Chambre le rapport, dans les entretiens de la salle des conférences, toutes les objections, politiques ou historiques, de principe ou de circonstance, que pouvait soulever le projet de loi, étaient exposées et développées d'avance, de façon à faire pressentir un long et périlleux débat. Les doctrinaires s'associaient ouvertement à cette opposition, et de leur part elle avait une grande action sur les esprits, car on les savait amis sincères de la religion et de son influence. On accusait, il est vrai, M. Royer-Collard d'être janséniste, et par là on essayait de le discréditer auprès des fidèles de l'Église catholique. Le reproche était frivole. M. Royer-Collard devait, aux traditions de sa famille et à l'éducation de sa jeunesse, des mœurs graves, des études fortes et un respect affectueux pour les grandes âmes de Port-Royal, pour leur vertu et leur génie; mais il n'avait ni leurs doctrines religieuses, ni leurs prétentions systématiques sur les rapports de l'Église avec l'État. C'était, sur toutes ces questions, un esprit libre et sensé, étranger à toute passion, à tout entêtement de sectaire, et fort éloigné, soit comme catholique, soit comme philosophe, de s'engager, avec l'Église, dans d'obscures et interminables querelles : « Je ne cherche point de chicanes à la religion, disait-il souvent; elle a bien assez à faire de se défendre et de nous défendre contre l'impiété. » L'opposition de M. Royer-Collard au concordat de 1817 était une opposition de moraliste politique qui pressentait le tort que la discussion publique et l'adoption ou le rejet officiel de ce projet feraient à l'influence de l'Église comme au crédit de la Restauration et à la paix de l'État. Le cabinet eut la sagesse de ne pas affronter un danger qu'il avait créé lui-même ou laissé créer sur ses pas. On ajourna indéfiniment le rapport du projet de loi, et on ouvrit à Rome, en y envoyant en mission spéciale le comte Portalis, une négociation nouvelle qui aboutit, en 1819, au retrait tacite du concordat de 1817. Le duc de Richelieu, pressé par ses collègues et par ses propres réflexions tardives, se prêta à ce pas rétrograde; mais il conserva, de la résistance des doctrinaires dans cette occasion et dans plusieurs autres, une humeur qu'il se donnait quelquefois le plaisir de manifester. Au mois de mars 1818, quelqu'un lui demandait un jour une chose assez insignifiante : « C'est impossible, répondit-il aigrement; MM. Royer-Collard, de Serre, Camille Jordan et Guizot ne le veulent pas. »

Je n'avais nul droit de me plaindre que mon nom figurât dans cette boutade. Quoique étranger à la Chambre, je m'associais hautement aux idées et à la conduite de mes amis. J'en trouvais l'occasion comme le moyen et dans les discussions du Conseil d'État, et dans les salons, et dans la presse dont tous les partis se servaient dès lors avec autant d'éclat que d'ardeur. Malgré les entraves qui, avant 1819, pesaient encore sur les journaux et les écrits périodiques, ils usaient largement de la liberté que le gouvernement n'essayait pas de leur contester, et à laquelle les hommes politiques les plus considérables avaient eux-mêmes recours pour répandre au loin les flammes brillantes ou le feu couvert de leur opposition. M. de Chateaubriand, M. de Bonald, M. de Villèle dans le *Conservateur,* M. Benjamin Constant dans la *Minerve,* livraient au cabinet un assaut continu. Le cabinet multipliait pour sa défense les publications analogues, le *Modérateur,* le *Publiciste,* le *Spectateur politique et littéraire.* Mais pour mes amis et pour notre cause, la défense du cabinet ne suffisait pas ou ne convenait pas toujours; nous eûmes donc aussi, de 1817 à 1830, nos journaux et nos recueils périodiques, le *Courrier,* le *Globe,* les *Archives philosophiques, politiques et littéraires,* la *Revue française;* et là nous discutions, selon nos principes et nos espérances, tantôt les questions générales, tantôt les incidents de la politique active à mesure qu'ils se présentaient. Je pris à ces publications une grande part. Entre nos divers adversaires et nous, la partie était très-inégale; soit qu'ils vinssent du côté droit ou du côté gauche, ils représentaient d'anciens partis; ils exprimaient des idées et des sentiments depuis long-

temps en circulation ; ils trouvaient un public tout fait
et tout prêt à les accueillir. Nous étions des nouveaux
venus dans l'arène politique, des officiers qui recrutaient une armée, des novateurs modérés. Nous attaquions, au nom de la liberté, des théories et des passions depuis longtemps populaires, aussi en son nom.
Nous défendions la nouvelle société française selon son
droit et son intérêt véritables, mais non selon son habitude et son goût. Nous avions à conquérir notre public
en même temps qu'à combattre nos ennemis. Et dans
ce difficile travail, notre situation était un peu incertaine ; nous étions à la fois en dedans et en dehors du
gouvernement, ministériels et indépendants ; nous
agissions tantôt de concert avec l'administration, tantôt à côté de l'opposition, et nous n'avions à notre
usage ni toutes les armes du pouvoir, ni toutes celles
de la liberté. Mais nous étions pleins de foi dans nos
idées, de confiance en nous-mêmes, d'espérance dans
l'avenir, et nous nous engagions chaque jour plus
avant dans notre double lutte avec autant de dévouement que d'orgueil, avec plus d'orgueil que d'ambition.

On a beaucoup dit le contraire ; on a souvent représenté les doctrinaires comme de profonds machinateurs,
avides de pouvoir, ardents et habiles à pousser leur
fortune à travers toutes les causes, et plus préoccupés
de leur propre domination que du sort ou des vœux du
pays. Vulgaire et inintelligente appréciation de la nature humaine et de notre histoire contemporaine. Si

nous avions été surtout des ambitieux, nous aurions pu nous épargner bien des efforts et bien des échecs; nous avons vécu dans des temps où les plus grandes fortunes, politiques ou autres, n'étaient pas difficiles à faire pour qui n'avait pas d'autre pensée; nous n'avons voulu faire la nôtre qu'à certaines conditions morales et dans un autre but que nous-mêmes; nous avons eu de l'ambition, mais au service d'une cause publique, et d'une cause qui a mis à l'épreuve des revers comme des succès la constance de ses défenseurs.

Les plus clairvoyants des membres du cabinet de 1817, M. Decazes et M. Pasquier surtout, esprits plus libres et moins ombrageux que le duc de Richelieu et M. Laîné, ne s'y trompaient pas; ils sentaient le besoin de l'alliance des doctrinaires et la cultivaient avec soin; mais quand il s'agit de gouverner dans des temps difficiles, des alliés ne suffisent pas; il faut des associés intimes, des compagnons assidus de travail et de péril. A ce titre, les doctrinaires, surtout M. Royer-Collard, le premier entre eux dans les Chambres, étaient redoutés; on le croyait à la fois impérieux et indécis, et plus exigeant qu'efficace. Cependant, en novembre 1819, après l'élection de M. Grégoire et au milieu des projets de réforme de la loi électorale, M. Decazes, pressé par M. de Serre, proposa à M. Royer-Collard d'entrer dans le cabinet avec un ou deux de ses amis. M. Royer-Collard hésita d'abord, accepta un moment, puis enfin refusa : « Vous ne savez pas ce que vous feriez, dit-il un jour à M. Decazes; ma façon de traiter les affaires ne serait pas du tout la vôtre; vous éludez les questions, vous les tournez, vous gagnez du temps, vous les résolvez à demi. Moi, je voudrais les aborder de front, les attirer sur la place publique, et là les éventrer devant tout le monde. Je vous compromettrais au lieu de vous aider. » M. Royer-Collard avait raison et se pressentait bien lui-même, mieux peut-être encore qu'il ne pensait. Il était plus propre à conseiller et à contrôler le pouvoir qu'à le manier. C'était un grand spectateur et un grand critique plutôt qu'un grand acteur politique. Dans le cours habituel des affaires, il eût été trop absolu, trop hautain et trop lent; dans les jours de crise, je ne crois pas que les incertitudes de son esprit, les troubles de sa conscience, son horreur de tout échec public et sa crainte superbe de la responsabilité lui eussent permis de conserver le sang-froid et la ferme résolution dont il eût eu besoin. M. Decazes n'insista point.

Même aujourd'hui, après tout ce que j'ai vu et éprouvé, je ne suis pas prompt au découragement, ni porté à croire que les succès difficiles soient impossibles. Quelque défectueuse que soit la constitution intérieure des partis qui concourent aux affaires du pays, la bonne conduite des hommes peut y porter remède; l'histoire a plus d'un exemple d'institutions et de situations vicieuses dont l'habileté des chefs politiques et le bon sens public ont prévenu les fâcheux résultats. Mais quand aux vices de la situation s'ajoutent les fautes des hommes, quand au lieu de reconnaître les périls de leur propre pente et d'y résister, les partis, chefs et soldats, s'y abandonnent ou même y poussent, alors les mauvais effets des mauvaises causes se développent inévitablement et rapidement. De 1816 à 1820, les fautes ne manquèrent dans aucun parti, gouvernement ou opposition, centre, côté droit ou côté gauche, ministres ou doctrinaires. Je ne fais point parade d'impartialité; malgré leurs fautes et leurs revers, je persiste, avec une conviction chaque jour croissante, à regarder le gouvernement que j'ai servi et le parti que j'ai soutenu comme les meilleurs; mais qu'un repos chèrement acheté nous serve du moins à reconnaître nos erreurs dans l'action, et à préparer pour notre cause, qui ne mourra pas avec nous, un meilleur avenir.

Le centre avait, pour sa mission de gouvernement, deux avantages considérables; il n'y ressentait point d'embarras moraux, ni d'entraves extérieures; il y était parfaitement franc et libre. Qualités nécessaires dans la vie publique, et qu'à cette époque ni le côté droit, ni le côté gauche ne possédaient.

Le côté droit n'avait accepté la Charte que la veille, par nécessité et après l'avoir combattue. Une portion notable et bruyante du parti persistait à la combattre. Celle qui siégeait dans les Chambres se rangeait de jour en jour au régime constitutionnel, les chefs en hommes intelligents et sérieux, les soldats en royalistes fidèles et résignés. Mais ni les uns ni les autres n'inspiraient, sous ce rapport, confiance au pays; il regardait leur adhésion à la Charte comme contrainte ou conditionnelle, et toujours peu sincère et couvrant d'autres vues. Le côté droit avait d'ailleurs, même en acceptant sincèrement la Charte, des intérêts de parti à satisfaire; quand il aspirait au pouvoir, ce n'était pas uniquement pour gouverner selon ses principes et pour fonder solidement la monarchie; il avait, pour son propre compte, des malheurs à réparer, des positions à reprendre. Ce n'était pas un pur et régulier parti de royalistes torys; les émigrés, l'ancienne cour, l'ancien clergé y tenaient encore beaucoup de place et y poursuivaient leurs espérances personnelles. Par sa composition et son passé, le parti était condamné à une multitude de réticences et d'imprudences, d'arrière-pensées secrètes et d'explosions indiscrètes qui, même quand il marchait dans les voies constitutionnelles, affaiblissaient à chaque pas son action et son crédit.

La situation du côté gauche n'était pas moins embarrassée; il représentait à cette époque, non pas les intérêts et les sentiments de la France en général, mais les intérêts et les sentiments de cette portion de la France qui avait ardemment, indistinctement et obstinément servi et soutenu la Révolution, sous sa forme républicaine ou impériale. Il y avait là, contre la maison de Bourbon et la Restauration, une vieille habitude d'hostilité que les Cent-Jours avaient ravivée, dont les plus sensés du parti avaient grand'peine à se dégager, que les plus habiles réussissaient mal à déguiser, et que les plus sérieux tenaient à honneur de laisser paraître comme protestation et pierre d'attente. En novembre 1816, un homme de bien, aussi sincère dans son repentir de ses opinions de 1789 qu'il l'avait été jadis en les professant, le vicomte Matthieu de Montmorency se plaignait, dans un salon libéral, que les libéraux n'aimassent pas la légitimité; un des assistants se défendait du reproche : « Oui, dit M. de Montmorency avec une franchise étourdie, vous aimez la légitimité comme nous aimons la Charte. » Vive expression de la fausse situation de l'un et de l'autre parti, sous le gouvernement de la Charte et de la légitimité.

Côté droit ou côté gauche pourtant, si les membres de l'un ou de l'autre parti, dans les Chambres, n'avaient écouté que leur propre pensée et leur véritable vœu, la plupart, j'en suis convaincu, auraient franchement accepté et soutenu la Restauration avec la Charte, la Charte avec la Restauration. Quand ils ont eux-mêmes la main à l'œuvre et sentent le poids de la responsabilité, les hommes voient bientôt le vrai et feraient volontiers le bien. Mais ni dans le côté droit, ni dans le côté gauche, les plus sages n'osaient proclamer la vérité qu'ils voyaient et la prendre pour règle de leur conduite; ils étaient, les uns et les autres, sous le joug de leur parti extérieur, de ses passions comme de ses intérêts, de ses ignorances comme de ses passions. C'est une des plus graves plaies de notre temps que très-peu d'hommes conservent assez de fermeté d'esprit et de caractère pour penser librement et agir comme ils pensent; l'indépendance intellectuelle et morale des individus disparaît sous le poids des événements et devant la fougue des clameurs ou des désirs populaires. Et dans cet asservissement général des pensées et des actions, il n'y a plus d'esprits justes ni d'esprits faux, plus de prévoyants ni de téméraires, plus de chefs ni de soldats; tous cèdent à la même pression, se courbent sous le même vent; la faiblesse commune amène le nivellement; toute hiérarchie et toute discipline disparaissent entre les hommes; ce sont les derniers qui mènent les premiers, car ce sont les derniers qui pèsent et poussent, poussés eux-mêmes par cette tyrannie du dehors dont ils sont les plus ardents et les plus aveugles instruments.

Comme parti politique, le centre, dans les Chambres de 1816 à 1820, n'était point atteint de ce mal : sincère dans son acceptation de la Restauration et de la Charte, aucune pression extérieure ne venait le démentir ni le troubler; sa pensée était franche et son action libre; il proclamait tout haut son but et y marchait tout droit, acceptant au dedans les chefs les plus capables de l'y conduire, et n'ayant au dehors que des adhérents qui ne lui demandaient que d'y arriver. C'est par là que, malgré ce qui lui manquait d'ailleurs pour gouverner avec puissance, le centre était alors le parti le plus propre au gouvernement, le seul capable de maintenir l'ordre dans l'État en supportant la liberté de ses rivaux.

Mais pour recueillir tout le fruit de ce mérite et pour atténuer en même temps les défauts naturels du centre dans sa mission, il fallait qu'une idée fixe s'y établît, la conviction que les divers éléments du parti étaient indispensables les uns aux autres, et que, pour accomplir le dessein qu'ils poursuivaient tous avec la même sincérité, ils devaient se faire mutuellement les concessions et les sacrifices nécessaires pour maintenir entre eux l'union. Quand la sagesse divine a voulu assurer la puissance d'une relation humaine, elle a interdit le divorce; les relations politiques ne sauraient admettre une telle inviolabilité; mais si elles ne sont pas fortement nouées, si les hommes qui les contractent ne sont pas bien résolus à ne les rompre qu'à la dernière extrémité et par les plus impérieux motifs, elles aboutissent bientôt, non-seulement à l'impuissance, mais au désordre, et leur rupture trop facile amène, dans la politique, des perturbations et des difficultés nouvelles. J'ai signalé les différences et les dissidences qui existaient, dès l'origine, entre les deux éléments essentiels du centre, les ministres avec leurs purs adhérents d'une part, les doctrinaires de l'autre; dès la seconde session après l'ordonnance du 5 septembre 1816, ces dissidences éclatèrent pour devenir bientôt des dissensions.

Tout en reconnaissant l'influence des doctrinaires dans les Chambres et le besoin qu'avait d'eux le pouvoir, ni les ministres, ni les ministériels ne mesuraient bien l'importance de ce concours et la gravité des raisons qui en faisaient le prix. Les philosophes attachent, aux idées générales qui les préoccupent, trop de valeur et de confiance; les politiques ne leur accordent ni l'attention ni l'intérêt auxquels elles ont droit. Les philosophes sont fiers et susceptibles; ils veulent qu'on les honore et qu'on les écoute, dût-on ne pas les croire, et les politiques qui les traitent légèrement ou avec froideur payent quelquefois bien cher leur mécontentement. C'est d'ailleurs une marque de peu d'élévation dans l'intelligence de ne pas savoir apprécier le rôle que jouent les idées générales dans le gouvernement des hommes, et de les considérer comme vaines ou même comme ennemies, parce qu'on reconnaît qu'il ne faut pas les prendre pour guides. De nos jours surtout, et malgré le discrédit bien mérité où tant de théories sont tombées, la méditation philosophique sur les grandes questions et les grands faits de l'ordre politique est une puissance avec laquelle les pouvoirs les plus forts et les plus habiles feront sagement de compter. Les doctrinaires étaient alors les représentants de cette puissance, et ils la déployaient courageusement contre l'esprit révolutionnaire aussi bien que pour le régime constitutionnel. Le cabinet de 1816 ne sentit pas toute la valeur de leur rôle et ne fit pas toujours, à leurs idées et à leurs vœux, une assez large part. L'application du jury aux principaux délits de la presse n'était pas, j'en conviens, sans quelque péril; mais il valait mieux en accepter l'essai, et maintenir ainsi l'union dans le parti du gouvernement, que le diviser en repoussant absolument, sur cette question, M. Camille Jordan, M. Royer-Collard et leurs amis.

A tous les pouvoirs, surtout à un pouvoir nouveau, il faut un peu de grandeur, dans leurs œuvres et sur leur drapeau. L'ordre et la protection régulière des intérêts privés, ce pain quotidien des peuples, ne leur suffisent pas longtemps; c'est la condition nécessaire du gouvernement, ce n'est pas l'unique besoin de l'humanité. Elle peut trouver les autres satisfactions dont elle a soif dans des grandeurs très-diverses, morales ou matérielles, justes ou injustes, solides ou éphémères; elle n'a pas tant de sagesse ni de vertu que la vraie grandeur lui soit indispensable; mais elle veut, en tout cas, avoir devant les yeux quelque chose de grand qui attire et occupe l'imagination des hommes. Après l'Empire qui avait donné à la France toutes les joies de la force et de la gloire nationale, le spectacle de la pensée élevée et libre, se déployant avec dignité morale et quelque éclat de talent, ne manquait pas de nouveauté ni d'attrait, et valait bien qu'on en payât le prix, ne fût-ce que dans l'intérêt du succès.

Le cabinet ne savait guère mieux traiter avec les dispositions personnelles des doctrinaires qu'avec leurs idées : c'étaient des caractères indépendants et fiers aussi bien que des esprits élevés, prompts à s'offenser quand on semblait vouloir disposer de leur opinion et de leur conduite sans leur aveu. Rien ne coûte plus au pouvoir que d'accepter un peu largement l'indépendance de ses amis; il croit leur avoir témoigné beaucoup d'égards quand il les a pris pour ses confidents, et il se laisse aisément aller à en user avec eux comme avec des serviteurs. M. Laîné, alors ministre de l'intérieur, écrivit un matin à M. Cuvier que le Roi venait de le nommer commissaire pour soutenir une loi qui serait présentée le lendemain à la Chambre des députés. Non-seulement il ne l'avait point prévenu de la mission qu'il voulait lui confier; il ne lui disait même pas, dans son billet, quelle loi il le chargeait de soutenir. M. Cuvier, plus empressé que susceptible avec le pouvoir, ne se plaignit point du procédé et se contenta de sourire en le racontant. Peu de jours auparavant, le ministre des finances, M. Corvetto, avait aussi fait nommer M. de Serre commissaire pour la défense du budget, sans lui avoir demandé si cela lui convenait et sans s'être entretenu avec lui des bases au moins du budget qu'il l'appelait à soutenir. En recevant l'avis de cette nomination, M. de Serre se montra vivement choqué : « C'est une sottise, dit-il tout haut, ou une insolence; probablement l'une et l'autre. » M. de Serre se trompait; ce n'était ni l'une ni l'autre : M. Corvetto était un homme parfaitement poli, soigneux et modeste; mais il était de l'école impériale et plus accoutumé à donner ses instructions à des agents qu'à se concerter avec des députés. Par leurs mœurs comme par leurs idées, les doctrinaires appartenaient à un régime libre : alliés incommodes pour le pouvoir, au sortir d'une monarchie militaire et administrative.

Je ne sais laquelle des deux entreprises est la plus difficile, transformer les fonctionnaires d'un pouvoir absolu en conseillers d'un gouvernement libre, ou bien

organiser et discipliner en parti politique les amis de
la liberté. Si les ministres ne tenaient pas toujours
assez de compte des dispositions des doctrinaires, les
doctrinaires à leur tour s'inquiétaient trop peu de la
situation et de la tâche des ministres. C'étaient des esprits étendus, ouverts, généreux, très-accessibles à la
sympathie ; mais trop accoutumés à vivre entre eux
et à se suffire mutuellement, ils ne songeaient guère
à l'effet que produisaient, hors de leur cercle, leurs
actions et leurs paroles, et par là ils se donnaient les
apparences de torts sociaux qu'ils ne voulaient pas avoir.
Dans leurs rapports avec le pouvoir, ils étaient souvent
intempérants et blessants de langage, impatients outre
mesure, ne sachant ni se contenter du possible, ni attendre que le mieux fût possible sans trop d'effort. Il leur
arrivait ainsi de méconnaître les difficultés, les nécessités et les moyens praticables du gouvernement qu'ils
avaient à cœur de fonder. Au sein des Chambres, ils
se montraient trop exclusifs et trop guerroyants, plus
préoccupés de prouver que de faire partager leur avis,
plus enclins à dédaigner qu'attentifs à recruter, et peu
doués de ce talent d'attraction et d'assemblage si nécessaire aux chefs de parti. Ils ne savaient pas assez à quel
point le succès de la bonne politique est difficile, ni
quelle infinie variété d'efforts, de sacrifices et de soins
entrent dans l'art de gouverner.

De 1816 à 1818, ces vices de la situation et ces fautes
des hommes jetèrent dans le gouvernement et dans
son parti une fermentation continue et des germes de

discorde intérieure qui ne lui permirent pas d'acquérir la consistance et la force dont il avait besoin. Le mal éclata à la fin de 1818, quand le duc de Richelieu revint des conférences d'Aix-la-Chapelle, rapportant la retraite des armées étrangères, la complète évacuation du territoire et le règlement définitif des charges financières que les Cent-Jours avaient attirées sur la France. A peine arrivé, il vit son cabinet se dissoudre, essaya sans succès d'en former un nouveau, et fut contraint d'abandonner un pouvoir qu'il n'avait point recherché, qu'il goûtait peu, mais qu'il lui déplaisait de perdre ainsi par force, au milieu de son triomphe diplomatique, et en le voyant passer dans des mains décidées à en faire un usage contraire à celui qu'il en eût fait.

Un tel échec, dans un tel moment et sur un tel homme, avait quelque chose de singulièrement injuste et inopportun. Depuis 1815, le duc de Richelieu n'avait cessé de rendre au Roi et à la France de grands services. Il avait seul obtenu quelque adoucissement aux conditions d'une paix très-dure, qu'il ne s'était résigné à signer que par un dévouement aussi triste que sincère, sentant tout le poids du sacrifice qu'il faisait en y attachant son glorieux nom, et ne cherchant point à s'en faire valoir. Nul homme n'était plus exempt d'exagération et de charlatanisme dans la manifestation de ses sentiments. Quinze mois après la conclusion de la paix, il avait décidé les puissances étrangères à opérer une réduction considérable dans leur armée d'occupation. Un an plus tard, il avait fait limiter à une somme fixe les réclamations indéfinies des créanciers étrangers de la France, Il venait enfin de signer l'entière libération du sol national quatre ans avant le terme de rigueur fixé par les traités. Le Roi, à son retour, l'en avait remercié par de nobles paroles : « Duc de Richelieu, lui avait-il dit, j'ai assez vécu puisque, grâce à vous, j'ai vu le drapeau français flotter sur toutes les villes françaises. » Tous les souverains de l'Europe le traitaient avec une sérieuse et confiante estime. Rare exemple d'un homme d'État parvenu sans grandes actions ni talents supérieurs, par la droiture du caractère et le désintéressement de la vie, à une considération si générale et si incontestée. Quoique le duc de Richelieu ne se fût occupé que des affaires extérieures, il était plus propre qu'on ne l'a dit, non pas à diriger effectivement, mais à présider le gouvernement intérieur de la Restauration. Grand seigneur et royaliste éprouvé, il n'était, soit d'esprit, soit de cœur, ni homme de cour, ni émigré ; il n'avait, contre la société et les hommes nouveaux, point de prévention ; sans bien comprendre les institutions libres, il ne leur portait nul mauvais vouloir et s'y soumettait sans effort ; simple dans ses mœurs, vrai et sûr dans ses paroles, ami du bien public, s'il ne lui appartenait pas d'exercer dans les Chambres une puissante influence, il ne manquait pas d'autorité auprès ni autour du Roi ; et un cabinet constitutionnel, appuyé sur le centre parlementaire, ne pouvait avoir, à cette époque, un plus digne et plus utile président.

Mais, à la fin de 1818, le duc de Richelieu se crut obligé et se montra résolu à engager une lutte dans laquelle les considérations de reconnaissance et de convenance que je rappelle ici étaient, pour lui, de faibles armes. En vertu de la Charte et conformément à la loi électorale du 5 février 1817, deux cinquièmes de la Chambre des députés avaient été renouvelés depuis la formation de son cabinet. La première épreuve, en 1817, n'avait guère donné que des résultats satisfaisants pour la Restauration et ses amis ; à peine deux ou trois noms connus étaient venus s'ajouter au côté gauche, qui ne comptait, même après ce renfort, pas plus de vingt membres. A la seconde épreuve, en 1818, ce parti fit des recrues plus nombreuses et bien plus éclatantes ; vingt-cinq membres nouveaux environ, et parmi eux MM. de La Fayette, Benjamin Constant et Manuel, prirent place dans ses rangs. C'était peu encore comme nombre, c'était beaucoup comme drapeau et comme pronostic. Une alarme à la fois sincère et intéressée éclata à la cour et dans le côté droit ; on s'y disait, on s'y croyait à la veille d'une révolution nouvelle ; mais de cette crainte même on tirait une vive espérance ; puisque les ennemis de la maison de Bourbon rentraient dans la Chambre, le Roi sentirait enfin la nécessité d'y rendre le pouvoir à ses amis. Le parti n'avait pas attendu les dernières élections pour tenter un grand effort ; des *Notes secrètes*, rédigées sous les yeux de Monsieur le comte d'Artois et par ses plus intimes confidents, avaient été adressées aux souverains étrangers pour leur signaler le mal croissant et leur démontrer que le changement des conseillers de la couronne était, pour la monarchie en France et pour la paix en Europe, l'unique moyen de salut. Comme ses collègues, et par un sentiment patriotique bien plus que par intérêt personnel, le duc de Richelieu s'indignait de ces invocations à l'étranger pour le gouvernement intérieur du pays; M. de Vitrolles fut rayé du Conseil privé comme auteur de la principale de ces *Notes secrètes*. Les souverains européens faisaient peu de cas de tels avertissements, ne croyant ni au bon jugement, ni au désintéressement des hommes qui les leur adressaient. Cependant, après les élections de 1818, ils s'inquiétèrent aussi ; c'était par sagesse, non par goût, qu'ils avaient approuvé et soutenu en France le régime constitutionnel ; ils l'avaient jugé nécessaire pour clore la révolution. Si au contraire il lui rouvrait la porte, le repos de l'Europe serait plus que jamais compromis, car la révolution aurait pour elle les apparences de la légalité. Ni en France, ni en Europe pourtant, même parmi les plus alarmés et les plus alarmistes, personne ne songeait alors à mettre le régime constitutionnel en question ; dans la pensée de tous, il avait acquis chez nous droit de cité. C'était à la loi des élections qu'on imputait tout le mal. Ce fut à Aix-la-Chapelle, au milieu des souverains et de leurs ministres, que le duc de Richelieu apprit les nouveaux élus qu'elle venait de rappeler sur la scène. L'empereur Alexandre lui en témoigna son inquiétude. Le duc de

Wellington conseillait à Louis XVIII « de se rapprocher des royalistes. » Le duc de Richelieu revint à Paris décidé à réformer la loi électorale, ou à ne plus accepter la responsabilité de ses résultats.

Les institutions attaquées n'ont point de voix pour se défendre, et les hommes se déchargent volontiers sur elles de leurs propres torts. Je ne commettrai pas cette injustice. Je n'abandonnerai pas une idée juste parce qu'elle a été compromise et pervertie dans l'application. Le principe de la loi électorale du 5 février 1817 était bon et reste bon, quoiqu'il n'ait pas suffi à prévenir les maux de notre imprévoyance et de nos passions.

Quand on veut sérieusement un gouvernement libre, il faut choisir entre le principe de la loi du 5 février 1817 et le suffrage universel, entre le droit de suffrage concentré dans les régions élevées de la société et le droit de suffrage répandu dans les masses populaires. J'entends le droit de suffrage direct et décisif, seul efficace pour assurer l'action du pays sur son gouvernement. Pourvu qu'ils satisfassent l'un et l'autre à cette condition, les deux systèmes peuvent fournir un contrôle réel du pouvoir et des garanties à la liberté. Lequel est préférable? Question d'époque, de situation, de degré de civilisation et de forme de gouvernement. Le suffrage universel peut s'adapter à des sociétés républicaines, petites ou fédératives, naissantes ou très-avancées en expérience politique. Le droit de suffrage, placé plus haut et attaché à une forte présomption d'esprit d'ordre, d'indépendance et de lumières, convient mieux aux grandes sociétés unitaires et monarchiques. Ce fut notre motif pour en faire la base de la loi de 1817; nous redoutions les tendances républicaines qui ne sont guère, parmi nous et de nos jours, que des tendances anarchiques; nous regardions la monarchie comme naturelle et la monarchie constitutionnelle comme nécessaire à la France; nous voulions l'organiser sincèrement et fortement, en assurant, sous ce régime, aux éléments conservateurs de la société française, telle qu'elle est faite aujourd'hui, une influence que nous jugions aussi conforme aux intérêts de la liberté qu'à ceux du pouvoir.

C'est la désunion du parti monarchique qui a vicié le système électoral de 1817, et lui a enlevé sa force avec sa vérité. En plaçant le pouvoir politique entre les mains de la propriété, des lumières, des intérêts naturellement indépendants et conservateurs, ce système reposait sur la confiance que ces intérêts seraient habituellement unis, et qu'ils défendraient en commun l'ordre et le droit contre l'esprit de licence et de révolution, pente fatale de notre temps. Mais, dès leurs premiers pas, les divers éléments du grand parti monarchique, anciens ou nouveaux, aristocratiques ou bourgeois, se précipitèrent dans la discorde, aveugles sur la faiblesse dont elle les frappait tous, et ouvrant ainsi la porte aux espérances et au travail du parti révolutionnaire, leur commun ennemi. De là, et non de la loi électorale de 1817 et de son principe, vint le mal qu'on voulait arrêter en 1818, en brisant cette loi.

J'en conviendrai expressément : lorsqu'en 1816 et 1817, nous préparions et nous défendions la loi des élections, nous aurions pu prévoir dans quel état des esprits elle serait appliquée; la discorde entre les éléments divers du parti monarchique n'a pas été un fait étrange et inattendu; elle existait déjà à cette époque; les royalistes de l'ancienne France et les royalistes de la France nouvelle étaient déjà profondément séparés. J'incline à croire qu'eussions-nous tenu, de leurs luttes futures, plus de compte, nous n'aurions pu agir alors autrement que nous n'avons fait; nous étions en présence d'une impérieuse nécessité; la France nouvelle, qui se sentait attaquée, voulait être défendue; et si elle n'avait pas trouvé des défenseurs parmi les royalistes, elle en eût cherché dans le camp révolutionnaire, comme elle l'a fait trop souvent. Mais ce qui explique une faute ne la supprime pas : notre politique en 1816 et 1817 acceptait trop facilement les déchirements du parti monarchique, et s'inquiétait trop peu des retours possibles du parti révolutionnaire; nous ne mesurions pas toute l'étendue de l'un et de l'autre danger. C'est l'erreur des hommes engagés dans les liens des partis d'oublier qu'il y a bien des vérités diverses dont ils devraient tenir grand compte, et de ne se préoccuper que de celles qu'ils ont inscrites avec éclat sur leur drapeau.

En partant d'Aix-la-Chapelle, où il avait si bien réussi, le duc de Richelieu, quoique peu présomptueux, ne doutait guère, je crois, qu'il ne réussît aussi à Paris dans son dessein de faire changer la loi des élections.

Le succès trompe les plus modestes et les empêche de pressentir les prochains revers. A son arrivée, il trouva l'œuvre bien plus difficile qu'il ne s'y était attendu : dans l'intérieur du cabinet, M. Molé seul s'associait pleinement à son intention ; M. Decazes et le maréchal Gouvion-Saint-Cyr se prononcèrent pour le maintien de la loi ; M. Lainé, tout en pensant qu'il fallait la modifier, ne voulait prendre à cette entreprise aucune part, ayant été, disait-il, le premier à proposer la loi et à la soutenir ; M. Roy qui, peu auparavant, avait remplacé aux finances M. Corvetto, ne tenait pas beaucoup au système électoral, mais déclarait qu'il ne resterait pas dans le cabinet sans M. Decazes qu'il regardait comme nécessaire, soit dans les Chambres, soit auprès du Roi. La discorde éclatait en dehors comme au dedans du ministère ; dans les Chambres, entre les défenseurs et les adversaires de la loi, le centre se partageait ; le côté gauche la défendait passionnément ; le côté droit se disait prêt à appuyer tout ministre qui en proposerait la réforme, mais il se montrait en même temps irréconciliable avec M. Decazes, auteur de l'ordonnance du 5 septembre 1816 et de tous ses effets. Le public commençait à s'échauffer. L'animation et la confusion allaient croissant. Évidemment ce n'était pas la seule loi des élections, c'était toute la politique de la Restauration et le gouvernement de la France qui étaient en question.

Dans un petit écrit que des historiens de ce temps, M. de Lamartine entre autres, ont publié, le roi

Louis XVIII a raconté lui-même les incidents et les péripéties de cette crise ministérielle qui aboutit, comme on sait, à la retraite du duc de Richelieu avec quatre de ses collègues, et à l'élévation de M. Decazes qui forma sur-le-champ un cabinet nouveau dont il était le chef sans le présider, dont M. de Serre, appelé aux sceaux, devint le puissant organe dans les Chambres, et dont le maintien de la loi des élections fut le drapeau. Deux sentiments enveloppés sous des formes simples, percent dans ce récit royal; d'abord, une certaine inquiétude de l'auteur qu'on ne lui suppose des torts dans son rôle de Roi ou envers le duc de Richelieu, et le besoin de s'en disculper; puis, un peu de ce plaisir secret que, dans leurs plus graves embarras, les rois ne se refusent pas quand ils voient tomber un ministre dont ils n'ont pas fait l'importance et qui les servait sans posséder ni rechercher leur faveur.

« Si je n'avais consulté que mon propre sentiment, » dit le Roi en terminant son récit, « j'aurais désiré que M. Decazes, unissant, comme il en avait toujours eu l'intention, son sort à celui du duc de Richelieu, sortît du ministère avec lui. » C'eût été un grand bonheur pour M. Decazes que ce sentiment du Roi prévalût. Non qu'il ait manqué à aucun devoir, ni même à aucune convenance en survivant, dans le pouvoir, au duc de Richelieu et en formant, sans lui, un cabinet : un dissentiment profond, sur une question pressante, les avait séparés; M. Decazes, après avoir donné sa démission, n'avait suscité aucun obstacle aux efforts du duc de

Richelieu pour trouver de nouveaux collègues; c'était seulement après l'insuccès de ces efforts, franchement déclaré par le duc lui-même, et sur la demande formelle du Roi, qu'il s'était chargé d'organiser un ministère. Il y avait là sans doute, pour un ami de M. de Richelieu, la veille encore son collègue, des circonstances pénibles et des apparences désagréables ; mais au fond, M. Decazes était pleinement dans son droit, et il ne pouvait guère se refuser à mettre en pratique la politique qu'il avait soutenue dans le Conseil, puisque celle qu'il avait combattue se reconnaissait impuissante. Mais la situation du nouveau cabinet était trop faible pour l'entreprise dont il se chargeait : c'était avec le centre profondément ébranlé et divisé qu'il avait à lutter contre le côté droit plus irrité que jamais, et contre le côté gauche visiblement hostile quoique, par décence, il prêtât au pouvoir un précaire appui. Le cabinet de M. Decazes ne conservait, comme parti de gouvernement, que des forces très-inférieures à celles qui avaient entouré le cabinet du duc de Richelieu, et il avait affaire à deux armées ennemies, l'une inaccessible à toute paix, à toute trêve, l'autre se rapprochant quelquefois du ministère, mais se repliant tout à coup et l'attaquant à son tour avec une malveillance empressée quand elle trouvait l'occasion d'agir, embarrassée quand elle se sentait obligée de se dissimuler.

Les doctrinaires, qui avaient, de concert avec M. Decazes, défendu la loi des élections, soutinrent énergiquement le nouveau cabinet, dans lequel M. de Serre les représentait avec éclat. Les succès ne lui manquèrent point. Par une administration bienveillante et active, par des soins assidus pour ses partisans, par des appels fréquents et toujours accueillis à la clémence du Roi en faveur des bannis encore exceptés de l'amnistie, même en faveur des vieux régicides, M. Decazes recherchait et obtenait souvent une popularité variée; le maréchal Gouvion-Saint-Cyr pacifiait les restes de la vieille armée en faisant rentrer dans la nouvelle les plus capables de ses anciens chefs; M. de Serre défendait victorieusement le cabinet dans les Chambres, ses projets de loi hardiment libéraux comme sa résistance franche aux principes révolutionnaires, et il conquérait définitivement, même dans l'opposition, un beau renom d'éloquence forte et sincère. C'était, dans l'arène parlementaire, un cabinet brillant avec droiture, et, dans le pays, un gouvernement loyalement constitutionnel. Mais il avait plus d'éclat oratoire que de force politique, et ni ses soins pour les personnes, ni ses succès de tribune ne suffisaient à rallier le grand parti de gouvernement que sa formation avait divisé. La discorde éclatait entre les Chambres elles-mêmes : la Chambre des pairs acceptait la proposition du marquis Barthélemy, pour la réforme de la loi des élections. En vain la Chambre des députés repoussait énergiquement cette attaque; en vain le cabinet, par une nomination de soixante pairs nouveaux, brisait au palais du Luxembourg la majorité assaillante ; ces demi-triomphes et ces violences légales ne décidaient rien. Les gouvernements libres sont condamnés à voir incessamment renaître les questions que les révolutions lèguent aux sociétés et que le despotisme, même glorieux, suspend sans les résoudre. Le côté droit voulait passionnément ressaisir le pouvoir qui lui avait naguère échappé. Le côté gauche défendait à tout prix la révolution, plus injuriée qu'en péril. Le centre disloqué et inquiet de l'avenir flottait entre les partis ennemis, ne se sentant plus en état de leur imposer la paix, et près d'aller, à droite ou à gauche, se perdre dans leurs rangs. Le cabinet, tous les jours vainqueur dans quelque débat et toujours soutenu par la faveur du Roi, n'en restait pas moins faible et précaire, ayant l'air d'attendre qu'un événement favorable ou contraire vînt lui donner l'aplomb qui lui manquait ou le renverser.

De tels événements, que les hommes appellent des accidents, ne manquent jamais dans une telle situation. Dans l'espace de quelques mois, le cabinet de 1819 en subit deux, l'élection de M. Grégoire et l'assassinat de Monseigneur le duc de Berry, qui décidèrent de son sort.

Il est difficile de regarder l'élection de M. Grégoire comme un accident ; elle avait été proposée et agréée d'avance dans le Comité central établi à Paris pour s'occuper des élections, et qu'on appelait le Comité directeur. Elle fut décidée à Grenoble, dans le collége réuni le 11 septembre 1819, par un certain nombre de suffrages du côté droit qui se portèrent, au second tour de scrutin, sur le candidat du côté gauche, et lui donnèrent, dans l'espoir des résultats du scandale, une majorité que par lui-même il n'avait pas. Pour s'excuser du scandale, quand il eut éclaté, quelques apologistes prétendirent que M. Grégoire n'était pas vraiment régicide, puisque, s'il avait approuvé, par ses lettres à la Convention, la condamnation de Louis XVI, sa voix du moins n'avait pas compté dans le scrutin fatal. Puis, quand l'admission du député fut mise en question dans la Chambre, le côté gauche, pour se débarrasser de lui en éludant le vrai motif du rejet, s'offrit avec empressement à voter l'annulation de l'élection pour cause d'irrégularité. Quand la violence imprévoyante ne leur a pas réussi, les hommes se réfugient volontiers dans la subtilité pusillanime. C'était bien en qualité de conventionnel régicide et avec une préméditation réfléchie, non par un accident local et soudain, que M. Grégoire avait été élu. Aucune élection ne fut plus préparée et plus accomplie par les passions de parti. Sincère dans les égarements pervers de son esprit, et fidèle à ses principes, quoique oublieux et faible quand il avait à les appliquer, hautement chrétien et prêchant la tolérance sous la Convention de qui il acceptait pourtant la plus sanglante persécution contre les prêtres qui ne voulaient pas subir le joug de la nouvelle Église, républicain et opposant sous l'Empire tout en consentant à devenir sénateur et comte, ce vieillard aussi inconséquent qu'obstiné fut l'instrument d'un grand acte d'hostilité contre la Restauration, pour devenir aussitôt, dans son parti, l'occasion d'un grand acte de faiblesse. Triste fin d'une triste carrière!

L'assassinat de M. le duc de Berry méritait bien mieux le nom d'accident. Le procès démontra jusqu'à l'évidence que Louvel n'avait point de complices, et qu'il avait été seul à méditer le crime comme à l'accomplir. Mais il fut évident aussi que la haine pour les Bourbons avait envahi l'âme et armé le bras de l'assassin. Les passions révolutionnaires sont un feu qui s'allume et s'alimente de très-loin; les orateurs du côté droit trouvaient créance dans un grand nombre d'esprits quand ils disaient que c'était là un accident comme c'est un accident pour un tempérament malade de prendre la peste quand elle est dans l'air, et pour un magasin à poudre de sauter quand on bat souvent le briquet à côté.

Contre ces deux terribles coups, M. Decazes essaya de se défendre. Après l'élection de M. Grégoire, il entreprit de faire lui-même ce qu'à la fin de l'année précédente il avait refusé de faire avec le duc de Richelieu. Il résolut le changement de la loi des élections. Ce changement devait prendre place dans une grande réforme constitutionnelle méditée par M. de Serre, libérale sur certains points, monarchique sur d'autres, et qui se promettait d'affermir la royauté en développant le gouvernement représentatif. M. Decazes fit un sincère effort pour déterminer le duc de Richelieu, qui voyageait alors en Hollande, à venir reprendre la présidence du Conseil, et à poursuivre, de concert avec lui, devant les Chambres, ce hardi dessein. Le Roi lui-même insista auprès du duc de Richelieu qui s'y refusa absolument, par dégoût des affaires et méfiance de lui-même plutôt que par aucun reste de ressentiment ou d'humeur. De leur côté, trois des membres du cabinet de 1819, le général Dessoles, le maréchal Gouvion-Saint-Cyr et le baron Louis déclarèrent qu'ils ne s'associeraient à aucune attaque contre la loi des élections. M. Decazes se décida à se passer d'eux comme du duc de Richelieu, et à former un nouveau cabinet dont il devint le président, et dans lequel M. Pasquier, le général Latour-Maubourg et M. Roy vinrent remplacer les ministres sortants. Le 29 novembre 1819, le Roi ouvrit la session. Deux mois écoulés, le nouveau système électoral n'avait pas encore été présenté à la Chambre. Trois jours après l'assassinat de M. le duc de Berry, M. Decazes l'y porta tout à coup, avec deux projets de loi pour suspendre la liberté individuelle et rétablir la censure des journaux. Quatre jours après, il tomba, et le duc de Richelieu, mis seul en présence du Roi et du péril, se décida à rentrer au pouvoir. M. Decazes eût mieux fait d'accepter sa première défaite et de se retirer sur-le-champ après l'élection de M. Grégoire, en engageant le Roi à reprendre le duc de Richelieu pour ministre. Il n'eût pas eu à abattre de sa propre main le drapeau politique qu'il avait élevé, et à porter le fardeau d'un grand malheur.

La chute du cabinet de 1819 amena une nouvelle crise et un nouveau progrès du mal qui désorganisait le grand parti de gouvernement dont la session de 1815 et l'ordonnance du 5 septembre 1816 avaient déterminé la formation. Aux divisions successives du centre vint s'ajouter la division parmi les doctrinaires eux-mêmes. M. de Serre, entré dans le cabinet avec M. Decazes pour défendre la loi des élections, se décida, malade et absent, à y rester avec M. de Richelieu pour la détruire, sans aucune des compensations, réelles ou apparentes, que ses grands projets de réforme constitutionnelle y devaient joindre. Je tentai vainement de l'en détourner[1]. Dans la Chambre des députés, M. Royer-Collard et M. Camille Jordan attaquèrent le nouveau système électoral; le duc de Broglie et M. de Barante y proposèrent, dans la Chambre des pairs, de graves amendements. Tous les liens politiques qui s'étaient formés depuis cinq ans semblaient dissous; chacun suivait son opinion personnelle ou retournait à son ancienne pente. Il n'y avait plus, dans l'arène parlementaire, que trouble et lutte confuse; aux deux extrémités apparaissaient deux fantômes, la Révolution et la Contre-Révolution, se menaçant l'un l'autre et à la fois impatients et inquiets d'en venir aux mains.

Si on veut se donner le spectacle des exagérations parlementaires et des ébullitions populaires poussées

---

[1] J'insère dans les *Pièces historiques* la lettre que je lui écrivis dans ce but, le 12 avril 1820, à Nice, où il s'était rendu vers la fin du mois de janvier, pour se reposer d'une crise de la maladie de poitrine à laquelle il a fini par succomber. Je suis frappé aujourd'hui, comme le seront sans doute les lecteurs qui y feront quelque attention, du mélange de vérité et d'erreur, de prévoyance et d'imprévoyance que contient cette lettre, à laquelle les événements postérieurs ont donné tour à tour raison et tort. (*Pièces historiques*, n° X.)

jusqu'à leur extrême limite, et retenues pourtant dans cette limite par le pouvoir légal et le bon sens public qui suffisent encore pour arrêter le pays au bord de l'abîme, quoique trop faibles pour lui en fermer le chemin, il faut lire la discussion du nouveau projet de loi électorale présenté le 17 avril 1820 à la Chambre des députés par le second cabinet du duc de Richelieu, et débattu pendant vingt-six jours dans cette Chambre, au bruit des attroupements du dehors, étourdiment agressifs et rudement réprimés. A en croire les orateurs du côté gauche, la France et ses libertés, la Révolution et ses conquêtes, l'honneur du présent et la sécurité de l'avenir, tout était perdu si le projet ministériel était adopté. Le côté droit, à son tour, regardait ce projet comme à peine suffisant pour sauver momentanément la monarchie, et se déclarait bien résolu à repousser tout amendement qui en atténuerait les effets. De part et d'autre, les prétentions comme les alarmes se montraient intraitables. Attirés et échauffés par ce bruit légal, des étudiants, de jeunes libéraux sincères, d'anciens émeutiers de profession, des opposants et des oisifs de toute sorte engageaient tous les jours, contre les agents de la police et les soldats, des luttes quelquefois sanglantes dont les récits venaient redoubler la violence des débats intérieurs. Au milieu de ce grand trouble, ce fut le mérite du cabinet de 1820 de maintenir la liberté des délibérations législatives, en réprimant les mouvements populaires, et de jouer en même temps son rôle, dans ces orageuses délibérations, avec persévérance et mesure. M. Pasquier, alors ministre des affaires étrangères, fut dans cette occasion, avec une tranquillité, une abondance et une présence d'esprit rares, le principal champion parlementaire du cabinet; et M. Mounier, directeur général de la police, fit preuve, contre les désordres des rues, d'une fermeté aussi prudente qu'active. L'accusation tant de fois portée contre tant de ministères, contre M. Casimir Périer en 1831 comme contre le duc de Richelieu en 1820, de susciter les émeutes pour avoir à les réprimer, ne mérite pas qu'un homme de sens s'arrête à en parler. Au bout d'un mois, tous ces débats, toutes ces scènes du dedans et du dehors aboutirent à l'adoption, non pas du projet de loi présenté par le cabinet, mais d'un amendement qui, sans détruire en principe la loi du 5 février 1817, la faussait assez, au profit du côté droit, pour qu'il crût devoir s'en contenter. La plus grande partie du centre et les membres les plus modérés du côté gauche s'y résignèrent, dans l'intérêt de la paix publique. L'extrême gauche et l'extrême droite, M. Manuel et M. de la Bourdonnaye, protestèrent. Le nouveau système électoral était évidemment destiné à faire passer, de la gauche à la droite, la majorité et le pouvoir; mais ni les libertés de la France, ni les conquêtes de la Révolution ne devaient y périr.

La question une fois vidée, le cabinet avait à payer au côté droit ses dettes : dettes de faveur envers les alliés qui l'avaient soutenu, dettes de rigueur envers les adversaires qui l'avaient combattu. En dépit des anciennes amitiés, les doctrinaires figuraient nécessairement dans cette dernière catégorie. J'aurais pu, si j'avais voulu, y rester étranger; n'appartenant ni à l'une ni à l'autre Chambre, en dehors de toute action obligée, j'aurais pu me renfermer dans mon rôle de conseiller d'État, la réserve et le silence, après avoir donné au gouvernement mon avis; mais en entrant dans la vie publique, je m'étais promis de la prendre au sérieux, c'est-à-dire de manifester toujours hautement ce que je pensais et de ne jamais me séparer de mes amis. M. de Serre me comprit, avec raison, dans la mesure qui les élimina du Conseil d'État : le 17 juin 1820, il nous écrivit, à MM. Royer-Collard, Camille Jordan, Barante et moi, que nous avions cessé d'en faire partie. Les meilleurs hommes prennent bien aisément les mœurs et les allures du pouvoir absolu : M. de Serre ne manquait assurément ni de dignité personnelle, ni de dévouement à ses convictions; il s'étonna que j'eusse, dans cette circonstance, obéi aux miennes sans autre nécessité, et il me le témoigna, en m'annonçant ma révocation, avec une rudesse naïve : « L'hostilité violente, me dit-il, dans laquelle, sans l'ombre d'un prétexte, vous vous êtes placé dans ces derniers temps contre le gouvernement du Roi a rendu cette mesure inévitable. » Je me contentai de lui répondre : « J'attendais votre lettre; j'avais dû la prévoir et je l'avais prévue quand j'ai manifesté hautement ma désapprobation des actes et des discours du ministère. Je me félicite de n'avoir rien à changer dans ma conduite. Demain comme hier, je n'appartiendrai qu'à moi-même, et je m'appartiendrai tout entier[1]. »

Le pas décisif était fait; le pouvoir avait changé de route comme d'amis. Après l'avoir placé sur sa pente nouvelle, le duc de Richelieu et ses collègues firent, pendant deux ans, de sincères efforts pour l'y arrêter. Ils essayèrent de tous les moyens, soit de complaisance, soit de résistance; ils accordèrent, tantôt au côté droit, tantôt aux débris du centre, quelquefois même au côté gauche, des satisfactions quelquefois de principes, plus souvent de personnes. M. de Chateaubriand fut envoyé comme ministre du Roi à Berlin, pendant que le général Clauzel était déclaré compris dans l'amnistie. M. de Villèle et M. Corbière entrèrent dans le cabinet, l'un comme ministre sans portefeuille, l'autre comme président du Conseil royal de l'instruction publique; ils en sortirent au bout de six mois, sous des prétextes frivoles, mais prévoyant la chute prochaine du cabinet, et ne voulant pas s'y trouver au moment où il tomberait. Ils ne s'étaient pas trompés; les élections de 1821 achevèrent de décimer le bataillon flottant qui tentait encore de tenir bon autour du pouvoir chancelant. Le duc de Richelieu, qui n'était rentré aux affaires qu'après avoir reçu, de M. le comte d'Artois en personne, la promesse d'un appui durable, se plaignit hautement, avec sa rudesse de grand seigneur honnête homme, qu'on

---

[1] J'insère en entier dans les *Pièces historiques* la correspondance échangée, à cette occasion, entre M. de Serre, M. Pasquier et moi. (*Pièces historiques*, n° XI.)

me lui tînt pas la parole de gentilhomme qu'on lui avait donnée. Vaines plaintes comme vains efforts : le cabinet gagnait à grand'peine du temps; le côté droit seul gagnait chaque jour du terrain. Enfin le 15 décembre 1821, la dernière ombre du gouvernement du centre s'évanouit avec le second ministère du duc de Richelieu. Le côté droit et M. de Villèle saisirent le pouvoir : « C'est la contre-révolution qui arrive, » s'écriait le côté gauche, dans un élan confus de satisfaction et d'alarme. M. de Villèle en pensait autrement : un peu avant la crise décisive, après avoir, en qualité de vice-président, dirigé quelques jours les délibérations de la Chambre des députés, il écrivait à l'un de ses amis : « Vous ne sauriez croire comme mes quatre jours de présidence ont réussi. J'en reçois des compliments de tous côtés; mais particulièrement, je l'avoue à ma honte, du côté gauche, que je n'ai pas cependant ménagé. Ils s'attendaient sans doute à être mangés tout vifs par un *ultra*. Ils ne tarissent pas d'éloges. Enfin ceux à qui je ne parle jamais viennent m'aborder maintenant pour me faire mille compliments. Je crois qu'il y a là un peu de malice de leur part contre M. Ravez. Quoi qu'il en soit, si on nommait un président maintenant, j'aurais la presque totalité des voix de la Chambre..... Quant à moi, il ne me coûte rien d'être impartial; je ne vois que la réussite des affaires dont je suis chargé, et n'y mets pas la moindre passion contre les individus. Je suis né pour la fin des révolutions. »

# CHAPITRE VI

## GOUVERNEMENT DU COTÉ DROIT.

Situation de M. de Villèle en arrivant au pouvoir.—Il est aux prises avec le côté gauche et les conspirations. — Caractère des conspirations.—Appréciation de leurs motifs.—Leurs liens avec quelques-uns des chefs de l'opposition parlementaire. —M. de La Fayette.—M. Manuel.—M. d'Argenson.—Leur attitude dans la Chambre des députés. — Insuccès des conspirations et ses causes. — M. de Villèle aux prises avec ses rivaux au dedans et à côté du cabinet. — Le duc Matthieu de Montmorency.—M. de Chateaubriand ambassadeur à Londres.— Congrès de Vérone. — M. de Chateaubriand devient ministre des affaires étrangères.—Guerre d'Espagne.—Appréciation de ses motifs et de ses effets. — Rupture entre M. de Villèle et M. de Chateaubriand.—Chute de M. de Chateaubriand.—M. de Villèle aux prises avec une opposition sortie du côté droit.— Le *Journal des Débats* et MM. Bertin.—M. de Villèle tombe sous le joug de la majorité parlementaire.—Attitude et influence du parti ultra-catholique.—Appréciation de sa conduite. — Attaques dont il est l'objet. —M. de Montlosier.—M. Béranger.— Faiblesse de M. de Villèle. — Son déclin.—Ses adversaires à la cour.— Revue et licenciement de la garde nationale de Paris. —Trouble de Charles X. — Dissolution de la Chambre des députés. — Les élections sont contraires à M. de Villèle. — Il se retire.—Mot de Madame la Dauphine à Charles X.

(1822-1827.)

Je change ici de situation et de point de vue. Ce n'est plus du dedans et comme acteur, c'est du dehors et comme spectateur que j'ai observé le gouvernement du côté droit et que j'en puis parler. Spectateur opposant, à qui le temps a apporté sa lumière et enseigné l'équité.

En décembre 1821, M. de Villèle arriva au pouvoir par le grand et naturel chemin. Il y arriva au nom des qualités qu'il avait déployées et de l'importance qu'il avait acquise dans les Chambres, et à la tête de son parti qu'il y fit entrer avec lui. Il atteignait ainsi, après cinq ans de lutte, le but qu'avait prématurément marqué en 1815 M. de Vitrolles; c'était le chef de la majorité parlementaire qui devenait le chef du gouvernement. Les événements ont des malices imprévues; la Charte portait au pouvoir l'homme qui l'avait, le premier, combattue avant sa promulgation.

Parmi les hommes de notre temps, c'est un trait distinctif de M. de Villèle d'être arrivé au gouvernement comme homme de parti et d'être resté homme de parti dans le gouvernement, tout en travaillant à faire prévaloir, parmi les siens, l'esprit de gouvernement sur l'esprit de parti. Ce modérateur du côté droit lui a toujours été fidèle. Bien souvent étranger aux idées, aux passions, aux desseins de son parti, il les combattait, mais sous main et sans les désavouer, décidé à ne jamais se séparer de ses amis, même quand il ne réussissait pas à les diriger. Par un juste instinct pratique, il avait promptement compris la nécessité de la ferme adhésion du chef à son armée pour assurer celle de l'armée à son chef. Il a payé cher cette persévérance, car elle l'a justement condamné à porter le poids de fautes que, plus libre, il n'eût probablement pas commises; mais c'est à ce prix qu'il a gardé pendant six ans le pouvoir en préservant, pendant six ans, son parti des fautes extrêmes qui, après lui, devaient amener sa ruine. Comme ministre de la royauté constitutionnelle, M. de Villèle a donné, parmi nous, l'un des premiers exemples de cette fixité des liens politiques qui, malgré de graves inconvénients et de belles exceptions, est essentielle aux grands et salutaires effets du gouvernement représentatif.

Au moment où se forma son cabinet, M. de Villèle trouva le pays et le gouvernement engagés dans une situation violente. Ce n'était plus seulement des orages de Chambre et des tumultes de rue; les sociétés secrètes, les complots, les insurrections, un effort passionné pour le renversement de l'ordre établi, fermentaient et éclataient partout, dans les départements de l'Est, de l'Ouest, du Midi, à Béfort, à Colmar, à Toulon, à Saumur, à Nantes, à La Rochelle, à Paris même et sous les yeux des ministres, dans l'armée comme dans les professions civiles, dans la garde royale comme dans les régiments de ligne. En moins de trois années, huit conspirations sérieuses attaquèrent et mirent en question la Restauration.

Aujourd'hui, à plus de trente ans de distance, après tant et de bien plus grands événements; quand un honnête homme sensé se demande quels motifs suscitaient des colères si ardentes et des entreprises si téméraires, il n'en trouve point de suffisants ni de légitimes. Ni les actes du pouvoir, ni les probabilités de l'avenir ne blessaient ou ne menaçaient assez les droits et les intérêts du pays pour autoriser un tel travail de renversement. Le système électoral avait été artificieusement changé; le pouvoir avait passé aux mains d'un parti irritant et suspect; mais les grandes institutions étaient debout; les libertés publiques, bien que combattues, se déployaient avec vigueur; l'ordre légal n'avait reçu aucune grave atteinte; le pays prospérait et grandissait régulièrement. Inquiète, la société nouvelle n'était point désarmée; elle était en mesure et d'attendre et de se défendre. Il y avait de justes motifs pour une opposition publique et vive, point de justes causes de conspiration ni de révolution.

Les peuples qui aspirent à être libres courent un grand danger, le danger de se tromper en fait de tyrannie. Ils donnent aisément ce nom à tout régime qui leur déplaît ou les inquiète, ou qui ne leur accorde pas tout ce qu'ils désirent. Frivoles humeurs qui ne demeurent point impunies. Il faut que le pouvoir ait infligé au pays bien des violations de droit, des iniquités et des souffrances bien amères et bien prolongées pour que les révolutions soient fondées en raison et réussissent malgré leurs propres fautes. Quand de telles causes manquent aux tentatives révolutionnaires, ou bien elles échouent misérablement, ou bien elles amènent promptement les réactions qui les châtient.

Mais, de 1820 à 1823, les conspirateurs ne songeaient seulement pas à se demander si leurs entreprises étaient légitimes; ils ne concevaient à ce sujet aucun doute. Des passions bien diverses et pourtant simultanées, de vieilles haines et de jeunes espérances, les alarmes du passé et les séductions de l'avenir dominaient leur âme comme leur conduite. C'étaient de vieilles haines et de vieilles alarmes que celles qui s'attachaient aux mots d'émigration, régime féodal, ancien régime, aristocratie, contre-révolution ; mais ces alarmes et ces haines étaient, dans bien des cœurs, aussi sincères et aussi chaudes que si elles se fussent adressées à de vivants et puissants ennemis. Contre ces fantômes que la folie de l'extrême droite faisait apparaître sans pouvoir les faire renaître, toute guerre semblait permise ; urgente, patriotique ; on croyait servir et sauver la liberté en rallumant contre la Restauration tous les feux de la Révolution. On se flattait en même temps de préparer une révolution nouvelle qui mettrait fin, non-seulement à la Restauration, mais à la monarchie, et ferait triompher, par l'établissement de la République, les droits et les intérêts populaires. Pour la plupart de ces jeunes enthousiastes nés de familles engagées dans la vieille cause de la Révolution, les rêves de l'avenir s'unissaient aux traditions du foyer domestique ; en soutenant les luttes de leurs pères, ils poursuivaient leurs propres utopies.

Aux conspirateurs par haine révolutionnaire ou par espérance républicaine d'autres venaient se joindre, conduits par des vues plus précises, mais non moins passionnées. Je l'ai dit ailleurs en parlant de Washington : « C'est le privilége, souvent corrupteur, des grands hommes d'inspirer l'affection et le dévouement sans les ressentir. » Nul homme n'a, plus que l'empereur Napoléon, joui de ce privilége : il mourait, à ce moment même, sur le rocher de Sainte-Hélène ; il ne pouvait plus rien pour ses partisans ; il n'en trouvait pas moins, dans le peuple comme dans l'armée, des cœurs et des bras prêts à tout faire et à tout risquer pour son nom. Généreux aveuglement dont je ne sais s'il faut s'attrister ou s'enorgueillir pour l'humanité.

Toutes ces passions, toutes ces alliances seraient peut-être demeurées obscures et vaines, si elles n'avaient trouvé dans les hautes régions politiques, au sein des grands corps de l'État, des interprètes et des chefs. Les masses populaires ne se suffisent point à elles-mêmes; il faut que leurs désirs et leurs desseins se personnifient dans des figures grandes et visibles qui marchent devant elles en acceptant la responsabilité du but et du chemin. Les conspirateurs de 1820 à 1823 le savaient bien ; aussi sur les points les plus divers, à Béfort comme à Saumur, et à chaque nouvelle entreprise, ils déclaraient qu'ils n'agiraient pas si des personnages politiques, des députés en renom ne s'engageaient avec eux. Personne n'ignore aujourd'hui que le patronage qu'ils demandaient ne leur manqua point.

Dans la Chambre des députés, l'opposition au gouvernement du côté droit se formait, à cette époque, de trois groupes unis pour lui résister, mais très-différents dans leurs vues et leurs moyens de résistance. Je ne nomme que les hommes considérables et qui ont eux-mêmes clairement marqué leur situation. M. de La Fayette, M. d'Argenson et M. Manuel acceptaient et dirigeaient les conspirations. Sans les ignorer, le général Foy, M. Benjamin Constant, M. Casimir Périer, les désapprouvaient et ne s'y associaient pas. M. Royer-Collard et ses amis y étaient absolument étrangers, et ne les connaissaient pas plus qu'ils n'y prenaient part.

Je ne puis penser à M. de La Fayette sans un sentiment d'affectueuse tristesse. Je n'ai point connu de caractère plus généreux, plus bienveillant pour tous, plus ami de la justice envers tous, plus prêt à tout risquer pour sa foi et pour sa cause. Sa bienveillance, un peu banale envers les personnes, n'en était pas moins, pour l'humanité en général, vraie et profonde. Son courage et son dévouement étaient faciles, empressés, sérieux sous des apparences quelquefois légères, et d'aussi bon aloi que de bonne grâce. Il a eu, dans sa vie, une constance de sentiments et d'idées et des jours de résolution vigoureuse qui feraient honneur aux plus fermes amis de l'ordre et de la résistance. En 1791, il a fait tirer, au Champ-de-Mars, sur l'émeute parée du nom de peuple; en 1792, il est venu, en personne, demander, au nom de son armée, la répression des Jacobins; il est resté à part et debout sous l'Empire. Mais il manquait de jugement politique, de discernement dans l'appréciation des circonstances et des hommes, et il avait un laisser-aller sur sa propre pente, une imprévoyance des résultats probables de ses actions, un besoin permanent et indistinct de faveur populaire qui le faisaient dériver bien au delà de ses vues, et le livraient à des influences d'un ordre très-inférieur, souvent même contraire à sa nature morale comme à sa situation. Au premier moment, en 1814, il s'était montré assez bien disposé pour la Restauration; mais les tendances du pouvoir, la persévérance des rancunes royalistes et sa propre soif de popularité le jetèrent bientôt dans l'opposition. A la fin des Cent-Jours, son opposition à la maison de Bourbon devint une hostilité déclarée et active; républicain dans l'âme sans pouvoir ni oser proclamer la République, il repoussa aussi obstinément que vainement le retour de la royauté; et, devant la Chambre de 1815, irrité sans être épouvanté, il s'engagea, pour n'en plus sortir tant que dura la Restauration, dans les rangs extrêmes de ses ennemis. Il était, de 1820 à 1823, non pas le chef réel, mais l'instrument et l'ornement de toutes les sociétés secrètes, de tous les complots, de tous les projets de renversement, même de ceux dont il eût, à coup sûr, s'ils avaient réussi, désavoué et combattu les résultats.

Personne ne ressemblait moins que M. Manuel à M. de La Fayette; autant l'un était ouvert, imprévoyant et téméraire dans son hostilité, autant l'autre était contenu, calculé et prudent jusque dans sa violence, quoique au fond ferme et hardi. M. de La Fayette était, je ne dirai pas un grand seigneur, ce mot ne lui va pas, mais un grand gentilhomme libéral et populaire, point révolutionnaire par nature, mais qui pouvait, par entraînement et aveuglement, être poussé et pousser lui-même à des révolutions répétées; M. Manuel était le fils docile et le défenseur habile de la révolution accomplie depuis 1789; capable de devenir, à son service, un homme de gouvernement, de gouvernement libre si l'intérêt de la révolution l'eût permis, de gouvernement absolu si le pouvoir absolu eût été nécessaire pour faire dominer la révolution, mais décidé en tout cas à la soutenir à tout prix. Esprit peu élevé et peu fécond, il ne portait, dans la vie et les débats parlementaires, ni grandes vues politiques, ni beaux et sympathiques mouvements de l'âme; mais il était puissant par l'aplomb de son attitude et la fermeté lucide de son langage. Point avocat, quoiqu'un peu provincial dans la forme, il parlait comme il agissait, en homme de parti froidement résolu, immobile dans la vieille arène révolutionnaire et ne consentant jamais à en sortir, soit pour admettre des transactions, soit pour entrer dans des voies nouvelles. La Restauration, à vrai dire, était pour lui l'ancien régime et la contre-révolution; après lui avoir fait, dans les Chambres, toute l'opposition qu'admettait ce théâtre, il encourageait au dehors tous les complots, tous les efforts de renversement, moins prompt que M. de La Fayette à se lancer à leur tête, moins confiant dans leur succès, mais décidé à entretenir par là, contre la Restauration, la haine et la guerre, en attendant qu'une chance favorable se présentât pour lui porter des coups décisifs.

M. d'Argenson avait, dans le parti, moins d'importance que ses deux collègues, quoique peut-être le plus passionné des trois. C'était un rêveur sincère et mélancolique, convaincu que tous les maux des sociétés humaines proviennent des lois humaines, et ardent à poursuivre toute sorte de réformes, quoiqu'il portât peu de confiance aux réformateurs. Par sa situation sociale, par la générosité de ses sentiments, le sérieux de ses convictions, l'attrait d'un caractère affectueux bien que taciturne, et les agréments d'un esprit fin, élégant, et qui tirait de sa mauvaise philosophie des vues hardies, il tenait, dans les projets et les délibérations préalables de l'opposition conspiratrice, une assez grande place; mais il était peu propre à l'action et prompt à se décourager, quoique toujours prêt à se rengager. Un fanatisme utopiste, mais qui espère peu, n'est pas un bon tempérament de conspirateur.

On sait quelle fut l'issue de toutes ces conspirations aussi vaines que tragiques. Partout suivies pas à pas par l'autorité, quelquefois même fomentées par l'ardeur intéressée d'indignes agents, elles amenèrent, dans l'espace de deux années, sur les divers points de la France, dix-neuf condamnations à mort dont onze furent exécutées. Quand on se reporte à ces tristes scènes, l'esprit s'étonne et le cœur se serre au spectacle du contraste qui éclate entre les sentiments et les actions, les efforts et les résultats; des entreprises à la fois si sérieuses et si étourdies, tant de sincérité patriotique et de légèreté morale, tant de dévouements passionnés et de calculs indifférents; et le même aveuglement, la même persévérance avec la même impuissance dans les vieillards et dans les jeunes gens, dans les chefs et dans les soldats! Le 1<sup>er</sup> janvier 1822, M. de La Fayette arrivait à Béfort pour se mettre à la tête de l'insurrection alsacienne; il trouve le complot découvert et plusieurs des meneurs arrêtés; mais il en trouve aussi d'autres, MM. Ary Scheffer, Joubert, Carrel, Guinard, qui ne s'inquiètent que d'aller à sa rencontre, de le prévenir et de le sauver en l'emmenant en toute hâte par des voies détournées, lui et son fils qui l'accompagnait. Neuf mois après, le 21 septembre de la même année, quatre jeunes sous-officiers, Bories, Raoulx, Goubin et Pommier, condamnés à mort pour le complot de La Rochelle, étaient sur le point de subir leur arrêt; M. de La Fayette et le comité supérieur des *carbonari* avaient tenté vainement de les faire évader. Les quatre sergents se savaient perdus et pouvaient se croire abandonnés. Un magistrat bienveillant les presse de sauver leur vie par quelques mots sur les premiers auteurs de leur fatale entreprise. Tous quatre répondent : « Nous n'avons rien à révéler, » et ils meurent invinciblement silencieux. De tels dévouements méritaient des chefs plus prévoyants et des ennemis plus généreux.

En présence de tels faits et au milieu des débats ardents qu'ils suscitaient dans la Chambre, la situation des députés conspirateurs était mauvaise; ils n'avouaient pas leurs œuvres et ne soutenaient pas leurs amis. La violence de leurs attaques contre le ministère et de leurs allusions contre la Restauration était une pauvre compensation à cette faiblesse. Les sociétés secrètes et les complots vont mal à un régime de liberté; il y a peu de sens et peu de dignité à conspirer et à discuter à la fois. En vain les députés qui ne conspiraient pas essayaient de couvrir leurs collègues compromis et embarrassés; en vain le général Foy, M. Casimir Périer, M. Benjamin Constant, M. Laffitte, en se récriant avec passion contre les accusations dont leur parti était l'objet et qui ne portaient pas sur eux, s'efforçaient de jeter le manteau de leur innocence personnelle sur les conspirateurs véritables qui siégeaient à côté d'eux; cette tactique, plus bruyante que fière, ne trompait ni le gouvernement ni le public, et les députés conspirateurs perdaient plus de considération qu'ils ne gagnaient de sécurité à être ainsi, dans leurs propres rangs, défendus et désavoués. M. de La Fayette s'impatienta un jour de cette situation peu franche et peu digne. Dans la séance du 1er août 1822, à propos de la discussion du budget, M. Benjamin Constant s'était plaint d'une phrase de l'acte d'accusation dressé par le procureur général de Poitiers contre le complot du général Berton, et dans lequel les noms de cinq députés étaient cités sans qu'ils fussent poursuivis. M. Laffitte demanda à la Chambre d'ordonner une enquête sur des faits qui étaient, dit-il, « pour ce qui me regarde, un mensonge infâme. » M. Casimir Périer et le général Foy appuyèrent l'enquête. Le cabinet et le côté droit la repoussaient, tout en défendant le procureur général et ses assertions. La Chambre semblait perplexe. M. de La Fayette demanda la parole, et avec une rare bonne grâce de fierté ironique:

« Quelle que soit, dit-il, mon indifférence habituelle pour les inculpations et les haines de parti, je crois devoir ajouter quelques mots à ce qu'ont dit mes honorables amis. Pendant le cours d'une carrière dévouée tout entière à la cause de la liberté, j'ai constamment mérité d'être en butte à la malveillance de tous les adversaires de cette cause, sous quelque forme, despotique, aristocratique ou anarchique, qu'ils aient voulu la combattre ou la dénaturer. Je ne me plains donc point, quoique j'eusse le droit de trouver un peu leste le mot *prouvé* dont M. le procureur du roi s'est servi à mon occasion; mais je m'unis à mes amis pour demander, autant qu'il est en nous, la plus grande publicité au sein de cette Chambre, en face de la nation. C'est là que nous pourrons, mes accusateurs et moi, dans quelque rang qu'ils soient placés, nous dire sans compliment ce que, depuis trente-trois années, nous avons eu mutuellement à nous reprocher. »

La bravade était aussi transparente que fière. M. de Villèle en sentit la portée qui allait jusqu'au Roi lui-même, et relevant aussitôt le gant avec une modération qui à son tour ne manquait pas de hauteur : « L'orateur auquel je succède, dit-il, vient de placer la question là où elle est en réalité lorsqu'il a dit, en parlant de la Chambre, *autant qu'il est en nous*. Oui, il est d'une grande importance que l'on sache, sur la question qui a été agitée, ce qui est vrai, ce qui est faux; mais prend-on le véritable moyen pour le savoir en demandant une enquête? Ce n'est pas mon opinion; si ce l'était, je n'hésiterais pas à voter pour l'enquête. Le véritable moyen à prendre me paraît être de laisser à la justice son cours ordinaire, qu'il ne dépend de personne d'arrêter.... Que des membres de cette Chambre aient été compromis dans cet acte d'accusation; ne trouvent-ils pas leur justification dans le fait même qu'ils n'ont pas été demandés à la Chambre pour être mis au nombre des accusés? Car, messieurs, c'est une supposition trop contradictoire que de dire d'une part : — Vous avez fait mettre nos noms dans le réquisitoire pour nous accuser; — et de l'autre : — le ministère actuel n'a pas osé nous mettre en accusation. Vous n'êtes pas en accusation puisque vous n'avez pas été demandés à cette Chambre, et vous n'avez pas été demandés parce qu'il ne résultait pas de la procédure la nécessité, le devoir, pour le ministère, de venir vous réclamer à la Chambre. Je le déclare à la face de la France, nous ne vous accusons pas parce qu'il n'y avait pas, dans la procédure, le devoir, la nécessité, pour nous, de vous accuser. Et nous eussions d'autant mieux rempli ce devoir que sans doute vous ne nous croyez pas assez étrangers à la connaissance du cœur humain pour supposer que nous ne sachions pas qu'il y avait moins de danger à vous mettre en accusation qu'à suivre purement, simplement et noblement la ligne tracée dans la voie ordinaire de la justice. »

En sortant de cette séance, à coup sûr, M. de Villèle était content, et avec raison, de sa situation et de lui-même : il avait fait acte en même temps de fermeté et de mesure; en se renfermant dans les voies de la justice ordinaire, en écartant toute idée de poursuite à outrance, il avait montré le bras du pouvoir contenu, mais prêt à se déployer si la nécessité s'en faisait sentir. Il avait ainsi un peu bravé, en les rassurant un peu, les patrons des conspirateurs, et donné satisfaction à son propre parti sans échauffer ses passions. Le tacticien de Chambre agit et parla ce jour-là en homme de gouvernement.

Il était, à cette époque, dans la première et la meilleure phase de son pouvoir; il défendait la monarchie et l'ordre contre les conspirations et les insurrections; il avait à repousser, dans la Chambre des députés, les attaques ardentes du côté gauche, et dans la Chambre des pairs le mauvais vouloir modéré, mais vigilant, des amis du duc de Richelieu. Le péril et la lutte retenaient autour de lui tout son parti. Devant une telle situation, les rivalités et les intrigues de Chambre et de cour hésitaient à se produire; les exigences se contenaient; la fidélité et la discipline étaient évidemment nécessaires; les compagnons n'osaient ni assaillir leur chef de leurs impatiences, ni le déserter.

Mais, dans le cours de l'année 1822, les conspirations furent vaincues; les périls de la monarchie s'éloignèrent; les luttes parlementaires, quoique toujours très-vives, n'étaient plus des questions de vie ou de mort; la domination du côté droit, dans le pays comme dans les Chambres, paraissait établie. Alors commencèrent, pour M. de Villèle, d'autres difficultés et d'autres périls:

il n'avait plus ses adversaires menaçants pour contenir ses amis; les dissidences, les exigences, les inimitiés, les intrigues éclatèrent autour de lui. Ce fut sur les questions de politique extérieure et dans le sein même de son cabinet qu'il en ressentit les premières atteintes.

Je ne veux pas qualifier sévèrement les révolutions qui, de 1820 à 1822, agitèrent l'Europe méridionale. Il est dur de dire à des peuples mal gouvernés qu'ils ne sont ni assez sages, ni assez forts pour se donner eux-mêmes un bon gouvernement. De nos jours surtout, où les désirs en fait de bon gouvernement sont immenses et où personne ne veut se reconnaître trop faible pour accomplir ce qu'il désire, la franche vérité, à ce sujet, blesse beaucoup d'amis sincères du droit et de l'humanité. L'expérience a pourtant prodigué ses démonstrations. Des trois révolutions qui éclatèrent en 1820, celles de Naples et de Turin s'évanouirent en quelques mois, sans coup férir, devant la seule apparition des troupes autrichiennes. La révolution d'Espagne resta seule debout, sans réussir mais sans renoncer, suivant son cours à pas incertains quoique violents, hors d'état de fonder un gouvernement régulier et de supprimer les résistances qu'elle rencontrait, mais assez forte pour supporter, sans y périr, l'anarchie et la guerre civile. L'Espagne en proie à de tels mouvements était pour la France un voisin incommode et qui pouvait devenir dangereux. Les conspirateurs vaincus en France se réfugiaient en Espagne et ourdissaient de là de nouveaux complots. A leur tour, les contre-révolutionnaires espagnols trouvaient en France un asile, et préparaient, de l'un à l'autre revers des Pyrénées, leurs prises d'armes. Un cordon sanitaire, établi sur notre frontière pour préserver la France de la fièvre jaune qui avait éclaté en Catalogne, devint bientôt un corps d'armée d'observation. Le mauvais vouloir décidé et systématique de l'Europe concourait avec les méfiances de la France. Le prince de Metternich redoutait un nouvel accès de contagion révolutionnaire d'Espagne en Italie. L'empereur Alexandre se croyait chargé de maintenir la sécurité de tous les trônes et la paix du monde. L'Angleterre, sans se soucier beaucoup du succès de la révolution espagnole, avait fortement à cœur que l'Espagne restât parfaitement indépendante et que l'influence française n'y pût prévaloir. Le gouvernement français était là en présence d'une question non-seulement délicate et grave en elle-même, mais chargée de complications plus graves encore et qui pouvaient le mettre en désaccord avec tels ou tels de ses alliés, peut-être avec tous.

M. de Villèle, en entrant au pouvoir, n'avait, sur les affaires étrangères, point d'idées bien précises, point de parti pris, seulement l'esprit libre et des instincts sensés. Pendant sa courte association au cabinet du duc de Richelieu, il en avait vu de près la politique envers l'Espagne et l'Italie ; politique de paix, de non-intervention et de bons conseils aux rois comme aux libéraux, aux libéraux comme aux rois, peu efficace dans son travail de transaction mais s'y résignant, appliquée surtout à tenir la France en dehors des révolutions et des contre-révolutions, et à prévenir toute conflagration européenne. Au fond, M. de Villèle approuvait cette politique et n'eût pas mieux demandé que de la continuer; il était plus préoccupé du dedans que du dehors et plus jaloux de la prospérité publique que de l'influence diplomatique. Mais pour faire prévaloir son sentiment, il avait à lutter contre les passions de son parti; et dans cette lutte ses deux principaux collaborateurs, M. de Montmorency, comme ministre des affaires étrangères, et M. de Chateaubriand, comme ambassadeur à Londres, lui apportaient plus d'embarras que d'appui.

Lorsqu'en formant son cabinet il avait proposé au Roi de donner à M. de Montmorency le portefeuille des affaires étrangères : « Prenez garde, lui dit Louis XVIII; c'est un bien petit esprit, doucement passionné et entêté; il vous trahira sans le vouloir, par faiblesse; quand il sera avec vous, il vous dira qu'il est de votre avis, et il le croira en vous le disant; mais loin de vous, il agira selon son penchant, non dans votre sens, et au lieu d'être servi, vous serez contrarié et compromis. » M. de Villèle insista; il croyait avoir besoin, dans le côté droit, du nom et de l'influence de M. de Montmorency. Il eut peu après l'occasion de se convaincre que le Roi l'avait bien jugé. M. de Serre ayant refusé de rester dans le nouveau cabinet, M. de Villèle, pour l'éloigner en le récompensant, demanda au Roi pour lui l'ambassade de Naples; M. de Montmorency, qui la voulait pour son cousin, le duc de Laval, alla jusqu'à dire qu'il donnerait sa démission si on la lui refusait. Le Roi et M. de Villèle tinrent bon ; M. de Serre alla à Naples, et M. de Montmorency resta ministre, non sans humeur contre la prépondérance d'un collègue si peu complaisant.

M. de Chateaubriand, en acceptant l'ambassade de Londres, avait délivré M. de Villèle de beaucoup de petites susceptibilités et d'embarras quotidiens ; mais il ne se plut pas longtemps et ne pouvait guère se plaire dans sa nouvelle mission ; il avait besoin de régner dans une coterie, et d'y vivre sans gêne en même temps qu'adoré. Il ne fit pas dans la société anglaise tout l'effet qu'il s'était promis ; il lui fallait trop de succès et des succès trop divers ; on l'y prenait pour un grand écrivain plutôt que pour un grand politique ; on le trouvait plus roide que grave, et trop préoccupé de lui-même ; on était curieux de lui, mais sans l'admirer selon son goût ; il n'était pas constamment le premier objet de l'attention, et ne jouissait là ni du laisser-aller, ni de l'enthousiasme idolâtre auxquels il avait été ailleurs accoutumé. Il prit Londres, la cour et les salons anglais en ennui et en humeur ; il en a déposé lui-même l'expression dans ses Mémoires : « Toute renommée, dit-il, vient vite au bord de la Tamise et s'en va de même ;—je me serais échauffé mal à propos pour obtenir quelques renseignements de la cour de Londres ; en vain vous parlez ; on ne vous écoute pas.—Quelle vie que celle d'une journée de Londres ! J'aurais préféré cent fois les galères. »

L'occasion se présenta bientôt, pour lui, d'aller chercher ailleurs plus de mouvement et de popularité mondaine. La révolution et la guerre civile s'aggravaient de jour en jour en Espagne; les émeutes, les meurtres, les combats sanglants entre la garde royale, la troupe de ligne et la milice se multipliaient dans les rues de Madrid ; la sûreté de Ferdinand VII paraissait menacée, et sa liberté était réellement compromise. M. de Metternich, dont la considération et l'influence avaient beaucoup grandi en Europe depuis qu'il avait si justement pressenti la faiblesse et si rapidement étouffé l'explosion des révolutions italiennes, reportait sur les affaires de la Péninsule espagnole toute sa sollicitude, et pressait les souverains et leurs ministres d'en délibérer en commun. Dès qu'il fut convenu qu'un congrès se réunirait dans ce but à Vérone, M. de Chateaubriand fit de vives démarches, directes et indirectes, pour y être envoyé. M. de Montmorency ne s'en souciait point, craignant d'être contrarié et éclipsé par un tel collègue. Le roi Louis XVIII, qui n'avait confiance ni dans la capacité de M. de Montmorency, ni dans le jugement de M. de Chateaubriand, voulait que M. de Villèle allât lui-même à Vérone pour y soutenir sa politique prudente et expectante. M. de Villèle s'en défendit. Ce serait, dit-il au Roi, un trop amer affront pour son ministre des affaires étrangères et pour son ambassadeur à Londres naturellement appelés à cette mission; il valait mieux les y envoyer l'un et l'autre pour qu'ils se contrôlassent l'un l'autre, et en leur donnant des instructions précises qui réglassent d'avance leur attitude et leur langage. Le Roi accepta cet avis; les instructions rédigées de la main de M. de Villèle furent lues, discutées et acceptées aux Tuileries, dans une réunion solennelle du cabinet. M. de Chateaubriand sut avec certitude qu'à M. de Villèle seul il devait l'accomplissement de son désir, et huit jours après le départ de M. de Montmorency, le Roi, pour assurer la prépondérance de M. de Villèle en la manifestant avec éclat, le fit président du Conseil.

Les instructions étaient en effet précises : elles prescrivaient aux plénipotentiaires français de ne point se faire, devant le congrès, les rapporteurs des affaires d'Espagne, de ne prendre, quant à l'intervention, aucune initiative, aucun engagement, et de réserver, en tout cas, l'indépendance de résolution et d'action de la France. Mais les dispositions de M. de Montmorency s'accordaient mal avec ses instructions, et il avait à traiter avec des souverains et des ministres qui voulaient réprimer la révolution espagnole par la main de la France, d'abord pour accomplir cette œuvre sans s'en charger eux-mêmes, et aussi pour compromettre la France avec l'Angleterre évidemment très-opposée à l'intervention française. Le prince de Metternich, versé dans l'art de suggérer aux autres ses propres vues et de les pousser vers son but en ayant l'air de se prêter au leur, s'empara aisément de M. de Montmorency, et l'amena à prendre, envers les autres Puissances, précisément l'initiative et les engagements qu'il avait ordre d'éviter. M. de Chateaubriand, qui n'avait dans la négociation officielle qu'un rôle secondaire, se tint d'abord un peu à l'écart : « Je n'aime pas beaucoup la position générale où il s'est placé ici, écrivait M. de Montmorency à madame Récamier[1]; on le trouve singulièrement renfrogné; de la roideur et de la sauvagerie qui mettent les autres mal à leur aise avec lui. Je ne négligerai rien pour qu'à mon départ surtout il s'établisse, entre ses collègues et lui, de plus faciles rapports. » M. de Montmorency n'avait pas besoin de prendre grand'peine pour assurer ce résultat. Quand il fut parti, M. de Chateaubriand prit, au congrès, des allures plus libres et plus actives. L'empereur Alexandre, sensible au renom de l'auteur du *Génie du Christianisme* et à ses hommages envers l'auteur de la Sainte-Alliance, lui rendit caresses pour caresses, flatteries pour flatteries, et le confirma dans ses intentions de guerre à la révolution espagnole en lui donnant lieu de compter, pour cette politique et pour lui-même, sur tout son appui. Pourtant, dans sa correspondance avec M. de Villèle, M. de Chateaubriand gardait encore beaucoup de réserve : « Nous laissions, dit-il, du doute sur notre détermination; nous ne voulions pas nous rendre impossible; nous redoutions qu'en nous découvrant trop, le président du conseil ne voulût pas nous écouter. »

Je présume que M. de Villèle ne se méprenait pas sur la prétendue incertitude dans laquelle M. de Chateau-

[1] Les 17 octobre et 22 novembre 1822.

briand essayait de s'envelopper. Je penche aussi à croire que lui-même, à cette époque, regardait la guerre avec l'Espagne comme à peu près inévitable. Mais il n'en voulait pas moins faire tout ce qui serait en son pouvoir pour l'éviter; ne fût-ce que pour conserver, auprès des esprits modérés et des intérêts qui la redoutaient, l'attitude et le renom de partisan de la paix. Les hommes sensés répugnent à répondre des fautes qu'ils consentent à commettre. Quand il sut que M. de Montmorency avait promis à Vérone que son gouvernement ferait à Madrid, de concert avec les trois Puissances du Nord, des démarches qui entraînaient infailliblement la guerre, M. de Villèle soumit au Roi, dans son Conseil, ces engagements prématurés, en déclarant que, pour lui, il ne pensait pas que la France dût tenir la même conduite que l'Autriche, la Prusse et la Russie, ni rappeler sur-le-champ, comme elles voulaient le faire, son ministre de Madrid, en renonçant à toute nouvelle démarche de conciliation. Il avait, dit-on, en tenant ce langage, sa démission préparée et visible sur son portefeuille. Les grands appuis ne lui manquaient pas. Le duc de Wellington, venu naguère à Paris, s'était entretenu avec lui, et aussi avec le Roi, des dangers d'une intervention armée en Espagne, et offrait un plan de médiation concertée entre la France et l'Angleterre pour déterminer les Espagnols à apporter dans leur constitution les modifications que le cabinet français indiquait lui-même comme suffisantes pour maintenir la paix. Louis XVIII avait confiance dans le jugement et le bon vouloir du duc de Wellington; il mit fin à la délibération du Conseil en disant: « Louis XIV a détruit les Pyrénées, je ne les laisserai pas relever; il a placé ma maison sur le trône d'Espagne, je ne la laisserai pas tomber. Les autres souverains n'ont pas les mêmes devoirs que moi à remplir; mon ambassadeur ne doit quitter Madrid que le jour où cent mille Français marcheront pour le remplacer. » La question ainsi résolue contre les promesses qu'il avait faites à Vérone, M. de Montmorency, à qui, peu de jours auparavant et sur la proposition de M. de Villèle, le Roi avait conféré le titre de duc, donna sur-le-champ sa démission; le *Moniteur*, en l'annonçant, publia une dépêche que M. de Villèle, chargé par interim du portefeuille des affaires étrangères, adressait au comte de Lagarde, ministre du Roi à Madrid, pour lui prescrire une attitude et un langage qui semblaient encore admettre quelques chances de conciliation, et trois jours plus tard, M. de Chateaubriand, après quelques airs d'hésitation convenable, remplaça M. de Montmorency comme ministre des affaires étrangères.

Trois semaines à peine écoulées, le gouvernement espagnol, dominé et par un sentiment plus noble qu'éclairé de la dignité nationale, et par les emportements populaires, et par ses propres passions, s'était refusé à toute modification constitutionnelle. Les ministres des trois Puissances du Nord avaient quitté Madrid. Le comte de Lagarde y était resté. Sur le refus des Espagnols, M. de Chateaubriand l'en rappela le 18 janvier 1823, en le chargeant encore, par une dépêche confidentielle, de leur faire entrevoir quelques ouvertures conciliantes dont il informa en même temps le cabinet de Londres. Elles demeurèrent aussi vaines que les précédentes. On n'avait, à Madrid, point de confiance dans la sincérité du cabinet de Paris; et de son côté, le cabinet de Londres n'en avait pas assez dans la sagesse ni dans la puissance de celui de Madrid pour s'engager sérieusement envers lui en le déterminant, par tout le poids de son influence, aux concessions, d'ailleurs raisonnables, que la France lui demandait. Les choses en étaient venues à ce point où les meilleurs politiques, sans foi dans la vertu de leur propre sagesse, n'osent plus entreprendre d'agir avec efficacité. Le 28 janvier 1823, M. de Villèle s'était décidé à la guerre, et le Roi l'annonçait dans son discours, en ouvrant la session des Chambres. Pourtant, huit jours après, M. de Chateaubriand déclarait de nouveau à sir Charles Stuart, ambassadeur d'Angleterre à Paris, que, loin de songer à rétablir en Espagne le pouvoir absolu, la France était encore prête à considérer les modifications constitutionnelles qu'elle avait indiquées au gouvernement espagnol, « comme lui donnant des raisons suffisantes pour suspendre ses armements et renouer les relations entre les deux pays sur l'ancien pied. » Au moment d'engager la guerre, M. de Chateaubriand, qui la voulait, et M. de Villèle, qui ne la voulait pas, tenaient également l'un et l'autre à en décliner la responsabilité.

Je n'ai rien à dire de la guerre même et des événements qui en marquèrent le cours. En droit, elle était inique, car elle n'était pas nécessaire. La révolution espagnole, malgré ses excès, ne faisait courir, à la France ni à la Restauration, aucun danger sérieux. Les difficultés qu'elle suscitait entre les deux gouvernements auraient pu aisément être surmontées sans rompre la paix. La révolution de Paris en février 1848 a causé à l'Europe de bien plus graves et bien plus justes alarmes que la révolution d'Espagne en 1823 n'en pouvait causer à la France. Pourtant l'Europe, avec grande raison, a respecté envers nous ce principe tutélaire de l'indépendance intérieure des nations auquel une nécessité absolue et pressante peut seule donner le droit de porter atteinte. Je ne pense pas non plus qu'en 1823 le trône et la vie de Ferdinand VII fussent réellement en péril. Tout ce qui s'est passé depuis lors en Espagne autorise à dire que le régicide n'y a point de complices et la république peu de partisans. Les grands et légitimes motifs politiques manquaient donc à cette guerre. En fait, et malgré son succès, elle ne valut ni à l'Espagne ni à la France aucun bon résultat : elle rendit l'Espagne au despotisme incapable et incurable de Ferdinand VII sans y mettre fin aux révolutions, et substitua les férocités de la populace absolutiste à celles de la populace anarchiste. Au lieu d'assurer au delà des Pyrénées l'influence de la France, elle la compromit et l'annula à tel point que, vers la fin de 1823, il fallut recourir à l'influence de la Russie et faire envoyer M. Pozzo di Borgo à Madrid pour faire agréer à Ferdinand VII des conseillers un peu plus modérés. Les Puissances du nord et l'Angleterre eurent seules crédit en Espagne, les unes auprès du Roi et des absolutistes, l'autre auprès des libéraux. La France victorieuse y était politiquement vaincue. Aux yeux des juges clairvoyants, les effets généraux et permanents de cette guerre ne valurent pas mieux que ses causes.

Comme expédient d'une politique inquiète, comme coup de main de dynastie et de parti, la guerre d'Espagne réussit pleinement. Les prédictions sinistres de ses adversaires furent démenties et les espérances de ses fauteurs dépassées. Mises en même temps à l'épreuve, la fidélité de l'armée et l'impuissance des conspirateurs réfugiés au dehors éclatèrent à la fois. L'expédition fut facile, quoique non sans gloire. Le duc d'Angoulême s'y fit honneur. La prospérité et la tranquillité de la France n'en reçurent aucune atteinte. La maison de Bourbon fit un acte de résolution et de force dont les Puissances qui l'y poussaient avaient douté, et que l'Angleterre, qui l'en détournait, subit patiemment, quoique avec humeur. A ne considérer les choses que sous ce point de vue, M. de Chateaubriand avait raison quand il écrivait, de Vérone, à M. de Villèle : « C'est à vous, mon cher ami, à voir si vous ne devez pas saisir une occasion, peut-être unique, de replacer la France au rang des Puissances militaires, et de réhabiliter la cocarde blanche dans une guerre courte, presque sans danger, vers laquelle l'opinion des royalistes et de l'armée vous pousse aujourd'hui fortement; » et M. de

Villèle se trompait en lui répondant : « Dieu veuille, pour mon pays et pour l'Europe, qu'on ne persiste pas dans une intervention qui, je le déclare à l'avance, avec une entière conviction, compromettra le salut de la France elle-même. »

Après un tel événement, auquel ils avaient pris des parts si inégales, la situation relative de ces deux hommes se trouvait sensiblement changée. Il n'y parut guère pendant quelque temps. M. de Chateaubriand essayait de triompher avec modestie, et de Villèle, peu accessible aux tristesses d'amour-propre, prenait l'issue de la guerre comme un succès général pour le cabinet, et se préparait à en profiter sans rechercher à qui en revenait le principal honneur. Homme de pouvoir, il l'exerçait sans faste et sans bruit, habile à ne pas trop froisser ses adversaires ou ses rivaux, qui se sentaient conduits à accepter sa prépondérance comme une nécessité plutôt qu'humiliés de la subir comme une défaite. La dissolution de la Chambre des députés devint son idée fixe et son but prochain. L'opposition libérale y était trop forte pour qu'il pût se flatter d'y faire réussir les grandes mesures dont il avait besoin pour contenter son parti. La guerre d'Espagne y avait amené des débats de plus en plus ardents, qui avaient amené à leur tour des violences de majorité et des colères de minorité jusque-là sans exemple. Après l'expulsion de M. Manuel, le 3 mars 1823, et la résolution de la plupart des membres du côté gauche sortis avec lui de la salle quand les gendarmes vinrent l'en arracher, il était difficile d'espérer que la Chambre reprît régulièrement sa place et sa part dans le gouvernement. Le 24 décembre 1823, elle fut en effet dissoute, et M. de Villèle, laissant là les dissentiments sur la guerre d'Espagne, ne se préoccupa plus que d'assurer le succès des élections et l'arrivée d'une Chambre nouvelle à laquelle il pût demander avec confiance ce que lui demandait à lui-même le côté droit, et ce qui devait, dans sa pensée, à la cour comme au sein du parti, affermir pour longtemps son pouvoir.

M. de Chateaubriand n'avait rien de semblable à méditer et à faire : étranger au gouvernement intérieur du pays et au maniement quotidien des Chambres, il jouissait du succès de *sa* guerre d'Espagne, comme il l'appelait, avec un orgueil oisif, prêt à devenir inquiet et amer. Il manquait précisément des qualités qui distinguaient M. de Villèle, et il avait celles, ou du moins l'instinct et le goût de celles que M. de Villèle ne possédait pas. Entré tard dans la vie publique et jusque-là inconnu, esprit peu cultivé et peu distrait des affaires par la variété et l'entraînement des idées, M. de Villèle n'a jamais eu qu'un but, arriver au pouvoir en servant bien son parti, et le pouvoir une fois atteint, il n'a plus pensé qu'à le bien tenir en l'exerçant sensément. Lancé au loin dans le monde presque au sortir de l'enfance, M. de Chateaubriand a parcouru toutes les idées, tenté toutes les carrières, aspiré à toutes les gloires, épuisé les unes, touché aux autres; rien ne lui a suffi : « Mon défaut capital, a-t-il dit lui-même, c'est l'ennui, le dégoût de tout, le doute perpétuel. » Étrange disposition dans un homme voué à restaurer la religion et la monarchie! Aussi la vie de M. de Chateaubriand a-t-elle été un contraste et un combat perpétuel entre ses entreprises et ses penchants, sa situation et sa nature. Ambitieux comme un chef de parti et indépendant comme un enfant perdu ; épris de toutes les grandes choses et susceptible, jusqu'à la souffrance, pour les plus petites ; insouciant sans mesure dans les intérêts communs de la vie, mais passionnément préoccupé, sur la scène du monde, de sa personne comme de sa gloire, et plus froissé des moindres échecs que satisfait des triomphes les plus éclatants. Dans la vie publique, plus jaloux de succès que de pouvoir, capable dans une grande circonstance, comme il venait de le prouver, de concevoir et de mettre hardiment à flot un grand dessein, mais incapable de pratiquer avec énergie et patience, dans le gouvernement, une politique bien liée et fortement suivie. Il avait une sympathique intelligence des impressions morales de son pays et de son temps, plus habile pourtant et plus appliqué à leur complaire pour avoir leur faveur qu'à les diriger vers de sérieuses et durables satisfactions. Grand et noble esprit qui, soit dans les lettres, soit dans la politique, connaissait et savait toucher les cordes élevées de l'âme humaine, mais plus propre à frapper et à charmer les imaginations qu'à gouverner les hommes, et avide sans mesure de louange et de bruit pour satisfaire son orgueil, d'émotion et de nouveauté pour échapper à son ennui.

Au moment où il venait de triompher pour elle en Espagne, la maison de Bourbon lui fit subir elle-même des mécomptes qu'il ressentit avec une amertume dont il s'est plu à perpétuer le souvenir : « Dans notre ardeur, dit-il, après la dépêche télégraphique qui annonçait la délivrance du roi d'Espagne, nous autres ministres nous courûmes au château. Là, j'eus un pressentiment de ma chute; je reçus sur la tête un seau d'eau froide qui me fit rentrer dans l'humilité de mes habitudes. Le Roi et Monsieur ne nous aperçurent point. Madame la duchesse d'Angoulême, éperdue du triomphe de son mari, ne distinguait personne... Le dimanche, je retournai, avant le Conseil, faire ma cour à la famille royale; l'auguste princesse dit à chacun de mes collègues un mot obligeant; elle ne m'adressa pas une parole. Je ne méritais pas sans doute un tel honneur. Le silence de l'orpheline du Temple ne peut jamais être ingrat. » Un souverain plus reconnaissant se chargea de consoler M. de Chateaubriand de cette ingratitude royale; l'empereur Alexandre, avec qui il était resté en correspondance intime, voulut lui témoigner avec éclat sa satisfaction, et lui envoya, à lui et à M. de Montmorency, son grand cordon de Saint-André.

M. de Villèle ne fut point insensible à cette marque publique de défaveur impériale pour sa politique et pour sa personne, et le roi Louis XVIII s'en montra encore plus blessé : « Pozzo et La Ferronnays, dit-il à M. de Villèle, viennent de me faire donner, par l'empereur Alexandre, un soufflet sur votre joue ; mais je vais lui donner chasse et le payer en monnaie de meilleur aloi ; je vous nomme, mon cher Villèle, chevalier de mes ordres; ils valent mieux que les siens. » Et M. de Villèle reçut du Roi l'ordre du Saint-Esprit.

En vain un peu plus tard, et sur la prière mutuelle des deux rivaux, l'empereur Alexandre donna le grand cordon de Saint-André à M. de Villèle, et le roi Louis XVIII le Saint-Esprit à M. de Chateaubriand ; les faveurs ainsi arrachées n'effacent pas les premiers mécomptes.

A ces blessures de cour vinrent bientôt se joindre des motifs de rupture plus sérieux. La dissolution de la Chambre avait réussi fort au delà de l'attente du cabinet. Les élections n'avaient ramené, du côté gauche ou du centre gauche, que dix-sept opposants. Bien plus exclusivement que celle de 1815, la Chambre nouvelle appartenait au côté droit. Le jour était venu de donner au parti les satisfactions qu'il réclamait. Le cabinet présenta sur-le-champ deux projets de loi qui paraissaient, pour les mesures le plus ardemment désirées, de clairs préparatifs et d'efficaces garanties. Par l'un, le renouvellement intégral de la Chambre des députés, tous les sept ans, était substitué au renouvellement partiel et annuel ; c'était donner à la nouvelle Chambre un gage de puissance comme de durée. Par le second projet, une grande mesure financière, la conversion des rentes 5 pour 100 en rentes 3 pour 100, c'est-à-dire le remboursement aux rentiers du capital au pair ou la réduction de l'intérêt, annonçait une grande mesure politique, l'indemnité aux émigrés, et en préparait l'exécution. Les deux projets avaient été discutés et adoptés en Conseil. Au renouvellement septennal de la Chambre des députés, M. de Chateaubriand avait demandé qu'on ajoutât l'abaissement de l'âge exigé pour être élu; il ne l'avait pas obtenu, mais il n'en avait pas moins approuvé le projet de loi. Quant à la conversion des rentes, les amis de M. de Villèle affirment que M. de Chateaubriand s'y était montré très-favorable, et pressé même que, par un traité conclu avec des banquiers, M. de Villèle s'assurât les moyens d'accomplir cette opération, préface de celle qui devait fermer la plus douloureuse plaie de la Révolution. Mais la discussion des Chambres altéra bientôt profondément la précaire harmonie du cabinet. La conversion des rentes fut vivement repoussée, non-seulement par les nombreux intérêts qui s'en trouvaient lésés, mais par le sentiment public inquiet d'une mesure nouvelle, compliquée et mal comprise. Dans l'une et l'autre Chambres, la plupart des amis de M. de Chateaubriand combattirent le projet de loi; on répandait qu'il y était lui-même contraire; on lui prêtait d'amers propos sur l'imprudence d'une mesure à laquelle personne ne songeait, qu'aucune nécessité publique ne provoquait, et qui n'était qu'une invention de banquiers adoptée par un ministre des finances qui s'en promettait de la gloire et courait grand risque d'y trouver sa perte : « J'ai bien vu, lui faisait-on dire, des gens qui se cassaient la tête contre un mur ; mais des gens qui bâtissent eux-mêmes un mur pour se casser la tête contre, je n'avais jamais vu cela. » M. de Villèle recueillait ces bruits et en témoignait sa surprise; ses partisans en recherchaient la cause; on parlait de jalousie, d'ambition, d'intrigues tramées pour renverser le président du Conseil et s'élever à sa place. Quand le projet de loi eut été adopté par la Chambre des députés, on attendit avec méfiance la discussion de la Chambre des pairs et l'attitude qu'y prendrait M. de Chateaubriand. Il garda un silence absolu, ne prêta au projet de loi aucun appui, et quand la Chambre l'eut rejeté, s'approchant de M. de Villèle : « Si vous vous retirez, lui dit-il, nous sommes prêts à vous suivre. » Il ajoute, en racontant lui-même son offre : « M. de Villèle, pour toute réponse, nous honora d'un regard que nous voyons encore. Ce regard ne nous fit aucune impression. »

On sait comment, dès le surlendemain de cette séance, M. de Chateaubriand fut destitué. De qui vint la brutalité de la destitution? Il est difficile de le déterminer. M. de Chateaubriand s'en prit à M. de Villèle et à lui seul : « Le jour de la Pentecôte, 6 juin 1824, dit-il, à six heures et demie, je me rendis au château. Je voulus d'abord faire ma cour à Monsieur. Le premier salon du pavillon Marsan était à peu près vide; quelques personnes entrèrent successivement et semblaient embarrassées. Un aide de camp de Monsieur me dit : —Monsieur le vicomte, je n'espérais pas vous rencontrer ici; n'avez-vous rien reçu? — Je lui répondis : —

Non; que pouvais-je recevoir? — Il répliqua : — J'ai peur que vous ne le sachiez bientôt.—Là dessus, comme on ne m'introduisit point chez Monsieur, j'allai ouïr la musique à la chapelle. J'étais tout occupé des beaux motets de la fête, lorsqu'un huissier vint me dire qu'on me demandait. C'était Hyacinthe Pilorge, mon secrétaire; il me remit une lettre et une ordonnance en me disant : — Monsieur n'est plus ministre. — M. le duc de Rauzan, directeur des affaires politiques, avait ouvert le paquet en mon absence et n'avait osé me l'apporter. J'y trouvai ce billet de M. de Villèle : — Monsieur le vicomte, j'obéis aux ordres du Roi en transmettant de suite à Votre Excellence une ordonnance que Sa Majesté vient de rendre : « Le sieur comte de Villèle, Président de notre Conseil des ministres, est chargé par intérim du portefeuille des affaires étrangères, en remplacement du sieur vicomte de Chateaubriand. »

Les amis de M. de Villèle affirment que ce fut le Roi lui-même qui, dans sa colère, voulut ajouter la rudesse de la forme à la rigueur de la mesure : « Deux jours après le vote, disent-ils, au moment où M. de Villèle entrait dans le cabinet du Roi, Louis XVIII lui dit : — Chateaubriand nous a trahis comme un...., je ne veux pas le voir ici après la messe; rédigez l'ordonnance de renvoi, et qu'on la lui remette à temps; je ne veux pas le voir.—Toutes les observations furent inutiles; le Roi tint à ce que l'ordonnance fût écrite sur son propre bureau et immédiatement expédiée. M. de Chateaubriand ne fut pas trouvé chez lui, et sa révocation ne put lui être remise qu'aux Tuileries, dans les appartements de Monsieur. »

Quel qu'ait été le premier auteur du procédé, c'est à M. de Villèle qu'appartient la faute. S'il ne la voulait pas, il avait, à coup sûr, auprès du Roi, assez de crédit pour l'empêcher. Contre sa coutume, il eut, dans cette occasion, plus d'humeur que de sang-froid et de prévoyance. Il y a des alliés nécessaires, quoique très-incommodes, et M. de Chateaubriand, malgré ses prétentions et ses boutades, était moins dangereux comme rival que comme ennemi.

Quoique sans clientèle dans les Chambres et sans empire comme orateur, il n'en devint pas moins tout à coup un chef d'opposition brillant et puissant, car l'opposition était dans son génie naturel aussi bien que dans sa passion du moment. Il excellait à démêler les instincts nationaux mécontents, et à les irriter de plus en plus contre le pouvoir en fournissant avec profusion à leur mécontentement de beaux motifs, vrais ou spécieux, toujours présentés avec éclat. Il avait aussi l'art, tantôt d'abaisser et de décrier ses ennemis par une insulte poignante et polie incessamment renouvelée, tantôt de rallier à lui d'anciens adversaires destinés à le redevenir un jour, mais momentanément attirés et dominés par le plaisir et par le profit des coups qu'il portait à leur ennemi commun. Grâce à MM. Bertin, il trouva sur-le-champ, dans le *Journal des Débats*, un théâtre élevé d'où partaient tous les matins ses attaques. Aussi éclairés et aussi influents dans la politique

que dans les lettres, ces deux frères avaient le rare mérite de savoir grouper autour d'eux, par un généreux et sympathique patronage, une élite d'hommes de talent, et de soutenir avec une fidélité intelligente leurs idées et leurs amis. M. Bertin de Veaux, le plus politique des deux, faisait grand cas de M. de Villèle et vivait avec lui dans une familière intimité : « Villèle, me disait-il un jour, est vraiment né pour les affaires; il en a la passion désintéressée aussi bien que la capacité ; ce n'est pas de briller, c'est de gouverner qu'il se soucie ; il serait ministre des finances dans la cave de son hôtel aussi volontiers que dans les salons du premier étage. » Il en coûtait au journaliste éminent de se brouiller avec l'habile ministre; il alla trouver M. de Villèle et lui demanda, pour le maintien de la paix, de faire donner à M. de Chateaubriand l'ambassade de Rome : « Je ne me hasarderais pas à en faire la proposition au Roi, lui répondit M. de Villèle; — En ce cas, dit M. Bertin, souvenez-vous que les *Débats* ont déjà renversé les ministères Decazes et Richelieu ; ils sauront bien aussi renverser le ministère Villèle. — Vous avez renversé les premiers en faisant du royalisme, reprit M. de Villèle; pour renverser le mien, il vous faudra faire de la révolution. »

Il n'y avait, pour M. de Villèle, rien de rassurant dans cette perspective, et l'événement le prouva bien; mais, treize ans après, M. Bertin de Veaux se souvenait de l'avertissement. Lorsque, en 1837, dans des circonstances dont je parlerai à leur jour, je me séparai de

M. Molé, il me dit avec franchise : « J'ai pour vous, à coup sûr, bien autant d'amitié que j'en ai jamais eu pour Chateaubriand; mais je ne vous suivrai pas dans l'opposition; je ne recommencerai pas à saper le gouvernement que je veux fonder. C'est assez d'une fois. »

A la cour comme dans la Chambre, M. de Villèle triomphait; il avait non-seulement vaincu, mais écarté ses concurrents comme ses ennemis, M. de Montmorency et M. de Chateaubriand comme M. de La Fayette et M. Manuel. Parmi les hommes dont la voix, l'opinion ou seulement la présence pouvaient l'entraver ou l'inquiéter, la mort était venue et vint encore à son aide; M. Camille Jordan, le duc de Richelieu, M. de Serre étaient morts; le général Foy et l'empereur Alexandre ne tardèrent pas à mourir. Il y a des moments où la mort semble se plaire, comme Tarquin, à abattre les grands épis. M. de Villèle restait seul maître. Ce fut précisément alors que commencèrent ses graves embarras de situation, ses faiblesses de conduite et ses premiers pas vers la décadence.

Au lieu d'avoir à se défendre contre une forte opposition du côté gauche, redoutée et combattue par le côté droit comme par le cabinet, il se vit en présence d'une opposition sortie du côté droit lui-même, et dirigée dans la Chambre des députés par M. de La Bourdonnaye, son compagnon pendant la session de 1815, dans la Chambre des pairs et au dehors par M. de Chateaubriand, naguère son collègue dans le Conseil. Tant qu'il avait eu M. de Chateaubriand pour allié, M. de Villèle n'avait rencontré pour adversaires, dans l'intérieur de son parti, que les royalistes de l'extrême droite, M. de La Bourdonnaye, M. Delalot et quelques autres que vieil esprit contre-révolutionnaire, des passions intraitables ou des ambitions mécontentes, ou des habitudes de frondeuse indépendance maintenaient dans un état d'irritation contre un pouvoir modéré sans ascendant et habile sans grandeur. Mais quand M. de Chateaubriand et le *Journal des Débats* se furent jetés dans l'arène, on vit se former autour d'eux une armée d'opposants de toute origine et de toute couleur, royalistes et libéraux, ancien régime et jeune France, presse aristocratique et presse populaire. Les faibles débris du côté gauche battu dans les récentes élections, les dix-sept anciens opposants, libéraux ou doctrinaires, reprirent haleine quand ils se virent de tels alliés; et sans confondre leurs rangs, en gardant les uns et les autres leur drapeau et leurs armes, ils se soutinrent mutuellement et unirent, contre M. de Villèle, leurs coups. M. de Chateaubriand a pris plaisir à consigner dans ses Mémoires les témoignages d'admiration et de sympathie que lui prodiguèrent alors M. Benjamin Constant, le général Sébastiani, M. Étienne et d'autres chefs du parti libéral. Dans les luttes parlementaires, le côté gauche n'avait à apporter, aux opposants du côté droit, qu'un bien petit nombre de suffrages; mais il leur apportait des talents éclatants, le concours de ses journaux, son influence dans le pays; et pêle-mêle à couvert sous le manteau, les uns du royalisme, les autres de la popularité de leurs alliés, ils poursuivaient tous leur guerre contre leur commun ennemi.

En présence d'une telle opposition, M. de Villèle tomba dans un péril bien plus grand que celui des luttes qu'il avait à soutenir contre elle; il fut livré sans défense ni refuge à l'influence et aux volontés de ses propres amis. Il ne pouvait plus les inquiéter de la force du côté gauche, ni chercher et trouver quelquefois, dans la portion flottante de la Chambre, un point d'appui contre leurs exigences; il n'y avait plus dans la Chambre ni côté gauche redoutable, ni portion flottante; la majorité, une grande majorité était ministérielle et décidée à soutenir le cabinet; mais elle n'avait pas vraiment peur de l'opposition qui l'attaquait; elle préférait M. de Villèle à M. de La Bourdonnaye et à M. de Chateaubriand, le croyant plus capable de bien faire les affaires du parti; mais si M. de Villèle ne servait pas la majorité à son gré, si elle cessait de s'entendre avec lui, elle avait, contre lui, la ressource de MM. de Chateaubriand et de La Bourdonnaye. M. de Villèle n'avait point de ressource contre sa majorité; il était ministre à la merci de ses partisans.

Il en avait de très-divers et qui lui prêtaient leur appui à des conditions très-inégales. S'il n'eût eu affaire qu'à ceux que j'appellerai les politiques et les laïques du parti, il eût pu réussir à les contenter et à gouverner de concert avec eux. Malgré leurs préjugés, la plupart des gentilshommes de province et des bourgeois royalistes n'étaient ni bien ardents, ni bien exigeants; ils avaient, au fond, les mœurs de la France nouvelle, trouvaient naturellement ou reprenaient sans effort leur place dans ses rangs, et s'accommodaient du régime constitutionnel depuis qu'ils n'y étaient plus des vaincus. L'indemnité aux émigrés, quelques garanties d'influence locale et la distribution des fonctions publiques auraient suffi longtemps à M. de Villèle pour s'assurer leur concours. Mais une autre portion de son armée, nombreuse, influente et nécessaire, le parti religieux était bien plus difficile à satisfaire et à gouverner.

Je ne veux me servir aujourd'hui d'aucun des mots qui furent alors des armes de guerre et sont devenus presque des injures; je ne parlerai ni du *parti prêtre*, ni de la *congrégation*, ni même des *jésuites;* je me reprocherais d'envenimer, par l'amertume des souvenirs et du langage, le mal, si grave en soi, dont la France et la Restauration eurent alors, l'une tant à craindre, l'autre tant à souffrir.

Ce mal, qui s'était laissé entrevoir sous la première Restauration et pendant la session de 1815, et qui dure encore aujourd'hui, malgré tant d'orages et de flots de lumière, c'est la guerre déclarée, par une portion considérable de l'Église catholique de France, à la société française actuelle, à ses principes, à son organisation politique et civile, à ses origines et à ses tendances. Ce fut sous le ministère de M. de Villèle, et surtout quand il se trouva seul en face de son parti, que ce mal éclata.

Jamais guerre semblable ne fut plus inintelligente et

plus inopportune. Elle arrêta le cours de la réaction qui avait commencé sous le Consulat en faveur des croyances et des sentiments religieux. Je n'ai garde d'exagérer la valeur de cette réaction ; je porte à la foi et à la piété réelles trop de respect pour les confondre avec les retours superficiels de l'opinion et de l'âme humaine. Cependant le mouvement qui ramenait la France vers le christianisme était sincère et plus sérieux qu'il n'en avait l'air ; c'était à la fois un besoin public et un goût intellectuel; la société, lasse d'ébranlements et de changements, cherchait des points fixes où elle pût se rattacher et se reposer ; les esprits, dégoûtés de l'atmosphère terrestre et matérielle, aspiraient à remonter vers des horizons plus hauts et plus purs; les penchants de la mode morale concouraient avec les instincts de l'intérêt social. Livré à son cours naturel et soutenu par l'influence d'un clergé uniquement préoccupé de rétablir la foi et la vie chrétiennes, ce mouvement avait grande chance de se propager et de rendre à la religion son légitime empire.

Mais au lieu de se tenir dans cette haute sphère, beaucoup de membres et de partisans aveugles du clergé catholique descendirent dans les questions du monde, et se montrèrent plus ardents à repousser la société française dans son ancien moule, pour y rendre à leur Église son ancienne place, qu'à réformer et à conduire moralement les âmes. L'erreur était profonde; l'Église chrétienne n'est point comme l'Antée païen qui reprend ses forces en touchant à la terre;

c'est au contraire en s'en détachant et en remontant vers le ciel que, dans ses jours de péril, l'Église retrouve les siennes. Quand on la vit se distraire de sa propre et sublime mission pour réclamer des lois de rigueur et pour présider à la distribution des emplois, quand on vit ses désirs et ses efforts dirigés surtout contre les principes et les institutions qui sont aujourd'hui l'essence même de la société française, quand la liberté de conscience, la publicité, la séparation légale de la vie civile et de la vie religieuse, le caractère laïque de l'État parurent attaqués et compromis, aussitôt le flot montant de la réaction religieuse s'arrêta et céda la place à un flot contraire; au lieu du mouvement qui éclaircissait les rangs du parti incrédule au profit du parti religieux, on vit les deux partis resserrer leurs rangs; le xviiie siècle reparut en armes; Voltaire, Rousseau, Diderot, et leurs plus médiocres disciples se répandirent de nouveau partout, recrutant de nombreux bataillons: Au nom de l'Église, on déclarait la guerre à la société; la société rendit à l'Église guerre pour guerre. Chaos déplorable dans lequel le bien et le mal, le vrai et le faux, le juste et l'injuste se confondaient et étaient, de part et d'autre, indistinctement frappés.

Je doute que M. de Villèle appréciât bien, dans sa pensée, toute la gravité de cette situation et des périls qu'elle faisait courir à la Restauration comme à la religion; ce n'était pas un esprit exercé ni enclin à s'arrêter longtemps dans l'observation des faits généraux et moraux, et à les sonder profondément. Mais il comprit et sentit vivement les embarras qui lui venaient de là pour son propre pouvoir, et il essaya de les atténuer en donnant, à l'influence du clergé dans le gouvernement, des satisfactions à la fois éclatantes et mesurées, se flattant d'acquérir ainsi, dans l'Église même, des alliés qui l'aideraient à contenir les prétentions excessives et imprudentes de leurs amis. Déjà, peu après son avénement au ministère, il avait fait nommer un ecclésiastique justement considéré et que le pape venait de faire évêque d'Hermopolis, M. l'abbé Frayssinous, grand maître de l'Université ; deux mois après la chute de M. de Chateaubriand, l'abbé Frayssinous entra dans le cabinet comme ministre des affaires ecclésiastiques et de l'instruction publique, département nouveau et créé pour lui. C'était un esprit sensé et un caractère modéré, qui avait acquis, par une prédication chrétienne sans rigueur et par une conduite prudente avec dignité, une réputation et une importance un peu supérieures à ses mérites réels, et qu'il ne se souciait pas de compromettre. En 1816, il avait été membre de la commission d'instruction publique que présidait alors M. Royer-Collard, et il s'en était bientôt retiré, ne voulant ni partager la responsabilité de son président, ni lutter contre lui. Il approuvait, au fond, la politique de M. de Villèle, mais sans se dévouer à la soutenir ; et tout en déplorant les exigences aveugles d'une partie du clergé, il s'appliquait, dans l'occasion, à les excuser et à les couvrir plutôt qu'à les repousser. Il fut, sans le trahir, de peu de secours à M. de Villèle, et le compromit plus d'une fois par son langage public, qui avait toujours pour but de maintenir sa propre situation dans l'Église bien plus que de servir le cabinet.

Trois mois seulement s'étaient écoulés depuis que M. de Villèle, séparé de ses plus brillants collègues et d'une partie notable de ses anciens amis, portait seul le poids du gouvernement, quand le roi Louis XVIII mourut. L'événement était prévu depuis longtemps, et M. de Villèle s'y était habilement préparé ; il était aussi bien établi dans l'estime et dans la confiance du nouveau roi que dans celles du roi qui passait des Tuileries à Saint-Denis ; Charles X, le Dauphin et la Dauphine le regardaient tous trois comme le plus capable et le plus utile de leurs plus fidèles serviteurs. Mais M. de Villèle ne tarda pas à s'apercevoir qu'il avait changé de maître, et qu'il y a peu à compter sur l'esprit et le cœur d'un roi, même sincère, quand la surface et le fond n'y sont pas d'accord.

Les hommes appartiennent bien plus qu'on ne le croit, et qu'ils ne le croient eux-mêmes, à ce qu'ils pensent réellement. On a beaucoup comparé, pour les séparer, Louis XVIII et Charles X ; la séparation était encore plus profonde qu'on ne l'a dit. Louis XVIII était un modéré de l'ancien régime et un libre penseur du xviiie siècle ; Charles X était un émigré fidèle et un dévot soumis. La sagesse de Louis XVIII était pleine d'égoïsme et de scepticisme, mais sérieuse et vraie. Quand Charles X se conduisait en roi sage, c'était par probité, par bienveillance imprévoyante, par entraînement du moment, par désir de plaire, non par conviction et par goût. A travers tous les cabinets de son règne, l'abbé de Montesquiou, M. de Talleyrand, le duc de Richelieu, M. Decazes, M. de Villèle, le gouvernement de Louis XVIII fut un gouvernement conséquent et toujours semblable à lui-même. Sans mauvais calcul ni préméditation trompeuse, Charles X flotta de contradiction en contradiction et d'inconséquence en inconséquence, jusqu'au jour où, rendu à sa vraie foi et à sa vraie volonté, il fit la faute qui lui coûta le trône.

Pendant trois ans, depuis l'avénement de Charles X jusqu'à sa propre chute, non-seulement M. de Villèle ne lutta point contre la légèreté inconséquente du Roi, mais il en profita et y puisa ses meilleures armes pour échapper à ses divers ennemis. Trop clairvoyant pour espérer que Charles X persévérât dans la ligne de modération volontaire, préméditée et constante qu'avait suivie Louis XVIII, il entreprit de lui faire du moins accomplir, quand les circonstances s'y prêtaient, assez d'actes de politique modérée et populaire pour qu'il ne parût pas exclusivement livré au parti qui avait, au fond, son cœur et sa foi. Habile à varier ses conseils selon les besoins et les chances du moment, et s'emparant à propos du penchant de Charles X pour les résolutions soudaines, soit de faveur, soit de rigueur, M. de Villèle fit tantôt abolir, tantôt rétablir la censure des journaux, tantôt adoucir, tantôt aggraver l'application des lois, s'appliquant toujours, et souvent avec succès, à placer dans la bouche ou au nom du Roi des démonstrations et des paroles libérales à côté des paroles et des démonstrations qui rappelaient l'ancien régime et les préténtions du pouvoir absolu. Le même esprit le dirigeait dans sa conduite au sein des Chambres. Ses divers projets de loi furent conçus et présentés à l'adresse, pour ainsi dire, des partis divers, de telle sorte que toute opinion importante reçût une certaine mesure de satisfaction. L'indemnité aux émigrés comblait les vœux et réparait les affaires du côté droit laïque tout entier. La reconnaissance de la république d'Haïti plaisait aux libéraux. Des réformes judicieuses dans le budget de l'État et une administration amie des bonnes règles et des bons services valaient à M. de Villèle l'estime des hommes éclairés et une faveur générale parmi les fonctionnaires publics. Le projet de loi sur le régime des successions et le droit d'aînesse donnait, aux esprits préoccupés de regrets aristocratiques, quelque espérance. Le projet de loi sur le sacrilége flattait les passions du parti fanatiquement religieux et les systèmes de ses théoriciens. A côté de l'esprit de réaction qui dominait dans ces travaux législatifs comme dans les actes du pouvoir, paraissait toujours un effort intelligent pour faire aussi quelque chose au profit et au gré de l'esprit de progrès. En servant fidèlement ses amis, M. de Villèle cherchait et saisissait toutes les occasions de donner à ses adversaires quelques compensations.

Ce n'est pas qu'en principe l'état de son esprit fût changé, ni qu'il fût devenu un homme de cette société nouvelle et libérale qu'il ménageait avec tant de soin.

Au fond, M. de Villèle restait toujours un homme de l'ancien régime, fidèle à son parti sincèrement aussi bien que par calcul. Mais ses idées en fait d'organisation sociale et politique étaient des traditions et des habitudes plutôt que des convictions méditées et personnelles ; il les conservait sans s'y asservir et les ajournait sans les abandonner. L'instinct pratique et le besoin du succès dominaient en lui ; il avait le tact de ce qui pouvait ou ne pouvait pas réussir ; et il s'arrêtait devant les obstacles, soit qu'il les jugeât insurmontables, soit qu'il prît du temps pour les tourner. Je trouve, dans une lettre qu'il écrivait le 31 octobre 1824 au prince Jules de Polignac, alors ambassadeur à Londres, sur le rétablissement projeté du droit d'aînesse, l'expression frappante et de sa pensée intime et de sa clairvoyante prudence dans l'action : « Vous auriez tort, lui dit-il, de croire que c'est parce que les majorats sont perpétuels qu'on n'en fait pas : vous nous faites trop d'honneur, la génération actuelle ne se mène pas par des considérations aussi éloignées du temps qui lui appartient. Le feu Roi a nommé le comte K... pair, à la charge de faire un majorat ; il laisse périr sa pairie plutôt que de vouloir faire du tort à ses filles en avantageant son fils. Sur vingt familles aisées, il y en a à peine une où l'on use de la faculté d'avantager l'aîné ou tout autre des enfants. L'égoïsme est partout. On aime mieux bien vivre avec tous ses enfants, et en les établissant, on s'engage à n'en avantager aucun. Les liens de la subordination sont tellement relâchés partout que, dans les familles, le père serait, je crois, obligé de ménager ses enfants. Si le gouvernement proposait de rétablir le droit d'aînesse, il ne trouverait pas une majorité pour l'obtenir, parce que le mal est plus haut; il est dans nos mœurs encore tout empreintes des suites de la révolution. Je ne veux pas dire qu'il ne faille rien faire pour améliorer cette triste situation; mais je pense qu'à une société aussi malade il faut beaucoup de temps et de ménagement pour ne pas perdre en un jour le travail et le fruit de plusieurs années. Savoir où il convient d'aller, ne jamais s'en écarter, faire un pas vers le but toutes les fois qu'on le peut, ne se mettre en aucune occasion dans le cas d'être obligé de se reculer, voilà ce que je crois une des nécessités du temps où je suis venu aux affaires, et une des causes pour lesquelles j'ai été porté au poste que j'occupe. »

M. de Villèle disait vrai : c'était sa fidélité intelligente aux intérêts de son parti, sa patiente persévérance à marcher pas à pas vers son but, son juste et tranquille discernement du possible et de l'impossible, qui l'avaient porté et maintenu au pouvoir. Mais dans les grandes transformations des sociétés humaines, quand les idées et les passions des peuples ont été puissamment remuées, le bon sens, la modération et l'habileté ne suffisent pas longtemps à les gouverner; et le jour ne tarde pas à venir où, soit pour faire le bien, soit pour empêcher le mal, des convictions et des volontés précises, hautes et fortes sont indispensables dans les chefs de gouvernement. Ce n'étaient point là les qualités de M. de Villèle; il avait plus de justesse que de grandeur d'esprit, plus de savoir-faire que de vigueur, et il ne résistait pas à son parti quand il ne réussissait plus à le diriger : « Je suis né pour la fin des révolutions, » avait-il dit en arrivant au pouvoir, et il se jugeait bien lui-même; mais il jugeait moins bien l'état général de la société; la Révolution était beaucoup moins finie qu'il ne le croyait; elle se réveillait autour de lui, provoquée et remise en crédit par les tentatives tantôt arrogantes, tantôt souterraines de la contre-révolution. On ne conspirait plus, mais on discutait, on critiquait, on combattait avec ardeur dans l'arène légale. Ce n'étaient plus les sociétés secrètes, c'étaient les esprits qui fermentaient et éclataient de toutes parts. Et dans ce mouvement public, c'était surtout contre les prétentions et la prépondérance du parti fanatique que s'élevait avec passion la résistance. C'est, de nos jours, l'un des plus étranges aveuglements de ce parti de ne pas voir que les conditions sous lesquelles il agit et les moyens qu'il emploie sont directement contraires au but qu'il poursuit, et l'en éloignent au lieu de l'y conduire. Il veut comprimer la liberté, soumettre la raison, imposer la foi; et il parle, il écrit, il discute; il cherche et prend ses armes dans ce régime d'examen et de publicité qu'il maudit. Rien de plus naturel et de plus légitime de la part des croyants qui ont pleine confiance dans leur foi et qui l'estiment en état de convaincre ses adversaires; ceux-là ont raison de recourir à la discussion et à la publicité, et elles peuvent leur réussir. Mais ceux qui regardent la publicité et la discussion libres comme essentiellement funestes, que font-ils en les invoquant, sinon fomenter eux-mêmes le mouvement qu'ils redoutent et alimenter l'incendie qu'ils veulent éteindre? Pour être, je ne dis pas seulement conséquents, mais sages et efficaces, qu'ils aient recours à d'autres moyens, qu'ils s'emparent de la force, qui est le moyen auquel ils croient; qu'ils deviennent les maîtres; et alors, quand ils auront fait taire toute opposition, qu'ils parlent seuls, s'ils croient avoir besoin de parler. Mais jusque-là, qu'ils ne se fassent point d'illusion; en se servant des armes de la liberté, ils servent la liberté bien plus qu'ils ne lui nuisent, car ils l'avertissent et l'excitent. Pour faire triompher le système d'ordre et de gouvernement auquel ils aspirent, il n'y a qu'une route; l'Inquisition et Philippe II savaient seuls leur métier.

Comme il devait arriver, la résistance provoquée par les entreprises du parti fanatique se transforma bientôt en attaque. Un gentilhomme royaliste avait relevé le drapeau de l'opposition contre la politique de M. de Villèle; un autre gentilhomme royaliste attaqua les dominateurs religieux du cabinet de M. de Villèle, et les traduisit, non-seulement devant l'opinion, mais devant la justice du pays qui les condamna et les désarma sans leur porter aucun autre coup que celui de son improbation au nom de la loi.

Personne n'était moins que le comte de Montlosier un philosophe du xviiie siècle ou un libéral du xixe; il avait, dans l'Assemblée constituante, passionnément défendu l'Église et combattu la Révolution ; il était sincèrement royaliste, aristocrate et catholique. On l'appelait, non sans raison, le publiciste féodal. Mais la noblesse féodale n'acceptait, pas plus que la bourgeoisie moderne, la domination ecclésiastique ; M. de Montlosier la repoussa, au nom de l'ancienne comme de la nouvelle France, et comme il l'eût repoussée jadis du haut de son château ou à la cour de Philippe le Bel. Le vieil esprit français reparut en lui, libre en même temps que respectueux envers l'Église, et aussi jaloux de l'indépendance laïque de l'État et de la couronne que pouvait l'être un membre du Conseil d'État impérial.

Au même moment, un homme du peuple, né poëte et devenu encore plus poëte à force d'art, célébrait, charmait, échauffait et propageait par ses chansons les instincts et les passions populaires contre tout ce qui rappelait l'ancien régime, surtout contre les prétentions et la domination ecclésiastiques. M. Béranger n'était, au fond de son cœur, ni un révolutionnaire ni un impie ; il était plus honnête et plus sensé que ses chansons ; mais démocrate par conviction comme par goût, et jeté par l'esprit démocratique dans la licence et l'imprévoyance, il attaquait pêle-mêle tout ce qui déplaisait au peuple, ne s'inquiétant point de la portée de ses coups, prenant le succès de ses chansons pour une victoire de la France, aimant bien mieux la Révolution ou l'Empire que la liberté, et oubliant, avec une légèreté vulgaire, que la foi et le respect ne sont nulle part plus indispensables qu'au sein des sociétés démocratiques et libres. Il s'en est, je crois, aperçu un peu tard quand il s'est trouvé, de sa personne, en face des passions fomentées par ses chansons et de ses rêves devenus des réalités. Il s'est empressé alors, avec une prudence qui ne lui a jamais fait défaut, de sortir de l'arène politique et presque du monde, non pas changé dans ses sentiments, mais un peu triste et inquiet des conséquences de la guerre à laquelle il avait pris tant de part. Il était, sous la Restauration, plein de confiance comme d'ardeur, modestement enivré de sa popularité, et, quoiqu'il s'exagérât son importance et son intelligence politique, plus sérieusement influent qu'il n'était jamais arrivé à un chansonnier [1].

Ainsi, après six ans de gouvernement du côté droit et trois ans de règne de Charles X, les choses en étaient venues à ce point que deux des principaux chefs royalistes marchaient à la tête, l'un de l'opposition au cabinet, l'autre de l'opposition au clergé, et que la Restauration comptait un chansonnier au premier rang parmi ses plus dangereux ennemis.

De tout ce mal et de tout ce péril, tout le monde s'en prenait à M. de Villèle : à droite ou à gauche, dans les salons et dans les journaux, parmi les modérés comme

---

[1] Je l'avais rencontré quelquefois avant 1830; et quoique je ne l'aie pas revu depuis la révolution de Juillet, il était resté avec moi dans de bienveillants rapports. Il m'écrivait souvent pour me recommander ses amis malheureux. J'insère dans les *Pièces historiques* placées à la fin de ce volume un échantillon de ses lettres, souvent remarquables par un tour gracieux sans affectation, quoique un peu étudiées. (*Pièces historiques*, n° XII.)

parmi les violents, il était de plus en plus l'objet de toutes les attaques et de tous les reproches. Comme les corps judiciaires l'avaient fait dans les affaires religieuses, les corps lettrés, dans les questions de leur compétence, saisissaient avec empressement l'occasion de manifester leur opposition. L'Université comprimée et mutilée était profondément mécontente. L'Académie française se fit un devoir d'honneur de protester, par une adresse que le Roi refusa de recevoir mais qui n'en fut pas moins votée, contre la nouvelle loi de la presse présentée en 1826, et trois mois après retirée par le cabinet. A la Chambre des pairs, M. de Villèle ne trouvait ni un bon vouloir général, ni une majorité assurée. Même au Palais-Bourbon et aux Tuileries, ses deux places fortes, il perdait visiblement du terrain : dans la Chambre des députés, la majorité ministérielle se réduisait et devenait triste, même en triomphant; à la cour, quelques-uns des plus affidés serviteurs du Roi, les ducs de Rivière, de Fitz-James, de Maillé, le baron de Glandevès et bien d'autres, les uns par esprit de parti, les autres par inquiétude monarchique, désiraient la chute de M. de Villèle, et lui préparaient des successeurs. Et le Roi lui-même, lorsque quelque nouvelle manifestation du sentiment public arrivait à lui, disait avec humeur en rentrant dans son cabinet : « Toujours Villèle! toujours contre Villèle! »

Au fond, l'injustice était criante : si le côté droit jouissait du pouvoir depuis six ans et l'avait exercé de façon à le garder, si Charles X avait, non-seulement succédé paisiblement à Louis XVIII, mais gouverné sans trouble et même avec des accès de popularité, c'était surtout à M. de Villèle qu'ils en étaient redevables. Il avait fait deux choses difficiles et qu'on pourrait appeler grandes si elles avaient duré plus longtemps; il avait discipliné l'ancien parti royaliste, et d'un parti de cour et de classe qui jusque-là n'avait été vraiment actif que dans les luttes révolutionnaires, il avait fait, pendant six ans, un parti de gouvernement; il avait contenu son parti et son pouvoir dans les limites générales de la Charte, et pratiqué, pendant six ans, le gouvernement constitutionnel sous un prince et avec des amis qui passaient pour le comprendre assez peu et ne l'accepter qu'à regret. Si le Roi et le côté droit se sentaient en péril, c'était eux-mêmes, non M. de Villèle, qu'ils en devaient accuser.

Pourtant M. de Villèle n'avait, de son côté, nul droit de se plaindre de l'injustice qu'il subissait. Il avait été pendant six ans le chef du gouvernement; en cédant au Roi ou à son parti quand il désapprouvait leurs desseins, et en restant leur ministre quand il ne réussissait pas à empêcher ce qu'il désapprouvait, il avait accepté la responsabilité des fautes commises sous son nom et de son aveu, quoique malgré lui. Il portait la peine de ses faiblesses dans l'exercice du pouvoir et de son obstination à le retenir, quelques concessions qu'il lui coûtât. On ne gouverne pas, sous un régime libre, pour jouir du mérite et recueillir le fruit des succès, en répudiant les fautes qui amènent les revers.

On doit à M. de Villèle la justice de reconnaître qu'il n'essaya jamais de se soustraire à la responsabilité de son gouvernement, soit qu'elle portât sur ses propres actes ou sur ses concessions à ses amis. On ne le vit point rejeter sur son parti ou sur le Roi les fautes auxquelles il avait fini par consentir. Il savait se taire et subir le blâme, même quand il avait eu raison. En 1825, après la guerre d'Espagne et dans les débats financiers dont elle devint la source, M. de La Bourdonnaye l'accusa d'avoir été l'auteur des marchés conclus à Bayonne en 1823 avec M. Ouvrard pour les approvisionnements de l'armée, et qui étaient l'objet des plus violentes attaques ; M. de Villèle eût pu fermer la bouche à son adversaire, car, le 7 avril 1823, il avait écrit à M. le duc d'Angoulême précisément pour le prémunir contre M. Ouvrard et ses propositions. Il ne s'en prévalut point et se contenta de rendre compte au Roi, dans un conseil auquel le Dauphin assistait, de la situation dans laquelle il s'était trouvé. Le Dauphin lui dit aussitôt qu'il l'autorisait à faire usage de sa lettre : « Non, monseigneur, lui répondit M. de Villèle ; il en arrivera, pour moi, ce qui plaira à Dieu ; cela importe peu au pays ; mais je me rendrais coupable envers le Roi comme envers la France si, pour me disculper d'une accusation, quelque grave qu'elle puisse être, je laissais échapper, hors de l'enceinte de ce cabinet, une seule parole qui pût compromettre le nom de Monseigneur. »

Quand, malgré sa disposition confiante et opiniâtre

il se sentit sérieusement menacé, quand les cris : *A bas les ministres! à bas Villèle!* proférés par plusieurs bataillons de la garde nationale, pendant et après la revue que le Roi en passa au Champ-de-Mars, le 29 avril 1827, eurent amené le licenciement de cette garde, mesure violente quoique légale, qui agita vivement le public et le Conseil du Roi, quand M. de Villèle sentit clairement que, soit dans les Chambres, soit à la cour, il était trop attaqué et trop ébranlé pour pouvoir gouverner avec quelque efficacité, il prit résolûment le parti que lui indiquait la Charte et que provoquait sa situation ; il demanda au Roi la dissolution de la Chambre des députés et des élections nouvelles qui vinssent ou raffermir ou renverser le cabinet. Charles X hésita ; il craignait les élections ; et quoiqu'il ne soutînt plus fermement son ministre, la chance de le voir tomber et l'incertitude sur le choix des successeurs l'inquiétaient autant que, dans sa légèreté, il pouvait s'inquiéter. M. de Villèle insista ; le Roi se rendit ; et malgré la loi électorale qu'en 1820 M. de Villèle et le côté droit avaient votée, malgré leurs six années de gouvernement, malgré les efforts de l'administration pour influer sur les élections, elles amenèrent un résultat conforme à l'état général des esprits, une majorité composée d'éléments divers, mais décidément hostile au cabinet. Après avoir tâté avec soin ce nouveau terrain, après avoir reçu, de diverses parts, des propositions d'arrangement et d'alliance, M. de Villèle ne se fit point d'illusion sur ses chances de force et de durée, et il se retira en conseillant au Roi un retour vers le centre et l'appel d'un cabinet modéré qu'il l'aida à former. Charles X prit ses nouveaux conseillers comme il quittait les anciens, avec doute et tristesse; il ne faisait pas ce qui lui aurait plu et ne savait pas si ce qu'il faisait le tirerait, pour quelques mois, d'embarras. Plus décidée, non par supériorité d'esprit mais par fermeté de cœur, la Dauphine lui dit quand elle apprit sa résolution : « En abandonnant M. de Villèle, vous descendez la première marche de votre trône. »

Le parti politique dont M. de Villèle avait été le chef eût pu ressentir, pour lui-même, des pronostics au moins aussi sombres; il avait usé et perdu le seul homme sorti de ses rangs qui eût su lui faire légalement conquérir et exercer le pouvoir.

# CHAPITRE VII

## MON OPPOSITION.

Ma retraite à la *Maisonnette*.—Je publie quatre écrits politiques de circonstance : 1° *Du Gouvernement de la France depuis la Restauration et du Ministère actuel* (1820) ; 2° *Des Conspirations et de la Justice politique* (1821) ; 3° *Des Moyens de gouvernement et d'opposition dans l'état actuel de la France* (1821); 4° *De la Peine de mort en matière politique* (1822). — Caractère et effet de ces écrits. — Limites de mon opposition. — Les *Carbonari*.— Visite de M. Manuel. — J'ouvre mon cours sur l'histoire des origines du gouvernement représentatif.— Son double but.— L'abbé Frayssinous en ordonne la suspension.—Mes travaux historiques, — sur l'histoire d'Angleterre, — sur l'histoire de France. — Des relations et de l'influence mutuelle de l'Angleterre et de la France. — Du mouvement philosophique et littéraire des esprits à cette époque.—La *Revue française*. — Le *Globe*. — Élections de 1827. — Ma participation à la société *Aide-toi, le ciel t'aidera*.—Mes rapports avec le ministère Martignac. — Il autorise la réouverture de mon cours. — Mes leçons de 1828 à 1830 sur l'histoire de la civilisation en Europe et en France.—Leur effet.—Chute du ministère Martignac et avénement de M. de Polignac. — Je suis élu député à Lisieux.

(1820-1830).

Quand je fus éliminé du Conseil d'État avec MM. Royer-Collard, Camille Jordan et Barante, je reçus de tous côtés des témoignages d'une vive sympathie. La disgrâce volontairement encourue, et qui impose quelques sacrifices, flatte les amis politiques et intéresse les spectateurs indifférents. Je résolus de reprendre, à la Faculté des lettres, mon cours d'histoire moderne. Nous étions à la fin de juillet. Madame de Condorcet m'offrit de me prêter pour quelques mois une maison de campagne qu'elle possédait à dix lieues de Paris, près de Meulan. Mes relations avec elle n'avaient rien d'intime; ses sentiments politiques différaient beaucoup des miens; elle appartenait, avec passion et *quand même*, au XVIII$^e$ siècle et à la Révolution; mais c'était un caractère élevé, un esprit ferme, un cœur généreux et capable d'affection; on pouvait sans embarras recevoir d'elle un service offert simplement et pour le seul plaisir de le rendre. J'acceptai celui qu'elle me proposait, et dans les premiers jours d'août j'étais établi à *la Maisonnette*, et j'y reprenais mes travaux.

J'aimais beaucoup dès lors et j'ai toujours beaucoup aimé la vie publique. Pourtant je n'en suis jamais sorti sans éprouver un sentiment de bien-être mêlé à mon regret, comme un homme qui passe d'une atmosphère chaude et excitante dans un air léger et rafraîchissant. Dès le premier moment, le séjour de *la Maisonnette* me plut. Placée à mi-côte, elle avait vue sur la petite ville de Meulan avec ses deux églises, l'une rendue au culte, l'autre un peu ruinée et changée en magasin; à droite de la ville, les regards tombaient sur l'*Ile-Belle*, toute en vertes prairies et entourée de grands peupliers, en face, sur le vieux pont de Meulan, et au delà du pont, sur la vaste et fertile vallée de la Seine. La maison, point trop petite, était modeste et modestement arrangée; des deux côtés, en sortant de la salle à manger, de grands arbres et des massifs d'arbustes; sur les derrières et au-dessus de la maison, un jardin planté sans art, mais coupé par des allées montantes le long du coteau et bordées de fleurs. Au haut du jardin, un petit pavillon, bon pour lire seul ou pour causer à deux. Au delà de l'enceinte, toujours en montant, des bois, des champs, d'autres maisons de campagne, d'autres jardins dispersés sur un terrain inégal. J'étais là avec ma femme et mon fils François qui venait d'avoir cinq ans. Mes amis venaient me voir. Il n'y avait, dans tout ce qui m'entourait, rien de beau ni de rare; c'était la nature avec ses plus simples ornements, et j'y menais la vie de famille avec ses plus paisibles douceurs. Mais rien ne me manquait, ni l'espace, ni la verdure, ni l'affection, ni la conversation, ni la liberté, ni le travail, ni même la nécessité du travail, aiguillon et frein dont la mollesse et la mobilité humaines ont si souvent besoin. J'étais heureux. Quand l'âme est sereine, le cœur plein et l'esprit actif, les situations les plus diverses ont toutes leur charme et admettent toutes le bonheur.

J'allais quelquefois à Paris pour mes travaux; je trouve, dans une lettre que j'écrivais à madame Guizot pendant l'une de ces courses, l'impression que j'y ressentais : « Au premier moment, je prends plaisir à rentrer dans le monde et à causer; mais bientôt le dégoût des paroles inutiles me gagne; il n'y a pire rabâchage que celui qui porte sur les choses importantes; on entend redire indéfiniment ce qu'on sait; on redit ce que savent ceux à qui l'on parle; c'est à la fois insipide et agitant. Dans mon inaction, j'aime mieux la conversation des arbres, des fleurs, du soleil, du vent. L'homme est infiniment supérieur à la nature; mais la nature est toujours égale, et inépuisable dans sa monotonie. On sait qu'elle reste et qu'elle doit rester ce qu'elle est; on n'éprouve point en sa présence ce besoin d'aller en avant qui fait qu'on s'impatiente ou qu'on se lasse de la société des hommes quand ils ne le satisfont pas. Qui a jamais trouvé que les arbres devraient devenir rouges au lieu d'être verts, et que le soleil d'aujourd'hui a tort de ressembler au soleil d'hier? On n'invoque point là le progrès ni la nouveauté, et c'est pourquoi la nature nous tire de l'ennui du monde en même temps qu'elle nous repose de son agitation. Il lui a été donné de plaire toujours sans jamais changer; immobile, l'homme devient ennuyeux, et il n'est pas assez fort pour être toujours en mouvement. »

Au sein de cette vie douce et pleine, les affaires publiques, la part que j'avais commencé à y prendre, les liens d'opinion et d'amitié que j'y avais contractés, les espérances que j'y avais conçues pour mon pays et pour moi-même ne cessaient pourtant pas de me préoccuper fortement. L'envie me vint de dire tout haut ce que je pensais du nouveau régime de la France; de ce qu'il était depuis 1814, de ce qu'il devait être pour tenir sa parole et atteindre son but. Encore étranger aux Chambres, c'était là pour moi le seul moyen d'entrer en personne dans l'arène politique et d'y marquer un peu ma place. J'étais parfaitement libre et à l'âge où la confiance désintéressée dans l'empire de la vérité se confond avec les honnêtes désirs de l'ambition; je poursuivais le succès de ma cause en en espérant mon propre succès. Après deux mois de séjour à *la Maisonnette,* je publiai sous ce titre : *du Gouvernement de la France depuis la Restauration et du Ministère actuel,* mon premier écrit d'opposition contre la politique qui prévalait depuis que le duc de Richelieu, en s'alliant avec le côté droit pour changer la loi des élections, avait changé aussi le siége et la pente du pouvoir.

Je pris la question, ou, pour parler plus vrai, j'entrai dans la lutte sur le terrain où les Cent-Jours et la Chambre de 1815 l'avaient malheureusement placée. Qui aura, dans le gouvernement de la France, l'influence prépondérante, les vainqueurs ou les vaincus de 1789, les classes moyennes élevées à leurs droits ou les classes jadis privilégiées? La Charte de la Restauration est-elle la conquête de la société nouvelle ou le triomphe de l'ancien régime, l'accomplissement légitime et sensé ou le châtiment mérité de la Révolution?

J'emprunte à une préface que j'ai ajoutée, l'an dernier, à une nouvelle édition de mon *Cours sur l'Histoire de la Civilisation en France,* quelques lignes qui sont aujourd'hui, après plus de quarante ans d'expérience et de réflexion, l'expression fidèle de ma pensée :

« C'est la rivalité aveugle des hautes classes sociales qui a fait échouer parmi nous les essais de gouvernement libre. Au lieu de s'unir, soit pour se défendre du despotisme, soit pour fonder et pratiquer la liberté, la noblesse et la bourgeoisie sont restées séparées, ardentes à s'exclure ou à se supplanter, et ne voulant accepter, l'une aucune égalité, l'autre aucune supériorité. Prétentions iniques en droit et vaines en fait. Les hauteurs un peu frivoles de la noblesse n'ont pas empêché la bourgeoisie française de s'élever et de prendre place au niveau supérieur de l'État. Les jalousies un peu puériles de la bourgeoisie n'ont pas empêché la noblesse de conserver les avantages que donnent la notoriété des familles et la longue possession des situations. Dans toute société qui vit et grandit, il y a un mouvement intérieur d'ascension et de conquête. Dans toute société qui dure, une certaine hiérarchie des conditions et des rangs s'établit et se perpétue. La justice, le bon sens, l'intérêt public, l'intérêt personnel bien entendu veulent que, de part et d'autre, on accepte ces faits naturels de l'ordre social. Les classes diverses n'ont pas su avoir, en France, cette équité habile. Aussi ont-elles, les unes et les autres, porté pour elles-mêmes et fait porter à leur commune patrie la peine de leur inintelligent égoïsme. Pour le vulgaire plaisir de rester, les uns impertinents, les autres envieux, nobles et bourgeois ont été infiniment moins libres, moins grands, moins assurés dans leurs biens sociaux qu'ils n'auraient pu l'être avec un peu plus de justice, de prévoyance et de soumission aux lois divines des sociétés humaines. Ils n'ont pas su agir de concert pour être libres et puissants ensemble; ils se sont livrés et ils ont livré la France aux révolutions. »

Nous étions loin, en 1820, de cette libre et impartiale appréciation de notre histoire politique et des causes de nos revers. Rengagés depuis cinq ans dans l'ornière des anciennes rivalités de classes et des récentes luttes de révolution, nous étions passionnément préoccupés de nos échecs et de nos périls du moment, et pressés de vaincre sans nous inquiéter beaucoup du prix ou des embarras de la victoire. Je soutins avec ardeur la cause de la société nouvelle telle que la Révolution l'a faite, ayant l'égalité devant la loi pour premier principe, et les classes moyennes pour élément fondamental. J'agrandis encore cette cause déjà si grande en la reportant dans le passé et en retrouvant ses intérêts et ses vicissitudes dans tout le cours de notre histoire. Je ne veux atténuer ni mes idées ni mes paroles : « Depuis plus de treize siècles, disais-je, la France contenait deux peuples, un peuple vainqueur et un peuple vaincu. Depuis plus de treize siècles, le peuple vaincu luttait pour secouer le joug du peuple vainqueur. Notre histoire est l'histoire de cette lutte. De nos jours, une bataille décisive a été livrée. Elle s'appelle la Révolution. ..... Le résultat de la Révolution n'était pas douteux. L'ancien peuple vaincu était devenu le peuple vainqueur. A son tour, il avait conquis la France. En 1814, il la possédait sans débat. La Charte reconnut sa possession, proclama que ce fait était le droit, et donna au droit le gouvernement représentatif pour garantie. Le

Roi se fit, par ce seul acte, le chef des conquérants nouveaux. Il se plaça dans leurs rangs et à leur tête, s'engageant à défendre avec eux et pour eux les conquêtes de la Révolution, qui étaient les leurs. La Charte emportait, sans nul doute, un tel engagement, car la guerre allait évidemment recommencer. Il était aisé de prévoir que le peuple vaincu ne se résignerait point à sa défaite. Ce n'est pas qu'elle le réduisît à subir la condition qu'il avait imposée jadis. Il retrouvait le droit s'il perdait le privilége, et en tombant de la domination il pouvait se reposer dans l'égalité. Mais il n'est pas donné à de grandes masses d'hommes d'abdiquer ainsi la faiblesse humaine, et leur raison demeure toujours bien loin en arrière de la nécessité. Tout ce qui conservait ou rendait aux anciens possesseurs du privilége une lueur d'espérance devait les porter à tenter de le ressaisir. La Restauration ne pouvait manquer de produire cet effet. Le privilége avait entraîné le trône dans sa chute; il devait croire qu'en se relevant le trône le relèverait. Comment n'en eût-il pas eu l'espoir? La France de la Révolution en avait la crainte. Mais quand même les événements de 1814 n'auraient pas amené la Restauration, quand même la Charte nous serait venue d'une autre source et par une autre dynastie, le seul établissement du système représentatif, le seul retour de la liberté auraient remis en lumière et rappelé au combat l'ancien peuple, le peuple du privilége. Ce peuple existe au milieu de nous; il vit, parle, circule, agit, influe d'un bout de la France à l'autre. Décimé et dispersé par la Convention, séduit et contenu par Napoléon, dès que la terreur où le despotisme cesse (et ni l'un ni l'autre n'est durable), il reparaît, prend sa place et travaille à recouvrer celle qu'il a perdue... Nous avons vaincu l'ancien régime; nous le vaincrons toujours; mais longtemps encore nous aurons à le combattre. Quiconque veut en France l'ordre constitutionnel, des élections, des Chambres, une tribune, la liberté de la presse, toutes les libertés publiques, doit renoncer à prétendre que, dans cette révélation continuelle et si animée de toute la société, la contre-révolution demeure muette et inactive. »

Au moment même où je résumais en termes si absolus et si vifs la situation que la Révolution, la Restauration et la Charte faisaient à la France, je pressentais qu'on pourrait abuser, au profit des passions révolutionnaires, de mes idées ou de mon langage, et pour les renfermer dans de justes limites, je me hâtais d'ajouter : « En disant que, depuis l'origine de notre monarchie, la lutte de deux peuples agite la France, et que la Révolution n'a été que le triomphe de vainqueurs nouveaux sur les anciens maîtres du pouvoir et du sol, je n'ai point entendu établir une filiation historique, ni supposer que le double fait de la conquête et de la servitude s'est perpétué, constant et identique, à travers les siècles. Une telle assertion serait évidemment démentie par les réalités. Dans ce long espace de temps, les vainqueurs et les vaincus, les possesseurs et les possessions, les deux races enfin se sont rapprochées, déplacées, confondues; elles ont subi, dans leur existence et dans leurs relations, d'innombrables vicissitudes. La justice, dont la complète absence anéantirait aussitôt la société, s'est introduite dans les effets de la force. Elle a protégé les faibles, contenu les puissants, réglé leurs rapports, substitué progressivement de l'ordre à la violence, de l'égalité à l'oppression. Elle a fait la France enfin telle que le monde l'a vue, avec son immense gloire et ses époques de repos. Mais il n'en est pas moins vrai que, durant treize siècles, par le résultat de la conquête et de la féodalité, la France a toujours renfermé deux situations, deux classes sociales, profondément diverses et inégales, qui ne se sont point amalgamées ni placées, l'une envers l'autre, dans un état d'union et de paix, qui n'ont cessé enfin de lutter, celle-ci pour conquérir le droit, celle-là pour retenir le privilége. C'est là notre histoire. C'est en ce sens que j'ai parlé de deux peuples, de vainqueurs et de vaincus, d'amis et d'ennemis, et de la guerre, tantôt publique et sanglante, tantôt intérieure et purement politique, que se sont faite ces deux grands intérêts. »

En relisant aujourd'hui ces pages et tout mon livre de 1820, j'en reçois une impression que je tiens à constater. A considérer les choses au fond et en elles-mêmes, comme historien et comme philosophe, je n'y trouve à peu près rien à reprendre; je persiste à penser que les idées générales y sont justes, les grands faits sociaux bien appréciés, les personnages politiques bien compris et peints avec vérité. Comme acte et polémique de circonstance, l'ouvrage est trop absolu et trop rude; je n'y tiens pas assez de compte des difficultés et des nuances; je tranche trop fortement les situations et les partis; j'exige trop des hommes; je n'ai pas assez de tempérance, de prévoyance, ni de patience. L'esprit d'opposition me dominait trop exclusivement.

Je ne tardai pas, même alors et peut-être à cause du succès que j'obtins, à m'en douter un peu moi-même. J'ai peu de goût naturel pour l'opposition, et plus j'ai avancé dans la vie, plus j'ai trouvé que c'était un rôle à la fois trop facile et trop périlleux. Il n'y faut pas un grand mérite pour réussir, et il y faut beaucoup de vertu pour résister aux entraînements du dehors et à ses propres fantaisies. En 1820, je n'avais encore pris au gouvernement qu'une part indirecte et secondaire; pourtant j'avais déjà le sentiment de la difficulté de gouverner, et quelque répugnance à l'aggraver en attaquant le pouvoir chargé d'y suffire. Une autre vérité commençait aussi dès lors à m'apparaître : dans nos sociétés modernes, quand la liberté s'y déploie, la lutte est trop inégale entre ceux qui gouvernent et ceux qui critiquent le gouvernement; aux uns, tout le fardeau et une responsabilité sans limite; on ne leur passe rien : aux autres, une entière liberté sans responsabilité; de leur part, on accepte ou l'on tolère tout. Telle est, du moins chez nous, dès que nous sommes libres, la disposition publique. Plus tard et dans les affaires, j'en ai senti moi-même le poids; mais c'est dans l'opposition, je puis le dire, et sans aucun retour personnel, que j'en ai d'abord entrevu l'inique et nuisible rigueur.

Par instinct plutôt que par une intention réfléchie et précise, le désir me vint, après avoir fait acte d'opposition déclarée, de prouver que l'esprit de gouvernement ne m'était pas étranger. Des hommes sensés inclinaient à penser que, du système représentatif il ne pouvait sortir, chez nous du moins et dans l'état où la Révolution avait laissé la France, un vrai gouvernement, et que nos ardeurs pour les institutions libres n'étaient propres qu'à énerver le pouvoir et à livrer la société à l'anarchie. Les temps révolutionnaires et les temps impériaux nous avaient naturellement légué cette idée ; la France n'avait connu la liberté politique que par les révolutions et l'ordre que par le despotisme ; leur harmonie paraissait une chimère. J'entrepris d'établir, non-seulement que cette chimère des grands cœurs pouvait devenir une réalité, mais qu'il dépendait de nous de la réaliser, car le régime fondé par la Charte contenait, et contenait seul, pour nous, les moyens essentiels de gouvernement régulier et d'opposition efficace que pouvaient souhaiter les sincères amis du pouvoir et de la liberté. Mon ouvrage *Des Moyens de gouvernement et d'opposition dans l'état actuel de la France,* publié en 1821, fut tout entier consacré à ce dessein.

Je ne fis là point de politique théorique et générale ; j'en écartai même expressément l'idée : « Peut-être, disais-je dans ma préface, aborderai-je un jour, sur la nature et les principes du gouvernement constitutionnel, des questions plus générales et d'un intérêt pressant, bien que leur solution soit étrangère à la politique active, aux choses et aux hommes du moment. Je ne veux parler aujourd'hui que du système actuel du pouvoir et des vrais moyens de gouverner notre bonne et belle patrie. » Tout novice et doctrinaire que j'étais alors, je n'avais garde de penser que les mêmes maximes et les mêmes procédés de gouvernement fussent bons partout, ni que tous les peuples et tous les siècles dussent être, au même moment, jetés dans le même moule. Je me renfermais soigneusement dans mon temps et dans mon pays, m'appliquant à montrer quels efficaces moyens de gouvernement étaient déposés dans les vrais principes et le jeu régulier des institutions que la France tenait de la Charte, et comment on pouvait les pratiquer avec succès, dans le légitime intérêt et pour la force du pouvoir. Je fis, sur les moyens d'opposition, le même travail, convaincu et voulant convaincre les adversaires de la politique alors dominante qu'on pouvait contrôler l'autorité sans la détruire, et user des droits de la liberté sans ébranler les bases de l'ordre établi. C'était mon ardente préoccupation d'élever la politique hors de l'ornière révolutionnaire, et de faire pénétrer au sein du régime constitutionnel des idées de légale et forte conservation.

Trente-six ans se sont écoulés. Dans ce long intervalle, j'ai pris part, pendant dix-huit ans, au travail de ma génération pour la fondation d'un gouvernement libre. J'en ai quelque temps porté le poids. Ce gouvernement a été renversé. J'ai ainsi éprouvé moi-même l'immense difficulté et subi le douloureux insuccès de cette grande entreprise. Pourtant, et je le dis sans hésitation sceptique comme sans modestie affectée, je relis aujourd'hui ce que j'ai écrit en 1821, sur les moyens de gouvernement et d'opposition dans l'état actuel de la France, avec une satisfaction presque sans mélange. J'exigeais beaucoup du pouvoir, mais rien, je crois, qu'il ne lui fût possible et nécessaire d'accomplir. Et malgré ma jeune confiance, je ne méconnaissais point, même alors, qu'il y avait encore d'autres conditions au succès : « Je n'ai point dessein, disais-je, de tout imputer, de tout demander au pouvoir lui-même. Je ne lui dirai pas, comme on le fait souvent : —Soyez juste, sage, ferme, et ne vous inquiétez de rien.—Le pouvoir n'est pas libre d'être ainsi excellent à lui tout seul. Il ne fait pas la société, il la trouve ; et si la société est impuissante à le seconder, si des principes anarchiques la possèdent, si elle renferme en son propre sein les causes de la dissolution, le pouvoir aura beau faire ; il n'est pas donné à la sagesse humaine de sauver un peuple qui ne concourt pas lui-même à son salut. »

Pendant que je publiais, contre l'attitude et les tendances du cabinet, ces deux attaques, les conspirations et les procès politiques éclataient de jour en jour et amenaient leurs tragiques conséquences. J'ai déjà dit ce que je pensais des complots de cette époque, et pourquoi je les trouvais aussi mal fondés que mal conduits, sans motifs légitimes comme sans moyens efficaces. Mais en les réprouvant, j'étais ému du sincère et courageux dévouement de tant d'hommes, la plupart très-jeunes, qui prodiguaient, pour une cause qu'à tort ils croyaient bonne, les trésors de leur âme et de leur vie. Parmi les épreuves que nous impose notre temps, je n'en connais guère de plus pénible que celle des sentiments combattus, et ces perplexités entre le blâme et l'estime, la réprobation et la sympathie, que j'ai tant de fois ressenties en assistant aux actes de tant de mes contemporains. J'aime l'harmonie et la clarté dans les âmes comme dans les sociétés humaines, et nous vivons à une époque de confusion et d'obscurité morale comme sociale. Combien d'hommes j'ai connus qui, doués de belles qualités, auraient mené dans d'autres temps une vie droite et simple, et qui, de nos jours, ont erré à travers les problèmes et les ténèbres de leur propre pensée, ambitieux turbulents ou fanatiques aveugles, ne sachant ni atteindre leur but, ni se tenir en repos! Dès 1820, quoique jeune encore moi-même, je déplorais cette perturbation des esprits et des destinées, presque aussi triste à contempler que funeste à subir; mais, en la déplorant, j'avais des alternatives de jugement sévère et d'émotion indulgente; et sans chercher à désarmer le pouvoir dans sa légitime défense, je ressentais un profond désir de lui inspirer, envers de tels adversaires, une généreuse et prudente équité.

Un sentiment vrai ne se résigne pas à se croire impuissant. Les deux écrits que je publiai en 1821 et 1822, intitulés l'un, *Des Conspirations et de la Justice politique,* l'autre, *De la Peine de mort en matière politique,* ne furent point, de ma part, des actes d'opposition; je m'appliquai à leur retirer ce caractère. Pour en marquer avec précision le sens et le but, il me suffira d'en rappeler les deux épigraphes; je plaçai en tête du premier ces paroles du prophète Isaïe : « Ne dites point *conjuration* toutes les fois que ce peuple dit *conjuration;* » et en tête du second celles de saint Paul : « O sépulcre, où est ta victoire ? O mort, où est ton aiguillon ? » J'avais à cœur de convaincre le pouvoir lui-même que la bonne politique comme la vraie justice lui conseillaient de rendre les procès politiques et les exécutions capitales très-rares, et qu'en déployant, contre tous les faits qui pouvaient la provoquer, toute la rigueur des lois, il se créait bien plus de périls qu'il n'en écartait. Le sentiment public était d'accord avec le mien : les hommes sensés et indépendants, étrangers aux passions des partis engagés dans la lutte, trouvaient, comme moi, qu'il y avait excès dans l'action de la police au milieu des complots, excès dans le nombre et l'âpreté des poursuites, excès dans l'application des peines légales. Je pris grand soin de renfermer ces plaintes dans leurs justes limites, d'en écarter toute comparaison injurieuse, toute prétention à des réformes soudaines, et de ne point contester au pouvoir ses armes nécessaires. En traitant des questions nées au sein des plus violents orages, je voulais les porter dans une région haute et sereine, convaincu que, de là seulement, mes idées et mes paroles auraient quelque chance d'être efficaces. Elles reçurent la sanction d'un allié plus puissant que moi. La Cour des pairs, qui commença alors à prendre, dans le jugement des procès politiques, la place que lui assignait la Charte, mit sur-le-champ la vraie justice et la bonne politique en pratique. Rare et beau spectacle que celui d'une grande assemblée essentiellement politique dans son origine et dans sa composition, fidèle soutien du pouvoir, et pourtant constamment soigneuse, non-seulement d'élever la justice au-dessus des passions du moment, mais encore d'apporter, dans l'appréciation et la punition des crimes politiques, l'intelligente équité qui peut seule satisfaire la raison du philosophe et la charité du chrétien. Et dans l'honneur de ce spectacle, une part revient aux pouvoirs de ce temps, qui non-seulement ne tentèrent jamais de porter à l'indépendance et à l'impartialité de la Cour des pairs aucune atteinte, mais qui ne se permirent pas de s'en plaindre. Après le mérite d'être eux-mêmes et de leur propre mouvement justes et sages, c'en est un réel, pour les puissants de la terre, d'accepter sans résistance et sans murmure le bien qu'ils n'ont pas été les premiers à pratiquer.

J'ai vécu dans un temps de complots et d'attentats politiques, dirigés tantôt contre des pouvoirs auxquels j'étais étranger et même opposant, tantôt contre des pouvoirs que je soutenais avec ardeur. J'ai vu les conspirateurs tantôt impunis, tantôt frappés avec toute la rigueur des lois. Je demeure convaincu que, dans l'état actuel des esprits, des cœurs et des mœurs, la peine de mort est contre de tels actes une mauvaise arme, qui blesse grièvement les pouvoirs empressés à s'en servir pour se sauver. Non que la vertu comminatoire et préventive manque à cette peine ; elle effraye et détourne des complots bien des gens qui seraient tentés d'y entrer. Mais à côté de ce salutaire effet, elle en produit d'autres qui sont funestes. Ne tenant aucun compte des motifs et des dispositions qui ont poussé les hommes aux actes qu'elle punit, elle frappe du même coup le pervers et le rêveur, l'ambitieux déréglé et le fanatique dévoué ; et par cette grossière confusion elle offense plus de sentiments moraux qu'elle n'en satisfait ; elle irrite encore plus qu'elle n'effraye ; elle émeut de pitié les spectateurs indifférents, et apparaît aux intéressés comme un acte de guerre qui revêt faussement les formes d'un arrêt de justice. L'intimidation qu'elle inspire d'abord s'affaiblit de jour en jour, tandis que la haine et la soif de vengeance qu'elle sème dans les cœurs s'enveniment et se répandent. Et un jour arrive où le pouvoir qui s'est cru sauvé se voit assailli par des ennemis bien plus nombreux et plus acharnés que n'étaient ceux dont il s'est défait.

Un jour viendra aussi, j'en ai la confiance, où, pour les délits purement politiques, les peines du bannissement et de la déportation, bien graduées et sérieusement appliquées, seront, en droit comme en fait, substituées à la peine de mort. En attendant, je compte parmi les meilleurs souvenirs de ma vie d'avoir vivement réclamé, à ce sujet, la vraie justice et la bonne politique dans un temps où elles étaient compromises par les passions des partis et les périls du pouvoir.

Ces quatre ouvrages, publiés coup sur coup dans l'espace de deux ans, frappèrent assez vivement l'attention publique. Tous les hommes considérables de l'opposition dans les Chambres m'en remercièrent comme d'un service rendu à la cause de la France et des institutions libres : « Vous gagnez, sans nous, des batailles pour nous, » me dit le général Foy. M. Royer-Collard, en me faisant, sur le premier de ces écrits (*Du Gouvernement de la France depuis la Restauration*), quelques objections, ajoutait : « Votre livre est plein de vérités; on les y ramasse à la pelle. » Je reproduis sans embarras ces témoignages d'une approbation sérieuse : quand on agit sérieusement, quoi qu'on fasse, mesures politiques, discours ou livres, il faut réussir et atteindre à son but; l'éloge vaut beaucoup quand il donne la certitude du succès. Cette certitude une fois acquise, je ne fais nul cas des compliments; un peu de puérilité et de ridicule s'y mêle toujours; la sympathie sans phrases a seule un charme vrai et digne. J'avais quelque droit de mettre quelque prix à celle qu'on me témoignait dans l'opposition, car je n'avais rien fait pour plaire aux passions, ni pour ménager les préjugés et les arrière-pensées qui fermentaient dans les rangs extrêmes du parti; j'avais aussi franchement soutenu la royauté que combattu le cabinet, et il était clair que je ne voulais pas plus livrer la maison de Bourbon que la Charte à leurs divers ennemis.

Deux occasions me vinrent bientôt de m'expliquer, à ce sujet, d'une façon encore plus personnelle et plus précise. En 1821, peu après la publication de mon *Essai sur les conspirations et la justice politique,* l'un des meneurs du parti qui conspirait, homme d'esprit et d'honneur, mais passionnément engagé dans les sociétés secrètes, cet héritage des temps de tyrannie qui devient le poison des temps de liberté, vint me voir et me témoigna avec chaleur sa reconnaissante approbation. Les plus hardis conspirateurs sont charmés, quand le péril éclate, de se mettre à couvert derrière les principes de justice et de modération que soutiennent les hommes qui ne conspirent pas. Nous causâmes librement de toutes choses. Près de me quitter, mon visiteur me prenant vivement le bras, me dit : « Soyez donc des nôtres!—Qu'appelez-vous *des vôtres?* —Entrez avec nous dans la Charbonnerie; c'est la seule force efficace pour renverser un gouvernement qui nous humilie et nous opprime.—Vous vous trompez sur mon compte; je ne me sens ni humilié, ni opprimé, ni moi, ni mon pays.—Que pouvez-vous donc espérer de ces gens-là?—Il ne s'agit pas d'espérances ; je veux garder ce que nous possédons : nous avons tout ce qu'il faut pour nous faire nous-mêmes un gouvernement libre. Le pouvoir actuel méritera peut-être souvent, et, à mon avis, il mérite en ce moment d'être combattu, mais pas du tout d'être renversé; il n'a rien fait, bien s'en faut, qui nous en donne ni le droit, ni la force, et nous avons assez d'armes légales et publiques pour le redresser en le combattant. Je ne veux ni de votre but, ni de vos moyens ; vous nous ferez à tous, comme à vous-même, beaucoup de mal sans réussir ; et si vous réussissiez, ce serait encore pis. » Il me quitta sans humeur, car il me portait de l'amitié, mais pas le moins du monde ébranlé dans sa passion de sociétés secrètes et de complots. C'est une fièvre dont on ne guérit pas quand on lui a livré son âme, et un joug dont on ne s'affranchit pas quand on l'a longtemps subi.

Un peu plus tard, en 1822, quand les écrits que je viens de rappeler eurent produit leur effet, je reçus la visite de M. Manuel. Nous nous rencontrions quelquefois chez des amis communs, et nous vivions en bons rapports, mais sans aucune intimité. Il venait évidemment m'en offrir et en chercher davantage. Avec une franchise dans laquelle la nature un peu étroite de son esprit avait peut-être autant de part que la fermeté de ses résolutions, il passa promptement des compliments aux confidences, et en se félicitant de mon opposition, il me laissa voir toute la portée de la sienne. Il ne croyait ni à la Restauration, ni à la Charte, tenait la maison de Bourbon pour incompatible avec la France de la Révolution, et regardait un changement de dynastie comme la conséquence nécessaire du changement de l'état social. Il amena dans le cours de l'entretien la mort récente de l'empereur Napoléon, la sécurité qui en résultait pour la paix européenne, et le nom de Napoléon II comme une solution possible, probablement la meilleure, des problèmes de notre avenir. Tout cela

fut dit en termes mesurés, mais clairs, sans détour
comme sans passion, et avec l'intention marquée de
voir à quel point je repousserais ou j'admettrais de
telles perspectives. Je ne m'attendais ni à la visite, ni à
la conversation; mais je ne m'y refusai point, ne me
flattant guère d'attirer à moi M. Manuel, mais n'ayant
nulle envie de me cacher de lui : « Loin de croire, lui
dis-je, qu'un changement de dynastie soit nécessaire à
la France, je le regarderais comme un grand mal et un
grand péril. Je tiens la Révolution de 1789 pour satisfaite aussi bien que pour faite; elle a dans la Charte
toutes les garanties que réclament ses intérêts et ses
vœux légitimes. Je ne crains point la contre-révolution;
nous avons contre elle la puissance du droit comme
celle du fait, et si l'on était jamais assez fou pour la
tenter, nous serions assez forts pour l'arrêter. Ce qui
importe aujourd'hui à la France, c'est d'expulser l'esprit révolutionnaire qui la tourmente encore, et de
pratiquer le régime libre dont elle est en possession. La
maison de Bourbon convient très-bien à ce double
besoin du pays. Son gouvernement est antirévolutionnaire par nature et libéral par nécessité. Je redouterais
beaucoup un pouvoir qui, tout en maintenant l'ordre,
serait d'origine, de nom, ou d'apparence, assez révolutionnaire pour se dispenser d'être libéral. J'aurais peur
que le pays ne s'y prêtât trop aisément. Nous avons
besoin d'être un peu inquiets sur nos intérêts pour
apprendre à garder nos droits. Sous le gouvernement
de la maison de Bourbon, nous nous sentons obligés en

même temps au respect et à la vigilance. L'un et l'autre sentiment nous sont bons. Je ne sais ce qui nous arriverait si l'un ou l'autre venait à nous manquer. »

M. Manuel n'insista point. Il avait trop de sens pour se plaire aux paroles inutiles. Nous continuâmes quelque temps à causer sans discuter, et nous nous séparâmes, pensant bien, je crois, l'un de l'autre, mais persuadés l'un et l'autre que nous n'agirions jamais en commun.

En même temps que je publiais ces divers écrits, je préparais mon cours d'histoire moderne, que j'ouvris en effet le 7 décembre 1820. Décidé à user des deux moyens d'influence qui s'offraient à moi, l'enseignement public et la presse, j'en usai pourtant très-différemment. J'écartai de mon cours toute allusion aux circonstances, au système et aux actes du gouvernement ; je m'interdis toute pensée d'attaque ou seulement de critique, tout souvenir des affaires et des luttes du moment. Je me renfermai scrupuleusement dans la sphère des idées générales et des faits anciens. L'indépendance intellectuelle est le droit de la science ; elle le perdrait si elle en faisait un instrument d'opposition politique. Pour que les libertés diverses se déploient efficacement, il faut qu'elles restent chacune dans son domaine ; leur retenue fait leur force comme leur sûreté.

En m'imposant cette règle de conduite, je n'en éludai point la difficulté. Je pris pour sujet de mon cours l'histoire des anciennes institutions politiques de l'Europe chrétienne, et des origines du gouvernement représentatif dans les divers États où il a été tenté, avec ou sans succès. Je touchais de bien près, dans un tel sujet, aux embarras flagrants de cette politique contemporaine dont j'étais résolu à me tenir loin. Mais j'y trouvais aussi l'occasion naturelle de poursuivre, par les seules voies de la science, le double but que je me proposais. Je voulais combattre les théories révolutionnaires, et rappeler, sur le passé de la France, l'intérêt et le respect. Nous sortions à peine de la plus violente lutte contre cette ancienne société française, notre berceau séculaire; nous avions encore le cœur plein, envers elle, de colère ou d'indifférence, et l'esprit confusément imbu des idées, vraies ou fausses, sous lesquelles elle avait succombé. Le jour était venu de déblayer cette arène couverte de ruines, et de substituer, en pensée comme en fait, l'équité à l'hostilité, et les principes de la liberté aux armes de la révolution. On ne construit pas un édifice avec des machines de guerre; on ne fonde pas un régime libre avec des préventions ignorantes et des haines acharnées. Je rencontrais à chaque pas, dans mon cours, les grands problèmes d'organisation sociale au nom desquels les classes et les partis divers venaient de se porter de si rudes coups, la souveraineté du peuple et le droit divin, la monarchie et la république, l'aristocratie et la démocratie, l'unité ou la division des pouvoirs, les divers systèmes d'élection, de constitution et d'action des assemblées appelées à concourir au gouvernement. J'abordai toutes ces questions avec le ferme dessein de passer au crible les idées de notre temps, et de séparer les ferments ou les rêveries révolutionnaires des progrès de justice et de liberté conciliables avec les lois éternelles de l'ordre social. A côté de ce travail philosophique, j'en poursuivis un autre spécialement historique : je m'appliquai à mettre en lumière les efforts intermittents, mais toujours renaissants, de la société française, pour sortir du chaos au sein duquel elle était née, tantôt la lutte, tantôt l'accord de ses divers éléments, royauté, noblesse, clergé, bourgeoisie et peuple, dans les diverses phases de cette rude destinée, et le développement glorieux, bien que très-incomplet, de la civilisation française, telle que la Révolution française l'a recueillie à travers tant de combats et de vicissitudes. J'avais à cœur de faire rentrer la vieille France dans la mémoire et l'intelligence des générations nouvelles; car il y avait aussi peu de sens que de justice à renier ou à dédaigner nos pères au moment où nous faisions, en nous égarant beaucoup à notre tour, un pas immense dans les mêmes voies où, depuis tant de siècles, ils avaient eux-mêmes marché.

J'exposais ces idées devant des auditeurs la plupart assez peu disposés à les accueillir, ou seulement à y prendre intérêt. Le public qui suivait alors mon cours était bien moins nombreux et moins varié qu'il ne le fut quelques années plus tard. Il se composait surtout de jeunes gens, élèves des diverses écoles savantes, et de quelques groupes de curieux, amateurs des grandes études historiques. Les uns n'étaient point préparés à celles que je leur offrais, et manquaient des connaissances préalables qui les leur auraient fait goûter. Chez beaucoup d'autres, les préjugés et les idées du xviiie siècle et de la Révolution, en matière de philosophie politique ou d'histoire, étaient déjà à l'état de ces habitudes d'esprit froidement invétérées qui n'admettent plus la discussion et n'écoutent qu'avec indifférence ou méfiance ce qui les contrarie. D'autres enfin, et parmi ceux-ci se trouvaient les esprits les plus actifs et les plus ouverts, étaient plus ou moins engagés dans les sociétés secrètes, les menées hostiles, les complots, et j'étais, pour eux, bien inerte dans mon opposition. J'avais ainsi bien des obstacles à surmonter et bien des conversions à faire pour attirer dans les voies où je marchais le petit public qui venait m'écouter.

Mais il y a toujours, dans un public français, quelles que soient ses préventions, une élasticité intellectuelle, un goût pour le mouvement d'esprit et pour les idées nouvelles hardiment présentées, et une certaine équité généreuse qui le disposent à la sympathie, même avant qu'il ne donne son adhésion. J'étais en même temps libéral et antirévolutionnaire, dévoué aux principes fondamentaux de la nouvelle société française, et animé, pour la vieille France, d'un respect affectueux; je combattais des idées qui formaient la foi politique de la plupart de mes auditeurs ; j'en exposais d'autres qui leur étaient suspectes, même quand elles leur semblaient justes; il y avait en moi, pour eux, des obscurités, des contradictions, des perspectives qui les étonnaient et les faisaient hésiter à me suivre. Pourtant ils me sentaient sérieux et sincère ; ils étaient de jour en jour plus convaincus que mon impartialité historique n'était pas de l'indifférence, ni ma foi politique de la réaction vers l'ancien régime, ni mon opposition à toute menée subversive de la complaisance pour le pouvoir. Je gagnais du terrain dans l'esprit de mes auditeurs : quelques-uns, et des plus distingués, venaient décidément à moi ; d'autres entraient en doute sur la vérité de leurs théories et l'utilité de leurs pratiques conspiratrices ; presque tous prenaient en goût l'appréciation équitable du passé, et en estime l'opposition patiente et légale dans le présent. L'esprit révolutionnaire, dans cette jeune et vive portion du public, était visiblement en déclin ; non par scepticisme et apathie, mais parce que d'autres idées, d'autres sentiments lui disputaient la place dans les âmes, et l'en expulsaient en s'y établissant.

Le cabinet de 1822 en jugea autrement ; il tint mon cours pour dangereux, et le 12 octobre 1822, l'abbé Frayssinous, que, peu de mois auparavant, M. de Villèle avait fait faire grand maître de l'Université, en ordonna la suspension. Je ne m'en plaignis point alors, et je ne m'en étonne pas aujourd'hui. Mon opposition au cabinet était très-publique, et quoique mon enseignement y demeurât complétement étranger, bien des gens ne séparaient pas aussi nettement que moi, dans leurs impressions, mes leçons sur l'histoire des temps anciens et mes écrits contre la politique du moment. Je n'en demeure pas moins convaincu que, dans cette mesure, le gouvernement se trompa, et à son propre détriment. Dans la lutte qu'il soutenait contre l'esprit révolutionnaire, les idées que propageait mon enseignement lui étaient plus salutaires que mon opposition par la presse ne pouvait lui être embarrassante, et elles apportaient plus de force à la monarchie que mes critiques sur des questions où des situations de circonstance n'en pouvaient ôter au cabinet. Mais mon libre langage importunait les aveugles partisans du pouvoir absolu, dans l'Église ou dans l'État, et l'abbé Frayssinous, esprit court et caractère faible dans son honnêteté, obéissait avec plus d'inquiétude que de regret à des influences dont il redoutait les emportements, mais qu'au fond il ne blâmait pas.

Dans la scission des partis monarchiques, celui que j'avais combattu s'engageait de plus en plus dans des voies exclusives et violentes. Mon cours fermé, toute influence politique un peu prochaine me devenait impossible. Pour lutter, hors de l'enceinte des Chambres, contre le système qui prévalait, il fallait ou conspirer, ou descendre à une opposition aveugle, taquine et vaine. Ni l'une ni l'autre conduite ne me convenaient; je renonçai complétement aux luttes de parti, même philosophiques et abstraites, pour chercher ailleurs des moyens de servir encore ma cause, dans les esprits et dans l'avenir.

Ce qu'il y a de plus difficile et pourtant de plus

nécessaire dans la vie publique, c'est de savoir, à certains moments, se résigner à l'immobilité sans renoncer au succès, et attendre sans désespérer, quoique sans agir.

Ce fut à cette époque que je m'adonnai sérieusement à l'étude de l'Angleterre, de ses institutions et des longues luttes qui les ont fondées. Passionnément préoccupé de l'avenir politique de ma patrie, je voulais savoir avec précision à travers quelles vérités et quelles erreurs, par quels efforts persévérants et quelles transactions prudentes un grand peuple avait réussi à conquérir et à conserver un gouvernement libre.

Quand on compare attentivement l'histoire et le développement social de la France et de l'Angleterre, on ne sait si c'est des ressemblances ou des différences qu'on doit être plus frappé. Jamais deux nations, avec des origines et des situations fort diverses, n'ont été plus profondément mêlées dans leurs destinées, et n'ont exercé l'une sur l'autre, par les relations tantôt de la guerre, tantôt de la paix, une plus constante influence. Une province de la France a conquis l'Angleterre; l'Angleterre a possédé longtemps plusieurs provinces de la France; et, au sortir de cette lutte nationale, déjà les institutions et le sens politique des Anglais étaient, pour les esprits les plus politiques entre les Français, pour Louis XI et Philippe de Comines, par exemple, un sujet d'admiration. Au sein de la chrétienté, les deux peuples ont suivi des drapeaux religieux divers; mais cette diversité même est devenue

entre eux une nouvelle cause de contact et de mélange.
C'est en Angleterre que les protestants français, c'est
en France que les catholiques anglais persécutés ont
cherché et trouvé un asile. Et quand les rois ont été
proscrits à leur tour, c'est en France que le roi d'Angleterre, c'est en Angleterre que le roi de France se
sont réfugiés, et c'est après un long séjour dans ce
refuge que Charles II au xvii<sup>e</sup> siècle, et Louis XVIII
au xix<sup>e</sup>, sont rentrés dans leurs États. Les deux nations,
ou, pour parler plus exactement, les hautes classes des
deux nations ont eu tour à tour la fantaisie de s'emprunter mutuellement leurs idées, leurs mœurs, leurs
modes. Au xvii<sup>e</sup> siècle, c'était la cour de Louis XIV qui
donnait le ton à l'aristocratie anglaise. Au xviii<sup>e</sup>, c'était
à Londres que Paris allait chercher des modèles. Et
quand on s'élève au-dessus de ces incidents de l'histoire
pour considérer les grandes phases de la civilisation des
deux pays, on reconnaît qu'à d'assez longs intervalles
dans le cours des siècles, ils ont suivi à peu près la
même carrière, et que les mêmes tentatives et les
mêmes alternatives d'ordre et de révolution, de pouvoir absolu et de liberté, se sont produites chez tous les
deux, avec des coïncidences singulières en même temps
qu'avec de profondes diversités.

C'est donc une vue bien superficielle et bien erronée
que celle des personnes qui regardent la société française et la société anglaise comme si essentiellement
différentes qu'elles ne sauraient puiser l'une chez
l'autre des exemples politiques, si ce n'est par une imi-

tation factice et stérile. Rien n'est plus démenti par l'histoire vraie et plus contraire à la pente naturelle des deux pays. Leurs rivalités mêmes n'ont jamais rompu les liens, apparents ou cachés, qui existent entre eux, et soit qu'ils le sachent ou qu'ils l'ignorent, qu'ils le veuillent ou qu'ils s'en défendent, ils ne peuvent pas ne pas influer puissamment l'un sur l'autre; leurs idées, leurs mœurs, leurs institutions se pénètrent et se modifient mutuellement, comme par une invincible nécessité.

Je n'hésite pas cependant à le reconnaître : dans notre travail d'organisation politique, nous avons quelquefois fait à l'Angleterre des emprunts trop complets et trop précipités. Nous n'avons pas toujours tenu assez de compte du caractère propre et des conditions spéciales de la société française. La France a grandi et prospéré sous l'influence de la royauté, secondant le mouvement d'ascension des classes moyennes; l'Angleterre, par l'action de l'aristocratie territoriale, prenant sous sa garde les libertés du peuple. De telles différences sont trop profondes pour disparaître, même dans la puissante uniformité de la civilisation moderne. Nous les avons trop oubliées. C'est l'écueil des innovations accomplies au nom d'idées générales et de grands exemples qu'elles ne font pas, aux faits réels et nationaux, leur légitime part. Mais comment n'aurions-nous pas donné sur cet écueil? Dans le cours de sa longue vie, l'ancienne France a fait à plusieurs reprises de grands efforts pour arriver à un gouvernement libre.

Ses plus puissantes influences ont, les unes résisté, les autres échoué dans ce travail; ses meilleures institutions ne se sont point prêtées aux transformations nécessaires, et sont demeurées politiquement inefficaces. Et pourtant, par un juste sentiment de son honneur et de son intérêt, la France n'a pas cessé de prétendre à un vrai et durable régime de garanties et de libertés politiques. Elle le réclamait, elle le voulait en 1789. Par quelles voies le chercher? A quelles institutions le demander? Tant de fois déçue dans ses espérances et ses tentatives au dedans, elle a cherché au dehors des leçons et des modèles. Grande difficulté de plus dans une œuvre déjà si difficile, mais difficulté inévitable et imposée par la nécessité.

J'étais loin de mesurer en 1823 aussi bien qu'aujourd'hui les obstacles qui nous attendaient dans notre travail d'organisation constitutionnelle; mais j'avais le sentiment que nos devanciers de 1789 avaient beaucoup trop dédaigné l'ancienne France, ses éléments sociaux, ses traditions, ses mœurs, et que, pour ramener dans notre patrie l'harmonie avec la liberté, il fallait tenir plus de compte de son passé. En même temps donc que je mettais sous les yeux du public français l'histoire et les monuments originaux des institutions et des révolutions de l'Angleterre, j'entrai avec ardeur dans l'étude et l'exposition de l'ancienne société française, de ses origines, de ses lois, des phases diverses de son développement. J'avais également à cœur de nous approprier les enseignements d'une grande histoire étrangère, et de ranimer, parmi nous, le goût avec l'intelligence de notre propre histoire.

Mes travaux étaient certainement en harmonie avec les instincts et les besoins du temps, car ils furent accueillis et secondés par le mouvement général qui éclata dans le public et autour de ce gouvernement si contesté. C'est l'heureux naturel de l'esprit français qu'il change aisément de route sans se ralentir. Il est singulièrement flexible, élastique et fécond. Un obstacle l'arrête, il s'ouvre une autre voie; des entraves le gênent, il apprend à marcher en les portant; on le comprime sur un point, il s'écarte et rebondit ailleurs. Le gouvernement du côté droit restreignait dans un plus petit cercle et rendait plus difficiles la vie et l'action politique; la génération qui entrait à ce moment dans le monde chercha, non pas tout à fait en dehors, mais à côté de la politique, l'emploi de ses forces et la satisfaction de ses désirs; la littérature, la philosophie, l'histoire, la poésie, la critique, prirent un nouvel et puissant essor. Pendant qu'une réaction naturelle et malheureuse ramenait dans l'arène le xviii<sup>e</sup> siècle avec ses vieilles armes, le xix<sup>e</sup> siècle se déploya avec ses idées, ses tendances, sa physionomie originales. Je ne cite point de noms propres : ceux qui méritent de n'être pas oubliés n'ont pas besoin qu'on les rappelle ; c'est le caractère général du mouvement intellectuel de cette époque que je tiens à mettre en lumière. Ce mouvement ne se portait plus exclusivement ni directement sur la politique, et pourtant c'était de la politique qu'il émanait : il était littéraire et philosophique ; la pensée humaine, se dégageant des intérêts et des luttes du jour, se lançait, par toutes les voies, à la recherche et à la jouissance du vrai et du beau ; mais c'était de la liberté politique que lui venait l'impulsion première, et l'espoir d'un régime libre se laissait clairement entrevoir dans ses plus abstraits travaux comme dans ses plus poétiques élans. En fondant en 1827, mes amis et moi, l'un des principaux recueils périodiques de ce temps, la *Revue française*, nous lui donnâmes pour épigraphe ce vers d'Ovide :

Et quod nunc ratio est, impetus ante fuit ;
« Ce qui est maintenant de la raison a été d'abord un élan passionné. »

Nous exprimions ainsi avec vérité l'esprit dominant autour de nous, et notre propre disposition. La *Revue française* était consacrée à la philosophie, à l'histoire, à la critique littéraire, aux études morales et savantes ; et pourtant elle était animée et pénétrée du grand souffle politique qui, depuis quarante ans, agitait la France. Nous nous déclarions différents de nos devanciers de 1789, étrangers à leurs passions et point asservis à leurs idées, mais héritiers et continuateurs de leur œuvre. Nous entreprenions de ramener la nouvelle société française à des principes plus purs, à des sentiments plus élevés et plus équitables, à des bases plus solides ; mais c'était bien à elle, à l'accomplissement de ses légitimes espérances et à l'affermissement de ses libertés qu'appartenaient nos vœux et nos travaux.

Un autre recueil commencé en 1824 et plus populaire que la *Revue française,* le *Globe* portait dans une polémique plus vive et plus variée le même caractère. De jeunes doctrinaires, associés à d'autres écrivains de la même génération et animés, à cette époque, du même esprit, quoique avec des idées premières et des tendances dernières très-différentes, en étaient les rédacteurs habituels. En philosophie, le spiritualisme, en histoire une curiosité intelligente, impartiale et même sympathique pour les temps anciens et les divers états des sociétés humaines, en littérature le goût de la nouveauté, de la variété, de la liberté, de la vérité, même sous ses formes les plus étrangères et dans ses plus grossiers mélanges, c'était là leur drapeau. Ils le défendaient, ou plutôt ils le portaient en avant avec l'ardeur et l'orgueil de la jeunesse, prenant à leurs tentatives de réforme philosophique, historique, poétique, critique, ce plaisir à la fois personnel et désintéressé qui est la plus douce récompense de l'activité intellectuelle, et s'en promettant, comme il arrive toujours, un trop vaste et trop facile succès. Deux défauts se mêlaient à ces généreuses tendances : les idées développées dans le *Globe* manquaient de base fixe et de forte limite; la forme en était plus décidée que le fond; elles révélaient des esprits animés d'un beau mouvement, mais qui ne marchaient pas vers un but unique ni certain, et accessibles à un laisser-aller qui pouvait faire craindre qu'ils ne dérivassent quelque jour eux-mêmes vers les écueils qu'ils signalaient. En même temps, l'esprit de coterie, ce penchant à se complaire dans le petit cercle où l'on vit et à s'isoler, sans y prendre garde, du grand public pour qui l'on travaille et à qui l'on parle, exerçait sur le *Globe* trop d'empire. Turgot avait projeté d'écrire, pour l'*Encyclopédie,* plusieurs articles; d'Alembert vint un jour les lui demander; Turgot refusa : « Vous dites sans cesse *nous,* lui répondit-il; bientôt le public dira *vous ;* je ne veux pas être ainsi enrôlé et classé. » Mais ces défauts du *Globe,* sensibles aujourd'hui, étaient couverts, il y a trente ans, par le mérite de son opposition, car l'opposition politique était au fond de ce recueil et lui conciliait, dans le parti hostile à la Restauration, bien des gens à qui sa philosophie et sa littérature ne plaisaient pas. En février 1830, sous le ministère de M. de Polignac, le *Globe,* cédant à sa pente, devint décidément un grand journal politique : de sa retraite de Carquerannes, près d'Hyères, où il était allé essayer de mettre d'accord son travail et sa santé, M. Augustin Thierry m'écrivait : « Que dites-vous du *Globe* depuis qu'il a changé de forme ? Je ne sais pourquoi, je suis contrarié d'y trouver toutes ces petites nouvelles et cette polémique de tous les jours. On se recueillait autrefois pour le lire, et maintenant cela n'est plus possible; l'attention est distraite et partagée. C'est bien le même esprit; ce sont les mêmes articles ; mais il est désagréable de trouver à côté des choses qui sont partout. » M. Augustin Thierry avait raison; le *Globe* perdit beaucoup à devenir un journal politique comme tant d'autres ; mais il n'en avait pas moins été, dès son origine, essentiellement politique dans son inspiration et sa tendance. C'était l'esprit général du temps, et loin de s'en défendre, le *Globe* en était pénétré.

Même sous l'influence dominante du côté droit, la Restauration n'entreprit point d'étouffer cette opposition réelle quoique indirecte, et importune sans être ennemie. La justice veut qu'on s'en souvienne à l'honneur de ce temps : au milieu des vives alarmes qu'inspirait au pouvoir la liberté politique et des efforts tentés pour la restreindre, la liberté intellectuelle se maintint et fut respectée. Celle-là ne supplée pas les autres ; mais elle les prépare, et en attendant, elle sauve l'honneur des peuples qui n'ont pas su les conquérir ou les conserver.

Pendant que ce mouvement des esprits se développait et s'animait de jour en jour, le gouvernement de M. de Villèle suivait son cours, de plus en plus travaillé par les prétentions et les dissensions du parti que son chef tentait faiblement de contenir. Un de mes amis, d'un esprit aussi impartial que clairvoyant, m'écrivait en décembre 1826, du fond de son département : « Les hommes qui sont à la tête d'un parti sont véritablement destinés à trembler devant leur ombre. Je ne sais si dans aucun cas cette nullité du parti dominant a été plus complète. Pas une doctrine, pas une conviction, pas une espérance dans l'avenir ; la déclamation elle-même usée et ridicule. Sûrement M. de Villèle a bien le mérite de connaître la misère de son parti; son succès vient de là; mais c'est, je crois, une connaissance instinctive; il représente ces gens-là plutôt qu'il ne les juge. Autrement il saurait qu'il peut hardiment leur refuser tout, hormis des places et des appointements; pourvu aussi qu'il n'ait aucune accointance avec les opinions opposées. » Quand le parti, d'exigence en exigence, et le cabinet, de faiblesse en faiblesse, en furent venus à ne plus savoir comment vivre ensemble, quand M. de Villèle, en novembre 1827, en appela aux élections pour se défendre de ses rivaux de chambre et de cour, nous prîmes résolûment notre part dans la lutte. Toutes les oppositions se réunirent. Sous la devise *Aide-toi, le ciel t'aidera,* une association publique se forma, dans laquelle des hommes très-divers d'idées générales et d'intentions définitives se rapprochèrent et se concertèrent dans l'unique dessein d'amener, par les moyens légaux, le changement de la majorité dans la Chambre des députés et la chute du cabinet. Je n'hésitai pas plus à y entrer avec mes amis que je n'avais hésité, en 1815, à me rendre seul à Gand pour porter au roi Louis XVIII les avis des royalistes constitutionnels. Les longues révolutions propagent les deux vices contraires, la témérité et la pusillanimité; les hommes y apprennent, les uns à se jeter en aveugles dans des entreprises insensées, les autres à s'abstenir lâchement de l'action la plus légitime et la plus nécessaire. Nous avions franchement combattu la politique du cabinet; il nous appelait lui-même dans l'arène électorale pour vider la querelle ; nous y entrâmes avec la même franchise, résolus à ne rien chercher de plus que de bonnes élections, et à accepter les difficultés comme les chances, d'abord de la lutte, puis du succès, si le succès nous venait.

Dans la *Biographie* que Béranger a écrite de lui-même, je lis ce paragraphe : « En tout temps, j'ai trop compté sur le peuple pour approuver les sociétés secrètes, véritables conspirations permanentes qui compromettent inutilement beaucoup d'existences, créent une foule de petites ambitions rivales, et subordonnent des questions de principe aux passions particulières. Elles ne tardent pas à enfanter les défiances, source de défections, de trahisons même, et finissent, quand on y appelle les classes ouvrières, par les corrompre au lieu de les éclairer..... La société *Aide-toi, le ciel t'aidera*, qui agissait ostensiblement, a seule rendu de véritables services à notre cause. ». La cause de M. Béranger et la nôtre étaient très-différentes : laquelle des deux profiterait le plus des services électoraux rendus par la société *Aide-toi, le ciel t'aidera ?* C'était du roi Charles X que devait bientôt dépendre la solution de cette question.

L'effet des élections de 1827 fut immense : elles dépassaient de beaucoup les craintes du cabinet et les espérances de l'opposition. J'étais encore en province quand ces résultats éclatèrent; un de mes amis m'écrivit de Paris : « La consternation du ministère, les maux de nerfs de M. de Villèle qui font appeler son médecin à trois heures du matin, l'agonie de M. de Corbières[1], la retraite de M. de Polignac à la campagne d'où il ne veut pas sortir quoiqu'il soit prié de revenir, la terreur du château, les chasses toujours brillantes du Roi, ces élections si inattendues, si surprenantes, si abasourdissantes, en voilà beaucoup plus qu'il n'en faudrait pour faire des prophéties, et se tromper probablement sur tous les résultats qu'on voudrait prévoir. » Le duc de Broglie, absent comme moi de Paris, regardait dans l'avenir avec une modération un peu plus confiante : « Il est difficile, m'écrivait-il, que le bon sens général qui a présidé à cette élection ne réagisse pas un peu sur les élus. Le ministère qui résultera du premier conflit sera certainement assez chétif; mais il faudra le soutenir et tâcher que personne ne prenne d'alarme. Il me revient déjà ici qu'on est en grand effroi des élections; si je ne me trompe, cet effroi est le danger du moment présent; si nous parvenons, après la chute du ministère actuel, à passer l'année tranquillement, nous aurons ville gagnée. »

Quand le ministère de M. de Villèle fut tombé, quand celui de M. de Martignac fut installé, un nouvel essai de gouvernement du centre commença, mais avec bien moins de forces et bien moins de chances de succès que celui qui, de 1816 à 1821, sous la direction simultanée ou alternative du duc de Richelieu et de M. Decazes, avait défendu, contre la domination du côté

---

[1] Il était en effet très-malade au moment de cette crise.

droit et du côté gauche, la France et la couronne. Le parti du centre, en 1816, formé dans un pressant péril du pays, avait puisé dans ce péril même une grande force, et n'avait eu affaire, soit à droite, soit à gauche, qu'à des oppositions ardentes, mais encore novices, mal organisées, et que le public tenait pour incapables de gouverner. En 1828, au contraire, le côté droit, à peine sorti du pouvoir après l'avoir possédé six ans, se croyait aussi près de le ressaisir que capable de l'exercer, et il attaquait avec une passion pleine d'espérance les successeurs improvisés qui le lui avaient ravi. D'autre part, le côté gauche et le centre gauche, rapprochés et presque confondus par six années d'opposition commune, s'entravaient mutuellement dans leurs rapports avec un cabinet qu'ils étaient appelés à soutenir quoiqu'il ne fût pas sorti de leurs rangs ; comme il arrive en pareil cas, les violents et les étourdis paralysaient ou compromettaient les sages, bien plus que ceux-ci ne réussissaient à diriger ou à contenir leurs incommodes compagnons. Menacé ainsi dans les Chambres par d'ambitieux et puissants rivaux, le pouvoir naissant n'y trouvait que des alliés tièdes ou gênés dans leur bon vouloir. Et tandis que, de 1816 à 1821, le roi Louis XVIII donnait au gouvernement du centre son sincère et actif concours, en 1828 le roi Charles X regardait le cabinet qui remplaçait autour de lui les chefs du côté droit comme un désagréable essai qu'il était obligé de subir, mais auquel il ne se prêtait qu'avec inquiétude, ne croyant pas au succès, et se promettant bien de ne pas pousser l'expérience au delà de la stricte nécessité.

Dans cette faible situation, deux hommes, M. de Martignac, comme chef réel du cabinet, sans le présider, et M. Royer-Collard, comme président de la Chambre des députés, donnaient seuls au pouvoir nouveau un peu de force et d'éclat; mais ils étaient loin de suffire à ses difficultés et à ses périls.

M. de Martignac a laissé à tous ceux qui l'ont connu, dans la vie publique ou privée, amis ou adversaires, un souvenir plein d'estime et de bienveillance. C'était un caractère facile, aimable, généreux, un esprit droit, prompt, fin, à la fois tranquille et libre; il avait une éloquence naturelle et habile, lumineuse, élégante, persuasive; il plaisait à ceux-là même qu'il combattait. J'ai entendu M. Dupont de l'Eure lui crier doucement de sa place, en l'écoutant : « Tais-toi, sirène. » En temps ordinaire et pour un régime constitutionnel bien établi, c'eût été un aussi utile qu'agréable ministre; mais il avait, dans la parole comme dans la conduite, plus de séduction que d'autorité, plus de charme que de puissance. Très-fidèle à sa cause et à ses amis, il ne portait pourtant, soit dans le gouvernement, soit dans les luttes politiques, ni cette énergie simple, passionnée, obstinée, ni cette insatiable soif de succès qui s'animent devant les obstacles ou dans les défaites, et qui entraînent souvent les volontés, même quand elles ne changent pas les esprits. Pour son propre compte, plus honnête et plus épicurien qu'ambitieux, il tenait à son devoir et à son plaisir plus qu'à son pouvoir. Ainsi, quoique bien venu du Roi comme des Chambres, il n'exerçait cependant, ni aux Tuileries, ni au Palais-Bourbon, ni l'empire, ni même l'influence que son excellent esprit et son rare talent auraient dû lui donner.

M. Royer-Collard au contraire était arrivé et siégeait au fauteuil de la Chambre des députés avec une autorité conquise par douze années de luttes parlementaires, et tout récemment confirmée par sept élections simultanées, et par l'éclatante marque d'estime que la Chambre et le Roi venaient de lui donner. Mais cette autorité, réelle dans l'ordre moral, était, dans l'ordre politique, peu active et peu efficace. Depuis la chute du système de gouvernement qu'il avait soutenu et sa propre élimination du Conseil d'État par M. de Serre, en 1820, M. Royer-Collard était, je ne dirai pas tombé, mais entré dans un profond découragement. Quelques phrases des lettres qu'il m'écrivait de sa terre de Châteauvieux, où il passait l'été, feront mieux connaître que toute description l'état de son âme à cette époque. Je choisis les plus courtes.

« 1er *août* 1823.—Il n'y a pas ici trace d'homme, et je ne sais que ce qu'on peut apprendre des journaux; mais je ne crois pas qu'il y ait rien de plus à savoir. En tout cas, je ne m'en soucie pas. Je n'ai plus de curiosité, et je sais bien pourquoi. J'ai perdu ma cause, et j'ai bien peur que vous ne perdiez aussi la vôtre; car vous l'aurez perdue, le jour où elle sera devenue mauvaise. Dans ces tristes pensées, le cœur se serre, mais il ne se résigne pas. »

« 27 *août* 1826. Il n'y a point de plus parfaite et plus innocente solitude que celle où j'ai vécu jusqu'à cette semaine, qui a ramené M. de Talleyrand à Valençay. Votre lettre et sa conversation, voilà uniquement par où je suis encore de ce monde. Je n'ai jamais si bien goûté ce genre de vie : quelques études, les méditations qu'elles nourrissent, la promenade en famille, et l'intérêt d'une petite administration. Cependant, dans cette profonde paix, à la vue de ce qui se passe et de ce qui nous attend, la fatigue d'une longue vie, toute consumée en vœux impuissants et en espérances trompées, se fait quelquefois sentir. J'espère n'y point succomber : à défaut d'illusions, il y a des devoirs qui ont encore leur empire. »

« 22 *octobre* 1826. Après avoir pleinement joui cette année de la campagne et de la solitude, je rentrerai avec plaisir dans la société des esprits. Elle est bien calme aujourd'hui, cette société-là ; mais sans tirer le canon, elle gagne du chemin, et elle établit insensiblement sa puissance. Je ne me fais pas d'idée de la session prochaine. Je crois que c'est par habitude et réminiscence qu'on fait encore attention à la Chambre des députés. Elle est d'un autre monde. Notre temps est encore bien éloigné. La fortune vous a jeté dans le seul genre de vie qui ait aujourd'hui de la noblesse et de l'utilité. Elle a bien fait pour vous et pour nous. »

M. Royer-Collard était trop ambitieux et trop abattu.

Les choses humaines ne permettent pas tant d'exigence et offrent plus de ressources. Il n'en faut pas tant attendre, ni sitôt désespérer. Les élections de 1827, l'avénement du ministère Martignac et sa propre élévation à la présidence de la Chambre des députés tirèrent un peu M. Royer-Collard de sa tristesse, mais sans lui rendre grande confiance. Content de sa situation personnelle, il soutenait et secondait, dans la Chambre, le cabinet, mais sans s'associer intimement à sa politique, gardant l'attitude d'un allié bienveillant qui ne veut pas être responsable. Dans ses rapports avec le Roi, il se tenait dans la même réserve, disant la vérité et donnant les plus sages conseils, mais sans que la pensée pût jamais venir qu'il était prêt à mettre en pratique la politique forte et conséquente qu'il conseillait. Charles X l'écoutait avec bienveillance et surprise, confiant dans sa loyauté, mais le comprenant peu, et le regardant comme un honnête homme entiché d'idées inapplicables ou même périlleuses. Sincèrement dévoué au Roi et ami du cabinet, M. Royer-Collard les servait utilement dans leurs affaires ou leurs périls de chaque jour, mais en se tenant à part de leur destinée comme de leurs actes, et sans leur apporter, par son concours, la force qui semblait devoir s'attacher à la supériorité de son esprit et à l'autorité de son nom.

Je ne rentrai pas à cette époque dans les affaires ; je ne le recherchai point et le cabinet ne me le proposa point. Nous avions raison de part et d'autre. M. de Martignac sortait des rangs du parti de M. de Villèle, et avait besoin de le ménager; il ne lui convenait pas de se rapprocher intimement de ses adversaires. Pour mon compte, même quand je l'approuve comme nécessaire, je suis peu propre à servir une politique flottante qui cherche des transactions et des expédients, au lieu de mettre en pratique des maximes décidées et déclarées. De loin, je pouvais et je voulais soutenir le nouveau ministère. De près, je l'aurais compromis. J'eus pourtant ma part dans la victoire : sans me rappeler aux fonctions de conseiller d'État, on m'en rendit le titre, et le ministre de l'instruction publique, M. de Vatimesnil, autorisa la réouverture de mon cours.

Je garde de la Sorbonne, où je rentrai alors, et de l'enseignement que j'y donnai pendant deux ans, un profond souvenir. C'est une époque dans ma vie, et peut-être m'est-il permis aussi de dire un moment d'influence dans mon pays. Plus soigneusement encore qu'en 1821, je tins mon cours en dehors de toute politique. Non-seulement je ne voulais faire au ministère Martignac aucune opposition, mais je me serais fait scrupule de lui causer le moindre embarras. Je me proposais d'ailleurs un but assez grand pour me préoccuper exclusivement. Je voulais étudier et peindre, dans leur développement parallèle et leur action réciproque, les éléments divers de notre société française, le monde romain, les barbares, l'Église chrétienne, le régime féodal, la papauté, la chevalerie, la royauté, les communes, le tiers état, la Renaissance, la Réforme. Non-seulement pour satisfaire la curiosité scientifique ou philosophique du public, mais dans un double but pratique et actuel : je voulais montrer que les efforts de notre temps pour établir dans l'État un régime de garanties et de libertés politiques n'avaient rien de nouveau ni d'étrange ; que dans le cours de son histoire, plus ou moins obscurément, plus ou moins malheureusement, la France avait, à plusieurs reprises, poursuivi ce dessein ; et qu'en s'y jetant avec passion, la génération de 1789 avait eu raison et tort ; raison de reprendre la grande tentative de ses pères, tort de s'en attribuer l'invention comme l'honneur, et de se croire appelée à créer, avec ses seules idées et ses seules volontés, un monde tout nouveau. J'avais ainsi à cœur, tout en servant la cause de notre société actuelle, de ramener parmi nous un sentiment de justice et de sympathie envers nos anciens souvenirs, nos anciennes mœurs, envers cette ancienne société française qui a laborieusement et glorieusement vécu pendant quinze siècles pour amasser cet héritage de civilisation que nous avons recueilli. C'est un désordre grave et un grand affaiblissement chez une nation que l'oubli et le dédain de son passé. Elle peut, dans une crise révolutionnaire, se soulever contre des institutions vieillies et insuffisantes ; mais quand ce travail de destruction est accompli, si elle continue à ne tenir nul compte de son histoire, si elle se persuade qu'elle a complétement rompu avec les éléments séculaires de sa civilisation, ce n'est pas la société nouvelle qu'elle fonde, c'est l'état révolutionnaire qu'elle perpétue. Quand les générations qui possèdent pour un moment la patrie ont l'absurde arrogance de croire qu'elle leur appartient à elles seules, et que le passé en face du présent, c'est la mort en face de la vie, quand elles repoussent ainsi l'empire des traditions et des liens qui unissent entre elles les générations successives, c'est le caractère distinctif et éminent du genre humain, c'est son honneur même et sa grande destinée qu'elles renient; et les peuples qui tombent dans cette grossière erreur tombent aussi dans l'anarchie et l'abaissement, car Dieu ne souffre pas que la nature et les lois de ses œuvres soient à ce point impunément méconnues et outragées.

Ce fut, dans mon cours de 1828 à 1830, ma pensée dominante de lutter contre ce mal des esprits, de les ramener à une appréciation intelligente et impartiale de notre ancien état social, et de contribuer ainsi, pour ma part, à rétablir entre les éléments divers de notre société, anciens et nouveaux, monarchiques, aristocratiques et démocratiques, cette estime mutuelle et cette harmonie qu'un accès de fièvre révolutionnaire peut suspendre, mais qui redeviennent bientôt indispensables à la liberté comme à la prospérité des citoyens, à la force comme au repos de l'État.

J'avais quelque droit de penser que je réussissais un peu dans mon dessein. Mes auditeurs, nombreux et divers, jeunes gens et hommes faits, français et étrangers, prenaient aux idées que je développais devant eux un vif intérêt. Elles se rattachaient, sans s'y asservir, à l'état général de leur esprit, en sorte qu'elles avaient à la fois, pour eux, l'attrait de la sympathie et celui de la nouveauté. Ils se sentaient, non pas rejetés dans des voies rétrogrades, mais redressés et poussés en avant dans les voies d'une pensée équitable et libre. A côté de mon enseignement historique, sans aucun concert et malgré de profondes différences entre nous, l'enseignement littéraire et l'enseignement philosophique recevaient de mes deux amis, MM. Villemain et Cousin, un caractère et une impulsion analogues. Des souffles divers portaient le même mouvement dans les esprits. Nous avions à cœur de les animer sans les agiter. Nous n'étions nullement préoccupés des événements et des questions du jour, et nous ne ressentions nulle envie de les rappeler au public qui nous entourait. Nous pensions librement et tout haut sur les grands intérêts, les grands souvenirs et les grandes espérances de l'homme et des sociétés humaines, ne nous souciant que de propager nos idées, point indifférents sur leurs résultats possibles, mais point impatients de les atteindre, heureux du mouvement intellectuel au centre duquel nous vivions, et confiants dans l'empire de la vérité que nous nous flattions de posséder et de la liberté dont nous jouissions.

Il eût été bon certainement pour nous, et je crois aussi pour le pays, que cette situation se prolongeât quelque temps, et que les esprits s'affermissent dans ces sereines méditations avant d'être rejetés dans les passions et les épreuves de la vie active. Mais, comme il arrive presque toujours, les fautes des hommes vinrent interrompre le progrès des idées en précipitant le cours des événements. Le ministère Martignac mettait en pratique la politique constitutionnelle : deux lois, sincèrement présentées et bien discutées, avaient donné, l'une à l'indépendance et à la vérité des élections, l'autre à la liberté de la presse, d'efficaces garanties. Une troisième loi, proposée à l'ouverture de la session de 1829, assurait au principe électif une part dans l'administration des départements et des communes, et imposait au pouvoir central, pour les affaires locales, des règles et des limites nouvelles. On pouvait trouver ces concessions ou trop larges, ou trop restreintes ; en tout cas, elles étaient réelles, et les partisans des libertés publiques n'avaient rien de mieux à faire que de les accepter et de s'y établir. Mais dans le parti libéral, qui avait jusque-là soutenu le cabinet, deux esprits très-peu politiques, l'esprit d'impatience et l'esprit de système, la recherche de la popularité et la rigueur de la logique ne voulurent pas se contenter de ces conquêtes incomplètes et lentes. Le côté droit, en s'abstenant de voter, laissa les ministres aux prises avec les exigences de leurs alliés. Malgré les efforts de M. de Martignac, un amendement, plus grave en apparence qu'en réalité, porta, au système de la loi sur l'administration départementale, quelque atteinte. Auprès du Roi comme dans les Chambres, le ministère était au bout de son crédit : hors d'état d'obtenir du Roi ce qui eût satisfait les Chambres et des Chambres ce qui eût rassuré le Roi, il déclara lui-même, en retirant brusquement les deux projets de loi, sa double impuissance, et resta debout, mais mourant.

Comment serait-il remplacé? La question demeura incertaine pendant trois mois. Trois hommes seuls, M. Royer-Collard, M. de Villèle et M. de Chateaubriand, semblaient en mesure de former sans secousse, quoique dans des nuances très-diverses, une administration nouvelle. Les deux premiers étaient d'avance hors de cause. Ni le Roi ni les Chambres ne pensaient à faire de M. Royer-Collard un premier ministre. Il y avait probablement pensé plus d'une fois lui-même, car toutes les hardiesses traversaient son esprit dans ses rêveries solitaires; mais c'étaient, pour lui, des satisfactions intérieures, non des ambitions véritables; si on lui eût proposé le pouvoir, il l'eût certainement refusé; il avait trop peu de confiance dans l'avenir, et, pour son propre compte, trop de fierté pour courir un tel risque de ne pas réussir.

M. de Villèle, encore sous le coup de l'accusation entamée contre lui en 1828 et restée en suspens dans la Chambre des députés, avait formellement refusé de se rendre à la session de 1829, se tenait à l'écart dans sa terre, près de Toulouse, et ne pouvait évidemment rentrer au pouvoir en présence de la Chambre qui l'en avait renversé. Ni le Roi, ni lui-même, n'auraient consenti, je pense, à courir en ce moment les chances d'une nouvelle dissolution.

M. de Chateaubriand était à Rome. A la formation du ministère Martignac, il avait accepté cette ambassade, et il suivait de là, avec un mélange d'ambition et de dédain, les oscillations de la politique et de la situation des ministres à Paris. Quand il apprit qu'ils avaient été battus et qu'ils pourraient bien être obligés de se retirer, il entra dans une vive agitation : « Vous jugez bien, écrivit-il à madame Récamier, quelle a été ma surprise à la nouvelle du *retrait* des deux lois. L'amour-propre blessé rend les hommes enfants et les conseille bien mal. Maintenant, que va devenir tout cela? Les ministres essayeront-ils de rester? S'en iront-ils partiellement ou tous ensemble? Qui leur succédera? Comment composer un ministère? Je vous assure qu'à part la peine cruelle de ne pas vous revoir, je me réjouirais d'être ici à l'écart, et de n'être pas mêlé dans toutes ces inimitiés, dans toutes ces déraisons, car je trouve que tout le monde a tort... Écoutez bien ceci; voici quelque chose de plus explicite : si par hasard on m'offrait de me rendre le portefeuille des affaires étrangères (ce que je ne crois nullement), je ne le refuserais pas. J'irais à Paris; je parlerais au Roi; j'arrangerais un ministère dont je ne serais pas, et je proposerais pour moi, pour m'attacher à mon ouvrage, une position qui nous conviendrait. Je pense, vous le savez, qu'il convient à mon honneur ministériel, et pour me venger de l'injure que m'a faite Villèle, que le portefeuille des affaires étrangères me soit un moment rendu. C'est la seule manière honorable que j'aie de rentrer dans l'administration. Mais cela fait, je me retire aussitôt, à la grande satisfaction de tous les prétendants, et je passe en paix, auprès de vous, le reste de ma vie [1]. »

M. de Chateaubriand ne fut point appelé à jouir de cette vengeance superbe et à faire cette démonstration généreuse. Pendant qu'il la rêvait encore dans les Pyrénées, où il était allé se reposer des soins du conclave qui donna Pie VIII pour successeur à Léon XII, le prince de Polignac, mandé de Londres par le Roi, arriva le 27 juillet à Paris, et le 9 août, huit jours après la clôture de la session, son cabinet parut dans le *Moniteur*.

Que se proposait-il? Que ferait-il? Personne ne le savait, pas plus M. de Polignac et le Roi lui-même que le public. Mais Charles X avait arboré sur les Tuileries le drapeau de la contre-révolution. La politique redevint aussitôt la préoccupation passionnée des esprits. De toutes parts, on prévoyait dans la session prochaine une lutte ardente; on se pressait d'avance autour de l'arène, cherchant à pressentir ce qui s'y passerait et comment on y pourrait prendre place. Le 15 octobre 1829, la mort du savant chimiste, M. Vauquelin, fit vaquer un siége dans la Chambre des députés, où il représentait les arrondissements de Lisieux et de Pont-l'Évêque, qui formaient le quatrième arrondissement électoral du département du Calvados. Des hommes considérables du pays vinrent m'offrir de me porter à sa place. Je n'avais jamais habité ni même visité cet arrondissement. Je n'y possédais point de propriétés.

---

[1] Lettres des 23 février et 20 avril 1829.

Mais, depuis 1820, mes écrits politiques et mon cours avaient popularisé mon nom. Les jeunes gens m'étaient partout favorables. Les hommes modérés et les libéraux vifs comptaient sur moi avec la même confiance pour défendre, dans le péril, leur cause. Dès qu'elle fut connue à Lisieux et à Pont-l'Évêque, la proposition y fut bien accueillie. Toutes les nuances de l'opposition, M. de La Fayette et M. de Chateaubriand, M. d'Argenson et le duc de Broglie, M. Dupont de l'Eure et M. Bertin de Vaux appuyèrent ma candidature. Absent, mais soutenu par un vif mouvement d'opinion dans le pays, je fus élu, le 23 janvier 1830, à une forte majorité.

Au même moment, M. Berryer, que jusque-là son âge avait tenu, comme moi, éloigné de la Chambre des députés, y était élu par le département de la Haute-Loire, où un siége se trouvait aussi vacant.

Le lendemain du jour où mon élection fut connue à Paris, je faisais mon cours à la Sorbonne; au moment où j'entrai dans la salle, l'auditoire entier se leva et des applaudissements éclatèrent. Je me hâtai de les arrêter en disant : « Je vous remercie de tant de bienveillance; j'en suis vivement touché. Je vous demande deux choses : la première, de me la garder toujours; la seconde, de ne plus me la témoigner ainsi. Rien de ce qui se passe au dehors ne doit retentir dans cette enceinte; nous y venons faire de la science, de la science pure; elle est essentiellement impartiale, désintéressée, étrangère à tout événement extérieur, grand ou petit. Conservons-lui toujours ce caractère. J'espère que votre sympathie me suivra dans la nouvelle carrière où je suis appelé; j'oserai même dire que j'y compte. Votre attention silencieuse est ici la meilleure preuve que j'en puisse recevoir. »

# CHAPITRE VIII

### L'ADRESSE DES 221.

Attitude à la fois menaçante et inactive du ministère. — Fermentation légale du pays.— Associations pour le refus éventuel de l'impôt non voté.— Caractère et état d'esprit de M. de Polignac.— Nouvelle physionomie de l'opposition. — Ouverture de la session.—Discours du Roi.—Adresse de la Chambre des pairs. — Préparation de l'Adresse de la Chambre des députés. — Perplexité du parti modéré et de M. Royer-Collard. —Débat de l'Adresse.— Début simultané dans la Chambre de M. Berryer et de moi. — Présentation de l'Adresse au Roi. — Prorogation de la session. — Retraite de MM. de Chabrol et Courvoisier.—Dissolution de la Chambre des députés.— Mon voyage à Nîmes pour les élections. — Leur vrai caractère.— Dispositions de Charles X.

(1830.)

Soit que les regards s'arrêtent sur la vie d'un homme ou sur celle d'un peuple, il n'y a guère de spectacle plus saisissant que celui d'un grand contraste entre la surface et le fond, l'apparence et la réalité des choses. La fermentation sous l'immobilité, ne rien faire et s'attendre à tout, voir le calme et prévoir la tempête, c'est peut-être, de toutes les situations humaines, la plus fatigante pour l'âme et la plus impossible à supporter longtemps.

C'était là, à l'ouverture de l'année 1830, notre situation à tous, gouvernement et nation, ministres et citoyens, amis et adversaires du pouvoir. Personne n'agissait et tous se préparaient pour des chances inconnues. Nous menions notre train de vie ordinaire, et nous nous sentions à la veille du chaos.

Je continuais tranquillement mon cours à la Sorbonne. Là où M. de Villèle et l'abbé Frayssinous m'avaient faire taire, M. de Polignac et M. Guernon-Ranville me laissaient parler. En jouissant de cette liberté, je gardais avec scrupule ma réserve accoutumée, tenant plus que jamais mon enseignement en dehors de toutes les questions de circonstance, et ne recherchant pas plus la faveur populaire que si j'avais craint de perdre celle du pouvoir. Tant que la Chambre n'était pas assemblée, mon nouveau titre de député ne m'imposait aucune démarche, aucune démonstration, et je n'en cherchais point d'occasion factice. Parmi leurs commérages de ville et de cour, des journaux de l'extrême droite affirmèrent que des réunions de députés avaient lieu chez l'ancien président de la Chambre. M. Royer-Collard écrivit sur-le-champ au *Moniteur* : « Il est positivement faux qu'il y ait eu chez moi aucune réunion de députés depuis la clôture de la session de 1829. C'est tout ce que j'ai à dire ; j'aurais honte de démentir formellement des bruits absurdes, où le Roi n'est pas plus respecté que la vérité. » Sans me croire astreint à une aussi sévère abstinence que M. Royer-Collard, j'évitais avec soin tout entraînement d'opposition ; nous avions à cœur, mes amis et moi, de ne fournir aucun prétexte aux fautes du pouvoir.

Mais, dans cette vie tranquille et réservée, j'étais ardemment préoccupé de ma situation nouvelle et de mon rôle futur dans le sort si incertain de mon pays. J'en passais et repassais dans mon esprit toutes les chances, les regardant toutes comme possibles et voulant me tenir prêt à toutes, même à celles que je souhaitais le plus d'écarter. Il n'y a point de faute plus grave pour le pouvoir que de lancer les imaginations dans les ténèbres; un grand effroi public est pire qu'un grand mal, surtout quand les perspectives obscures de l'avenir suscitent les espérances des ennemis et des brouillons autant que les alarmes des honnêtes gens et des amis. Je vivais au milieu des uns et des autres. Quoiqu'elle n'eût plus rien à faire pour le but électoral qui l'avait fait instituer en 1827, la société *Aide-toi, le ciel t'aidera*, subsistait toujours, et je continuais d'en faire partie. Sous le ministère Martignac, j'avais jugé utile d'y rester pour travailler à modérer un peu les exigences et les impatiences de l'opposition extérieure, si puissante sur l'opposition parlementaire. Depuis que le ministère Polignac était formé et qu'on en pouvait tout redouter, je tenais à conserver quelque influence dans cette réunion d'opposants de toute sorte, constitutionnels, républicains, bonapartistes, qui pouvait, dans un jour de crise, exercer elle-même tant d'influence sur le sort du pays. Ma part de popularité était, dans ce moment, assez grande, surtout auprès des jeunes gens et des libéraux ardents, mais sincères; j'en jouissais, et je me promettais d'en faire un bon usage, quel que fût l'avenir.

La disposition du public ressemblait à la mienne, tranquille aussi à la surface, et au fond très-agitée. On ne conspirait point, on ne se soulevait point, on ne s'assemblait point tumultueusement; mais on s'attendait et on se préparait à tout. En Bretagne, en Normandie, en Bourgogne, en Lorraine, à Paris, des associations se formaient publiquement pour le refus de l'impôt si le gouvernement tentait de le percevoir sans vote légal des Chambres légales. Le gouvernement faisait poursuivre les journaux qui avaient annoncé ces associations; quelques tribunaux acquittaient les gérants; d'autres, la Cour royale de Paris entre autres, les condamnaient, mais à des peines légères, « pour avoir excité à la haine et au mépris du gouvernement du Roi, en lui imputant l'intention criminelle soit de percevoir des impôts qui n'auraient pas été consentis par les deux Chambres, soit de changer illégalement le mode d'élection, soit même de révoquer la Charte constitutionnelle qui a été octroyée et concédée à toujours, et qui règle les droits et les devoirs de tous les pouvoirs publics. » Les journaux ministériels sentaient leur parti et leurs patrons tellement atteints eux-mêmes par cet arrêt qu'en le publiant ils en supprimaient les considérants.

En présence de cette opposition à la fois si décidée et si contenue, le ministère restait timide et inactif. Évidemment il avait peur de lui-même et de l'opinion qu'on avait de lui. Déjà un an auparavant, à l'ouverture de la session de 1829, quand le cabinet Martignac était encore debout et le département des affaires étrangères vacant par la retraite de M. de La Ferronnays, M. de Polignac avait tenté, dans le débat de l'Adresse à la Chambre des pairs, de dissiper, par une profession de foi constitutionnelle, les préventions dont il était l'objet. Ses assurances d'attachement à la Charte n'étaient point, de sa part, un simple calcul ambitieux et hypocrite; il se tenait réellement pour ami du gouvernement constitutionnel et n'en méditait point la destruction. Seulement, dans la médiocrité de son esprit et la confusion de ses idées, ne comprenant bien ni la société anglaise qu'il voulait imiter, ni la société française qu'il voulait réformer, il croyait la Charte conciliable avec la prépondérance politique de l'ancienne noblesse et la suprématie définitive de l'ancienne royauté, et il se flattait de développer les institutions nouvelles en les faisant servir à la domination des influences qu'elles avaient précisément pour objet d'abolir ou de limiter. On ne saurait mesurer la portée des illusions consciencieuses que peut se faire un esprit faible avec ardeur, commun avec élévation, et mystiquement vague et subtil. M. de Polignac s'étonnait sincèrement qu'on ne voulût pas l'accepter comme un ministre dévoué au régime constitutionnel. Mais le public, sans s'inquiéter de savoir s'il était ou non sincère, persistait à voir en lui le champion de l'ancien régime et le porte-drapeau de la contre-révolution.

Troublé de ce renom et craignant de le confirmer par ses actes, M. de Polignac ne faisait rien. Ce cabinet, formé pour dompter la révolution et sauver la monarchie, demeurait inerte et stérile. L'opposition le taxait d'impuissance avec insulte; elle l'appelait « le ministère matamore, le plus coi des ministères; » et, pour toute réponse, il préparait l'expédition d'Alger et convoquait la session des Chambres, protestant toujours de sa fidélité à la Charte et se promettant, pour sortir d'embarras, la majorité et une conquête.

M. de Polignac ignorait que ce n'est pas seulement par ses propres actes qu'un ministre gouverne, ni de lui-même seulement qu'il répond. Pendant qu'il essayait d'échapper à sa réputation par l'inaction et le silence, ses amis, ses fonctionnaires, ses écrivains, tout son parti, maîtres et serviteurs, parlaient et agissaient bruyamment autour de lui. Il s'indignait qu'on discutât, comme une hypothèse, la perception d'impôts non votés par les Chambres; et, au même moment, le procureur général près la Cour royale de Metz, M. Pinaud, disait dans un réquisitoire: « L'article XIV de la Charte assure au Roi un moyen de résister aux majorités électorales ou électives. Si donc, renouvelant les jours de 1792 et 1793, la majorité refusait l'impôt, le Roi devrait-il livrer sa couronne au spectre de la Convention? Non; mais il devra maintenir son droit et se sauver du danger par des moyens sur lesquels il convient de garder le silence. » Le 1er janvier, la Cour royale de Paris, qui venait de faire preuve de son ferme attachement à la

Charte, se présenta, selon l'usage, aux Tuileries; le Roi la reçut et lui parla avec une sécheresse marquée; et comme, en arrivant devant la Dauphine, le premier président se disposait à lui adresser son hommage : « Passez, passez, » lui dit-elle brusquement, et en passant en effet, M. Séguier demanda au maître des cérémonies, M. de Rochemore : « Monsieur le marquis, pensez-vous que la Cour doive inscrire la réponse de la princesse sur ses registres ? » Un magistrat en grande faveur auprès des ministres, M. Cottu, honnête homme crédule et léger, publiait un écrit intitulé : *De la Nécessité d'une dictature.* Un publiciste, raisonneur fanatique et sincère, M. Madrolle, dédiait à M. de Polignac un Mémoire où il soutenait la nécessité de refaire la loi des élections par une ordonnance. « Ce qu'on appelle coup d'État, disaient des journaux importants et amis avoués du cabinet, est quelque chose de social et de régulier lorsque le Roi agit dans l'intérêt général du peuple, agît-il même en apparence contre les lois. » En fait, la France était tranquille et l'ordre légal en pleine vigueur; ni de la part du pouvoir, ni de la part du peuple, aucune violence n'avait provoqué la violence; et on discutait hautement les violences suprêmes! on proclamait l'imminence des révolutions, la dictature de la royauté, la légitimité des coups d'État!

Un peuple peut, dans un jour de pressant péril, accepter un coup d'État comme une nécessité; mais il ne saurait, sans honte et décadence, accepter en principe les coups d'État comme la base permanente de son droit public et de son gouvernement. Or, c'était précisément là ce que prétendaient imposer à la France M. de Polignac et ses amis. Selon eux, le pouvoir absolu de l'ancienne royauté restait toujours au fond de la Charte; et ils prenaient, pour l'en tirer et le déployer, un moment où aucun complot actif, aucun péril visible, aucun grand trouble public ne menaçaient ni le gouvernement du Roi, ni l'ordre de l'État. Il s'agissait uniquement de savoir si la Couronne pouvait, dans le choix et le maintien de ses ministres, ne tenir définitivement aucun compte des sentiments de la majorité des Chambres et du pays, et si, en dernière analyse, après toutes les épreuves constitutionnelles, c'était la seule volonté royale qui devait prévaloir. La formation du ministère Polignac avait été, de la part du roi Charles X, un coup de tête encore plus qu'un cri d'alarme, un défi agressif autant qu'un acte de défiance. Inquiet, non-seulement pour la sûreté de son trône, mais pour ce qu'il regardait comme le droit inaliénable de sa couronne, il avait pris, pour le maintenir, l'attitude la plus offensante pour sa nation. Il la bravait encore plus qu'il ne s'en défendait. Ce n'était plus une lutte entre des partis et des systèmes divers de gouvernement, mais une question de dogme politique et une affaire d'honneur entre la France et son Roi.

Devant une question ainsi posée, les passions et les intentions hostiles à l'ordre établi ne pouvaient manquer de reprendre espérance et de rentrer en scène. La souveraineté du peuple était toujours là, bonne à évo-

quer en face de la souveraineté du Roi. Les coups
d'État populaires devaient se laisser entrevoir, prêts à
répondre aux coups d'État royaux. Le parti qui n'avait
jamais sérieusement cru ni adhéré à la Restauration
avait de nouveaux interprètes, destinés à devenir bientôt de nouveaux chefs, et plus jeunes, plus sensés, plus
habiles que leurs prédécesseurs. On ne conspira point;
on ne se souleva nulle part; les menées secrètes et les
séditions bruyantes furent également délaissées; on
tint une conduite à la fois plus hardie et plus modérée,
plus prudente et plus efficace. On fit appel à la discussion publique des exemples de l'histoire et des chances
de l'avenir. Sans attaquer directement le pouvoir régnant, on usa contre lui des libertés légales jusqu'à
leur dernière limite, trop clairement pour être taxé
d'hypocrisie, trop adroitement pour être arrêté dans
ce travail ennemi. Dans les organes sérieux et intelligents du parti, comme le *National*, on ne revenait point
aux théories anarchiques, aux constitutions révolutionnaires; on s'enfermait dans cette Charte d'où la royauté
semblait si près de sortir; on en expliquait assidûment
le sens; on en réclamait rudement la complète et sincère exécution; on faisait nettement pressentir que les
droits nationaux mis en question mettaient en question
les dynasties. On se montrait décidé et prêt, non pas à
devancer, mais à accepter sans hésitation l'épreuve
suprême qui s'avançait, et dont chaque jour on faisait
suivre clairement au public le rapide progrès.

Pour les royalistes constitutionnels qui avaient sincèrement travaillé à fonder la Restauration avec la Charte, la conduite à tenir, quoique moins périlleuse, était plus complexe et plus difficile. Comment repousser, sans lui porter à elle-même un coup mortel, le coup dont la royauté menaçait les institutions? Fallait-il se tenir sur la défensive, attendre que le cabinet fît des actes, présentât des mesures réellement hostiles aux intérêts ou aux libertés de la France, et les repousser alors, après en avoir clairement dévoilé, dans le débat, le caractère et le but? Fallait-il prendre une initiative plus hardie et arrêter le cabinet dès ses premiers pas, pour prévenir des luttes inconnues que plus tard il serait peut-être impossible de diriger ou de contenir? C'était là, quand les Chambres se réunirent, la question pratique qui préoccupait souverainement les esprits étrangers à toute hostilité préméditée et à tout secret désir de nouveaux hasards.

Deux figures sont restées, depuis 1830, gravées dans ma mémoire : le roi Charles X au Louvre, le 2 mars, ouvrant la session des Chambres, et le prince de Polignac au Palais-Bourbon, les 15 et 16 mars, assistant à la discussion de l'adresse des 221. L'attitude du Roi était, comme à son ordinaire, noble et bienveillante, mais mêlée d'agitation contenue et d'embarras; il lut son discours avec quelque précipitation, quoique avec douceur, comme pressé d'en finir; et quand il en vint à la phrase qui, sous une forme modérée, contenait une menace royale[1], il l'accentua avec plus d'affec-

[1] « Pairs de France, députés des départements, je ne doute

tation que d'énergie. En y portant la main, il laissa tomber son chapeau, que le duc d'Orléans releva et lui rendit en pliant le genou avec respect. Parmi les députés, les acclamations du côté droit étaient plus bruyantes que joyeuses, et il était difficile de démêler si, dans le silence du reste de la Chambre, il y avait plus de tristesse ou de froideur. Quinze jours après, à la Chambre des députés, au sein du comité secret où l'Adresse fut débattue, dans cette vaste salle vide de spectateurs, M. de Polignac était à son banc, immobile et peu entouré, même de ses amis, avec l'air d'un homme dépaysé et surpris, jeté dans un monde qu'il connaît mal et où il est mal venu, et chargé d'une mission difficile dont il attend l'issue avec une dignité inerte et impuissante. On lui fit, dans le cours du débat, sur un acte du ministère à propos des élections, un reproche auquel il répondit gauchement, par quelques paroles courtes et confuses, comme ne comprenant pas bien l'objection, et pressé de regagner sa place. Pendant que j'étais à la tribune, mes regards rencontrèrent les siens, et je fus frappé de leur expression de curiosité étonnée. Évidemment, au moment où ils faisaient acte de vo-

---

point de votre concours pour opérer le bien que je veux faire. Vous repousserez avec mépris les perfides insinuations que la malveillance cherche à propager. Si de coupables manœuvres suscitaient à mon gouvernement des obstacles que je ne peux pas, que je ne veux pas prévoir, je trouverais la force de les surmonter dans ma résolution de maintenir la paix publique, dans la juste confiance des Français, et dans l'amour qu'ils ont toujours montré pour leur Roi. »

lonté hardie, ni le Roi ni son ministre n'étaient à leur aise; il y avait dans les deux personnes, dans leur physionomie comme dans leur âme, un mélange de résolution et de faiblesse, de confiance et de trouble, qui en même temps attestait l'aveuglement de l'esprit et trahissait le pressentiment du malheur.

Nous attendions avec impatience l'Adresse de la Chambre des pairs. Son énergie eût accrédité la nôtre. Elle ne fut, quoi qu'on en ait dit, ni aveugle ni servile, mais elle ne fut point énergique. Elle recommanda le respect des institutions et des libertés nationales. Elle protesta contre le despotisme aussi bien que contre l'anarchie. Son inquiétude et même son blâme perçaient à travers la réserve de ses paroles; mais elles furent ternes et dénuées de puissance. L'unanimité qu'elles obtinrent n'attesta que leur nullité. M. de Chateaubriand seul, tout en les louant, les trouva insuffisantes. La Cour s'en déclara satisfaite. La Chambre sembla vouloir acquitter sa conscience et s'affranchir de toute responsabilité dans les maux qu'elle prévoyait, plutôt que faire vraiment effort pour les prévenir : « Si la Chambre des pairs eût parlé plus clair,» me dit M. Royer-Collard peu après la révolution, « elle eût peut-être arrêté le Roi sur le penchant de l'abîme et empêché les ordonnances. » Mais la Chambre des pairs avait peu de confiance dans sa propre force pour conjurer le péril, et elle craignait de l'aggraver en le signalant avec éclat. Le poids de la situation porta tout entier sur la Chambre des députés.

La perplexité y était grande. Grande dans la majorité sincèrement royaliste, dans la commission chargée de rédiger l'Adresse, dans l'âme de M. Royer-Collard qui présidait la commission comme la Chambre, et y exerçait une influence prépondérante. Un sentiment général prévalait : on voulait arrêter le Roi dans la voie funeste où il était entré, et on n'espérait y réussir qu'en plaçant devant lui un obstacle qu'il lui fût à lui-même impossible de méconnaître. Évidemment, quand il avait renvoyé M. de Martignac et appelé M. de Polignac, ce n'était pas seulement à ses craintes de Roi, c'était aussi, et surtout, à ses passions d'ancien régime que Charles X avait obéi. Il fallait que le péril de cette pente lui fût démontré, et que là où la prudence n'avait pas suffi, l'impossibilité se fît sentir. En témoignant sans délai et sans détour son défaut de confiance dans le cabinet, la Chambre ne dépassait point son droit; elle exprimait sa propre pensée sans contester au Roi la liberté de la sienne et son droit d'en appeler au pays par la dissolution. Elle agissait sérieusement et honnêtement; elle renonçait aux paroles ambiguës et vaines pour mettre en pratique les mœurs franches et fortes du régime constitutionnel. C'était pour elle le seul moyen de rester en harmonie avec le sentiment public, si vivement excité, et de le contenir en lui donnant une satisfaction légitime. Et l'on pouvait espérer qu'un langage à la fois ferme et loyal serait efficace autant qu'il était nécessaire, car déjà, en pareille situation, le Roi ne s'était point montré intraitable : n'avait-il pas, deux ans auparavant, en janvier 1828, renvoyé presque sans combat M. de Villèle quand une majorité décidément contraire à son cabinet était sortie des élections?

Pendant cinq jours, la commission de l'Adresse dans ses séances, et M. Royer-Collard dans ses réflexions solitaires comme dans ses conversations intimes avec ses amis, pesèrent scrupuleusement ces considérations et toutes les phrases, tous les mots du projet. M. Royer-Collard n'était pas seulement un vrai royaliste : c'était un esprit enclin au doute et à l'inquiétude, perplexe dans ses résolutions bien qu'affirmatif et hautain dans son langage, assailli d'impressions changeantes à mesure qu'il considérait les diverses faces des choses, et redoutant les grandes responsabilités. Depuis deux ans, il avait vu Charles X de près, et plus d'une fois, pendant le ministère Martignac, il avait dit aux hommes sensés de l'opposition : « Ne poussez pas trop vivement le Roi; personne ne sait à quelles folies il pourrait se porter. » Mais au point où les choses en étaient venues, appelé lui-même à représenter les sentiments et à maintenir l'honneur de la Chambre, M. Royer-Collard ne croyait pas pouvoir se dispenser de porter la vérité au pied du trône, et il se flattait qu'en s'y présentant respectueuse et affectueuse, elle y serait, en 1830 comme en 1828, sinon bien accueillie, du moins subie sans explosion funeste.

L'Adresse eut en effet ce double caractère; jamais langage plus modeste dans sa fierté et plus tendre dans sa franchise n'avait été tenu à un Roi au nom d'un peuple [1]. Quand le président en donna pour la première fois lecture à la Chambre, une secrète satisfaction de dignité se mêla, dans les cœurs les plus modérés, à l'in-

[1] Personne, je crois, en relisant les six derniers paragraphes de cette Adresse, les seuls qui fussent l'objet du débat, ne pourra y méconnaître aujourd'hui ni la profonde vérité des sentiments, ni la belle convenance du langage.

« Accourus à votre voix de tous les points de votre royaume, nous vous apportons de toute part, Sire, l'hommage d'un peuple fidèle, encore ému de vous avoir vu le plus bienfaisant de tous, au milieu de la bienfaisance universelle, et qui révère en vous le modèle accompli des plus touchantes vertus. Sire, ce peuple chérit et respecte votre autorité; quinze ans de paix et de liberté qu'il doit à votre auguste frère et à vous ont profondément enraciné dans son cœur la reconnaissance qui l'attache à votre royale famille; sa raison, mûrie par l'expérience et par la liberté des discussions, lui dit que c'est surtout en matière d'autorité que l'antiquité de la possession est le plus saint de tous les titres, et que c'est pour son bonheur autant que pour votre gloire que les siècles ont placé votre trône dans une région inaccessible aux orages. Sa conviction s'accorde donc avec son devoir pour lui présenter les droits sacrés de votre Couronne comme la plus sûre garantie de ses libertés, et l'intégrité de vos prérogatives comme nécessaire à la conservation de ces droits.

« Cependant, Sire, au milieu des sentiments unanimes de respect et d'affection dont votre peuple vous entoure, il se manifeste dans les esprits une vive inquiétude qui trouble la sécurité dont la France avait commencé à jouir, altère les sources de sa prospérité, et pourrait, si elle se prolongeait, devenir funeste à son repos. Notre conscience, notre honneur, la fidélité que nous vous avons jurée, et que nous vous garderons toujours, nous imposent le devoir de vous en dévoiler la cause.

« Sire, la Charte que nous devons à la sagesse de votre auguste prédécesseur, et dont V. M. a la ferme volonté de consolider le bienfait, consacre comme un droit l'intervention du pays dans la délibération des intérêts publics. Cette intervention devait être, elle est en effet indirecte, sagement mesurée, circonscrite dans des limites exactement tracées, et que nous ne souffrirons jamais que l'on ose tenter de franchir; mais elle est positive dans son résultat, car elle fait, du concours permanent des vues politiques de votre gouvernement avec les vœux de votre peu-

quiétude qu'ils ressentaient. Le débat fut court et très-contenu, presque jusqu'à la froideur. De part et d'autre on craignait de se compromettre en parlant, et l'on était pressé de conclure. Quatre des ministres, MM. de Montbel, de Guernon-Ranville, de Chantelauze et d'Haussez, prirent part à la discussion, mais presque uniquement à la discussion générale. Dans la Chambre des députés comme dans la Chambre des pairs, le chef du cabinet, M. de Polignac, resta muet. C'est à de plus hautes conditions que les aristocraties politiques se maintiennent ou se relèvent. Quand on en vint aux derniers paragraphes qui contenaient les phrases décisives, les simples députés des partis divers soutinrent seuls la lutte. Ce fut alors

ple, la condition indispensable de la marche régulière des affaires publiques. Sire, notre loyauté, notre dévouement nous condamnent à vous dire que ce concours n'existe pas.

« Une défiance injuste des sentiments et de la raison de la France est aujourd'hui la pensée fondamentale de l'administration ; votre peuple s'en afflige, parce qu'elle est injurieuse pour lui ; il s'en inquiète, parce qu'elle est menaçante pour ses libertés.

« Cette défiance ne saurait approcher de votre noble cœur. Non, Sire, la *France ne veut pas plus de l'anarchie que vous ne voulez du despotisme* [1] : elle est digne que vous ayez foi dans sa loyauté comme elle a foi dans vos promesses.

« Entre ceux qui méconnaissent une nation si calme, si fidèle, et nous qui, avec une conviction profonde, venons déposer dans votre sein les douleurs de tout un peuple jaloux de l'estime et de la confiance de son Roi, que la haute sagesse de V. M. prononce ! ses royales prérogatives ont placé dans ses mains les moyens d'assurer, entre les pouvoirs de l'État, cette harmonie constitutionnelle, première et nécessaire condition de la force du trône et de la grandeur de la France ».

[1] Paroles de la Chambre des pairs dans son adresse.

que nous montâmes pour la première fois à la tribune, M. Berryer et moi, nouveaux venus l'un et l'autre dans la Chambre, lui comme ami, moi comme opposant au ministère, lui pour attaquer le projet d'Adresse, moi pour le soutenir. Je prends plaisir, je l'avoue, à retrouver et à reproduire aujourd'hui les idées et les sentiments par lesquels je le soutins alors : « Sous quels auspices, demandai-je à la Chambre, au nom de quels principes et de quels intérêts le ministère actuel s'est-il formé? Au nom du pouvoir menacé, de la prérogative royale compromise, des intérêts de la Couronne mal compris et mal soutenus par ses prédécesseurs. C'est là la bannière sous laquelle il est entré en lice, la cause qu'il a promis de faire triompher. On a dû s'attendre dès lors à voir l'autorité exercée avec vigueur, la prérogative royale très-active, les principes du pouvoir non-seulement proclamés, mais pratiqués, peut-être aux dépens des libertés publiques, mais du moins au profit du pouvoir lui-même. Est-ce là ce qui est arrivé, Messieurs? Le pouvoir s'est-il affermi depuis sept mois? A-t-il été exercé activement, énergiquement, avec confiance et efficacité?

« Ou je m'abuse fort, Messieurs, ou depuis sept mois le pouvoir a perdu, en confiance et en énergie, tout autant que le public en sécurité.

« Le pouvoir a perdu autre chose encore. Il ne consiste pas uniquement dans les actes positifs et matériels par lesquels il se manifeste; il n'aboutit pas toujours à des ordonnances et à des circulaires. L'autorité sur les esprits, l'ascendant moral, cet ascendant qui convient si bien dans les pays libres, car il détermine les volontés sans leur commander, c'est là une part importante du pouvoir, la première peut-être en efficacité. C'est aussi, à coup sûr, celle dont le rétablissement est aujourd'hui le plus nécessaire à notre patrie. Nous avons connu des pouvoirs très-actifs, très-forts, capables de choses grandes et difficiles ; mais soit par le vice de leur nature, soit par le malheur de leur situation, l'ascendant moral, cet empire facile, régulier, inaperçu, leur a presque toujours manqué. Le gouvernement du Roi est, plus que tout autre, appelé à le posséder. Il ne tire point son droit de la force. Nous ne l'avons point vu naître ; nous n'avons point contracté avec lui ces familiarités dont il reste toujours quelque chose envers des pouvoirs à l'enfance desquels ont assisté ceux qui leur obéissent. Qu'a fait le ministère actuel de cette autorité morale qui appartient naturellement, sans préméditation, sans travail, au gouvernement du Roi ? L'a-t-il habilement employée et agrandie en l'employant ? Ne l'a-t-il pas au contraire gravement compromise en la mettant aux prises avec les craintes qu'il a fait naître et les passions qu'il a suscitées ? .....

..... « Ce n'est pas, Messieurs, votre unique mission de contrôler, ou du moins de contredire le pouvoir ; vous ne venez pas ici seulement pour relever ses erreurs ou ses torts et pour en instruire le pays ; vous y venez aussi pour entourer le gouvernement du Roi, pour l'éclairer en l'entourant, pour le soutenir en l'éclairant.

..... Eh bien! quelle est aujourd'hui, dans la Chambre, la situation des hommes les plus disposés à jouer ce rôle, les plus étrangers à tout esprit d'opposition, à toute habitude d'opposition? Ils sont réduits à faire de l'opposition; ils en font malgré eux; ils voudraient rester toujours unis au gouvernement du Roi, et il faut qu'ils s'en séparent; ils voudraient le soutenir, et il faut qu'ils l'attaquent. Ils ont été poussés hors de leur propre voie. La perplexité qui les agite, c'est le ministère actuel qui la leur a faite; elle durera, elle redoublera tant que nous aurons affaire à lui. »

Je signalai partout, dans la société comme dans les Chambres, une perturbation analogue : je montrai les pouvoirs publics jetés, comme les bons citoyens, hors de leur situation et de leur mission naturelle; les tribunaux plus préoccupés de contenir le gouvernement lui-même que de réprimer les désordres ou les desseins dirigés contre lui; les journaux exerçant avec la tolérance, ou même avec l'approbation publique, une influence démesurée et déréglée; et je conclus en disant :

« On nous dit que la France est tranquille, que l'ordre n'est point troublé. Il est vrai : l'ordre matériel n'est point troublé; tous circulent librement, paisiblement; aucun bruit ne dérange les affaires... La surface de la société est tranquille, si tranquille que le gouvernement peut fort bien être tenté de croire le fond parfaitement assuré, et de se croire lui-même à l'abri de tout péril. Nos paroles, Messieurs, la franchise de nos paroles, voilà le seul avertissement que le pouvoir ait, en ce moment, à recevoir, la seule voix qui se puisse élever jusqu'à lui et dissiper ses illusions. Gardons-nous d'en atténuer la force; gardons-nous d'énerver nos expressions; qu'elles soient respectueuses, qu'elles soient tendres; mais qu'elles ne soient pas timides et douteuses. La vérité a déjà assez de peine à pénétrer dans le palais des rois; ne l'y envoyons pas faible et pâle; qu'il ne soit pas plus possible de la méconnaître que de se méprendre sur la loyauté de nos sentiments. »

L'Adresse fut votée comme elle avait été préparée, avec une tristesse inquiète, mais avec une profonde conviction de sa nécessité. Le surlendemain du vote, le 18 mars, nous nous rendîmes aux Tuileries pour la présenter au Roi. Vingt et un députés seulement s'étaient joints au bureau et à la grande députation de la Chambre. Parmi ceux-là mêmes qui avaient voté l'Adresse, les uns se souciaient peu d'aller encore, sous les yeux du Roi, appuyer de leur présence un tel acte d'opposition; les autres, par égard pour la Couronne, ne voulaient pas donner à cette présentation plus de solennité et d'effet. Nous n'étions, en tout, que quarante-six. Nous attendîmes quelque temps, dans le salon de la Paix, que le Roi fût revenu de la messe. Nous étions là, debout et silencieux; en face de nous, dans les embrasures des fenêtres, se tenaient les pages du Roi et quelques hommes de sa cour, inattentifs et presque impolis à dessein. Madame la Dauphine traversa le salon pour se rendre à la chapelle précipitamment et sans nous regarder. Elle eût été bien plus froide encore que je ne me serais senti nul droit de m'en étonner ni de m'en plaindre. Il y a des crimes dont le souvenir fait taire tout autre pensée, et des infortunes devant lesquelles on s'incline avec un respect qui ressemble presque à du repentir, comme si l'on en était soi-même l'auteur.

Quand nous fûmes introduits dans la salle du Trône, M. Royer-Collard lut l'Adresse simplement, dignement, avec une émotion que trahissaient sa voix et ses traits. Le Roi l'écouta dignement aussi, sans air de hauteur ni d'humeur, bref et sec dans sa réponse, par convenance royale plutôt que par colère, et, si je ne m'abuse, plus satisfait de sa fermeté qu'inquiet de l'avenir. Quatre jours auparavant, la veille du débat de l'Adresse, à son cercle des Tuileries où beaucoup de députés étaient invités, je l'avais vu traiter avec une bienveillance marquée trois membres de la Commission, MM. Dupin, Étienne et Gautier. Dans deux situations si diverses, c'était le même homme et presque la même physionomie, le même dans ses manières comme dans ses idées, soigneux de plaire quoique décidé à rompre, et obstiné par imprévoyance et routine d'esprit plutôt que par passion d'orgueil ou de pouvoir.

Le lendemain de la présentation de l'Adresse (19 mars) la session était prorogée au 1<sup>er</sup> septembre. Deux mois après (16 mai), la Chambre des députés était dissoute ; les deux ministres les plus modérés, le garde des sceaux et le ministre des finances, M. Courvoisier et M. de Chabrol, sortaient du Conseil; ils avaient refusé leur concours aux mesures extrêmes qu'on y débattait déjà pour le cas où les élections tromperaient l'attente du pouvoir. Le membre le plus compromis et le plus audacieux du cabinet Villèle, M. de Peyronnet, devenait ministre de l'intérieur. Par la dissolution, le Roi en appelait au pays, et au même moment, il faisait de nouveaux pas pour s'en séparer.

Rentré dans la vie privée dont il ne sortit plus, M. Courvoisier m'écrivit le 29 septembre 1831, de sa retraite de Baume-les-Dames : « Avant de quitter les sceaux, je causais avec M. Pozzo di Borgo de l'état du pays et des périls dont s'entourait le trône. — Quel moyen, me dit-il un jour, d'éclairer le Roi et de l'arracher à un système qui peut de nouveau bouleverser l'Europe et la France? — Je n'en vois qu'un, lui répondis-je, c'est une lettre de la main de l'empereur de Russie. — Il l'écrira, me dit-il; il l'écrira de Varsovie où il doit se rendre. — Puis nous en concertâmes la substance. M. Pozzo di Borgo m'a dit souvent que l'empereur Nicolas ne voyait de sécurité pour les Bourbons que dans l'accomplissement de la Charte. » Je doute que l'empereur Nicolas ait écrit lui-même au roi Charles X; mais ce que son ambassadeur à Paris disait au garde des sceaux de France, il le disait, lui aussi, au duc de Mortemart, ambassadeur du Roi à Saint-Pétersbourg : « Si on sort de la Charte, on va à une catastrophe; si le Roi tente un coup d'État, il en supportera seul la responsabilité. » Les conseils des rois n'ont pas plus manqué au roi Charles X que les adresses des peuples pour le détourner de son fatal dessein.

Dès que le gant électoral fut jeté, mes amis m'écrivirent de Nîmes qu'ils avaient besoin de ma présence pour les rallier tous, et pour espérer, dans le collége de département, quelques chances de succès. On désirait aussi que j'allasse, pour mon propre compte, à Lisieux, mais en ajoutant que, si j'étais nécessaire ailleurs, on croyait pouvoir, moi absent, me garantir mon élection. Je me confiai dans cette assurance, et je partis pour Nîmes le 15 juin, pressé de sonder moi-même et de près ces dispositions réelles du pays qu'on oublie si vite ou qu'on méconnaît si souvent quand on ne sort pas de Paris.

Je ne voudrais pas substituer à mes impressions d'alors mes réflexions d'aujourd'hui, ni attribuer aux idées et à la conduite de mes amis politiques, et aux miennes propres, à cette époque, un sens qu'elles n'auraient point eu. Je reproduis textuellement ce que je trouve dans des lettres intimes que j'écrivis ou que je reçus pendant mon voyage. C'est le témoignage le plus irrécusable de ce que nous pensions et cherchions alors.

J'écrivais le 26 juin, quelques jours après mon arrivée à Nîmes :

« La lutte est très-vive, plus vive qu'on ne le voit de loin. Les deux partis sont profondément engagés, et d'heure en heure s'engagent plus profondément l'un contre l'autre. Une fièvre d'égoïsme et de platitude possède et pousse l'administration. L'opposition se débat, avec une ardeur passionnée, contre les embarras et les angoisses d'une situation, légale et morale, assez difficile. Elle trouve dans les lois des moyens d'action et de défense qui lui donnent la force et le courage de soutenir le combat, mais sans lui inspirer confiance dans le succès, car presque partout la dernière garantie manque, et après avoir lutté bravement et longuement, on court risque de se trouver tout à coup désarmé et impuissant. Même anxiété dans la situation morale : l'opposition méprise l'administration et la regarde cependant comme son supérieur ; les fonctionnaires sont déconsidérés et n'en occupent pas moins encore le haut du pavé ; un souvenir de la puissance et de la grandeur impériale leur sert encore de piédestal ; on les regarde en face, mais de bas en haut, avec timidité et colère tout à la fois. Il y a là beaucoup d'éléments d'agitation et même de crise. Pourtant, dès qu'on croit voir l'explosion prochaine, ou seulement possible, tous se replient ; tous la redoutent. Au fond, c'est à l'ordre et à la paix que chacun demande aujourd'hui sa fortune. On n'a confiance que dans les moyens réguliers. »

On m'écrivait de Paris, le 5 juillet :

« Voilà les élections des grands colléges qui commencent. Si nous y gagnons quelque chose, ce sera excellent, surtout à cause de l'effet que cela produira sur l'esprit du Roi, qui ne peut espérer d'avoir jamais mieux que les grands colléges. Rien, pour le moment, n'indique un coup d'État. La *Quotidienne* déclare ce matin qu'elle regarde la session comme ouverte, tout en convenant que le ministère n'aura pas la majorité. Elle a l'air charmé qu'on ne se propose pas de faire une Adresse toute pareille à celle des 221. »

Et le 12 juillet suivant :

« Aujourd'hui *l'Universel*[1] s'élève contre les bruits de coups d'État, et semble garantir l'ouverture régulière de la session par un discours du Roi. Ce discours, qui vous gênera, aura l'avantage de commencer la session en meilleure intelligence. Ce qui importe, c'est d'avoir une session; on aura bien plus de peine à en venir aux violences quand on se sera engagé dans la légalité. Mais votre nouvelle Adresse sera très-difficile à faire ; quelle qu'elle soit, la droite et l'extrême gauche la traiteront de reculade, la droite pour s'en vanter, l'extrême gauche pour s'en plaindre. Vous aurez à vous défendre de ceux qui voudraient purement et simplement reproduire la dernière Adresse, et s'y tenir comme au dernier mot du pays. La victoire électorale nous étant acquise, et l'alternative de la dissolution ne pouvant plus être présentée au Roi, il y aura évidemment une nouvelle conduite à tenir. D'ailleurs, quel intérêt avons-nous à faire que le Roi se bute ? La France ne peut que gagner à des années de gouvernement régulier. Gardons-nous de précipiter les événements. »

Je répondais, le 16 juillet :

« Je ne sais comment nous nous tirerons de la nouvelle Adresse. Ce sera très-difficile ; mais quelle que soit

---

[1] L'un des journaux ministériels du temps.

la difficulté, il faut l'accepter, car évidemment nous avons besoin d'une session. Nous serions pris pour des enfants et des fous si nous ne faisions que recommencer ce que nous avons fait il y a quatre mois. La Chambre nouvelle ne doit point reculer; mais elle doit prendre une autre route. Que nous n'ayons point de coup d'État, que l'ordre constitutionnel subsiste régulièrement; quelles que soient les combinaisons ministérielles, le vrai et dernier succès sera pour nous. »

Je rencontrais autour de moi, parmi les électeurs rassemblés, des dispositions tout aussi modérées, patientes et loyales : « M. de Daunant vient d'être élu (13 juillet), par le collége d'arrondissement de Nîmes; il a eu 296 voix contre 241 données à M. Daniel Murjas, président du collége. Au moment où ce résultat a été proclamé, le secrétaire du bureau a proposé à l'assemblée de voter des remerciements au président qui, malgré sa candidature, l'avait présidée avec une impartialité et une loyauté parfaites. Les remerciements ont été votés à l'instant, au milieu des cris de : *Vive le Roi!* Et les électeurs, en se retirant, ont trouvé partout la même tranquillité et la même gravité qu'ils avaient eux-mêmes apportées dans leurs opérations. »

Enfin, le 12 juillet, en apprenant la prise d'Alger, j'écrivais : « Voilà la campagne d'Afrique finie, et bien finie. Notre campagne à nous, dans deux mois d'ici, en sera sans nul doute un peu plus difficile; mais n'importe, j'espère que ce succès ne fera pas faire au pouvoir les dernières folies, et j'aime mieux notre honneur national que notre commodité parlementaire. »

Je n'ai garde de prétendre que ces sentiments fussent ceux de tous les hommes qui, soit dans les Chambres, soit dans le pays, avaient applaudi à l'Adresse des 221, et qui votaient, dans les élections, pour la soutenir. La Restauration n'avait pas fait, en France, tant de conquêtes. Inactives, mais non résignées, les sociétés secrètes étaient toujours là, prêtes, dès qu'une circonstance favorable se présenterait, à reprendre leur travail de conspiration et de destruction. D'autres adversaires, plus légaux mais non moins redoutables, épiaient toutes les fautes du Roi et de son gouvernement, et les commentaient assidûment devant le public, attendant et faisant pressentir des fautes bien plus graves qui amèneraient les conséquences suprêmes. Dans les masses populaires, les vieux instincts de méfiance et de haine, pour tout ce qui rappelait l'ancien régime et l'invasion étrangère, continuaient de fournir, aux ennemis de la Restauration, des armes et des espérances inépuisables. Le peuple est comme l'Océan, immobile et presque immuable au fond, quels que soient les coups de vent qui agitent sa surface. Cependant l'esprit de légalité et le bon sens politique avaient fait de notables progrès; même au milieu de la fermentation électorale, le sentiment public repoussait hautement toute révolution nouvelle. Jamais la situation des hommes qui voulaient sincèrement le Roi et la Charte n'avait été meilleure ni plus forte; ils avaient, dans l'opposition légale, fait leurs preuves de fermeté persévérante; ils venaient de maintenir avec éclat les principes essentiels du gouvernement représentatif; ils possédaient l'estime, et même la faveur publique; les partis violents par nécessité, le pays avec quelque doute, mais aussi avec une espérance honnête, se rangeaient et marchaient derrière eux. S'ils avaient, à ce moment critique, réussi auprès du Roi comme dans les Chambres et dans le pays, si Charles X, après avoir, par la dissolution, poussé jusqu'au bout le droit de sa couronne, avait accueilli le vœu manifesté de la France, et pris ses conseillers parmi les royalistes constitutionnels investis de la considération publique, je le dis avec une conviction qui peut sembler téméraire mais qui persiste aujourd'hui, on pouvait raisonnablement espérer que l'épreuve décisive était surmontée, et que, le pays prenant confiance en même temps dans le Roi et dans la Charte, la Restauration et le gouvernement constitutionnel seraient fondés ensemble.

Mais ce qui manquait précisément au roi Charles X, c'était cette étendue et cette liberté d'esprit qui donnent à un prince l'intelligence de son temps et lui en font sainement apprécier les ressources comme les nécessités. « Il n'y a que M. de La Fayette et moi qui n'ayons pas changé depuis 1789, » disait-il un jour, et il disait vrai : à travers les vicissitudes de sa vie, il était resté tel qu'il s'était formé dans sa jeunesse, à la cour de Versailles et dans la société aristocratique du xviiie siècle, sincère et léger, confiant en lui-même et dans ses entours, peu observateur et peu réfléchi quoique d'un esprit actif, attaché à ses idées et à ses amis de l'ancien régime comme à sa foi et à son drapeau. Sous le règne de son frère Louis XVIII et dans la scission du parti monarchique, il avait été le patron et l'espérance de cette opposition royaliste qui fit hardiment usage des libertés constitutionnelles, et il s'était fait alors en lui un singulier mélange d'intimité persévérante avec ses anciens compagnons et de goût pour la popularité nouvelle d'une physionomie libérale. Monté sur le trône, il fit, à cette faveur populaire, plus d'une coquetterie royale, et se flatta sincèrement qu'il gouvernerait selon la Charte, avec ses idées et ses amis d'autrefois. M. de Villèle et M. de Martignac s'usèrent à son service dans ce difficile travail ; et après leur chute, aisément acceptée, Charles X se trouva rendu à ses pentes naturelles, au milieu de conseillers peu disposés à le contredire et hors d'état de le contenir. Deux erreurs funestes s'établirent alors dans son esprit : il se crut menacé par la Révolution beaucoup plus qu'il ne l'était réellement, et il cessa de croire à la possibilité de se défendre et de gouverner par le cours légal du régime constitutionnel. La France ne voulait point d'une révolution nouvelle. La Charte contenait, pour un souverain prudent et patient, de sûrs moyens d'exercer l'autorité royale et de garantir la Couronne. Mais Charles X avait perdu confiance dans la France et dans la Charte ; quand l'Adresse des 221 sortit triomphante des élections, il se crut poussé dans ses derniers retranchements, et réduit à se sauver malgré la Charte ou à périr par la Révolution.

Peu de jours avant les ordonnances de juillet, l'ambassadeur de Russie, le comte Pozzo di Borgo, eut une audience du Roi. Il le trouva assis devant son bureau, les yeux fixés sur la Charte ouverte à l'article XIV. Charles X lisait et relisait cet article, y cherchant avec une inquiétude honnête le sens et la portée qu'il avait besoin d'y trouver. En pareil cas, on trouve toujours ce qu'on cherche; et la conversation du Roi, bien que détournée et incertaine, laissa à l'ambassadeur peu de doutes sur ce qui se préparait.

# PIÈCES HISTORIQUES

# PIÈCES HISTORIQUES

## I

(Page 40.)

1º *Le vicomte de Chateaubriand à M. Guizot.*

Val-de-Loup, ce 12 mai 1809.

Mille remercîments, Monsieur; j'ai lu vos articles avec un extrême plaisir. Vous me louez avec tant de grâce et vous me donnez tant d'éloges que vous pouvez affaiblir *celles-ci*; il en restera toujours assez pour satisfaire ma vanité d'auteur, et toujours plus que je n'en mérite.

Je trouve vos critiques fort justes. Une surtout m'a frappé par la finesse du goût. Vous dites que les catholiques ne peuvent pas, comme les protestants, admettre une mythologie chrétienne, parce que nous n'y avons pas été formés et habitués par de grands poëtes : cela est très-ingénieux. Et quand on trouverait mon ouvrage assez bon pour dire que je commencerai pour nous cette mythologie, on pourrait répondre que je viens trop tard, que notre goût est formé sur d'autres modèles, etc., etc... Cependant il resterait toujours le Tasse et tous les poëmes latins *catholiques* du moyen âge. C'est la seule objection de fait que l'on trouve contre votre critique.

Véritablement, Monsieur, je le dis très-sincèrement, les critiques qui ont jusqu'à présent paru sur mon ouvrage me font une certaine honte pour les Français. Avez-vous remarqué que personne ne semble avoir compris mon ouvrage, que les règles de l'épopée sont si généralement oubliées que l'on juge un ouvrage de sens et d'un immense travail comme on parlerait d'un ouvrage d'un jour et d'un roman? Et tous ces cris contre le merveilleux! ne dirait-on pas que c'est moi qui suis l'auteur de ce merveilleux? que c'est une chose inouïe, singulière, inconnue? Et pourtant nous avons le Tasse, Milton, Klopstock, Gessner, Voltaire même! Et si l'on ne peut pas employer le *merveilleux* chrétien, il n'y aura donc plus d'épopée chez les modernes, car le merveilleux est essentiel au poëme épique, et je pense qu'on ne veut pas faire intervenir Jupiter dans un sujet tiré de notre histoire. Tout cela est sans bonne foi, comme tout en France. La question était de savoir si mon ouvrage était bon ou mauvais comme épopée, et voilà tout, sans s'embarrasser de savoir s'il était ou non contraire à la religion, et mille choses de cette espèce.

Je ne puis, moi, Monsieur, avoir d'opinion sur mon propre ouvrage; je ne puis que vous rapporter celle des autres. M. de Fontanes est tout à fait décidé en faveur des *Martyrs*. Il trouve cet ouvrage fort supérieur à mes premiers ouvrages, sous le rapport du plan, du style et des caractères. Ce qui me paraît singulier, c'est que le III<sup>e</sup> livre, que vous n'aimez pas, lui semble un des meilleurs de l'ouvrage. Sous les rapports du style, il dit que je ne l'ai jamais porté plus haut que dans la peinture du bonheur des justes, dans la description de la lumière du ciel et dans le morceau sur la Vierge. Il excuse la longueur des deux discours du Père et du Fils sur la *nécessité* d'établir ma *machine* épique. Sans ces discours plus de *récit*, plus d'*action*; le récit et l'action sont motivés par les discours des essences incréées.

Je vous rapporte ceci, Monsieur, non pour vous convaincre, mais pour vous montrer comment d'excellents esprits peuvent voir un objet sous dix faces différentes. Je n'aime point comme vous, Monsieur, la description des tortures; mais elle m'a paru absolument nécessaire dans un ouvrage sur des *martyrs*. Cela est consacré par toute l'histoire et par tous les arts. La peinture et la sculpture chrétiennes ont choisi ces sujets; ce sont là les véritables *combats* du sujet. Vous qui savez tout, Monsieur, vous savez combien j'ai *adouci* le tableau et ce que j'ai retranché des *Acta Martyrum*, surtout en faisant disparaître les douleurs *physiques* et opposant des images gracieuses à d'horribles tourments. Vous êtes trop juste, Monsieur, pour ne pas distinguer ce qui est ou l'*inconvénient* du sujet ou la *faute* du poëte.

Au reste, Monsieur, vous connaissez les tempêtes élevées contre mon ouvrage et d'où elles partent. Il y a une autre plaie cachée qu'on ne montre pas, et qui au fond est la source de la colère; c'est ce *Hiéroclès* qui égorge les chrétiens au nom de la *philosophie* et de la *liberté*. Le temps fera justice si mon livre en vaut la peine, et vous hâterez beaucoup cette justice en publiant vos articles, dussiez-vous les changer et les mutiler jusqu'à un certain degré. Montrez-moi mes fautes, Monsieur; je les corrigerai. Je ne méprise que les critiques aussi bas dans leur langage que dans les raisons secrètes qui les font parler. Je ne puis trouver la raison et l'honneur dans la bouche de ces saltimbanques littéraires aux gages de la police, qui dansent dans le ruisseau pour amuser les laquais.

Je suis à ma chaumière, Monsieur, où je serai enchanté

de recevoir de vos nouvelles. Je serais trop heureux de vous y donner l'hospitalité si vous étiez assez aimable pour venir me la demander.

Agréez, Monsieur, l'assurance de ma profonde estime et de ma haute considération.

DE CHATEAUBRIAND.

Val-de-Loup, près d'Aunay, par Antony, département de la Seine.

## 2° *Le vicomte de Chateaubriand à M. Guizot.*

Val-de-Loup, ce 30 mai 1809.

Bien loin, Monsieur, de m'importuner, vous me faites un plaisir extrême de vouloir bien me communiquer vos idées. Cette fois-ci, je passerai condamnation sur le *merveilleux* chrétien, et je croirai avec vous que nous autres Français nous ne nous y ferons jamais. Mais je ne saurais, Monsieur, vous accorder que les *Martyrs* soient fondés sur une hérésie. Il ne s'agit point, si je ne me trompe, d'une *rédemption*, ce qui serait absurde, mais d'une *expiation*, ce qui est tout à fait conforme à la foi. Dans tous les temps, l'Église a cru que le sang d'un martyr pouvait effacer les péchés du peuple et le délivrer de ses maux. Vous savez mieux que moi, sans doute, qu'autrefois, dans les temps de guerre et de calamités, on enfermait un religieux dans une tour ou dans une cellule, où il jeûnait et priait pour le salut de tous. Je n'ai laissé sur mon intention aucun doute, car je fais dire positivement à l'Éternel, dans le troisième livre, qu'Eudore attirera les bénédictions du ciel sur les chrétiens *par le mérite du sang de Jésus-Christ*; ce qui est, comme vous voyez, Monsieur, précisément la phrase orthodoxe, et la leçon même du catéchisme. La doctrine des expiations, si consolante d'ailleurs, et consacrée par toute l'antiquité, a été reçue dans notre religion : la mission du Christ ne l'a pas détruite; et, pour le dire en passant, j'espère bien que le sacrifice de quelque victime innocente tombée dans notre révolution obtiendra dans le ciel la grâce de notre coupable patrie : ceux que nous avons égorgés prient peut-être dans ce moment même pour *nous ;* vous ne voudriez pas sans doute, Monsieur, renoncer à ce sublime espoir, fruit du sang et des larmes chrétiennes.

Au reste, Monsieur, la franchise et la noblesse de votre procédé me font oublier un moment la turpitude de ce siècle. Que penser d'un temps où l'on dit à un honnête homme : « Vous aurez sur tel ouvrage telle opinion; vous louerez ou vous blâmerez cet ouvrage, non pas d'après votre conscience, mais d'après l'esprit du journal où vous écrivez? » On est trop heureux, Monsieur, de retrouver encore des hommes comme vous qui sont là pour protester contre la bassesse des temps, et pour conserver au genre humain la tradition de l'honneur. En dernier résultat, Monsieur, si vous examinez bien *les Martyrs*, vous y trouverez beaucoup à reprendre sans doute; mais, tout bien considéré, vous verrez que pour le plan, les caractères et le style, c'est le moins mauvais et le moins défectueux de mes faibles écrits.

J'ai en effet en Russie, Monsieur, un neveu appelé Moreau : c'est le fils du fils d'une sœur de ma mère; je le connais à peine, mais je le crois un bon sujet. Son père, qui était aussi en Russie, est revenu en France, il n'y a guère plus d'un an. J'ai été charmé de l'occasion qui m'a procuré l'honneur de faire connaissance avec mademoiselle de Meulan : elle m'a paru, comme dans ce qu'elle écrit, pleine d'esprit, de goût et de raison. Je crains bien de l'avoir importunée par la longueur de ma visite : j'ai le défaut de rester partout où je trouve des gens aimables, et surtout des caractères élevés et des sentiments généreux.

Je vous renouvelle bien sincèrement, Monsieur, l'assurance de ma haute estime, de ma reconnaissance et de mon dévouement. J'attends avec une vive impatience le moment où je vous recevrai dans mon ermitage, ou celui qui me conduira à votre solitude. Agréez, je vous en prie, Monsieur, mes très-humbles salutations et toutes mes civilités.

De Chateaubriand.

Val-de-Loup, près d'Aunay, par Antony, ce 30 mai 1809.

3º *Le vicomte de Chateaubriand à M. Guizot.*

Val-de-Loup, ce 12 juin 1809.

J'ai été absent de ma vallée, Monsieur, pendant quelques jours, et c'est ce qui m'a empêché de répondre plus tôt à votre lettre. Me voilà bien convaincu d'hérésie ; j'avoue que le mot *racheté* m'est échappé, à la vérité contre mon intention. Mais enfin il y est ; je vais sur-le-champ l'effacer pour la première édition.

J'ai lu vos deux premiers articles, Monsieur. Je vous en renouvelle mes remercîments : ils sont excellents, et vous me louerez toujours au delà du peu que je vaux.

Ce qu'on a dit, Monsieur, sur l'église du Saint-Sépulcre est très-exact. Cette description n'a pu être faite que par quelqu'un qui connaît les lieux. Mais le Saint-Sépulcre lui-même aurait bien pu échapper à l'incendie sans qu'il y ait eu pour cela aucun miracle. Il forme, au milieu de la nef circulaire de l'église, une espèce de catafalque de marbre blanc : la coupole de cèdre, en tombant, aurait pu l'écraser, mais non pas y mettre le feu. C'est cependant une circonstance très-extraordinaire et qui mériterait de plus longs détails que ceux qu'on peut renfermer dans les bornes d'une lettre.

Je voudrais bien, Monsieur, pouvoir aller vous donner moi-même ces détails dans votre solitude. Malheureusement madame de Chateaubriand est malade, je suis obligé de rester auprès d'elle. Je ne renonce pourtant point à l'espoir d'aller vous chercher ni à celui de vous recevoir dans mon ermitage : les honnêtes gens doivent, surtout à présent, se réunir pour se consoler. Les idées généreuses et les sentiments élevés deviennent tous les jours si rares qu'on est trop heureux quand on les retrouve. Je serais enchanté, Monsieur, que ma société pût vous être agréable, ainsi qu'à M. Stapfer, que je vous prie de remercier beaucoup pour moi.

Agréez de nouveau, Monsieur, je vous en prie, l'assurance de ma haute considération et de mon dévouement sincère, et, si vous le permettez, d'une amitié que nous commençons sous les auspices de la franchise et de l'honneur.

De Chateaubriand.

La meilleure description de Jérusalem est celle de Danville, mais le petit traité est fort rare ; en général, tous les voyageurs sont fort exacts sur la Palestine. Il y a une lettre dans les *Lettres édifiantes* (Missions du Levant) qui ne laisse rien à désirer. Quant à M. de Volney, il est bon sur le gouvernement des Turcs, mais il est évident qu'il n'a jamais vu Jérusalem. Il est probable qu'il n'a pas passé Râmlé ou Rama, l'ancienne Arimathie.

Vous pourriez consulter encore le *Theatrum Terræ Sanctæ* d'Adrichomius.

## II

(Page 14.)

*Le comte de Lally-Tolendal à M. Guizot.*

Bruxelles, 27 avril 1811.

Vous ne devez pas comprendre mon silence, Monsieur, et moi je ne comprenais pas la lente arrivée des prospectus que vous m'aviez annoncés dans votre lettre du 4 de ce mois. Imaginez-vous que le portier d'ici avait confondu ce paquet avec toutes les liasses d'imprimés oiseux qu'on adresse à une préfecture, et que si le besoin d'un livre ne m'eût pas fait descendre dans le cabinet-sanctuaire du préfet, je n'aurais peut-être pas encore découvert la méprise. Je vous remercie, Monsieur, de la confiance que vous avez bien voulu me témoigner dans cette occasion. Vous savez si personne vous rend plus que moi la plénitude de la justice qui vous est due, et vous savez que je vous la rends avec autant d'attrait que de conviction. Ma génération passe, la vôtre vient d'arriver, une autre naît; je vous vois placé entre deux pour consoler la première, honorer la seconde et former la troisième. Tâchez de faire celle-ci à votre image, ce qui ne veut pas dire que je souhaite à tous les petits garçons d'en savoir un jour autant que vous, ni à toutes les petites filles de ressembler en tout à votre plus qu'aimable collaboratrice. Il ne faut désirer que ce qu'on peut obtenir, et j'aurais trop de regret de me sentir sur mon déclin quand un si beau siècle serait près de se lever sur la terre. Mais renfermez ma pensée dans ses justes bornes, et dictez, comme Solon, les meilleures lois que puisse supporter ou recevoir l'enfance du xix<sup>e</sup> siècle : ce sera bien encore assez. Aujourd'hui le *mox progeniem daturos vitiosiorem* ferait dresser les cheveux.

Madame de la Tour du Pin, baronne de l'Empire depuis deux ans, préfète de la Dyle depuis trois ans, mère religieuse depuis vingt, conseillera votre recueil avec toute l'influence que peuvent lui donner les deux premiers titres, et y souscrit avec tout l'intérêt que lui inspire le dernier. Moi qui n'ai plus et ne veux plus d'autres titres que ceux de père et d'ami, je vous demande la permisson de souscrire pour ma fille qui, commençant la double éducation d'un petit Arnaud et d'une petite Léontine, sera très-heureuse de profiter de votre double enseignement. Je ne doute pas que le grand-père lui-même ne trouve très-souvent à s'y instruire et toujours à s'y plaire. Il me semble que jamais association ne fut plus propice au mélange de l'*utile dulci*. Si je laissais aller ma plume, je suis sûr qu'elle écrirait comme une folle à l'un des deux auteurs : « Ne pouvant me refaire jeune pour adorer vos mérites, je m'établis un vieil enfant pour recevoir vos préceptes. Je baise de loin la main de ma jeune bonne, avec un respect très-profond, mais pas assez dégagé de quelques-uns de ces mouvements qui ont suivi ma première enfance, et que doit m'interdire ma seconde éducation. Peut-on se soumettre à votre férule avec plus de candeur? au moins j'avoue mes fautes. Comme il ne faut pas mentir, je n'ose pas encore ajouter : *cela ne m'arrivera plus*; mais le ferme propos viendra avec l'âge faible, et plus je me déformerai, plus je serai parfait. »

Voulez-vous bien, Monsieur, présenter mes respects à madame et à mademoiselle de Meulan ? Un très-excellent et très-aimable jeune homme (encore un de ceux dont l'élévation et la pureté consolent), le neveu de M. Hochet, ne demeure-t-il pas sous le même toit que vous? alors je vous prierais de me rappeler à son souvenir, et par lui à M. son oncle, duquel j'attends, avec une grande anxiété, réponse sur un objet du plus grand intérêt pour l'oncle de mon gendre dans les installations des cours impériales.—Mais rien par la poste.

Je ne vous parlerai pas de nos si bons et si respectables amis de la place Louis XV [1], parce que je vais leur écrire directement.

Mais l'idée me vient de vous demander une grâce avant de fermer ma lettre. Lorsque, dans vos préceptes à la jeunesse, vous en serez au chapitre et à l'âge où il sera question du choix d'un état, je vous conjure d'y insérer, avec toute la gravité de votre caractère intègre, quelque chose qui revienne à ceci : « Si votre vocation vous porte à être imprimeur, éditeur d'un ouvrage quelconque, moral, politique, historique, n'importe, ne vous croyez pas permis de mutiler, sans l'en prévenir, un auteur, et surtout celui qui tient à l'inviolabilité de ses écrits beaucoup plus par conscience que par amour-propre. Si vous le mutilez à vous tout seul, ce qui est déjà passablement hardi, au moins ne croyez pas pouvoir substituer un membre postiche de votre façon au membre vivant que vous aurez coupé, et craignez de remplacer, sans vous en apercevoir, un bras de chair par une jambe de bois. Mais brisez toutes vos presses, plutôt que de lui faire dire, sous le sceau de la signature, le contraire de ce qu'il a dit, le contraire de ce qu'il a pensé et de ce qu'il sent, car ce serait un oubli de raison tout voisin d'un oubli de morale. »— J'écris plus longuement sur ce sujet à nos amis de la place Louis XV, et vous prie, Monsieur, de vouloir bien ne parler qu'à eux de

---

[1] M. et madame Suard.

mon énigme, qui, sûrement, n'en est déjà plus une avec vous. J'espère que ce qui m'a indigné et affligé ne se rencontrera pas une seconde fois. En disant ce qu'il fallait dire, je me suis imposé les ménagements nécessaires. Je ne veux point d'une rupture dont la vengeance frapperait sur mes tombeaux chéris et mes amis vivants. Ma lettre est devenue bien sérieuse; je ne savais pas, quand je l'ai commencée, qu'elle allait me conduire où je me trouve en la finissant. Je crois vous parler; la confiance m'entraîne; il m'est doux d'avoir joint une preuve involontaire de ce sentiment à l'expression très-volontaire de tous ceux que vous m'avez si profondément inspirés, et dont j'ai l'honneur, Monsieur, de vous renouveler l'assurance au milieu de mes plus sincères salutations.

LALLY-TOLENDAL.

# III

(Page 17.)

*Discours prononcé pour l'ouverture du Cours d'histoire moderne de M. Guizot, le 11 décembre 1812.*

Messieurs,

Un homme d'État, célèbre par son caractère et par ses malheurs, sir Walter Raleigh, avait publié la première partie d'une *Histoire du monde* : enfermé dans la prison de la Tour, il venait de terminer la dernière. Une querelle s'élève sous ses fenêtres dans une des cours de la prison : il regarde, examine attentivement la contestation qui devient sanglante, et se retire, l'imagination vivement frappée des détails de ce qui s'est passé sous ses yeux. Le lendemain, il reçoit la visite d'un de ses amis, et le lui raconte : quelle est sa surprise lorsque cet ami, qui avait été témoin et même acteur dans l'événement de la veille, lui prouve que cet événement, dans son résultat comme dans ses détails, a été précisément le contraire de ce qu'il croyait avoir observé ! Raleigh, resté seul, prend son manuscrit et le jette au feu, convaincu que, puisqu'il s'était si fort trompé sur ce qu'il avait vu, il ne savait rien de tout ce qu'il venait d'écrire.

Sommes-nous mieux instruits ou plus heureux que sir Walter Raleigh ? L'historien le plus confiant n'oserait peut-être répondre à cette question d'une manière tout à fait affirmative. L'historien raconte une longue suite d'événements, peint un grand nombre de caractères ; et songez, Messieurs, à la difficulté de bien connaître un seul caractère, un seul événement. Montaigne, après avoir passé sa vie à s'étudier, faisait sans cesse sur lui-même de nouvelles découvertes; il en a rempli un long ouvrage, et a fini par dire : « L'homme est un subject si divers, si ondoyant et si vain, qu'il est malaisé d'y fonder un jugement constant et uniforme. » Composé obscur d'une infinité de sentiments et d'idées qui s'altèrent, se modifient réciproquement et dont il est aussi difficile de démêler la source que d'en prévoir les résultats, produit incertain d'une multitude de circonstances, quelquefois impénétrables, toujours compliquées, qu'ignore souvent celui qu'elles entraînent, et que ne soupçonnent même pas ceux qui l'entourent, l'homme sait à peine se connaître lui-même et n'est jamais que deviné par les autres. Le plus simple, s'il essayait de s'étudier et de se peindre, aurait à nous apprendre mille secrets dont nous ne nous doutons point. Et que d'hommes dans un événement! Que d'hommes dont le caractère a influé sur cet événement, en a modifié la nature, la marche, les effets! Amenez des circonstances parfaitement semblables; supposez des situations exactement pareilles ; qu'un acteur change, tout est changé; c'est par d'autres motifs qu'il agit, c'est autre chose qu'il veut faire. Prenez les mêmes acteurs; changez une seule de ces circonstances indépendantes de la volonté, qu'on appelle hasard ou destinée ; tout est changé encore. C'est de cette infinité de détails, où tout est obscur, où rien n'est isolé, que se compose l'histoire ; et l'homme, fier de ce qu'il sait, parce qu'il oublie de songer combien il ignore, croit la savoir quand il a lu ce que lui en ont dit quelques hommes qui n'avaient pas, pour connaître leur temps, plus de moyens que nous n'en avons pour connaître le nôtre.

Que chercher donc, que trouver dans ces ténèbres du

passé qui s'épaississent à mesure qu'on s'en éloigne ? Si César, Salluste ou Tacite n'ont pu nous transmettre que des notions souvent incomplètes et douteuses, nous fierons-nous à ce qu'ils racontent ? Et si nous n'osons nous y fier, comment y suppléerons-nous ? Serons-nous capables de nous débarrasser de ces idées, de ces mœurs, de cette existence nouvelle qu'a amenées un nouvel ordre de choses, pour adopter momentanément dans notre pensée d'autres mœurs, d'autres idées, une autre existence ? Saurons-nous devenir Grecs, Romains ou Barbares pour comprendre les Romains, les Barbares ou les Grecs avant de nous hasarder à les juger ? Et quand nous serions parvenus à cette difficile abnégation d'une réalité présente et impérieuse, saurions-nous, aussi bien que César, Salluste ou Tacite, l'histoire des temps dont ils nous parlent ? Après nous être ainsi transportés au milieu du monde qu'ils peignent, nous découvririons dans leurs tableaux des lacunes dont nous ne nous doutons pas, dont ils ne se doutèrent pas toujours eux-mêmes : cette multitude de faits qui, groupés et vus de loin, nous paraissent remplir le temps et l'espace, nous offriraient, si nous nous trouvions placés sur le terrain même qu'ils occupent, des vides qu'il nous serait impossible de combler, et que l'historien y laisse nécessairement, parce que celui qui raconte ou décrit ce qu'il voit, à des gens qui le voient comme lui, n'imagine jamais avoir besoin de tout dire.

Gardons-nous donc de penser que l'histoire soit réellement pour nous le tableau du passé : le monde est trop vaste, la nuit du temps trop obscure et l'homme trop faible pour que ce tableau soit jamais complet et fidèle.

Mais serait-il vrai qu'une connaissance si importante nous fût totalement interdite ? Que, dans ce que nous en pouvons acquérir, tout fût sujet de doute ou d'erreur ? L'esprit ne s'éclairerait-il que pour chanceler davantage ? Ne déploieraitil toutes ses forces que pour être amené à confesser son ignorance? Idée cruelle et décourageante que beaucoup d'hommes supérieurs ont rencontrée dans leur chemin, mais à laquelle ils ont eu tort de s'arrêter.

Ce que l'homme ne se demande presque jamais, c'est ce qu'il a réellement besoin de savoir dans ce qu'il cherche si ardemment à connaître. Il suffit de jeter un coup d'œil sur ses études pour y apercevoir deux parties dont la différence est frappante, quoique nous ne puissions assigner la limite qui les sépare. Partout je vois un certain travail innocent, mais vain, qui s'attache à des questions, à des recherches inabordables ou sans résultat, qui n'a d'autre but que de satisfaire l'inquiète curiosité d'un esprit dont le premier besoin est d'être occupé ; et partout je vois un travail véritablement utile, fécond, intéressant non-seulement pour celui qui s'y livre, mais pour le genre humain tout entier. Que de temps, que de talent ont consumé les hommes dans les méditations métaphysiques ! Ils ont voulu pénétrer la nature intime des choses, de l'esprit, de la matière ; ils ont pris pour des réalités de pures et vagues combinaisons de mots ; mais ces mêmes travaux, ou des travaux qui en ont été la conséquence, nous ont éclairés sur l'ordre de nos facultés, les lois qui les régissent, la marche de leur développement ; nous avons eu une histoire, une statistique de l'esprit humain ; et, si personne n'a pu nous dire ce qu'il est, nous avons appris comment il agit, et comment on doit travailler à en affermir la justesse, à en étendre la portée.

L'étude de l'astronomie n'a-t-elle pas eu longtemps pour unique but les rêves de l'astrologie? Gassendi lui-même n'avait commencé à l'étudier que dans cette vue, et, lorsque la science l'eut guéri des préjugés de la superstition, il se repentit d'en avoir parlé trop haut, « parce que, disait-il, plusieurs étudiant auparavant l'astronomie pour devenir astrologues, il s'apercevait que plusieurs ne voulaient plus l'apprendre depuis qu'il avait décrié l'astrologie. » Qui nous prouvera que, sans cette inquiétude qui a porté l'homme à chercher l'avenir dans les astres, la science qui dirige aujourd'hui nos vaisseaux serait parvenue où nous la voyons?

C'est ainsi que nous retrouverons dans tous les travaux de l'homme une moitié vaine à côté d'une moitié utile; nous ne condamnerons plus alors la curiosité qui mène au savoir; nous reconnaîtrons que, si l'esprit humain s'est souvent égaré dans la route, s'il n'a pas toujours pris, pour arriver, la voie la plus prompte, il s'est vu conduit enfin, par la nécessité de sa nature, à la découverte d'importantes vérités : mais, plus éclairés, nous nous efforcerons de ne point perdre de temps, d'aller droit au but en concentrant nos forces sur des recherches fécondes en résultats profitables; et nous ne tarderons pas à nous convaincre que tout ce que l'homme ne peut pas ne lui est bon à rien, et qu'il peut tout ce qui lui est nécessaire.

L'application de cette idée à l'histoire lèvera bientôt la difficulté que nous avait opposée d'abord son incertitude. Peu nous importe, par exemple, de connaître la figure ou le jour précis de la naissance de Constantin, de savoir quels motifs particuliers, quels sentiments personnels ont influé, en telle ou telle occasion, sur ses déterminations et sur sa conduite, d'être informés de tous les détails de ses guerres et de ses victoires contre Maxence ou Licinius : ces circonstances ne regardent que le monarque, et le monarque n'est plus. L'ardeur que tant de savants mettent à les rechercher n'est que la suite de ce juste intérêt qui s'attache aux grands noms, aux grands souvenirs. Mais les résultats de la conversion de Constantin, son administration, les principes politiques et religieux qu'il établit dans son empire, voilà ce qu'aujourd'hui encore il nous importe de connaître, parce que c'est là ce qui ne meurt pas en un jour, ce qui fait le sort et la gloire des peuples, ce qui leur laisse ou leur enlève l'usage des plus nobles facultés de l'homme, ce qui les plonge silencieusement dans une misère tantôt muette, tantôt agitée, ou pose pour eux les fondements d'un long bonheur.

On pourrait dire en quelque sorte qu'il y a deux passés, l'un tout à fait mort, sans intérêt réel parce que son influence ne s'est pas étendue au delà de sa durée ; l'autre durant toujours par l'empire qu'il a exercé sur les siècles suivants, et par cela seul réservé, pour ainsi dire, à notre connaissance, puisque ce qui en reste est là pour nous éclairer sur ce qui n'est plus. L'histoire nous offre, à toutes ses époques, quelques idées dominantes, quelques grands événements qui ont déterminé le sort et le caractère d'une longue suite de générations. Ces idées, ces événements ont donc laissé des monuments qui subsistent encore, ou qui ont subsisté longtemps sur la face du monde : une longue trace, en perpétuant le souvenir comme l'effet de leur existence, a multiplié les matériaux propres à nous guider dans les recherches dont ils sont l'objet; la raison même peut ici nous offrir ses données positives pour nous conduire à travers le dédale incertain des faits. Dans l'événement qui passe, peut se trouver telle circonstance aujourd'hui inconnue qui le rende totalement différent de l'idée que nous nous en formons : ainsi nous ignorerons toujours ce qui retint Annibal à Capoue et sauva Rome; mais dans un effet qui s'est longtemps prolongé, on découvre facilement la nature de sa cause : ainsi l'autorité despotique qu'exerça longtemps le Sénat sur le peuple romain nous indique à quoi se bornaient, pour les sénateurs, les idées de liberté qui déterminèrent l'expulsion des rois. Marchons donc du côté où nous pouvons avoir la raison pour guide; appliquons les principes qu'elle nous fournit aux exemples que nous prête l'histoire; l'homme, dans l'ignorance et la faiblesse auxquelles le condamnent les bornes de sa vie et celles de ses facultés, a reçu la raison pour suppléer au savoir, comme l'industrie pour suppléer à la force.

Tel est le point de vue, Messieurs, sous lequel nous tâcherons d'envisager l'histoire. Nous chercherons dans l'histoire des peuples celle de l'espèce humaine; nous nous appliquerons à démêler quels ont été, dans chaque siècle, dans chaque état de civilisation, les idées dominantes, les principes généralement adoptés qui ont fait le bonheur ou le malheur des générations soumises à leur pouvoir, et qui ont ensuite influé sur le sort des générations postérieures. Le sujet dont nous avons à nous occuper est un des plus riches en considérations de ce genre. L'histoire nous offre des périodes de développement durant lesquelles le genre humain, parti d'un état de barbarie et d'ignorance, arrive par degrés à un état de science et de civilisation qui peut déchoir, mais non se perdre, car les lumières sont un héritage qui trouve toujours à qui se transmettre. La civilisation des Égyptiens et des Phéniciens prépara celle des Grecs; celle des Grecs et des Romains ne fut point perdue pour les Barbares qui vinrent s'établir dans leur empire : aucun siècle encore n'a été placé avec autant d'avantages que le nôtre pour observer cette progression lente, mais réelle : nous pouvons, en portant nos regards en arrière, reconnaître la route qu'a suivie le genre humain en Europe depuis plus de deux mille ans. L'histoire moderne seule, par son étendue, sa variété et la longueur de sa durée, nous offre le tableau le plus vaste et le plus complet que nous possédions encore de la marche progressive de la civilisation d'une partie du globe : un coup d'œil rapide, jeté sur cette histoire, suffira pour en indiquer le caractère et l'intérêt.

Rome avait conquis ce que son orgueil se plaisait à appeler le monde. L'Asie occidentale depuis les frontières de la Perse, le nord de l'Afrique, la Grèce, la Macédoine, la Thrace, tous les pays situés sur la rive droite du Danube depuis sa source jusqu'à son embouchure, l'Italie, la Gaule, la Grande-Bretagne, l'Espagne reconnaissaient son pouvoir ; ce pouvoir s'exerçait sur une étendue de plus de mille lieues en largeur, depuis le mur d'Antonin et les limites septentrionales de la Dacie, jusqu'au mont Atlas ; et de plus de quinze cents lieues en longueur, depuis l'Euphrate jusqu'à l'Océan occidental. Mais si l'immensité de ces conquêtes saisit d'abord l'imagination, l'étonnement diminue quand on songe combien elles avaient été faciles et combien elles étaient peu sûres. Rome n'eut à vaincre en Asie que des peuples amollis, en Europe que des peuples sauvages, dont le gouvernement sans union, sans régularité et sans vigueur, ici, à cause de la barbarie, là, à cause de la décadence des mœurs, ne pouvait lutter contre la forte constitution de l'aristocratie romaine. Qu'on s'arrête un instant à y songer ; Rome eut plus de peine à se défendre d'Annibal qu'à subjuguer le monde ; et, dès que le monde fut subjugué, Rome ne cessa de se voir enlever peu à peu ce qu'elle avait conquis. Comment aurait-elle pu s'y maintenir ? L'état de la civilisation des vainqueurs et des vaincus avait empêché que rien s'unît, se constituât en un ensemble homogène et solide ; point d'administration étendue et régulière ; point de communications générales et sûres ; les provinces n'existaient pour Rome que par les tributs qu'elles lui payaient ; Rome n'existait pour les provinces que par les tributs dont elle les accablait. Partout, dans l'Asie Mineure, en Afrique, en Espagne, dans la Bretagne, dans le nord de la Gaule, de petites peuplades défendaient et maintenaient leur indépendance : toute la puissance des empereurs ne pouvait soumettre les Isauriens. C'était ce chaos de peuples à demi vaincus, à demi barbares, sans intérêt, sans existence dans l'État dont ils étaient censés faire partie, que Rome appelait son empire.

Dès que cet empire fut conquis, il commença à cesser d'être, et cette orgueilleuse cité, qui regardait comme soumises toutes les régions où elle pouvait, en y entretenant une armée, envoyer un proconsul et lever des impôts, se vit bientôt forcée d'abandonner presque volontairement des provinces qu'elle était incapable de conserver. L'an du Christ 270, Aurélien se retire de la Dacie et la cède tacitement à la nation des Goths; en 412, Honorius reconnaît l'indépendance de la Grande-Bretagne et de l'Armorique; en 428, il veut engager les habitants de la Gaule Narbonnaise à se gouverner eux-mêmes. Partout on voit les Romains quitter, sans en être chassés, des pays dont, selon l'expression de Montesquieu, l'*obéissance leur pèse*, et qui, n'ayant jamais été incorporés à leur empire, devaient s'en séparer au premier choc.

Ce choc venait d'une partie de l'Europe que les Romains, en dépit de leur orgueil, n'avaient jamais pu regarder comme une de leurs provinces. Encore plus barbares que les Gaulois, les Bretons ou les Espagnols, les Germains n'avaient point été conquis, parce que leurs innombrables tribus, sans demeures fixes, sans patrie, toujours prêtes à avancer ou à fuir, tantôt se précipitaient avec leurs femmes et leurs troupeaux sur les possessions de Rome, tantôt se retiraient devant ses armées, ne lui abandonnant pour conquête qu'un pays sans habitants, qu'elles revenaient occuper dès que l'affaiblissement ou l'éloignement des vainqueurs leur en laissait la possibilité. C'est à cette vie errante d'un peuple chasseur, à cette facilité de fuite et de retour, plutôt qu'à une bravoure supérieure que les Germains durent la conservation de leur indépendance. Les Gaulois et les Espagnols s'étaient aussi défendus avec courage; mais les uns, entourés de l'Océan, n'avaient su où fuir des ennemis qu'ils ne pouvaient chasser; les autres, dans un état de civilisation déjà plus avancé, attaqués par les Romains à qui la province narbonnaise donnait, au cœur de la Gaule même, un point d'appui inébranlable, repoussés par les Germains des terres où ils auraient pu passer, s'étaient vus aussi contraints de se soumettre. Drusus et Germanicus avaient pénétré fort avant dans la Germanie; ils en sortirent, parce que, les Germains reculant toujours devant eux, ils n'auraient occupé, en y restant, que des conquêtes sans sujets.

Lorsque, par des causes étrangères à l'empire romain, les tribus tartares qui erraient dans les déserts de la Sarmatie et de la Scythie, jusqu'aux frontières septentrionales de la Chine, marchèrent sur la Germanie, les Germains, pressés par ces nouveaux venus, se jetèrent sur les possessions de Rome pour conquérir des terres où ils pussent vivre et demeurer. Alors Rome combattit pour sa défense; la lutte fut longue; le courage et l'habileté de quelques empereurs opposèrent longtemps aux Barbares une puissante barrière : mais les Barbares furent vainqueurs, parce qu'ils avaient besoin de l'être, et parce que leurs belliqueux essaims se renouvelaient toujours. Les Visigoths, les Alains, les Suèves s'établirent dans le midi de la Gaule et en Espagne ; les Vandales passèrent en Afrique; les Huns occupèrent les rives du Danube ; les Ostrogoths fondèrent leur royaume en Italie, les Francs dans le nord de la Gaule. Rome cessa de se dire maîtresse de l'Europe; Constantinople n'appartient pas à notre sujet.

Ces peuples de l'Orient et du Nord, qui venaient de se transporter en masse dans des pays où ils devaient fonder des États plus durables, parce qu'ils les conquéraient, non pour s'étendre, mais pour s'établir, étaient barbares comme l'avaient été, comme l'étaient restés longtemps les Romains. La force était leur droit, une indépendance sauvage leur plaisir; ils étaient libres, parce qu'aucun d'eux ne se serait avisé de penser que des hommes individuellement aussi forts que lui pussent se soumettre à son obéissance; ils étaient braves, parce que la bravoure était pour eux un besoin ; ils aimaient la guerre, parce que la guerre occupe l'homme sans le contraindre au travail ; ils voulaient des terres, parce que ces nouvelles possessions leur offraient mille nouveaux moyens de jouissance qu'ils pouvaient goûter en se livrant à leur paresse. Ils avaient des chefs, parce que les hommes réunis en ont toujours, parce que le plus brave est le plus considéré, devient bientôt le plus puissant, et lègue à ses fils une partie de sa considération et de sa puissance. Ces chefs devinrent rois ; les anciens sujets de Rome qui n'avaient d'abord été obligés que de recevoir, de loger et de nourrir leurs nouveaux maîtres, furent bientôt contraints de leur céder une partie de leurs terres ; et comme le laboureur tient, ainsi que la plante, au sol qui le nourrit, les terres et les laboureurs devinrent la propriété de ces maîtres turbulents et paresseux. Ainsi s'établit la féodalité, non tout à coup, non par une convention expresse entre le chef et ses guerriers, non par une répartition immédiate et régulière des pays conquis entre les conquérants, mais par degrés, après de longues années d'incertitude, par la seule force des choses, comme cela doit arriver partout où la conquête est suivie de la transplantation et d'une longue possession.

On aurait tort de croire que les Barbares fussent étrangers à toute idée morale ; l'homme, à cette première époque de la civilisation, ne réfléchit point sur ce que nous appelons des devoirs, mais il connaît et respecte dans ses semblables certains droits dont la trace se retrouve au milieu même de l'empire de la force le plus absolu. Une justice simple, souvent violée, cruellement vengée, règle les rapports simples des sauvages réunis. Les Germains, ne connaissant ni d'autres rapports, ni une autre justice, se trouvèrent tout à coup transportés au milieu d'un ordre de choses qui supposait d'autres idées, qui exigeait d'autres lois. Ils ne s'en inquiétèrent point ; le passage était trop rapide pour qu'ils pussent reconnaître et suppléer ce qui manquait à leur législation et à leur politique : s'embarrassant peu de leurs nouveaux sujets, ils continuèrent à suivre les mêmes usages, les mêmes principes qui naguère, dans les forêts de la Germanie, réglaient leur conduite et décidaient leurs différends. Aussi les vaincus furent-ils d'abord plus oubliés qu'assujettis, plus méprisés qu'opprimés ; ils formaient la masse de la nation, et cette masse se trouva sujette sans qu'on eût songé à la réduire en servitude, parce qu'on ne s'occupa point d'elle, parce que les vainqueurs ne lui soupçonnaient pas des droits qu'elle n'avait pas défendus. De là naquit, dans la suite, ce long désordre des premiers siècles du moyen âge où tout était isolé, fortuit, partiel ; de là cette séparation absolue entre les nobles et le peuple ; de là ces abus du système féodal, qui ne firent réellement partie d'un système que lorsqu'une longue possession eut fait regarder comme un droit ce qui n'avait été d'abord que le produit de la conquête et du hasard.

Le clergé seul, à qui la conversion des vainqueurs offrait les moyens d'acquérir une puissance d'autant plus grande que sa force et son étendue n'avaient de juge que l'opinion qu'il dirigeait, maintint ses droits et assura son indépendance. La religion qu'embrassèrent les Germains devint la seule voie par où leur arrivassent des idées nouvelles, le seul point de contact entre eux et les habitants de leur nouvelle patrie. Le clergé ne profita d'abord que pour lui seul de ce moyen de communication ; tous les avantages immédiats de la conversion des Barbares furent pour lui : la libérale et bienfaisante influence du christianisme ne s'étendit qu'avec lenteur ; celle des animosités religieuses, des querelles théologiques se fit sentir la première. C'était dans la classe occupée de ces querelles, échauffée de ces animosités, que se trouvaient les seuls hommes vigoureux qui restassent dans l'empire romain ; les sentiments et les devoirs religieux avaient ranimé, dans des cœurs pénétrés de leur auguste importance, une énergie partout éteinte depuis longtemps ; les saint Athanase, les saint Ambroise avaient résisté seuls à Constantin et à Théodose ; leurs successeurs furent les seuls qui osassent, qui pussent résister aux Barbares. De là ce long empire de la puissance spirituelle, soutenu avec tant de dévouement et de force, si faiblement ou si inutilement attaqué. On peut aujourd'hui le dire sans crainte, les plus grands caractères, les hommes les plus distingués par la supériorité de leur esprit ou de leur courage, dans ce période d'ignorance et de malheur, appartiennent à l'ordre ecclésiastique ; et aucune époque de l'histoire ne présente d'une manière aussi frappante la confirmation de cette vérité honorable pour l'espèce humaine, et peut-être la plus instructive de toutes, que les plus hautes vertus naissent et se développent encore au sein des plus funestes erreurs.

A ces traits généraux, destinés à peindre les idées, les mœurs et l'état des hommes dans le moyen âge, il serait aisé d'en ajouter d'autres, non moins caractéristiques, bien que plus particuliers. On verrait la poésie et les lettres, ces belles et heureuses productions de l'esprit, dont toutes les folies, toutes les misères du genre humain ne sauraient étouffer le germe, naître au sein de la barbarie, et charmer les Barbares même par un nouveau genre de plaisir : on rechercherait la source et le vrai caractère de cet enthousiasme poétique, guerrier et religieux, qui produisit la chevalerie et les croisades. On découvrirait peut-être, dans la vie errante des chevaliers et des croisés, l'influence de cette vie errante des chasseurs germains, de cette facilité de déplacement, de cette surabondance de population qui existent partout où l'ordre social n'est pas assez bien réglé pour que l'homme se trouve longtemps bien à sa place, et tant que sa laborieuse assiduité ne sait pas encore forcer la terre à lui fournir partout des subsistances abondantes et sûres. Peut-être aussi ce principe d'honneur qui attachait inviolablement les Barbares germains à un chef de leur choix, cette liberté individuelle dont il était le fruit, et qui donne à l'homme une haute idée de sa propre importance, cet empire de l'imagination qui s'exerce sur tous les peuples jeunes, et leur fait faire les premiers pas hors du cercle des besoins physiques et d'une vie purement matérielle, nous offriraient-ils les causes de cette élévation, de cet entraînement, de ce dévouement qui, arrachant quelquefois les nobles du moyen âge à la rudesse de leurs habitudes, leur inspirèrent des sentiments et des vertus dignes, aujourd'hui encore, de toute notre admiration. Nous nous étonnerions peu alors de trouver réunis la barbarie et l'héroïsme, tant d'énergie avec tant de faiblesse, et la grossièreté simple de l'homme sauvage avec les élans les plus sublimes de l'homme moral.

C'était à la dernière moitié du xve siècle qu'il était réservé de voir éclore des événements faits pour introduire en Europe de nouvelles mœurs, un nouvel ordre politique, et pour imprimer au monde la direction qu'il suit encore aujourd'hui. L'Italie venait, on peut le dire, de découvrir la civilisation des Grecs; les lettres, les arts, les idées de cette brillante antiquité inspiraient un enthousiasme général : les longues querelles des républiques italiennes, après avoir forcé les hommes à déployer toute leur énergie, leur avaient donné le besoin d'un repos ennobli et charmé par les occupations de l'esprit; l'étude de la littérature classique leur en offrait le moyen; ils le saisirent avec ardeur. Des papes, des cardinaux, des princes, des gentilshommes, des hommes de génie se livrèrent à des recherches savantes; ils s'écrivaient, ils voyageaient pour se communiquer leurs travaux, pour chercher, pour lire, pour copier des manuscrits. La découverte de l'imprimerie vint rendre les communications faciles et promptes, le commerce des esprits étendu et fécond. Aucun événement n'a aussi puissamment influé sur la civilisation du genre humain ; les livres devinrent une tribune du haut de laquelle on se fit entendre au monde. Bientôt ce monde fut doublé ; la boussole avait ouvert des routes sûres dans la monotone immensité des mers. L'Amérique fut trouvée ; et le spectacle de mœurs nouvelles, l'agitation de nouveaux intérêts qui n'étaient plus de petits intérêts de ville à ville, de château à château, mais de grands intérêts de puissance à puissance, changèrent et les idées des individus et les rapports politiques des États.

L'invention de la poudre à canon avait déjà changé leurs rapports militaires; le sort des combats ne dépendait plus de la bravoure isolée des guerriers, mais de la puissance et de l'habileté des chefs. On n'a pas assez dit combien cette invention contribua à affermir le pouvoir monarchique et à faire naître le système de l'équilibre.

Enfin, la Réformation vint porter à la puissance spirituelle un coup terrible, dont les conséquences ont été dues à l'examen hardi des questions théologiques et aux secousses politiques qu'amena la séparation des sectes religieuses, plutôt qu'aux nouveaux dogmes dont les réformés firent la base de leur croyance.

Représentez-vous, Messieurs, l'effet que durent produire toutes ces causes réunies au milieu de la fermentation où se trouvait alors l'espèce humaine, au milieu de cette surabondance d'énergie et d'activité qui caractérise le moyen âge. Dès lors, cette activité si longtemps désordonnée commença à se régler et à marcher vers un but; cette énergie se vit soumise à des lois; l'isolement disparut; le genre humain se forma en un grand corps; l'opinion publique prit de l'influence; et si un siècle de troubles civils, de dissensions religieuses, offrit le long retentissement de cette puissante secousse qui, à la fin du $xv^e$ siècle, ébranla l'Europe en tant de manières, ce n'en est pas moins aux idées, aux découvertes qui produisirent cette secousse, qu'ont été dus les deux siècles d'éclat, d'ordre et de paix, pendant lesquels la civilisation est parvenue au point où nous la voyons aujourd'hui.

Ce n'est pas ici le lieu de suivre avec plus de détails la marche de l'espèce humaine pendant ces deux siècles. Cette histoire est si étendue, elle se compose de tant de rapports, tantôt si minutieux, tantôt si vastes, et toujours si importants, de tant d'événements si bien liés, amenés par des causes si mêlées, et causes, à leur tour, d'effets si nombreux, de tant de travaux divers, qu'il est impossible de les résumer en peu de paroles. Jamais tant d'États puissants et voisins n'ont exercé les uns sur les autres une influence si constante et si compliquée; jamais leur organisation intérieure n'a offert tant de ramifications à étudier; jamais l'esprit humain n'a marché, à la fois, en tant de routes; jamais tant d'événements, tant d'acteurs, tant d'idées ne se sont pressés sur un aussi grand espace, n'ont eu des résultats aussi intéressants, aussi instructifs. Peut-être aurons-nous un jour l'occasion d'entrer dans ce labyrinthe, et de chercher le fil propre à nous y conduire. Appelés maintenant à étudier les premiers siècles de l'histoire moderne, nous irons trouver son berceau dans les forêts de la Germanie, patrie de nos ancêtres : après avoir tracé un tableau de leurs mœurs, aussi complet que nous le permettront le nombre des faits parvenus à notre connaissance, l'état actuel des lumières et mes efforts pour m'élever à leur niveau, nous jetterons un coup d'œil sur la situation de l'empire romain au moment où les Barbares y pénétrèrent pour tenter de s'y établir. Nous assisterons ensuite à la longue lutte qui s'éleva entre eux et Rome, depuis leur irruption dans l'occident et le midi de l'Europe jusqu'à la fondation des principales monarchies modernes. Cette fondation deviendra ainsi pour nous un point de repos, d'où nous partirons ensuite pour suivre la marche de l'histoire de l'Europe, qui est la nôtre; car, si l'unité, fruit de la domination romaine, disparut avec elle, il y a toujours eu néanmoins, entre les divers peuples qui se sont élevés sur ses débris, des rapports si multipliés, si continus et si importants, qu'il en résulte, dans l'ensemble de l'histoire moderne, une véritable unité que nous nous efforcerons de saisir. Cette tâche est immense, et il est impossible, lorsqu'on en envisage toute l'étendue, de ne pas reculer devant sa difficulté. Jugez, Messieurs, si je dois être effrayé d'avoir à la remplir; mais votre intelligence et votre zèle suppléeront à la faiblesse de mes moyens : je serai trop payé si je puis vous faire faire quelques pas dans la route qui mène à la vérité!

## IV

(Page 42.)

### 1° *L'abbé de Montesquiou à M. Guizot.*

Ce 31 mars 1815.

Je ne suis pas, mon cher, tellement perdu pour mes amis que je ne me souvienne de leur amitié; la vôtre a eu pour moi beaucoup de charmes. Je ne me reproche point le mauvais tour que je vous ai joué. A votre âge on ne fait pas de long bail avec le mien; on ne peut que montrer au public les objets dignes de sa confiance, et je me félicite de lui avoir laissé un souvenir de vous qui ne doit point s'effacer. Je n'aurai pas été si heureux pour mon compte. Il ne me reste qu'à gémir sur cette fatalité qui a triomphé de ma conviction, de ma répugnance, et des secours innombrables que l'amitié m'a prêtés. Que mon exemple vous profite un jour. Donnez aux affaires le temps de la force, et non pas celui qui ne laisse plus que le besoin du repos; l'intervalle est assez grand à votre âge pour que vous puissiez vous faire beaucoup d'honneur. J'en jouirai avec l'intérêt que vous me connaissez et avec tous les souvenirs que me laisse toute votre bienveillance. Présentez mes hommages à madame Guizot : c'est à elle que j'adresse mes excuses d'avoir troublé son repos. Mais j'espère que son enfant se sentira de la forte nourriture que nous lui avons déjà donnée; je lui demande, comme à vous, quelque souvenir pour tous les sentiments de respect et d'amitié que je vous ai voués pour la vie.

### 2° *L'abbé de Montesquiou à M. Guizot.*

Plaisance. Gers, ce 8 juin 1816.

J'attendais, mon cher, de vos nouvelles avec une grande impatience, et je vous remercie bien de m'en avoir donné. Ce n'est pas que je fusse inquiet de votre philosophie; vous savez que ceux qui devancent leur âge connaissent plus tôt l'inconstance des choses humaines; mais je craignais que votre goût pour vos premiers travaux ne vous fît abandonner les affaires pour lesquelles vous avez montré une si heureuse facilité, et nous ne sommes pas assez riches pour faire des sacrifices. Je suis fort aise d'être rassuré sur ce point; j'abandonne le reste aux caprices du sort qui ne peut être rigoureux pour vous. Vous serez distingué au Conseil comme vous l'avez été partout, et rien ne peut faire qu'étant plus connu, votre carrière n'en soit pas plus brillante et plus assurée. La jeunesse qui sent ses forces doit toujours dire comme le cardinal de Bernis : « Monseigneur, j'attendrai. » Plus je vois la France, et plus je suis frappé de cette vérité. Que ceux qui croient avoir bien servi l'État en compromettant l'autorité royale viennent voir ces départements éloignés: tout ce qui est honnête et raisonnable est royaliste; mais grâce à nos discussions, ils ne savent plus comment il faut l'être. Ils avaient cru jusqu'alors que servir le Roi, c'était faire ce qu'il demandait par la voix de ses ministres, et on est venu leur dire que c'était une erreur sans leur apprendre quels étaient ses véritables organes. Les ennemis de notre repos en profitent. On fait courir dans le peuple les contes les plus absurdes, et tout est peuple à une si grande distance. Je me figure que le genre de ces perturbateurs varie dans nos différentes provinces. Dans celle-ci où nous n'avons ni grandes villes, ni aristocratie, nous sommes à la merci de tout ce qui se donne pour en savoir plus que nous. Il en résulte un crédit extraordinaire pour les demi-soldes qui, appartenant de plus près au peuple et ne pouvant digérer leur dernier mécompte, le travaillent de toutes les manières et en sont toujours crus parce qu'ils sont les plus riches de leur endroit. MM. les députés viennent brochant sur le tout, se donnant pour de petits proconsuls, disposant de toutes les places, annulant les préfets, et vous voyez ce qu'il peut rester d'autorité au Roi, dont les agents ont des maîtres et dont rien ne se fait en son nom. Quant à l'administration, vous jugez bien que personne n'y pense. Le peuple manque de pain; sa récolte pourrit dans des pluies continuelles; les chemins sont horribles, les hôpitaux dans la plus grande misère; il ne nous reste que des destitutions, des dénonciations et des députations. Si vous pouviez nous les échanger pour un peu d'autorité royale, nous verrions encore la fin de nos misères; mais dépêchez-vous, car, le mois d'octobre arrivé, il ne sera plus temps.

Adieu, mon cher; mes hommages, je vous prie, à madame Guizot, et recevez toutes mes amitiés.

## V

(Page 46.)

*Fragments extraits d'un écrit de M. Guizot, intitulé :* QUELQUES IDÉES SUR LA LIBERTÉ DE LA PRESSE, *et publié en* 1814.

Une grande partie des maux de la France, maux qui pourraient se prolonger beaucoup si on ne les attaquait pas dans leur source, tient, comme je viens de le dire, à l'ignorance à laquelle ont été condamnés les Français sur les affaires et la situation de l'État, au système de mensonge qu'avait adopté un gouvernement qui avait besoin de tout cacher, à l'indifférence et à la méfiance que cette obscurité et ce mensonge habituel avaient inspirées aux citoyens. C'est donc la vérité qu'il faut mettre au grand jour, c'est l'obscurité qu'il faut dissiper si l'on veut rétablir la confiance et ranimer le zèle ; et il ne suffit pas que les intentions du gouvernement soient bonnes, que ses discours soient sincères ; il faut encore que les sujets en soient persuadés, aient mille moyens de s'en convaincre : quand on a été longtemps trompé par un fourbe, on se méfie même d'un honnête homme, et tous nos proverbes sur la triste méfiance de la vieillesse reposent sur cette vérité...

Ce peuple, si longtemps abusé, a besoin de voir la vérité arriver à lui de toutes parts; maintenant il aura l'espoir de l'obtenir; il la demandera avec inquiétude à ses représentants, à ses administrateurs, à tous ceux qu'il croira capables de la lui dire; plus elle lui a été étrangère jusqu'ici, plus elle lui sera précieuse; ce qu'il y aura de bien, il l'apprendra avec transport dès qu'il sera sûr qu'il peut y croire; ce qu'il y aura de fâcheux, il l'écoutera sans crainte dès qu'il verra qu'on ne lui ôte point la liberté d'en dire son avis et de travailler ouvertement à y parer. On ne se doute pas des embarras que dissipe la vérité et des ressources qu'elle donne; une nation à qui on prend soin de la cacher croit aussitôt qu'on médite quelque chose contre elle et se replie dans le soupçon; quand on la lui montre, quand le gouvernement ne laisse voir qu'une noble confiance dans ses intentions et dans la bonne volonté des sujets, cette confiance excite la leur et réveille tout leur zèle...

Les Français, sûrs d'entendre la vérité et libres de la dire, perdront bientôt cette triste habitude de méfiance qui tuait en eux toute estime de leur chef et tout dévouement à l'État : les plus insouciants reprendront un vif intérêt aux affaires publiques quand ils verront qu'ils peuvent y prendre part; les plus soupçonneux se guériront de leurs craintes quand ils ne vivront plus dans les ténèbres; ils ne seront plus continuellement occupés à calculer combien ils doivent rabattre de toutes les paroles qu'on leur adresse, de tous les récits qu'on leur fait, de tous les tableaux qu'on leur présente, à démêler, dans tout ce qui vient du trône, l'artifice, les desseins dangereux, les arrière-pensées...

...Une grande liberté de la presse peut seule, en ramenant la confiance, rendre à l'esprit public cette énergie dont le Roi, comme la nation, ne sauraient se passer; c'est la vie de l'âme qu'il faut réveiller dans ce peuple en qui le despotisme travaillait à l'éteindre; cette vie est dans le libre mouvement de la pensée, et la pensée ne se meut, ne se développe librement qu'au grand jour : personne en France ne peut plus redouter l'oppression sous laquelle nous avons vécu depuis dix ans; mais si l'immobilité qu'entraîne la faiblesse succédait à celle qu'impose la tyrannie, si le poids d'une agitation terrible et muette n'était remplacé que par la langueur du repos, on ne verrait point renaître en France cette activité nationale, cette disposition bienveillante et courageuse qui fait des sacrifices un devoir, enfin cette confiance dans le souverain dont le besoin se fera sentir chaque jour; on n'obtiendrait de la nation qu'une tranquillité stérile dont l'insuffisance obligerait peut-être à recourir à des moyens funestes pour elle-même et bien éloignés des intentions paternelles de son Roi.

Qu'on adopte, au contraire, un système de liberté et de franchise; que la vérité circule librement du trône aux sujets et des sujets au trône; que les routes soient ouvertes à ceux qui doivent la dire, à ceux qui ont besoin de la savoir; on verra l'apathie se dissiper, la méfiance disparaître et le dévouement rendu général et facile par la certitude de sa nécessité et de son utilité.

Malheureusement nous avons fait, dans les vingt-cinq années qui viennent de s'écouler, un si déplorable abus des bonnes choses qu'il suffit aujourd'hui d'en prononcer le nom pour réveiller les plus tristes craintes. On ne veut pas tenir compte de la différence des temps, des situations, de la marche des opinions, de la disposition des esprits : on regarde comme toujours dangereux ce qui a été une fois funeste; on pense et on agit comme feraient des mères qui, pour avoir vu tomber l'enfant, voudraient empêcher le jeune homme de marcher...

...Cette disposition est générale; on la retrouve sous toutes les formes, et ceux qui l'ont bien observée auront peu de peine à se convaincre qu'une entière liberté de la presse serait aujourd'hui, du moins sous le rapport politique, presque sans aucun danger : ceux qui la redoutent se croient encore au commencement de notre révolution, à cette époque où toutes les passions ne demandaient qu'à éclater, où la violence était populaire, où la raison n'obtenait qu'un sourire dédaigneux. Rien ne se ressemble moins que ce temps et le nôtre; et de cela même qu'une liberté illimitée a causé alors les maux les plus funestes, on peut inférer, si je ne me trompe, qu'elle en entraînerait fort peu aujourd'hui.

Cependant, comme beaucoup de gens paraissent la craindre, comme je n'oserais affirmer qu'elle ne pût être suivie de quelques inconvénients plus fâcheux par l'effroi qu'ils inspireraient que par les suites réelles qu'ils pourraient amener, comme, dans l'état où nous nous trouvons, sans guide dans l'expérience du passé, sans données pour l'avenir, il est naturel de ne vouloir marcher qu'avec précaution, comme l'esprit même de la nation semble indiquer qu'à tous égards la circonspection est nécessaire, l'avis de ceux qui pensent qu'il y faut mettre quelques restrictions doit peut-être prévaloir. Depuis vingt-cinq ans, la nation est si étrangère aux habitudes d'une vraie liberté, elle a passé à travers tant de despotismes différents, et le dernier a été si lourd qu'on peut redouter, en la lui rendant, plutôt son inexpérience que son impétuosité; elle ne songerait pas à attaquer, mais peut-être aussi ne saurait-elle pas se défendre; et au milieu de la faiblesse universelle, au milieu de ce besoin d'ordre et de paix qui se fait surtout sentir, au milieu de la collision de tant d'intérêts divers qu'il importe également de ménager, le gouvernement peut désirer avec raison d'éviter encore ces apparences de choc et de trouble qui seraient peut-être sans importance, mais dont l'imagination serait disposée à s'exagérer le danger.

La question se réduit donc à savoir quelles sont, dans les circonstances actuelles, les causes qui doivent engager à contenir la liberté de la presse, par quelles restrictions conformes à la nature de ces causes on peut la contenir sans la détruire, et comment on pourra arriver graduellement à lever ces restrictions maintenant jugées nécessaires.

Toute liberté est placée entre l'oppression et la licence; la liberté de l'homme, dans l'état social, étant nécessairement restreinte par quelques règles, l'abus et l'oubli de ces règles sont également dangereux; mais les circonstances qui exposent la société à l'un ou à l'autre de ces dangers ne sont point les mêmes : dans un gouvernement bien établi et solidement constitué, le danger contre lequel doivent lutter les amis de la liberté, c'est celui de l'oppression; tout y est combiné pour le maintien des lois, tout y tend à entretenir une vigueur de discipline contre laquelle chaque individu doit travailler à soutenir la portion de liberté qui lui est due; la fonction du gouvernement est de maintenir l'ordre, celle des gouvernés de veiller à la liberté.

L'état des choses est tout différent dans un gouvernement qui commence : s'il succède à une époque de malheur et de trouble, où la morale et la raison aient été également perverties, où toutes les passions se soient déployées sans frein, où tous les intérêts se soient étalés sans honte, alors l'oppression est au nombre des dangers qu'il faut seulement prévenir, et la licence est celui contre lequel il faut lutter. Le gouvernement n'a pas encore toute sa force; il n'est pas encore nanti de tous les moyens qu'on doit remettre en sa puissance pour maintenir l'ordre et la règle; avant de les avoir tous, il se gardera bien d'abuser de quelques-uns; et les gouvernés qui n'ont pas encore tous les avantages de l'ordre veulent avoir tous ceux du désordre; on n'est pas encore assez assuré de sa propre tranquillité pour craindre de troubler celle des autres; chacun se hâte de porter le coup qu'il est exposé à recevoir; on offense avec impunité les lois qui n'ont pas encore prévu tous les moyens qu'on pourrait prendre pour les éluder; on brave sans danger des autorités qui n'ont pas encore, pour se soutenir, l'expérience du bonheur qu'on a goûté sous leurs auspices : c'est alors contre les entreprises particulières qu'il faut faire sentinelle; c'est alors qu'il faut garantir la liberté des outrages de la licence, et quelquefois tâcher d'empêcher ce qu'un gouvernement fort, bien sûr qu'on lui obéira, se contente de défendre.

Ainsi l'entière liberté de la presse, sans inconvénient dans un État libre, heureux et fortement constitué, peut en avoir dans un État qui se forme, et où les citoyens ont besoin d'apprendre la liberté comme le bonheur; là, il n'y a nul danger à ce que chacun puisse tout dire, parce que, si l'ordre des choses est bon, la plupart des membres de la société seront disposés à le défendre, et parce que la nation, éclairée par son bonheur même, se laissera difficilement entraîner à la poursuite d'un mieux toujours possible, mais toujours incertain; ici, au contraire, les passions et les intérêts des individus divergent en différents sens, tous plus ou moins éloignés de l'intérêt public; cet intérêt n'est pas encore assez connu pour que ceux qui veulent le soutenir sachent bien où le trouver; l'esprit public n'est encore ni formé par le bonheur, ni éclairé par l'expérience; il n'existe donc dans la nation que très-peu de barrières contre le mauvais esprit, tandis qu'il existe dans le gouvernement beaucoup de lacunes par où peut s'introduire le désordre : toutes les ambitions se réveillent, et aucune ne sait à quoi se fixer; tous cherchent leur place, et nul n'est sûr de l'obtenir; le bon sens qui n'invente rien, mais qui sait choisir, n'a point de règle fixe à laquelle il puisse s'attacher; la multitude ébahie, que rien ne dirige et qui n'a pas encore appris à se diriger elle-même, ne sait quel guide elle doit suivre; et, au milieu de tant d'idées contradictoires, incapable de démêler le vrai du faux, le moindre mal est qu'elle prenne son parti de rester dans son ignorance et sa stupidité. Quand les lumières sont encore très-peu répandues, la licence de la presse devient donc un véritable obstacle à leurs progrès; les hommes peu accoutumés à raisonner sur certaines matières, peu riches en connaissances positives, reçoivent trop facilement l'erreur qui leur arrive de toutes parts et ne distinguent pas assez promptement la vérité qu'on leur présente; de là naissent une foule d'idées fausses, indigestes, de jugements adoptés sans examen, et une science prétendue d'autant plus fâcheuse que, s'emparant de la place que devrait tenir la raison seule, elle lui en interdit longtemps l'accès.

C'est de cette science mal acquise que la révolution nous a prouvé le danger; c'est de ce danger que nous devons nous défendre : il faut le dire, le malheur nous a rendus plus sages; mais le despotisme des dix dernières années a étouffé, pour une grande partie des Français, les lumières que nous en aurions pu tirer : quelques hommes sans doute ont continué à réfléchir, à observer, à étudier; ils se sont éclairés par le despotisme même qui les opprimait; mais la nation en général, écrasée et malheureuse, s'est vue arrêtée dans le développement de ses facultés intellectuelles. Quand on y regarde de près, on est étonné et presque honteux de son irréflexion et de son ignorance : elle éprouve le besoin d'en sortir; le joug le plus oppressif a pu et pourrait encore seul la réduire quelque temps au silence et à l'inaction; mais il lui faut des soutiens, des guides, et, après tant d'expériences imprudentes, pour l'intérêt même de la raison et des lumières, la liberté de la presse, dont nous n'avons jamais joui, doit être doucement essayée.

Envisagées sous ce point de vue, les restrictions qu'on pourra y apporter effrayeront moins les amis de la vérité et de la justice; ils n'y verront qu'une concession faite aux circonstances actuelles, dictée par l'intérêt même de la nation ; et si l'on prend soin de borner cette concession de manière à ce qu'elle ne puisse jamais devenir dangereuse ; si, en établissant une digue contre la licence, on laisse toujours une porte ouverte à la liberté; si le but des restrictions n'est évidemment que de mettre le peuple français en état de s'en passer et d'arriver un jour à la liberté entière ; si elles sont combinées et modifiées de telle sorte que cette liberté puisse toujours aller croissant à mesure que la nation deviendra plus capable d'en faire un bon usage ; enfin, si, au lieu d'entraver les progrès de l'esprit humain, elles ne sont propres qu'à en assurer, à en diriger la marche, les hommes les plus éclairés, loin de s'en plaindre comme d'une atteinte portée aux principes de la justice, y verront une mesure de prudence, une garantie de l'ordre public et un nouveau motif d'espérer que le bouleversement de cet ordre ne viendra plus troubler et retarder la nation française dans la carrière de la vérité et de la raison.

## VI

(Page 51.)

*Rapport au Roi et Ordonnance du Roi pour la réforme de l'instruction publique* (17 février 1815).

Louis, par la grâce de Dieu, Roi de France et de Navarre, A tous ceux qui ces présentes verront, salut.

Nous étant fait rendre compte de l'état de l'instruction publique dans notre royaume, nous avons reconnu qu'elle reposait sur des institutions destinées à servir les vues politiques du gouvernement dont elles furent l'ouvrage, plutôt qu'à répandre sur nos sujets les bienfaits d'une éducation morale et conforme aux besoins du siècle ; nous avons rendu justice à la sagesse et au zèle des hommes qui ont été chargés de surveiller et de diriger l'enseignement ; nous avons vu avec satisfaction qu'ils n'avaient cessé de lutter contre les obstacles que les temps leur opposaient, et contre le but même des institutions qu'ils étaient appelés à mettre en œuvre ; mais nous avons senti la nécessité de corriger ces institutions et de rappeler l'éducation nationale à son véritable objet, qui est de propager les bonnes doctrines, de maintenir les bonnes mœurs, et de former des hommes qui, par leurs lumières et leurs vertus, puissent rendre à la société les utiles leçons et les sages exemples qu'ils ont reçus de leurs maîtres.

Nous avons mûrement examiné ces institutions que nous nous proposons de réformer, et il nous a paru que le régime d'une autorité unique et absolue était incompatible avec nos intentions paternelles et avec l'esprit libéral de notre gouvernement.

Que cette autorité, essentiellement occupée de la direction de l'ensemble, était en quelque sorte condamnée à ignorer ou à négliger ces détails et cette surveillance journalière qui ne peuvent être confiés qu'à des autorités locales mieux informées des besoins, et plus directement intéressées à la prospérité des établissements placés sous leurs yeux.

Que le droit de nommer à toutes les places, concentré dans les mains d'un seul homme, en laissant trop de chances à l'erreur et trop d'influence à la faveur, affaiblissait le ressort de l'émulation et réduisait aussi les maîtres à une dépendance mal assortie à l'honneur de leur état et à l'importance de leurs fonctions.

Que cette dépendance et les déplacements trop fréquents qui en sont la suite inévitable rendaient l'état des maîtres incertain et précaire, nuisaient à la considération dont ils ont besoin de jouir pour se livrer avec zèle à leurs pénibles travaux, ne permettaient pas qu'il s'établît entre eux et les parents de leurs élèves cette confiance qui est le fruit des longs services et des anciennes habitudes, et les privaient ainsi de la plus douce récompense qu'ils puissent obtenir, le respect et l'affection des contrées auxquelles ils ont consacré leurs talents et leur vie.

Enfin, que la taxe du vingtième des frais d'études levée sur tous les élèves des lycées, colléges et pensions, et appliquée à des dépenses dont ceux qui la payent ne retirent pas un avantage immédiat et qui peuvent être considérablement réduites, contrariait notre désir de favoriser les bonnes études et de répandre le bienfait de l'instruction dans toutes les classes de nos sujets.

Voulant nous mettre en état de proposer le plus tôt possible aux deux Chambres les lois qui doivent fonder le système de l'instruction publique en France, et pourvoir aux dépenses qu'il exigera, nous avons résolu d'ordonner provisoirement les réformes les plus propres à nous faire acquérir l'expérience et les lumières dont nous avons encore besoin pour atteindre ce but ; et en remplacement de la taxe du vingtième des frais d'étude, dont nous ne voulons pas différer plus longtemps l'abolition, il nous a plu d'affecter, sur notre liste civile, la somme d'un million qui sera employée, pendant la présente année 1815, au service de l'instruction publique dans notre royaume ;

A ces causes, et sur le rapport de notre ministre secrétaire d'État au département de l'intérieur ;

Notre Conseil d'État entendu,

Nous avons ordonné et ordonnons ce qui suit :

### TITRE I<sup>er</sup>.

#### Dispositions générales.

Art. 1<sup>er</sup>. Les arrondissements formés sous le nom d'*académies*, par le décret du 17 mars 1808, sont réduits à dix-sept, conformément au tableau annexé à la présente ordonnance.

Ils prendront le titre d'*Universités*.

Les Universités porteront le nom du chef-lieu assigné à chacune d'elles.

Les lycées actuellement établis seront appelés *colléges royaux*.

2. Chaque Université sera composée : 1° d'un conseil présidé par un recteur ; 2° de facultés ; 3° de colléges royaux ; 4° de colléges communaux.

3. L'enseignement et la discipline dans toutes les Universités seront réglés et surveillés par un conseil royal de l'instruction publique.

4. L'École normale de Paris sera commune à toutes les Universités; elle formera, aux frais de l'État, le nombre de professeurs et de maîtres dont elles auront besoin pour l'enseignement des sciences et des lettres.

## TITRE II.

### Des Universités.

#### SECTION Ire.

##### Des Conseils des Universités.

5. Le conseil de chaque Université est composé d'un recteur président, des doyens des facultés, du proviseur du collége royal du chef-lieu ou du plus ancien des proviseurs, s'il y a plusieurs colléges royaux, et de trois notables au moins, choisis par notre conseil royal de l'instruction publique.

6. L'évêque et le préfet sont membres de ce conseil; ils y ont voix délibérative et séance au-dessus du recteur.

7. Le conseil de l'Université fait visiter, quand il le juge à propos, les colléges royaux et communaux, les institutions, pensionnats et autres établissements d'instruction, par deux inspecteurs, qui lui rendent compte de l'état de l'enseignement et de la discipline, dans le ressort de l'Université, conformément aux instructions qu'ils ont reçues de lui.

Le nombre des inspecteurs de l'Université de Paris peut être porté à six.

8. Le conseil nomme ces inspecteurs entre deux candidats qui lui sont présentés par le recteur.

9. Il nomme aussi, entre deux candidats présentés par le recteur, les proviseurs, les censeurs ou préfets des études, les professeurs de philosophie, de rhétorique et de mathématiques supérieures, les aumôniers et les économes des colléges royaux.

10. Les inspecteurs des Universités sont choisis entre les proviseurs, les préfets des études, les professeurs de philosophie, de rhétorique et de mathématiques des colléges royaux, et les principaux des colléges communaux; les proviseurs entre les inspecteurs, les principaux des colléges communaux et les préfets des études des colléges royaux; ceux-ci entre les professeurs de philosophie, de rhétorique et de mathématiques supérieures des mêmes colléges.

11. Le conseil de l'Université peut révoquer, s'il y a lieu, les nominations qu'il a faites : en ce cas, ses délibérations sont motivées, et elles n'ont leur effet qu'après avoir reçu l'approbation de notre conseil royal de l'instruction publique.

12. Nul ne peut établir une institution ou un pensionnat, ou devenir chef d'une institution ou d'un pensionnat déjà établis, s'il n'a été examiné et dûment autorisé par le conseil de l'Université, et si cette autorisation n'a été approuvée par le conseil royal de l'instruction publique.

13. Le conseil de l'Université entend et juge définitivement les comptes des facultés et des colléges royaux; il entend le compte des dépenses de l'administration générale rendu par le recteur, et il le transmet, après l'avoir arrêté, à notre conseil royal de l'instruction publique.

14. Il tient registre de ces délibérations, et en envoie copie tous les mois à notre conseil royal.

15. Il a rang après le conseil de préfecture dans les cérémonies publiques.

## SECTION II.

### Des Recteurs des Universités.

16. Les recteurs des Universités sont nommés par nous, entre trois candidats qui nous sont présentés par notre conseil royal de l'instruction publique, et choisis par lui entre les recteurs déjà nommés, les inspecteurs généraux des

études dont il sera parlé ci-après, les professeurs des facultés, les inspecteurs des Universités, les proviseurs, préfets des études, et professeurs de philosophie, de rhétorique et de mathématiques supérieures des colléges royaux.

17. Les recteurs des Universités nomment les professeurs, régents et maîtres d'études de tous les colléges, à l'exception des professeurs de philosophie, de rhétorique et de mathématiques supérieures des colléges royaux, qui sont nommés comme il est dit en l'article 9.

18. Ils les choisissent entre les professeurs, régents et maîtres d'études déjà employés dans les anciens ou les nouveaux établissements de l'instruction, ou parmi les élèves de l'École normale qui, ayant achevé leurs exercices, ont reçu le brevet d'agrégé.

19. Les professeurs et régents ainsi nommés ne peuvent être révoqués que par le conseil de l'Université, sur la proposition motivée du recteur.

20. Les professeurs et régents, nommés par un ou plusieurs recteurs autres que celui de l'Université dans laquelle ils sont actuellement employés, peuvent choisir l'Université et accepter l'emploi qu'ils préfèrent ; mais ils sont tenus d'en donner avis, un mois avant l'ouverture de l'année scolaire, au recteur de l'Université de laquelle ils sortent.

21. Les élèves de l'École normale, appelés par d'autres recteurs que celui de l'Université qui les a envoyés, ont le même droit d'option, à la charge de donner le même avis.

22. Le recteur de l'Université préside, quand il le juge à propos, aux examens et épreuves qui précèdent les collations des grades dans les facultés.

23. Il est seul chargé de la correspondance.

24. Il présente au conseil de l'Université les affaires qui doivent y être portées, nomme les rapporteurs, s'il y a lieu, règle l'ordre des délibérations et signe les arrêtés.

25. En cas de partage des voix, la sienne est prépondérante.

### SECTION III.

#### Des Facultés.

26. Le nombre et la composition des facultés, dans chaque Université, sont réglés par nous, sur la proposition de notre conseil royal de l'instruction publique.

27. Les facultés sont placées immédiatement sous l'autorité, la direction et la surveillance de ce conseil.

28. Il nomme leurs doyens, entre deux candidats qu'elles lui présentent.

29. Il nomme à vie les professeurs entre quatre candidats dont deux lui sont présentés par la faculté où il vaque une chaire, et deux par le conseil de l'Université.

30. Outre l'enseignement spécial dont elles sont chargées, les facultés confèrent, après examen et dans les formes déterminées par les règlements, les grades qui sont ou seront exigés pour les diverses fonctions et professions ecclésiastiques, politiques et civiles.

31. Les diplômes de grades sont délivrés en notre nom, signés du doyen et visés du recteur, qui peut refuser son *visa* s'il lui apparaît que les épreuves prescrites n'ont pas été convenablement observées.

32. Dans les Universités où nous n'aurions pas encore une faculté des sciences et des lettres, le grade de bachelier ès-lettres pourra être conféré, après les examens prescrits, par les proviseur, préfet des études, professeurs de philosophie et de rhétorique du collége royal du chef-lieu. Le préfet des études remplira les fonctions de doyen ; il signera les diplômes et prendra séance au conseil de l'Université après le proviseur.

## SECTION IV.

### Des Colléges royaux et des Colléges communaux.

33. Les colléges royaux sont dirigés par un proviseur, et les colléges communaux par un principal.

34. Les proviseurs et principaux exécutent et font exécuter les règlements relatifs à l'enseignement, à la discipline et à la comptabilité.

35. L'administration du collége royal du chef-lieu est placée sous la surveillance immédiate du recteur et du conseil de l'Université.

36. Tous les autres colléges, royaux ou communaux, sont placés sous la surveillance immédiate d'un bureau d'administration composé du sous-préfet, du maire, et de trois notables au moins, nommés par le conseil de l'Université.

37. Ce bureau présente au recteur deux candidats, entre lesquels celui-ci nomme les principaux des colléges communaux.

38. Les principaux, ainsi nommés, ne peuvent être révoqués que par le conseil de l'Université, sur la proposition du bureau et de l'avis du recteur.

39. Le bureau d'administration entend et juge définitivement les comptes des colléges communaux.

40. Il entend et arrête les comptes des colléges royaux autres que celui du chef-lieu, et les transmet au conseil de l'Université.

41. Il tient registre de ses délibérations et en envoie copie, chaque mois, au conseil de l'Université.

42. Il est présidé par le sous-préfet, et, à son défaut, par le maire.

43. Les évêques et les préfets sont membres de tous les

bureaux de leur diocèse ou de leur département, et quand ils y assistent, ils y ont voix délibérative et séance au-dessus des présidents.

44. Les chefs d'institutions et maîtres de pensions établis dans l'enceinte des villes où il y a des colléges royaux ou des colléges communaux sont tenus d'envoyer leurs pensionnaires comme externes aux leçons desdits colléges.

45. Est et demeure néanmoins exceptée de cette obligation l'école secondaire ecclésiastique qui a été ou pourra être établie dans chaque département, en vertu de notre ordonnance du .....; mais ladite école ne peut recevoir aucun élève externe.

## TITRE III.

### De l'École normale.

46. Chaque Université envoie tous les ans, à l'École normale de Paris, un nombre d'élèves proportionné aux besoins de l'enseignement.

Ce nombre est réglé par notre conseil royal de l'instruction publique.

47. Le conseil de l'Université choisit ces élèves entre ceux qui, ayant terminé leurs études de rhétorique et de philosophie, se destinent, du consentement de leurs parents, à l'instruction publique.

48. Les élèves envoyés à l'École normale y passent trois années, après lesquelles ils sont examinés par notre conseil royal de l'instruction publique, qui leur délivre, s'il y a lieu, un brevet d'agrégé.

49. Les élèves qui ont obtenu ce brevet, s'ils ne sont pas appelés par les recteurs des autres Universités, retournent dans celle qui les a envoyés, et ils y sont placés par le recteur et avancés suivant leur capacité et leurs services

50. Le chef de l'École normale a le même rang et les mêmes prérogatives que les recteurs des Universités.

## TITRE IV.

### Du Conseil royal de l'Instruction publique.

51. Notre conseil royal de l'instruction publique est composé d'un président et de onze conseillers nommés par nous.

52. Deux d'entre eux sont choisis dans le clergé, deux dans notre Conseil d'État ou dans nos Cours, et les sept autres parmi les personnes les plus recommandables par leurs talents et leurs services dans l'instruction publique.

53. Le président de notre conseil royal est seul chargé de la correspondance; il présente les affaires au conseil, nomme les rapporteurs s'il y a lieu, règle l'ordre des délibérations, signe et fait expédier les arrêtés, et il en procure l'exécution.

54. En cas de partage des voix, la sienne est prépondérante.

55. Conformément à l'article 3 de la présente ordonnance, notre conseil royal dresse, arrête et promulgue les règlements généraux relatifs à l'enseignement et à la discipline.

56. Il prescrit l'exécution de ces règlements à toutes les Universités, et il la surveille par des inspecteurs généraux des études, qui visitent les Universités quand il le juge à propos, et qui lui rendent compte de l'état de toutes les écoles.

57. Les inspecteurs sont au nombre de douze, savoir: deux pour les facultés de droit, deux pour celles de médecine; les huit autres pour les facultés des sciences et des lettres, et pour les colléges royaux et communaux.

58. Les inspecteurs généraux des études sont nommés par nous, entre trois candidats qui nous sont présentés par notre conseil royal de l'instruction publique, et qu'il a choisis entre les recteurs et les inspecteurs des Universités, les professeurs des facultés, les proviseurs, préfets des études, et professeurs de philosophie, de rhétorique et de mathématiques supérieures des colléges royaux.

59. Sur le rapport des inspecteurs généraux des études, notre conseil royal donne aux conseils des Universités les avis qui lui paraissent nécessaires ; il censure les abus et il pourvoit à ce qu'ils soient réformés.

60. Il nous rend un compte annuel de l'état de l'instruction publique dans notre royaume.

61. Il nous propose toutes les mesures qu'il juge propres à améliorer l'instruction, et pour lesquelles il est besoin de recourir à notre autorité.

62. Il provoque et encourage la composition des livres qui manquent à l'enseignement, et il indique ceux qui lui paraissent devoir être employés.

63. Il révoque, s'il y a lieu, les doyens des facultés, et il nous propose la révocation des recteurs des Universités.

64. Il juge définitivement les comptes de l'administration générale des Universités.

65. L'École normale est sous son autorité immédiate et sa surveillance spéciale; il nomme et révoque les administrateurs et les maîtres de cet établissement.

66. Il a le même rang que notre Cour de cassation et notre Cour des comptes, et il est placé, dans les cérémonies publiques, immédiatement après celle-ci.

67. Il tient registre de ses délibérations, et il en envoie copie à notre ministre secrétaire d'État au département de l'intérieur, qui nous en rend compte, et sur le rapport duquel nous nous réservons de les réformer ou de les annuler.

## TITRE V.

### Des recettes et des dépenses.

68. La taxe du vingtième des frais d'études imposée sur les élèves des colléges et des pensions est abolie, à compter du jour de la publication de la présente ordonnance.

69. Sont maintenus : 1° les droits d'inscription, d'examen et de diplôme de grades au profit des facultés ; 2° les rétributions payées par les élèves des colléges royaux et communaux au profit de ces établissements ; 3° les rétributions annuelles des chefs d'institutions et de pensionnats, au profit des Universités.

70. Les communes continueront de payer les bourses communales et les sommes qu'elles accordent, à titre de secours, à leurs colléges ; à cet effet, le montant desdites sommes, ainsi que des bourses, sera colloqué à leurs budgets parmi leurs dépenses fixes, et il n'y sera fait aucun changement sans que notre conseil royal de l'instruction publique ait été entendu.

71. Les communes continueront aussi de fournir et d'entretenir de grosses réparations, les édifices nécessaires aux Universités, facultés et colléges.

72. Les conseils des Universités arrêtent les budgets des colléges et des facultés.

73. Les facultés et les colléges royaux dont la recette excède la dépense versent le surplus dans la caisse de l'Université.

74. Les conseils des Universités reçoivent les rétributions annuelles des chefs d'institutions et de pensionnats.

75. Ils régissent les biens attribués à l'Université de France qui sont situés dans l'arrondissement de chaque Université, et ils en perçoivent les revenus.

76. En cas d'insuffisance des recettes des facultés, et de celles qui sont affectées aux dépenses de l'administration générale, les conseils des Universités forment la demande distincte et détaillée des sommes nécessaires pour remplir chaque déficit.

77. Cette demande est adressée par eux à notre conseil royal de l'instruction publique qui la transmet, avec son avis, à notre ministre secrétaire d'État au département de l'intérieur.

78. Les dépenses des facultés et des Universités, arrêtées par notre ministre secrétaire d'État au département de l'intérieur, sont acquittées sur ses ordonnances par notre trésor royal.

79. Sont pareillement acquittées par notre trésor royal : 1° les dépenses de notre conseil royal de l'instruction publique; 2° celles de l'École normale; 3° les bourses royales.

80. A cet effet, la rente de 400,000 francs, formant l'apanage de l'Université de France, est mise à la disposition de notre ministre secrétaire d'État au département de l'intérieur.

81. De plus, et en remplacement provisoire de la taxe abolie par l'article 68 de la présente ordonnance, notre ministre secrétaire d'État au département de l'intérieur est autorisé par nous, pour le service de l'instruction publique dans notre royaume, pendant l'année 1815, à s'adresser au ministre de notre maison, qui mettra à sa disposition la somme d'un million à prendre sur les fonds de notre liste civile.

82. Le fonds provenant de la retenue du vingt-cinquième des traitements dans l'Université de France demeure affecté aux pensions de retraite : notre conseil royal est chargé de nous proposer l'emploi le plus convenable de ce fonds, ainsi que les moyens d'assurer un nouveau fonds pour la même destination dans toutes les Universités.

## TITRE VI.

### Dispositions transitoires.

83. Les membres de notre conseil royal de l'instruction publique qui doivent être choisis ainsi qu'il est dit en l'article 52, les inspecteurs généraux des études, les recteurs et les inspecteurs des Universités seront nommés par nous, pour la première fois, entre toutes les personnes qui ont été ou qui sont actuellement employées dans les divers établissements de l'instruction.

Les conditions d'éligibilité déterminées audit article, ainsi qu'aux articles 10, 16 et 58, s'appliquent aux places qui viendront à vaquer.

84. Les membres des Universités et des congrégations supprimées qui ont professé dans les anciennes facultés ou rempli des places de supérieurs et de principaux de colléges ou des chaires de philosophie et de rhétorique, comme aussi les conseillers, inspecteurs généraux, recteurs et inspecteurs d'Académie, et professeurs de facultés dans l'Université de France qui se trouveraient sans emploi par l'effet de la présente ordonnance, demeurent éligibles à toutes les places.

85. Les traitements fixes des doyens et professeurs des facultés, et ceux des proviseurs, préfets des études et professeurs des colléges royaux, sont maintenus.

86. Les doyens et professeurs des facultés qui seront conservées, les proviseurs, préfets des études, et professeurs des colléges royaux, les principaux et régents des colléges communaux présentement en fonctions, ont les mêmes droits et prérogatives, et sont soumis aux mêmes règles de révocation que s'ils avaient été nommés en exécution de la présente ordonnance.

Mandons et ordonnons à nos cours, tribunaux, préfets et corps administratifs, que les présentes ils aient à faire publier, s'il est nécessaire, et enregistrer partout où besoin sera ; à nos procureurs généraux et à nos préfets d'y tenir la main et d'en certifier, savoir : les cours et tribunaux, notre chancelier; et les préfets, le ministre secrétaire d'État au département de l'intérieur.

Donné à Paris, en notre château des Tuileries, le 17 février de l'an de grâce 1815, et de notre règne le vingtième.

Signé : Louis.

*Par le Roi* : le ministre secrétaire d'État de l'intérieur,

Signé : l'abbé de Montesquiou.

## VII

(Page 148.)

*Note rédigée et remise au Roi et au Conseil, en août 1816, par M. Lainé, ministre de l'intérieur, sur la dissolution de la Chambre des députés de 1815.*

Si l'on croit probable que le Roi soit obligé de dissoudre la Chambre après sa réunion, voyons quelles en seront les conséquences.

La dissolution, pendant la durée des sessions, est une mesure extrême. C'est une sorte d'appel fait au milieu des passions aux prises. Les causes qui l'auront amenée, les ressentiments qu'elle causera, se répandront par toute la France.

La convocation d'une nouvelle Chambre exigera beaucoup de temps, et il sera à peu près impossible d'avoir un budget cette année. En reculer la confection aux premiers mois de l'année suivante, c'est s'exposer à voir augmenter le déficit, à voir dépérir les ressources.

C'est vraisemblablement se mettre dans l'impuissance de payer les étrangers.

Après une dissolution d'éclat, motivée par le danger qu'aurait fait courir la Chambre, il serait difficile de penser que les assemblées électorales soient paisibles. Et si des mouvements se déclarent, la rentrée des étrangers est encore à redouter par cette cause.

L'effroi de cette conséquence dans les deux cas fera hésiter le Roi, et quelles que soient le atteintes portées au repos public et à l'autorité royale, le cœur de Sa Majesté, dans l'espoir que ce mal sera passager, se déterminera difficilement au remède extrême de la dissolution.

Si donc on trouve la nécessité de dissoudre la Chambre très-probable, ne vaut-il pas mieux prendre, avant la convocation, un parti propre à nous préserver d'un malheur effrayant?

Le renouvellement par cinquième, qui, dans tous les cas, me semble indispensable pour exécuter la Charte, dont on s'est, hélas! trop écarté au mois de juillet 1815, ne diminuera guère les probabilités de la dissolution.

Les députations de la quatrième série, à peu d'exceptions près, sont modérées; elles sont éloignées de la pensée de porter atteinte au repos public et à la force de la prérogative royale qui seule peut le maintenir en rassurant toutes les classes.

Les quatre autres cinquièmes restent les mêmes; les dangers redoutés restent par conséquent aussi imminents.

C'est ce qui m'a fait désirer un moyen qui donne la facilité de rentrer complétement dans la Charte en rapportant l'ordonnance du 13 juillet, qui l'a violée pour l'âge et le nombre, et qui met tant d'autres dispositions en problème.

Ce serait de n'appeler par lettres closes que les députés âgés de quarante ans, et au nombre de la Charte.

Pour y parvenir, on choisirait ceux des députés qui ont été nommés les premiers dans chaque collége électoral. On rendrait ainsi hommage aux électeurs en rappelant ceux qui paraissent les premiers dans l'ordre de leur confiance.

On dira, il est vrai, que la Chambre n'étant pas dissoute, les députés actuels ont une sorte de possession d'état.

Mais les électeurs et les députés qu'ils ont nommés ne tiennent leurs pouvoirs que de l'ordonnance.

La même autorité qui les leur a donnés peut les retirer en rapportant l'ordonnance.

Le Roi, dans son discours d'ouverture, a semblé dire que ce n'était qu'à raison de la circonstance extraordinaire qu'il avait appelé autour du trône un plus grand nombre de députés. La circonstance extraordinaire a cessé. La paix est faite; l'ordre est rétabli, les alliés se sont retirés du cœur de la France et de la capitale.

Cette idée fournit une raison de répondre à l'objection que les opérations de la Chambre sont frappées de nullité.

Le Roi avait la faculté de la rendre telle qu'elle était, à raison des circonstances.

Elle (la Chambre des députés) n'a pas seule fait les lois. La Chambre des pairs, le Roi qui, en France, est la branche principale du Corps Législatif, y ont concouru.

Si cette objection était bonne dans ce cas, elle serait bonne dans tous les autres. En effet, soit après la dissolution, soit dans toute autre circonstance, le Roi en reviendra à la Charte, pour l'âge et pour le nombre. En cette hypothèse, on pourrait dire que les opérations de la Chambre actuelle sont frappées de nullité. On expliquerait toujours l'article 14 de la Charte par les circonstances extraordinaires, et son complet rétablissement par les motifs les plus sacrés. Revenir à la Charte sans dissolution n'est donc pas plus annuler les opérations qu'y revenir après la dissolution.

Dira-t-on que le Roi n'est pas plus assuré de la majorité après la réduction qu'actuellement? Je réponds qu'il y a bien plus de probabilités.

Une assemblée moins nombreuse sera plus facile à diriger; la raison s'y fera mieux entendre. L'autorité du Roi, qui se sera exercée par la réduction, y sera plus ferme et plus sûre.

Et puis, dans le cas de la dissolution, le Roi serait-il plus assuré de la majorité ? Que de chances contre ! D'une part les exagérés, dont le but est de faire passer une partie de l'autorité royale dans ce qu'ils appellent l'aristocratie, occupent presque tous les postes qui influent sur les opérations des assemblées électorales. De l'autre, ils seront vivement combattus par les partisans d'une liberté populaire non moins dangereuse pour l'autorité royale. La lutte qui se sera engagée dans les assemblées se reproduira dans la Chambre, et quelle sera la majorité qui naîtra de cette lutte ?

Si le moyen de la réduction ne paraît pas admissible, si d'un autre côté on croit très-probable que l'esprit hostile de la chambre *nécessitera* la dissolution après la convocation, je n'hésiterais pas à préférer la dissolution actuelle au danger, trouvé si probable, de la dissolution après la réunion.

Que si la dissolution actuelle amenait la composition d'une Chambre avec le même esprit, les mêmes vues, il faudrait alors chercher des remèdes, préserver l'autorité royale, sauver la France de l'étranger.

Le premier moyen serait de sacrifier des ministres qui sont prêts à laisser leurs places et leurs vies pour préserver le Roi de France.

Les notes ci-dessus ne sont fondées que sur la nécessité probable de la dissolution après la convocation.

Elle sera nécessaire si, sous le prétexte d'amendements, on se joue de la volonté du Roi, si le budget est refusé, s'il est trop différé, si les amendements ou les propositions sont de nature à jeter l'alarme en France, et par conséquent à appeler les étrangers.

Les habitudes prises à la dernière session, les projets exprimés, le ressentiment éprouvé, les renseignements qu'on s'est procurés, les hostilités préparées de la part des ambitieux, les projets annoncés d'affaiblir l'autorité royale, en déclamant contre la centralisation (corrigée) du gouvernement, sont de puissantes raisons pour appuyer les probabilités qui font craindre la nécessité de la dissolution.

D'un autre côté, on doit trouver difficile que des Français aveugles compromettent le sort de la France, et, en continuant à lutter contre la volonté royale, puissent s'exposer au double fléau de l'étranger, de la guerre civile, ou seulement de la perte de quelques provinces, par des propositions imprudentes, légalement injustes, ou......

Est-il permis d'espérer qu'en présentant des projets de loi tels que la religion, l'amour du Roi et de la patrie peuvent les inspirer à des hommes, est-il possible d'espérer qu'ils ne seront pas contredits?

Est-il possible de rédiger ces projets de manière à montrer à la France et au monde que la malveillance seule peut les rejeter?

Malgré les grandes probabilités de la dissolution, on pourrait moins en redouter le danger si le roi, à l'ouverture, exprime énergiquement sa volonté, s'il rend des ordonnances préalables pour révoquer tout ce qui n'est pas consommé dans les ordonnances de juillet 1815, si surtout, après avoir manifesté sa volonté par des actes solennels, Sa Majesté veut bien les répéter fermement et autour du trône, en éloignant de sa personne ceux qui le contrarieraient ou le mettraient en doute.

Pour éviter les résistances et les luttes, serait-il possible de recourir au moyen suivant?

Quand les projets de loi, d'ordonnance, de règlement seront préparés, serait-il à propos que le Roi tînt un conseil extraordinaire dans lequel il appellerait les princes de la maison, monseigneur l'archevêque de Reims, etc.; que là tous les projets fussent arrêtés et que les princes, les principaux évêques déclarassent que les projets arrêtés ont l'assentiment de tous? Si, après ce conseil, tous les grands influents que

Sa Majesté y aurait appelés répondaient que c'est la volonté commune du Roi et de la famille royale, la France serait peut-être sauvée.

Mais le grand remède est dans la volonté du Roi ; une fois manifestée, si le Roi en recommande l'exécution à tout ce qui l'entoure, le danger disparaît :

*Domine dic tantum verbum, et sanabitur Gallia tua.*

# VIII

(Page 152.)

*Correspondance entre le vicomte de Chateaubriand, le comte Decazes, ministre de la police générale, et M. Dambray, chancelier de France, à l'occasion de la saisie de* LA MONARCHIE SELON LA CHARTE, *pour cause de contravention aux lois et règlements sur l'imprimerie.*

(Septembre 1816.)

1° *Procès-verbal de saisie.*

19 septembre 1816.

Le 18 septembre, en exécution d'un mandat de Son Excellence, daté dudit jour, portant la saisie d'un ouvrage intitulé : *De la Monarchie selon la Charte*, par M. de Chateaubriand, imprimé chez Le Normant, rue de Seine, n° 8, lequel ouvrage a été mis en vente sans que le dépôt des cinq exemplaires en eût été fait à la Direction générale de la librairie, je me suis transporté avec MM. Joly et Dussiriez, officiers de paix, et des inspecteurs, chez ledit sieur Le Normant, où nous sommes arrivés avant dix heures du matin.

Le sieur Le Normant nous a exposé qu'il avait fait la déclaration et pas encore le dépôt des cinq exemplaires de l'ouvrage de M. de Chateaubriand. Il a prétendu qu'il avait envoyé ce même jour, sur les neuf heures du matin, à la Direction générale de la librairie, mais qu'on a répondu que les bureaux n'étaient pas ouverts, ce dont il n'a pu produire aucune preuve.

Il a déclaré qu'il avait imprimé deux mille exemplaires de cet ouvrage, se proposant de faire une nouvelle déclaration, la première n'étant que pour quinze cents; qu'il en avait livré plusieurs centaines à l'auteur; qu'enfin, il en avait mis en vente chez les principaux libraires du Palais-Royal, Delaunay, Petit et Fabre.

Pendant que je dressais procès-verbal de ces faits et déclarations, M. de Wilminet, officier de paix, s'est présenté avec un particulier entre les mains duquel il avait aperçu, près le Pont-des-Arts, l'ouvrage dont il s'agit, au moment où ce particulier, qui a dit s'appeler Derosne, en parcourait le titre. Le sieur Derosne a déclaré qu'il l'avait acheté, pour quatre francs, ce même jour 18, à peu près à neuf heures et demie du matin; cet exemplaire a été déposé entre nos mains, et le sieur Le Normant en a remboursé le prix au sieur Derosne.

Nous avons saisi, dans le grand magasin au premier, trente exemplaires brochés auxquels nous avons réuni celui du sieur Derosne. Dans les ateliers au rez-de-chaussée, j'ai saisi une quantité considérable de feuilles d'impression du même ouvrage, que le sieur Le Normand a évaluées à neuf mille feuilles et trente et une *formes* qui avaient servi pour l'impression de ces feuilles.

Comme il était bien constaté, et par des faits et par les déclarations mêmes de l'imprimeur, que l'ouvrage en question avait été mis en vente avant que le dépôt des cinq exemplaires eût été fait, nous avons fait saisir les exemplaires brochés, les feuilles et les formes. Les feuilles ont été de suite chargées sur une voiture dans la cour d'entrée. Les volumes brochés, formant un paquet, ont été déposés au bas de l'escalier de l'entrée de la maison. Les *formes*, au nombre de trente et une, avaient été déposées sous le perron du jardin; une corde les retenait liées ensemble. Notre sceau venait d'être apposé à la partie supérieure, et M. de Wilminet se disposait à l'apposer à la partie inférieure. Toutes ces opérations s'étaient faites et se faisaient avec calme, avec le plus grand respect pour l'autorité.

Tout à coup des cris tumultueux se font entendre du fond de la cour d'entrée (M. de Chateaubriand venait d'arriver, il pérorait des ouvriers qui l'entouraient). Ses phrases étaient interrompues par les cris : *C'est M. de Chateaubriand!* Les ateliers retentissaient du nom de *M. de Chateaubriand!* Tous les ouvriers sortaient en foule et se précipitaient du côté de la cour, en criant : *C'est M. de Chateaubriand! M. de Chateaubriand!* Je distinguai moi-même le cri de : *Vive M. de Chateaubriand!*

Au même instant, une douzaine d'ouvriers arrivent furieux à la porte du jardin où j'étais avec M. de Wilminet et deux inspecteurs, occupé à terminer le scellé sur les *formes*. On brise le scellé et l'on se dispose à emporter les formes; on crie à mes oreilles, d'un air menaçant : *Vive la liberté de la presse! Vive le roi!* Nous profitons d'un moment de silence pour demander s'il y a un ordre de cesser notre opération.— *Oui, oui, il y a un ordre : Vive la liberté de la presse!* criaient-ils avec insolence de toutes leurs forces : *Vive le roi!* et ils s'approchaient de nous de très-près pour proférer ces cris. —Eh bien ! leur dis-je tranquillement, s'il y a un *ordre, tant mieux*; mais qu'on le produise. Et nous dîmes tous ensemble : *Vous ne toucherez pas à ces formes que nous n'ayons vu l'ordre.* — *Oui, oui,* crièrent-ils, *il y a un ordre. C'est de M. de Chateaubriand; c'est d'un pair de France. Un ordre de M. de Chateaubriand vaut mieux qu'un ordre du ministre. Il se moque bien d'un ordre du ministre!* Et ils répétaient avec force les cris de : *Vive la liberté de la presse! Vive le Roi!*

Cependant MM. les officiers de paix et les inspecteurs

commis à la garde des objets saisis ou séquestrés en empêchent l'enlèvement. On arrache le paquet des exemplaires brochés des mains d'un ouvrier qui l'emportait.

M. l'officier de paix, qui mettait les scellés, obligé par la violence de suspendre l'opération, aborde M. de Chateaubriand et lui demande s'il a un ordre du ministre. Celui-ci répond avec emportement qu'un ordre du ministre n'est rien pour lui, qu'il s'oppose à son exécution, *qu'il est pair de France, qu'il est le défenseur de la Charte.* Il défend de rien laisser emporter. — Au surplus, a-t-il ajouté, cette mesure est nulle et sans but ; j'ai fait passer dans les départements quinze mille exemplaires de cet ouvrage.—Et les ouvriers de répéter que l'ordre de M. de Chateaubriand vaut mieux que l'ordre du ministre, de recommencer leurs cris avec plus de véhémence : *Vive la liberté de la presse! L'ordre de M. de Chateaubriand! Vive le Roi!*

On entoure l'officier de paix. Un homme de couleur, paraissant très-animé, lui dit insolemment :—L'ordre de M. de Chateaubriand vaut mieux que l'ordre du ministre.—Les cris tumultueux recommencent autour de l'officier de paix. Je quitte le jardin en confiant aux inspecteurs la garde des *formes,* pour m'avancer de ce côté. Sur mon passage, plusieurs ouvriers crièrent avec violence : *Vive le Roi!* J'étendis la main en signe de calme et pour tenir à une distance respectueuse ceux qui voulaient s'approcher de trop près, et je répondis par le cri d'allégresse : *Vive le Roi!* à ce même cri proféré séditieusement par des ouvriers égarés.

M. de Chateaubriand était dans la cour d'entrée, apparemment pour empêcher que la voiture chargée des feuilles de son ouvrage ne partît pour sa destination. Je montais l'escalier dans l'intention de signifier à M. Le Normant qu'il eût à joindre à mes ordres l'influence qu'il pouvait avoir sur ses ouvriers, afin de les faire tous rentrer dans les ateliers et de le rendre devant eux responsable des événements, lorsque M. de Chateaubriand parut au bas de l'escalier, et dit, d'un ton très-emporté et en élevant fortement la voix, au milieu des ouvriers dont il se sentait vigoureusement étayé, à peu près ces paroles :

« Je suis pair de France. Je ne reconnais point l'ordre du
« ministre. Je m'oppose, au nom de la Charte dont je suis
« le défenseur, et dont tout citoyen peut réclamer la pro-
« tection, je m'oppose à l'enlèvement de mon ouvrage. Je
« défends le transport de ces feuilles. Je ne me rendrai qu'à
« la force, que lorsque je verrai la gendarmerie. »

Aussitôt élevant moi-même fortement la voix, en étendant la main du haut de la première rampe de l'escalier où je me trouvais, je répondis à celui qui venait de manifester personnellement et d'une manière si formelle sa résistance à l'exécution des ordres du ministre de S. M., et prouvé par là qu'il était le véritable auteur des mouvements qui venaient d'avoir lieu, je répondis :

« Et moi, au nom et de par le Roi, en qualité de com-
« missaire de police nommé par S. M. et agissant par l'ordre
« de S. Exc. le ministre de la police générale, j'ordonne le
« respect à l'autorité. Que tout reste intact ; que tout tumulte
« cesse, jusqu'aux nouveaux ordres que j'attends de S. Exc. »

Pendant que je prononçais ces mots, il s'est fait un grand silence. Le calme a succédé au tumulte. Bientôt après la gendarmerie est survenue. J'ai donné ordre aux ouvriers de rentrer dans les ateliers. M. de Chateaubriand, aussitôt que les gendarmes sont entrés, s'est retiré dans les appartements de M. Le Normant et n'a plus reparu. Nous avons terminé notre opération, et avons dressé procès-verbal de tout ce qui venait de se passer, après avoir envoyé au ministère les objets saisis et confié les *formes* à la garde et sous la responsabilité de M. Le Normant.

Dans le moment du tumulte, un exemplaire broché a disparu. Nous avons ensuite saisi chez le sieur Lemarchand, brocheur, ancien libraire, rue de la Parcheminerie, sept paquets d'exemplaires du même ouvrage, et rue des Prêtres, n° 17, dans un magasin de M. Le Normant, nous avons mis huit *formes* sous le scellé et saisi quatre mille feuilles de ce même ouvrage.

J'ai envoyé au ministère des procès-verbaux de ces différentes opérations avec les feuilles ou exemplaires saisis de l'ouvrage de M. de Chateaubriand.

Le sieur Le Normant m'a paru ne s'être pas mal conduit pendant l'opération que j'ai faite à son domicile et dans le tumulte que M. de Chateaubriand y a excité à l'occasion de la saisie de son ouvrage. Mais il est suffisamment constaté, par ses aveux et par des faits, qu'il a mis en vente chez des libraires et qu'il a vendu lui-même des exemplaires de cet ouvrage avant d'avoir fait le dépôt des cinq exigés par les ordonnances.

Quant à M. de Chateaubriand, je suis étonné qu'il ait pu compromettre aussi scandaleusement la dignité des titres qui le décorent, en se montrant dans cette circonstance comme s'il n'eût été que le chef d'une troupe d'ouvriers qu'il avait soulevés. Le titre si respectable de pair de France qu'il s'est donné lui-même plusieurs fois, dans un tumulte dont il était l'auteur, était peu fait pour imposer dans la bouche d'un homme sur le visage duquel on lisait facilement combien il était en proie à la colère et à l'exaspération d'amour-propre d'un auteur.

Il a été la cause que des ouvriers ont profané le cri sacré de : *Vive le Roi*, en le proférant dans un acte de rébellion envers l'autorité du gouvernement, qui est la même que celle du Roi.

Il a excité ces hommes égarés contre un commissaire de

police, fonctionnaire public nommé par S. M., et contre trois officiers de paix, au moment même de l'exercice de leurs fonctions, et sans armes contre cette multitude.

Il a manqué au gouvernement royal en disant qu'il ne reconnaissait que la force, sous un régime basé sur une autre force que celle des baïonnettes, et qui ne fait usage de celles-ci que contre les personnes étrangères au sentiment d'honneur.

Enfin cette scène eût pu avoir des suites graves si, imitant la conduite de M. de Chateaubriand, nous eussions oublié un seul moment que nous agissions par les ordres d'un gouvernement modéré autant que ferme, et fort de sa sagesse comme de sa légitimité.

2° *M. le vicomte de Chateaubriand à M. le comte Decazes.*

Paris, le 18 septembre 1816.

Monsieur le comte,

J'ai été chez vous pour vous témoigner ma surprise. J'ai trouvé à midi chez M. Le Normant, mon libraire, des hommes qui m'ont dit être envoyés par vous pour saisir mon nouvel ouvrage intitulé : *De la Monarchie selon la Charte.*

Ne voyant pas d'ordre écrit, j'ai déclaré que je ne souffrirais pas l'enlèvement de ma propriété, à moins que des gens d'armes ne la saisissent de force. Des gens d'armes sont arrivés, et j'ai ordonné à mon libraire de laisser enlever l'ouvrage.

Cet acte de déférence à l'autorité, Monsieur le comte, n'a pas pu me laisser oublier ce que je devais à ma dignité de pair. Si j'avais pu n'apercevoir que mon intérêt personnel, je n'aurais fait aucune démarche ; mais les droits de la pensée étant compromis, j'ai dû protester, et j'ai l'honneur de vous adresser copie de ma protestation. Je réclame, à titre de justice, mon ouvrage ; et ma franchise doit ajouter que, si je ne l'obtiens pas, j'emploierai tous les moyens que les lois politiques et civiles mettent en mon pouvoir.

J'ai l'honneur d'être, etc.

Signé : V$^{te}$ DE CHATEAUBRIAND.

3º *M. le comte Decazes à M. le vicomte de Chateaubriand.*

Paris, le 18 septembre 1816.

Monsieur le vicomte,

Le commissaire de police et les officiers de paix, contre lesquels vous avez cru devoir autoriser la rébellion des ouvriers du sieur Le Normant, étaient porteurs d'un ordre signé d'*un ministre du Roi* et motivé *sur une loi.* Cet ordre avait été exhibé à cet imprimeur, qui l'avait lu à plusieurs reprises et n'avait pas cru pouvoir se permettre de s'opposer à son exécution réclamée *de par le Roi.* Il ne lui était sans doute pas venu dans la pensée que votre qualité de pair pût vous affranchir de l'exécution des lois, du respect dû par tous les citoyens aux fonctionnaires publics dans l'exercice de leur charge, et motiver surtout une révolte de ses ouvriers contre un commissaire de police et des officiers institués par le Roi, revêtus des marques distinctives de leurs fonctions et agissant en vertu d'ordres légaux.

J'ai vu avec peine que vous aviez pensé autrement, que vous aviez préféré, ainsi que vous me le mandez, *céder à la force qu'obéir à la loi.* Cette loi, à laquelle le sieur Le Normand était en contravention, est formelle, Monsieur le vicomte; elle veut qu'aucun ouvrage ne puisse être publié clandestinement, et qu'aucune publication ni vente n'en soit faite avant le dépôt qu'elle ordonne d'effectuer à la Direction de l'imprimerie. Elle exige aussi que l'impression soit précédée d'une déclaration de l'imprimeur. Aucune de ces dispositions n'a été remplie par le sieur Le Normant. S'il a fait une déclaration, elle a été inexacte; car il a lui-même consigné au procès-verbal dressé par le commissaire de police, qu'il avait déclaré qu'il se proposait de tirer à 1,500 exemplaires et qu'il en avait imprimé 2,000.

D'un autre côté, j'étais informé que, quoiqu'aucun dépôt n'eût été fait à la Direction de l'imprimerie, plusieurs centaines d'exemplaires avaient été distraits ce matin, avant neuf heures, de chez le sieur Le Normant et envoyés chez vous et chez plusieurs libraires, que d'autres exemplaires étaient vendus par le sieur Le Normant *chez lui* au prix de 4 francs, et deux de ces exemplaires se trouvaient ce matin à huit heures et demie dans mes mains.

J'ai dû ne pas souffrir cette contravention et ne pas permettre la vente d'un ouvrage ainsi clandestinement et illégalement publié. J'en ai ordonné la saisie, conformément aux articles 14 et 15 de la loi du 21 octobre 1814.

Personne en France, Monsieur le vicomte, n'est au-dessus de la loi. MM. les pairs s'offenseraient avec raison si j'avais supposé qu'ils en eussent la prétention : ils ont sans doute encore moins celle que les ouvrages qu'ils croient pouvoir publier et vendre comme particuliers et comme hommes de lettres, quand ils veulent bien honorer cette profession par leurs travaux, soient privilégiés; et, si ces ouvrages sont soumis à la censure du public comme ceux des autres auteurs, ils ne sont pas non plus affranchis de celle de la justice et de la surveillance de la police, dont le devoir est de veiller à ce que les lois, qui sont les mêmes et également obligatoires pour tous, soient aussi également exécutées.

Je vous ferai d'ailleurs observer, Monsieur le vicomte, que c'est dans le domicile et l'imprimerie du sieur Le Normant, qui n'est pas pair de France, que l'ordre donné constitutionnellement de saisir un ouvrage publié par lui en contravention à la loi était exécuté ; que cette exécution était consommée quand vous vous y êtes présenté et lorsque, sur votre déclaration que *vous ne souffririez pas qu'on enlevât cet ouvrage*, les ouvriers ont brisé les scellés, repoussé les fonctionnaires publics et se sont mis en révolte-ouverte contre l'autorité du Roi. Et il ne vous sera pas échappé, Monsieur le vicomte, que c'est en invoquant ce nom sacré qu'ils se sont rendus coupables d'un crime dont, sans doute, ils ne sentaient pas la gravité et auquel ils ne se seraient pas laissé entraîner s'ils avaient été plus pénétrés du respect dû à ses actes et à ses mandataires, et s'il pouvait se faire qu'ils ne lussent pas ce qu'ils impriment.

J'ai cru, Monsieur le vicomte, devoir à votre caractère ces explications, qui vous prouveront peut-être que, si la dignité de pair a été compromise dans cette circonstance, ce n'est pas par moi.

J'ai l'honneur d'être,

Monsieur le vicomte,

Votre très-humble et très-obéissant serviteur,

Signé : Comte Decazes.

4° *M. le vicomte de Chateaubriand à M. le comte Decazes.*

Paris, ce 19 septembre 1816.

Monsieur le comte,

J'ai reçu la lettre que vous m'avez fait l'honneur de m'écrire le 18 de ce mois. Elle ne répond point à la mienne du même jour.

Vous me parlez d'écrits *clandestinement* publiés (à la face du soleil, avec mon nom et mes titres). Vous parlez de révolte et de rébellion, et il n'y a eu ni révolte ni rébellion. Vous dites qu'on a crié : *Vive le Roi!* Ce cri n'est pas encore compris dans la loi des cris séditieux, à moins que la police n'en ait ordonné autrement que les Chambres. Au reste, tout cela s'éclaircira en temps et lieu. On n'affectera plus de confondre la cause du libraire et la mienne; nous saurons si, dans un gouvernement libre, un ordre de la police, que je n'ai pas même vu, est une loi pour un pair de France; nous saurons si l'on n'a pas violé envers moi tous les droits qui me sont garantis par la Charte, et comme citoyen et comme pair. Nous saurons, par les lois mêmes que vous avez l'extrême bonté de me citer (il est vrai avec un peu d'inexactitude), si je n'ai pas le droit de publier mes opinions ; nous saurons enfin si la France doit désormais être gouvernée par la police ou par la Constitution.

Quant à mon respect et à mon dévouement pour le Roi, Monsieur le comte, je ne puis recevoir de leçon et je pourrais servir d'exemple. Quant à ma dignité de pair, je la ferai respecter aussi bien que ma dignité d'homme ; et je savais parfaitement, avant que vous prissiez la peine de m'en instruire, qu'elle ne sera jamais compromise par vous ni par qui que ce soit. Je vous ai demandé la restitution de mon ouvrage : puis-je espérer qu'il me sera rendu ? Voilà dans ce moment toute la question.

J'ai l'honneur d'être, Monsieur le comte, votre très-humble et très-obéissant serviteur.

Signé : Le vicomte DE CHATEAUBRIAND.

### 5° *M. Dambray à M. le comte Decazes.*

Paris, ce 19 septembre 1816.

Je vous envoie confidentiellement, mon cher collègue, la lettre que j'ai reçue hier de M. de Chateaubriand, avec la protestation en forme dont il m'a rendu dépositaire. Je vous prie de me renvoyer ces pièces, qui ne doivent recevoir aucune publicité. Je joins aussi la copie de ma réponse, que vous voudrez bien me renvoyer après l'avoir lue, parce que je n'en ai pas gardé d'autre. J'espère que vous l'approuverez.

Je vous renouvelle tous mes sentiments.

DAMBRAY.

### 6° *M. le vicomte de Chateaubriand à M. le chancelier Dambray.*

Paris, ce 18 septembre 1816.

Monsieur le chancelier,

J'ai l'honneur de vous envoyer copie de la protestation que j'ai faite et de la lettre que je viens d'écrire à M. le ministre de la police.

N'est-il pas étrange, monsieur le chancelier, qu'on enlève en plein jour, à main armée, malgré mes protestations, l'ouvrage d'un pair de France, signé de son nom, imprimé publiquement à Paris, comme on aurait enlevé un écrit séditieux et clandestin, *le Nain-Jaune* ou *le Nain-Tricolore* ? Outre ce que l'on devait à ma prérogative comme pair de France, j'ose dire, Monsieur le chancelier, que je méritais *personnellement* un peu plus d'égards. Si mon ouvrage était coupable, il fallait me traduire devant les tribunaux compétents : j'aurais répondu.

J'ai protesté pour l'honneur de la pairie, et je suis déterminé à suivre cette affaire avec la dernière rigueur. Je réclame, Monsieur le chancelier, votre appui comme président de la Chambre des pairs, et votre autorité comme chef de la justice.

Je suis, avec un profond respect, etc.

Signé : Vicomte DE CHATEAUBRIAND.

7° *M. Dambray à M. le vicomte de Chateaubriand.*

Paris, le 19 septembre 1816.

J'ai reçu, Monsieur le vicomte, avec la lettre que vous m'avez adressée, la déclaration relative à la saisie qui eut lieu hier chez votre libraire ; j'ai de la peine à comprendre l'usage que vous vous proposez de faire de cette pièce, qui ne peut atténuer en aucune manière la contravention commise par le sieur Le Normant. La loi du 21 octobre 1814 est précise à cet égard : « Nul imprimeur ne peut mettre en vente un ouvrage ou le publier de quelque manière que ce soit, avant d'avoir déposé le nombre prescrit d'exemplaires. — Il y a lieu à saisie, ajoute l'article 15, et séquestre d'un ouvrage, si l'imprimeur ne représente pas les récépissés du dépôt ordonné par l'article précédent. »

« Les contraventions (art. 20) seront constatées par les procès-verbaux des inspecteurs de la librairie et des commissaires de police. »

Vous ignoriez probablement ces dispositions quand vous avez cru que votre qualité de pair de France vous donnait le droit de vous opposer personnellement à une opération de police ordonnée ou autorisée par la loi que tous les Français, quel que soit leur rang, doivent également respecter.

Je vous suis trop attaché, Monsieur, pour n'être pas profondément affligé de la part que vous avez prise à la scène scandaleuse qui paraît avoir eu lieu à ce sujet, et je regrette bien vivement que vous ayez encore ajouté des torts de forme au tort réel d'une publication que vous saviez être si désagréable à Sa Majesté. Je ne connais au reste votre ouvrage que par le mécontentement que le Roi en a publiquement exprimé ; mais je suis désolé de voir l'impression qu'il a faite sur un prince qui daignait en toute occasion montrer autant de bienveillance pour votre personne que d'estime pour vos talents.

Recevez, Monsieur le vicomte, l'assurance de ma haute considération et de mon inviolable attachement.

Le chancelier de France,

Signé : DAMBRAY.

## IX

(Page 187.)

*Tableaux des principales modifications et réformes introduites dans l'administration générale de la France, par MM. Lainé et Decazes, successivement ministres de l'intérieur de 1816 à 1820, et par M. le maréchal Gouvion Saint-Cyr, ministre de la guerre de 1817 à 1819.*

### 1° MINISTÈRE DE L'INTÉRIEUR.

**M. LAINÉ.**

(Mai 1816.—Décembre 1818.)

1816.

4 *septembre.* Ordonnance pour la réorganisation de l'École polytechnique.
25 *septembre.* Ordonnance pour autoriser la Société des missions de France.
11 *décembre.* Ordonnance sur l'organisation des gardes nationales du département de la Seine.
23 *décembre.* Ordonnance pour l'institution du chapitre royal de Saint-Denis.

1817.

26 *février.* Ordonnance sur l'administration des travaux publics de Paris.
26 *février.* Ordonnance sur l'organisation des Écoles des arts et métiers de Châlons et d'Angers.

12 *mars*. Ordonnance sur l'administration et les bourses des colléges royaux.
26 *mars*. Ordonnance pour autoriser l'assistance des préfets et des sous-préfets aux conseils généraux de département et d'arrondissement.
2 *avril*. Ordonnance sur l'administration des maisons centrales de détention.
2 *avril*. Ordonnance sur les conditions et le mode de l'autorisation royale pour les legs et donations aux établissements religieux.
9 *avril*. Ordonnance pour la répartition de 3,900,000 fr. employés à l'amélioration du sort du clergé catholique.
9 *avril*. Ordonnance qui supprime les secrétaires généraux des préfectures, sauf pour le département de la Seine.
16 *avril*. Trois ordonnances pour régler l'organisation et le personnel du Conservatoire des arts et métiers.
10 *septembre*. Ordonnance sur le régime du port de Marseille quant aux droits de douane et aux entrepôts.
6 *novembre*. Ordonnance pour régler la réduction progressive du nombre des conseillers de préfecture.

1818.

20 *mai*. Ordonnance pour l'augmentation des traitements ecclésiastiques, surtout de ceux des desservants.
3 *juin*. Ordonnance sur la cessation des octrois par abonnement à l'entrée des villes.
29 *juillet*. Ordonnance pour la création de la caisse d'épargne et de prévoyance de Paris.
30 *septembre*. Ordonnance qui retire à S. A. R. *Monsieur*, en lui en laissant les prérogatives honorifiques, le commandement effectif des gardes nationales du royaume, pour le rendre au ministre de l'intérieur et aux autorités municipales.
7 *octobre*. Ordonnance sur l'usage et l'administration des biens communaux.

21 *octobre*. Ordonnance sur les primes d'encouragement à la pêche maritime.

17 *décembre*. Ordonnance sur l'organisation et l'administration des établissements d'éducation dits *Britanniques*.

---

### Comte DECAZES.

(Décembre 1818.—Février 1820.)

#### 1819.

13 *janvier*. Ordonnance pour prescrire les expositions publiques des produits de l'industrie; la première au 25 août 1819.

27 *janvier*. Ordonnance pour la création d'un Conseil d'agriculture.

14 *février*. Ordonnance sur les encouragements à la pêche de la baleine.

24 *mars*. Ordonnance portant diverses réformes et améliorations dans l'École de droit de Paris.

9 *avril*. Ordonnance instituant un jury de fabricants pour désigner à des récompenses les artistes qui ont fait faire le plus de progrès à leur industrie.

10 *avril*. Ordonnance portant institution du Conseil général des prisons.

9 *avril*. Ordonnance pour faciliter les ventes publiques de marchandises à l'enchère.

23 *juin*. Ordonnance pour l'allégement du service de la garde nationale de Paris.

29 *juin*. Ordonnance sur la tenue des consistoires israélites.

23 *août*. Deux ordonnances sur l'organisation et les attributions des Conseils généraux du commerce et des manufactures.

25 *août*. Ordonnance portant érection de cinq cents nouvelles succursales.

25 *novembre*. Ordonnance sur l'organisation et l'enseignement du Conservatoire des arts et métiers.

22 *décembre.* Ordonnance sur l'organisation et le régime de la caisse de Poissy.

25 *décembre.* Ordonnance sur le mode de collation et le régime des bourses communales dans les colléges royaux.

29 *décembre.* Ordonnance autorisant la fondation d'une maison provisoire pour les vieillards et les malades dans le quartier du Gros-Caillou.

### 1820.

4 *février.* Ordonnance portant règlement sur le régime des voitures publiques dans tout le royaume.

---

## 2º MINISTÈRE DE LA GUERRE.

**Le maréchal GOUVION SAINT-CYR.**

(Septembre 1817. — Novembre 1819.)

### 1817.

22 *octobre.* Ordonnance sur l'organisation du corps des ingénieurs-géographes de la guerre.

6 *novembre.* Ordonnance sur l'organisation des états-majors des divisions militaires et de la garde royale.

10 *décembre.* Ordonnance sur le régime de l'administration des subsistances militaires.

17 *décembre.* Ordonnance sur l'organisation de l'état-major du corps du génie.

17 *décembre.* Ordonnance sur l'organisation de l'état-major du corps de l'artillerie.

24 *décembre.* Ordonnance sur l'organisation des écoles militaires.

### 1818.

25 *mars.* Ordonnance sur le régime et la vente des poudres de guerre, de mine et de chasse.

## PIÈCES HISTORIQUES. 455

25 *mars.* Ordonnance sur l'organisation et le régime des compagnies de discipline.

8 *avril.* Ordonnance sur la formation des légions départementales en trois bataillons.

6 *mai.* Ordonnance sur l'organisation du corps et de l'école d'état-major.

20 *mai.* Ordonnance sur la situation et le traitement de non-activité et de réforme.

20 *mai.* Instructions approuvées par le Roi sur les engagements volontaires.

10 *juin.* Ordonnance sur l'organisation, le régime et l'enseignement des écoles militaires.

8 *juillet.* Ordonnance sur l'organisation et le régime des écoles régimentaires d'artillerie.

15 *juillet.* Ordonnance sur l'organisation des services des poudres et salpêtres.

22 *juillet.* Ordonnance sur le cadre de l'état-major général de l'armée.

2 *août.* Ordonnance sur la hiérarchie militaire et la progression de l'avancement en exécution de la loi du 10 mars 1818.

5 *août.* Ordonnance sur le traitement des officiers du corps d'état-major.

5 *août.* Ordonnance sur le régime et les dépenses du casernement.

2 *septembre.* Ordonnance sur le corps de la gendarmerie de Paris.

30 *décembre.* Ordonnance sur l'organisation et le régime des compagnies de gardes du-corps du Roi.

30 *décembre.* Ordonnance sur le traitement des gouverneurs de divisions militaires.

17 *février.* Ordonnance sur la composition et la force des quatre-vingt-six légions d'infanterie.

X

(Page 226.)

*M. Guizot à M. de Serre.*

Paris, 12 avril 1820.

Mon cher ami, je ne vous ai pas écrit dans toutes nos misères. Je savais qu'il vous viendrait d'ici cent avis différents, cent tableaux divers de la situation ; et quoique je n'eusse, dans aucun de ceux qui vous les adressaient une entière confiance, comme il n'y avait pour vous, selon moi, point de détermination importante à prendre, je me suis abstenu de paroles inutiles. Aujourd'hui tout est plus clair, plus mûr; la situation prend extérieurement le caractère qu'elle recélait dans son sein; j'ai besoin de vous dire ce que j'en pense, dans l'intérêt de notre avenir général et du vôtre en particulier.

Les lois d'exception ont passé. Vous avez vu comment : fatales à ceux qui les ont obtenues, d'un profit immense pour ceux qui les ont attaquées. Leur discussion a eu, dans la Chambre, ce résultat que le côté droit s'est effacé pour se mettre à la suite du centre droit, tandis que le centre gauche, en se taisant ou à peu près, a consenti à marcher à la suite du côté gauche, dont cependant il recommence, depuis quatre jours, à se séparer. Voilà pour l'intérieur de la Chambre.

Au dehors, soyez sûr que l'effet de ces deux discussions sur les masses nationales a été de faire considérer le côté droit comme moins fier et moins exigeant, le côté gauche comme plus ferme et plus mesuré qu'on ne le pensait. De sorte que maintenant, dans l'esprit de beaucoup de bons citoyens, la peur de la droite et la méfiance de la gauche ont également diminué. Il y a, dans ce double fait, un grand mal. Nous faisions, l'an dernier, au dehors comme dans la Chambre, des conquêtes sur la gauche ; aujourd'hui, c'est elle qui en fait sur nous. Nous étions, l'an dernier comme depuis 1815, un rempart nécessaire et estimé assez sûr contre les *ultrà* dont on avait grand' peur et dont la domination semblait possible ; aujourd'hui, on craint moins les *ultrà* parce qu'on ne croit guère à leur domination. Conclusion : on a moins besoin de nous.

Voyons l'avenir. On va retirer la loi d'élections que Decazes avait présentée huit jours avant sa chute. Cela est indubitable ; on sait qu'elle ne passerait pas, que la discussion de ses quarante-huit articles serait sans terme : les *ultrà* se méfient beaucoup de ses résultats probables ; elle est décriée ; on en fera, on en fait une autre. Que sera-t-elle ? je ne sais ; ce qui me paraît certain, c'est que, si rien ne change dans la situation actuelle, elle aura pour visée, non de perfectionner nos institutions, non de corriger les vices de la loi du 5 février 1817, mais d'amener des élections d'exception, de ravoir, comme on le dit tout haut, quelque chose d'analogue à la Chambre de 1815. C'est le but avoué, et, qui plus est, le but naturel et nécessaire. Ce but, on le poursuivra sans l'atteindre ; une telle loi échouera, ou dans la discussion ou dans l'application. Si elle passe, et passe après le débat qu'elle ne peut manquer d'amener, la question fondamentale, la question de l'avenir sortira de la Chambre et ira chercher sa solution au dehors, dans l'intervention des masses. Si la loi est rejetée, la question pourra rester dans la Chambre, mais ce ne sera plus le ministère actuel qui aura mission et pouvoir de la résoudre. Si un choix nous reste, ce dont je suis loin de désespérer, il est entre une révolution extérieure déplorable et une révolution ministérielle très-profonde. Et cette dernière chance, qui est pour nous la seule, s'évanouira si nous ne nous conduisons pas de façon à offrir au pays, pour l'avenir, un ministère hardiment constitutionnel.

Dans cette situation, ce qu'il est indispensable que vous sachiez, ce que vous verriez en cinq minutes si vous passiez cinq minutes ici, c'est que vous n'êtes plus ministre, que vous ne faites plus partie du ministère actuel. On pourrait vous défier de parler avec lui, comme lui, comme il est contraint de parler. La situation où il est, il y est par nécessité; il n'y pourrait échapper qu'en changeant complétement de terrain et d'amis, en ressaisissant 80 voix sur les 115 voix de l'opposition actuelle. C'est là ce qu'il ne fera point. Et à côté de l'impuissance du cabinet actuel, vient se placer l'impossibilité de sortir de là par la droite : un ministère *ultrà* est impossible. Les événements d'Espagne, quel que soit leur avenir, ont frappé à mort le gouvernement des coups d'État et des ordonnances.

J'y ai bien regardé, mon cher ami; j'y ai bien pensé, à moi seul, encore plus que je n'en ai causé avec d'autres. Vous ne pouvez demeurer indéfiniment dans une situation à la fois si violente et si faible, si dépourvue de puissance gouvernementale et d'avenir. Je ne sais aujourd'hui qu'une chose à faire, c'est de se réserver et de préparer des sauveurs à la monarchie. Je ne vois, dans la direction actuelle des affaires, aucune possibilité de travailler efficacement à son salut; on n'y peut que se traîner timidement sur la pente qui la mène à sa ruine. On pourra n'y pas perdre sa renommée de bonne intention et de bonne foi : mais c'est là le maximum d'espérance que le cabinet actuel puisse raisonnablement conserver. Ne vous y trompez pas ; de tous les plans de réforme monarchique et libérale à la fois que vous aviez médités l'an dernier, rien ne reste plus ; ce n'est plus un remède hardi qu'on cherche contre le vieil esprit révolutionnaire ; c'est un misérable expédient qu'on poursuit en y croyant à peine. Ce n'est pas à vous, mon cher ami, qu'il convient de demeurer garrotté dans ce système. Grâce à Dieu, vous n'avez été pour rien dans les lois d'exception. Quant aux projets constitutionnels que vous aviez conçus, il en est plusieurs, le renouvellement intégral de la Chambre entre autres, qui ont plutôt gagné que perdu du terrain, et qui sont devenus possibles dans une autre direction et avec d'autres hommes. Je sais que rien ne se passe d'une manière aussi décisive ni aussi complète qu'on l'avait imaginé, et que tout est, avec le temps, affaire d'arrangement et de transaction. Mais, sur le terrain où le pouvoir est placé aujourd'hui, vous ne pouvez rien, vous n'êtes rien ; ou plutôt vous n'avez aujourd'hui point de terrain sur lequel vous puissiez vous tenir debout, ou tomber avec honneur. Si vous étiez ici, ou vous sortiriez en huit jours de cette impuissante situation, ou vous vous y effaceriez comme les autres, ce qu'à Dieu ne plaise !

Vous voyez, mon cher ami, que je vous parle avec la plus brutale franchise. C'est que j'ai un sentiment profond du mal présent et de la possibilité du salut à venir. Cette possibilité, vous en êtes un instrument nécessaire. Forcément inactif, comme vous l'êtes en ce moment, ne vous laissez pas engager de loin dans ce qui n'est ni votre opinion, ni votre vœu. Réglez vous-même votre destinée, ou du moins votre place dans la destinée commune ; et, s'il faut périr, ne périssez du moins que pour votre cause et selon votre avis.

Je joins à cette lettre le projet de loi que M. de Serre avait préparé en novembre 1819, et qu'il se proposait de présenter aux Chambres pour compléter la Charte en même temps que pour réformer la loi électorale. On verra combien ce projet différait de celui qui fut présenté en avril 1820, uniquement pour changer la loi des élections, et que M. de Serre soutint comme membre du second cabinet du duc de Richelieu.

*Projet de loi sur l'organisation de la législature.*

Article 1er. La législature prend le nom de Parlement de France.

Art. 2. Le Roi convoque tous les ans le Parlement.

Le Parlement est convoqué extraordinairement au plus tard dans les deux mois qui suivent la majorité du Roi ou son avénement au trône, ou tout événement qui donne lieu à l'établissement d'une régence.

### De la Pairie.

Art. 3. La pairie ne peut être conférée qu'à un Français majeur et jouissant des droits politiques et civils.

Art. 4. Le caractère de pair est indélébile; il ne peut être perdu ni abdiqué du moment où il a été conféré par le Roi.

Art. 5. L'exercice des droits et fonctions de pair peut être suspendu dans deux cas seulement : 1° la condamnation à une peine afflictive ; 2° l'interdiction instruite dans les formes prescrites par le Code civil. L'une ou l'autre ne peuvent être prononcées que par le Chambre des pairs.

Art. 6. Les pairs ont entrée dans la Chambre à vingt et un ans et voix délibérative à vingt-cinq ans accomplis.

Art. 7. En cas de décès d'un pair, son successeur à la pairie sera admis dès qu'il aura atteint l'âge requis, en remplissant les formes prescrites par l'ordonnance du 23 mars 1816, laquelle sera annexée à la présente loi.

Art. 8. La pairie, instituée par le Roi, ne pourra à l'avenir être, du vivant du titulaire, déclarée transmissible qu'aux enfants mâles, naturels et légitimes du pair institué.

Art. 9. L'hérédité de la pairie ne pourra être conférée à l'avenir qu'autant qu'un majorat d'un revenu net de vingt mille francs au moins aura été attaché à la pairie.

### Dotation de la Pairie.

Art. 10. La pairie sera dotée : 1º de trois millions cinq cent mille francs de rente inscrite sur le Grand-Livre de la dette publique, lesquels seront immobilisés et exclusivement affectés à la formation de majorats; 2º de huit cent mille francs de rente également inscrite et immobilisée, affectés aux dépenses de la Chambre des pairs.

Au moyen de cette dotation, ces dépenses cessent d'être portées au budget de l'État, et les domaines, rentes et biens de toute nature, provenant de la dotation de l'ancien Sénat et des sénatoreries, autres que le Palais du Luxembourg et ses dépendances, sont réunis au domaine de l'État.

Art. 11. Les trois millions cinq cent mille francs de rente, destinés à la formation des majorats, sont divisés en cinquante majorats de trente mille francs et cent majorats de vingt mille francs chacun, attachés à autant de pairies.

Art. 12. Ces majorats seront conférés par le Roi aux pairs laïques exclusivement ; ils seront transmissibles avec la pairie de mâle en mâle, par ordre de primogéniture, en ligne naturelle, directe et légitime seulement.

Art. 13. Un pair ne pourra réunir sur sa tête plusieurs de ces majorats.

Art. 14. Aussitôt après la collation d'un majorat, et sur le vu des lettres patentes, le titulaire sera inscrit au Grand-Livre de la dette publique pour une rente immobilisée du montant de son majorat.

Art. 15. En cas d'extinction des successibles à l'un de ces majorats, il revient à la disposition du Roi, qui le confère de nouveau, conformément aux règles ci-dessus. Le majorat ne peut l'être antérieurement.

Art. 16. Le Roi pourra permettre au titulaire d'un majorat de le convertir en immeubles d'un revenu égal, lesquels seront sujets à la même réversibilité.

Art. 17. La dotation de la pairie est inaliénable et ne peut, sous aucun prétexte, être détournée à un autre usage que celui prescrit par la présente loi.

Cette dotation demeure grevée, jusqu'à extinction, des pensions dont jouissent actuellement les anciens sénateurs, comme de celles qui ont été ou qui pourraient être accordées à leurs veuves.

### De la Chambre des députés.

Art. 18. La Chambre des députés au Parlement est composée de quatre cent cinquante-six membres.

Art. 19. Les députés au Parlement sont élus pour sept ans.

Art. 20. La Chambre est renouvelée intégralement, soit en cas de dissolution, soit à l'expiration du temps pour lequel les députés sont élus.

Art. 21. Le président de la Chambre des députés est élu, dans les formes ordinaires, pour toute la durée du Parlement.

Art. 22. Le cens, pour être électeur ou éligible, se compose du principal des contributions directes, sans égard aux centimes additionnels.

A cet effet, les contributions des portes et fenêtres seront divisées en principal et centimes additionnels, de manière que deux tiers de l'impôt total soient portés comme principal et l'autre tiers comme centimes additionnels. A l'avenir, ce principe demeurera fixe ; les augmentations ou diminutions sur ces deux impôts se feront par addition ou réduction de centimes additionnels. Il en sera de même des contributions foncière, personnelle et mobilière, lorsque le principal en aura été définitivement fixé.

La contribution foncière et celle des portes et fenêtres ne seront comptées qu'au propriétaire ou à l'usufruitier, nonobstant toute convention contraire.

Art. 23. On compte au fils les contributions de son père, et au gendre dont la femme est vivante ou qui a des enfants d'elle, les contributions de son beau-père, lorsque le père ou le beau-père leur ont transféré leur droit.

On compte les contributions d'une veuve, non remariée, à celui de ses fils, et, à défaut de fils, à celui de ses gendres qu'elle désigne.

Art. 24. Pour être comptées à l'éligible ou à l'électeur, ces contributions doivent avoir été payées par eux, ou par ceux dont ils exercent le droit, une année au moins avant le jour où se fait l'élection. L'héritier ou le légataire à titre universel est censé avoir payé l'impôt de son auteur.

Art. 25. Tout électeur et tout député sont tenus d'affirmer, s'ils en sont requis, qu'ils payent réellement et personnellement, ou que ceux dont ils exercent les droits payent réellement et personnellement le cens exigé par la loi ; qu'eux ou ceux dont ils exercent les droits sont sérieux et légitimes propriétaires des biens dont ils payent les contributions, ou qu'ils exercent réellement l'industrie de la patente pour laquelle ils sont imposés.

Ce serment est reçu par la Chambre pour les députés, et par le bureau pour les électeurs. Il est signé par eux, le tout sauf la preuve contraire.

Art. 26. Est éligible à la Chambre des députés tout Français âgé de trente ans accomplis au jour de l'élection, jouissant des droits politiques et civils, et payant, en principal, un impôt direct de six cents francs.

Art. 27. Les députés au Parlement sont nommés, partie par des électeurs de département, partie par des électeurs des arrondissements d'élection dans lesquels est divisé chaque département, conformément au tableau annexé à la présente loi.

Les électeurs de chaque arrondissement d'élection nomment directement le nombre de députés fixé par le même tableau.

Il en est de même des électeurs de chaque département.

Art. 28. Sont électeurs de département les Français âgés de trente ans accomplis, jouissant des droits politiques et civils, ayant leur domicile dans le département et payant un impôt direct de quatre cents francs en principal.

Art. 29. Lorsque les électeurs de département sont moins de cinquante dans le département de la Corse, de cent dans les départements des Alpes Basses et Hautes, de l'Ardèche, de l'Ariége, de la Corrèze, de la Creuse, de la Lozère, de la Haute-Marne, des Hautes-Pyrénées, de Vaucluse, des Vosges; moins de deux cents dans les départements de l'Ain, des Ardennes, de l'Aube, de l'Aveyron, du Cantal, des Côtes-du-Nord, du Doubs, de la Drôme, du Jura, des Landes, du Lot, de la Meuse, des Basses-Pyrénées, du Bas-Rhin, du Haut-Rhin, de la Haute-Saône; et moins de trois cents dans les autres départements, ces nombres sont complétés par l'appel des plus imposés.

Art. 30. Sont électeurs d'arrondissement les Français âgés de trente ans accomplis, jouissant des droits politiques et civils, domiciliés dans l'arrondissement d'élection et payant un impôt direct de deux cents francs en principal.

Art. 31. Les électeurs de département exercent leurs droits comme électeurs d'arrondissement, chacun dans l'arrondissement d'élection où il est domicilié. A cet effet, les élections de département n'ont lieu qu'après celles d'arrondissement.

Art. 32. Les députés au Parlement nommés par les électeurs d'arrondissement doivent être domiciliés dans le département, ou bien y être propriétaires, depuis plus d'une année, d'un bien payant six cents francs d'impôt en principal, ou y avoir exercé, pendant trois années au moins, des fonctions publiques.

Les députés nommés par les électeurs de département pourront être pris parmi tous les éligibles du royaume.

### Formes de l'élection.

Art. 33. Aux jour et heure fixés pour l'élection, le bureau se rend dans la salle destinée à ses séances.

Le bureau se compose du président nommé par le Roi, du maire et du plus ancien juge de paix et des deux premiers conseillers municipaux du chef-lieu où se fait l'élection. A Paris, le plus ancien maire et juge de paix de l'arrondissement d'élection et deux membres du conseil général du département, pris suivant l'ordre de leur nomination, concourent avec le président à la formation du bureau.

Les fonctions de secrétaire sont remplies par le secrétaire de la mairie.

Art. 34. Les suffrages se donnent publiquement par l'inscription que fait lui-même, ou que dicte à un membre du bureau chaque électeur, du nom des candidats sur un registre patent. L'électeur inscrit les noms d'autant de candidats qu'il y a de députés à nommer.

Art. 35. Pour qu'un éligible soit candidat et que le registre soit ouvert en sa faveur, il faut qu'il ait été proposé au bureau par vingt électeurs au moins qui inscrivent son nom sur le registre.

A Paris, nul ne peut, dans une même élection, être proposé candidat dans plus de deux arrondissements d'élection à la fois.

Art. 36. A l'ouverture de chaque séance, le président annonce quels sont les candidats proposés et le nombre de voix qu'ils ont obtenues. La même annonce est imprimée et affichée dans la ville, après chaque séance.

Art. 37. Le registre pour le premier vote demeure ouvert pendant trois jours au moins, six heures par jour.

Les députés à élire ne peuvent l'être par premier vote qu'avec la majorité absolue des électeurs d'arrondissement et du département qui ont voté dans les trois jours.

Art. 38. Le troisième jour et l'heure fixée pour voter étant expirés, le registre est déclaré fermé, les suffrages sont comptés, le nombre total et celui obtenu par chaque candidat sont publiés, et les candidats qui ont obtenu la majorité absolue sont proclamés.

Si tous les députés à élire n'ont pas été élus par le premier vote, le résultat est publié et affiché de suite, et, après un intervalle de trois jours, il est procédé, les jours suivants, à un second vote dans les mêmes formes et délais. Les candidats qui, dans ce second vote, obtiennent la majorité relative, sont élus.

Art. 39. Avant de clore les registres de chaque vote, le président demande à haute voix s'il n'y a point de réclamation contre la manière dont les suffrages ont été inscrits, et les résultats proclamés. En cas de réclamations, elles sont transcrites sur le procès-verbal de l'élection ; les registres clos et scellés sont transmis à la Chambre des députés, qui décide.

S'il n'y a point de réclamations, les registres sont détruits à l'instant et le procès-verbal seul est transmis à la Chambre.

Le procès-verbal et les registres sont signés par tous les membres du bureau.

S'il y a lieu à une décision provisoire, elle est rendue par le bureau.

Art. 40. Le président est investi de toute l'autorité nécessaire pour maintenir la liberté des élections. Les autorités civiles et militaires sont tenues de déférer à ses réquisitions. Le président fait observer le silence dans la salle où se fait l'élection, et ne permet à aucun individu non électeur ou membre du bureau de s'y introduire.

### Dispositions communes aux deux Chambres.

Art. 41. Aucune proposition n'est renvoyée à une commission qu'autant que la Chambre l'a préalablement décidé. La Chambre fixe chaque fois le nombre des membres de la commission, et les nomme soit en un seul scrutin de liste, soit sur la proposition de son bureau.

Toute proposition d'un pair ou député doit être annoncée au moins huit jours à l'avance à la Chambre à laquelle il appartient.

Art. 42. Aucune proposition ne peut être adoptée par la Chambre qu'après trois lectures séparées chacune par huit jours d'intervalle au moins. La discussion s'ouvre de droit après chaque lecture. La discussion épuisée, la Chambre vote sur une nouvelle lecture. Après la dernière, elle vote sur l'adoption définitive.

Art. 43. Tout amendement doit être proposé avant la seconde lecture. L'amendement qui serait adopté après la troisième lecture en nécessiterait une nouvelle avec le même intervalle.

Art. 44. Tout amendement qui peut être discuté et voté

séparément de la proposition soumise au débat, est considéré comme proposition nouvelle et renvoyé à subir les mêmes formes.

Art. 45. Les discours écrits, autres que les rapports des commissions et le premier développement d'une proposition, sont interdits.

Art. 46. La Chambre des pairs ne peut voter qu'au nombre de cinquante pairs au moins, et celle des députés au nombre de cent membres au moins.

Art. 47. Le vote dans les deux Chambres est toujours public.
Quinze membres peuvent demander la division.
La division se fait en séance secrète.

Art. 48. La Chambre des pairs peut admettre le public à ses séances. Sur la demande de cinq pairs ou sur celle de l'auteur d'une proposition, la séance redevient secrète.

Art. 49. La Chambre des députés ne se forme en comité secret pour entendre et discuter la proposition d'un de ses membres qu'autant que le comité secret est demandé par l'auteur de la proposition ou par cinq membres au moins.

Art. 50. Les dispositions des lois actuellement en vigueur et notamment celles de la loi du 5 février 1817, auxquelles il n'est pas dérogé par la présente, continueront à être exécutées suivant leur forme et teneur.

### Dispositions transitoires.

Art. 51. La Chambre des députés sera, d'ici à la session de 1820, portée au nombre de quatre cent cinquante-six membres.

A cet effet, les départements de la 4ᵉ série nommeront chacun le nombre de députés qui lui est assigné par la présente loi ; les autres départements compléteront chacun le nombre de députés qui lui est également assigné.

Les députés à nommer en exécution du présent article le seront pour sept ans.

Art. 52. Si le nombre des députés à nommer pour compléter la députation d'un département n'excède pas celui que doivent élire les électeurs de département, ils seront tous élus par ces électeurs. Dans le cas contraire, chacun des députés excédant ce nombre sera élu par les électeurs de l'un des arrondissements d'élection du département, dans l'ordre ci-après :

1º Par celui des arrondissements d'élection qui a le droit de nommer plus d'un député, à moins qu'un au moins des députés actuels n'ait son domicile politique dans cet arrondissement.

2º Par le premier des arrondissements d'élection dans lequel aucun des députés actuels n'aura son domicile politique.

3º Par le premier des arrondissements d'élection dans lequel un ou plusieurs des députés actuels auraient leur domicile politique, de sorte qu'aucun arrondissement ne nomme plus de députés qu'il ne lui en est assigné par la présente loi.

Art. 53. A l'expiration des pouvoirs des députés actuels des 5º, 1ʳᵉ, 2º et 3º séries, il sera procédé à une nouvelle élection d'un nombre égal de députés pour chaque département respectif, par ceux des arrondissements d'élection qui n'auraient point, en exécution de l'article précédent, élu les députés qui leur sont assignés par la présente loi.

Art. 54. Les députés à nommer en exécution du précédent article le seront, ceux de la 5º série pour six ans, ceux de la 1ʳᵉ pour cinq ans, ceux de la 2º pour quatre ans, et ceux de la 3º pour trois ans.

Art. 55. Les règles prescrites par les articles ci-dessus seront observées dans le cas où, d'ici au renouvellement intégral de la Chambre, il y aurait lieu au remplacement d'un député.

Art. 56. Toutes les élections à faire par suite de ces dispositions transitoires le seront en observant les formes et les conditions prescrites par la présente loi.

Art. 57. Dans le cas de dissolution de la Chambre des députés, elle serait renouvelée intégralement dans le délai fixé par l'article 50 de la Charte, et conformément à la présente loi.

## XI

(Page 230.)

*Correspondance entre M. de Serre, garde des sceaux, M. le baron Pasquier, ministre des affaires étrangères, et M. Guizot, à l'occasion de la destitution de M. Guizot, comme conseiller d'Etat.*

1° *M. de Serre, garde des sceaux, à M. Guizot.*

Paris, 17 juillet 1820.

J'ai le regret d'avoir à vous annoncer que vous avez cessé de faire partie du conseil d'État. L'hostilité violente dans laquelle, sans l'ombre d'un prétexte, vous vous êtes placé dans ces derniers temps contre le gouvernement du Roi, a rendu cette mesure inévitable. Vous jugerez combien elle m'est particulièrement pénible. Mes sentiments pour vous me font vous exprimer le désir que vous vous réserviez pour l'avenir, et que vous ne compromettiez point, par de fausses démarches, des talents qui peuvent encore servir utilement le Roi et le pays.

Vous jouissez de six mille francs sur les affaires étrangères; ils vous seront conservés. Croyez que je serai heureux, dans tout ce qui sera compatible avec mon devoir, de vous donner des preuves de mon sincère attachement.

DE SERRE.

## 2° *M. Guizot à M. de Serre.*

Paris, 17 juillet 1820.

J'attendais votre lettre; j'avais dû la prévoir et je l'avais prévue quand j'ai manifesté hautement ma désapprobation des actes et des discours du ministère. Je me félicite de n'avoir rien à changer à ma conduite. Demain comme hier je n'appartiendrai qu'à moi-même, et je m'appartiendrai tout entier.

Je n'ai point et je n'ai jamais eu aucune pension ni traitement d'aucune sorte sur les affaires étrangères; je n'ai donc pas besoin d'en refuser la conservation. Je ne comprends pas d'où peut venir votre erreur. Je vous prie de vouloir bien l'éclaircir pour vous et les autres ministres, car je ne souffrirais pas que personne vînt à la partager.

Agréez, je vous prie, l'assurance de ma respectueuse considération.

Guizot.

## 3° *M. Guizot à M. le baron Pasquier, ministre des affaires étrangères.*

Paris, 17 juillet 1820.

Monsieur le baron,

Monsieur le garde des sceaux, en m'annonçant que je viens d'être, ainsi que plusieurs de mes amis, éloigné du Conseil d'État, m'écrit :

« Vous jouissez de six mille francs sur les affaires étrangères; ils vous seront conservés. »

J'ai été fort étonné d'une telle erreur. J'en ignore complétement la cause. Je n'ai point et n'ai jamais eu aucune pension ni traitement d'aucune sorte sur les affaires étrangères. Je n'ai donc pas même besoin d'en refuser la conservation. Il vous est aisé, Monsieur le baron, de vérifier ce fait, et je vous prie de vouloir bien le faire pour M. le garde des sceaux et pour vous-même, car je ne souffrirais pas que personne pût avoir le moindre doute à cet égard.

Agréez, etc.

### 4° Le baron Pasquier à M. Guizot.

Le 18 juillet 1820.

Je viens, Monsieur, de vérifier la cause de l'erreur contre laquelle vous réclamez, et dans laquelle j'ai moi-même induit M. le garde des sceaux.

Votre nom se trouve, en effet, porté sur les états de dépense de mon ministère pour une somme de six mille francs, et, en me présentant cette dépense, on a eu le tort de me la présenter comme annuelle ; dès lors je dus la considérer comme un traitement.

Je viens de vérifier qu'elle n'a pas ce caractère et qu'il ne s'agissait que d'une somme qui vous avait été comptée comme encouragement de l'établissement d'un journal[1]. On supposait que cet encouragement devait être continué ; de là le caractère d'annualité donné à la dépense.

Je vais me hâter de détromper M. le garde des sceaux en lui donnant cette véritable explication.

Recevez, Monsieur, l'assurance de ma considération distinguée.

PASQUIER.

---

[1] J'avais été chargé de transmettre cet encouragement pour l'établissement du journal le *Courrier français*.

# XII

(Page 286.)

*M. Béranger à M. Guizot, ministre de l'instruction publique.*

Passy, 13 février 1834.

Monsieur le ministre,

Excusez la liberté que je prends de vous recommander la veuve et les enfants d'Emile Debraux. Vous vous demandez sans doute ce qu'était Emile Debraux ; je puis vous le dire, car j'ai fait son éloge en vers et en prose. C'était un chansonnier. Vous êtes trop poli pour me demander à présent ce que c'est qu'un chansonnier, et je n'en suis pas fâché, car je serais embarrassé de vous répondre. Ce que je puis vous dire, c'est que Debraux fut un bon Français, qui chanta contre l'ancien gouvernement jusqu'à extinction de voix, et qui mourut six mois après la révolution de Juillet, laissant sa famille dans une profonde misère. Il fut une puissance dans les classes inférieures ; et soyez sûr, Monsieur, que comme il n'était pas tout à fait aussi difficile que moi en fait de rime et de ce qui s'en suit, il n'eût pas manqué de chanter le gouvernement nouveau, car sa seule boussole était le drapeau tricolore.

Pour mon compte, j'ai toujours repoussé le titre d'homme de lettres, comme étant trop ambitieux pour un chansonnier ; je voudrais pourtant bien, Monsieur, que vous eussiez la bonté de traiter la veuve d'Emile Debraux comme une veuve d'homme de lettres, car il me semble que ce n'est qu'à ce titre qu'elle peut avoir droit aux secours que distribue votre administration.

J'ai déjà sollicité à la Commission de l'indemnité pour les condamnés politiques en faveur de cette famille. Mais, sous la Restauration, Debraux n'a subi qu'une faible condamnation, qui donne peu de droits à la veuve; aussi n'ai-je obtenu que très-peu de chose.

Si j'étais assez heureux, Monsieur, pour vous intéresser au sort de ces infortunés, je m'applaudirais de la liberté que j'ai prise de me faire leur interprète auprès de vous. Ce qui a dû m'y encourager, ce sont les marques de bienveillance que vous avez bien voulu m'accorder quelquefois.

Je saisis cette occasion de vous en renouveler mes remerciements, et vous prie d'agréer, Monsieur, l'expression de la haute considération avec laquelle j'ai l'honneur d'être,

Votre très-humble serviteur,

BÉRANGER.

FIN DU TOME PREMIER.

# TABLE DES MATIÈRES

DU TOME PREMIER.

## CHAPITRE I.

### LA FRANCE AVANT LA RESTAURATION.

### (1807-1814.)

Mes raisons pour publier ces *Mémoires* de mon vivant.—Mon entrée dans le monde.—Mes premières relations avec M. de Chateaubriand, M. Suard, M$^{me}$ de Staël, M. de Fontanes, M. Royer-Collard. — On veut me faire nommer auditeur au Conseil d'État impérial.—Pourquoi cela n'eut pas lieu.—J'entre dans l'Université.—J'ouvre mon cours d'histoire moderne. —Salons libéraux et comité royaliste.—Caractère des diverses oppositions vers la fin de l'Empire.—Tentative de résistance du Corps législatif.—MM. Lainé, Gallois, Maine-Biran, Raynouard et Flaugergues.—Je pars pour Nîmes.—État et aspect de Paris et de la France en mars 1814.—La Restauration s'accomplit.—Je reviens à Paris et je suis nommé secrétaire général au ministère de l'intérieur........................... 1

## CHAPITRE II.

### LA RESTAURATION.

### (1814-1815.)

Mes sentiments en entrant dans la vie publique.—Vraie cause et vrai caractère de la Restauration.—Faute capitale du Sénat impérial.—La Charte s'en ressent.—Objections diverses à la Charte. — Pourquoi elles furent vaines. — Ministère du roi Louis XVIII.—Inaptitude des principaux ministres au gouvernement constitutionnel.—M. de Talleyrand.—L'abbé de Montesquiou.—M de Blacas.—Louis XVIII.—Principales affaires auxquelles j'ai pris part à cette époque. — Présentation aux Chambres de l'Exposé de la situation du royaume.—Loi sur la presse.—Ordonnance pour la réforme de l'instruction publique.—État du gouvernement et du pays.—Leur inexpérience commune. — Effets du régime de liberté. — Appréciation du mécontentement public et des complots. — Mot de Napoléon sur la facilité de son retour...................................  27

## CHAPITRE III.

### LES CENT-JOURS.

### (1815.)

Je quitte sur-le-champ le ministère de l'intérieur pour reprendre mon cours.—Attitude inquiète des classes moyennes au retour de Napoléon.—Ses motifs légitimes.—Sentiments des peuples comme des gouvernements étrangers envers Napoléon.—Rapprochement apparent et lutte secrète de Napoléon et des libéraux.—Les Fédérés.—Carnot et Fouché.—Explosion de la liberté pendant les Cent-Jours, même dans le palais impérial. — Louis XVIII et son Conseil à Gand.— Le congrès et M. de Talleyrand à Vienne. — Je vais à Gand, de la part du comité royaliste constitutionnel de Paris.—Mes motifs et mes sentiments pendant ce voyage.—État des partis à Gand.—Ma conversation avec Louis XVIII.—M. de Blacas.—M. de Chateaubriand. — M. de Talleyrand revient de Vienne. — Louis XVIII rentre en France.—Intrigue ourdie à Mons et déjouée à Cambrai.—Aveuglement et faiblesse de la Chambre des représentants.—Mon opinion sur l'entrée de Fouché dans Conseil du Roi............................................ 59

## CHAPITRE IV.

### LA CHAMBRE DE 1815.

### (1815-1816.)

Chute de M. de Talleyrand et de Fouché.—Formation du cabinet du duc de Richelieu. — Mes relations comme secrétaire général du ministère de la justice, avec M. de Marbois, garde des sceaux.—Arrivée et physionomie de la Chambre des députés.—Intentions et attitude de l'ancien parti royaliste.—Formation et composition d'un nouveau parti royaliste.—Lutte des classes sous le manteau des partis.—Lois d'exception.—

Loi d'amnistie.—Le centre devient le parti du gouvernement et le côté droit l'opposition. — Questions sur les rapports de l'État avec l'Église.—État du gouvernement hors des Chambres.—Insuffisance de sa résistance à l'esprit de réaction.— Le duc de Feltre et le général Bernard.—Procès du maréchal Ney.—Polémique entre M. de Vitrolles et moi.—Clôture de la session.—Modifications dans le cabinet.—M. Laîné, ministre de l'intérieur.—Je quitte le ministère de la justice et j'entre comme maître des requêtes au Conseil d'État.—Le cabinet s'engage dans la résistance au côté droit. — M. Decazes. — Attitude de MM. Royer-Collard et de Serre. — Opposition de M. de Chateaubriand.—Le pays s'élève contre la Chambre des députés.— Travail de M. Decazes pour en amener la dissolution. — Le Roi s'y décide. — Ordonnance du 5 septembre 1816.................................................... 99

## CHAPITRE V.

### GOUVERNEMENT DU CENTRE.

(1816-1821.)

Composition de la nouvelle Chambre des députés.— Le cabinet a la majorité.—Éléments de cette majorité, le centre proprement dit et les doctrinaires.—Vrai caractère du centre.— Vrai caractère des doctrinaires et vraie cause de leur influence.—M. de la Bourdonnaye et M. Royer-Collard à l'ouverture de la session.— Attitude des doctrinaires dans le débat des lois d'exception.—Loi des élections du 5 février 1817. — Part que j'ai prise à cette loi.—De la situation actuelle et du rôle politique des classes moyennes.—Le maréchal Gouvion Saint-Cyr et la loi du recrutement du 10 mars 1818.—Les lois sur la presse de 1819 et M. de Serre.—Discussion préparatoire de ces lois dans le Conseil d'État.—Administration générale du pays. — Modifications du cabinet de 1816 à 1820. — Imperfections du régime constitutionnel. — Fautes des hommes. — Dissentiments entre le cabinet et les doctrinaires. — Le duc de Richelieu négocie, à Aix-la-Chapelle, la retraite complète des troupes étrangères.—Sa situation et son caractère.— Il attaque la loi des élections —Sa chute.—Cabinet de M. Decazes.—Sa faiblesse politique malgré ses succès parlementaires. —Élections de 1819. — Élection et non-admission de M. Grégoire.— Assassinat du duc de Berry. — Chute de M. Decazes. —Le duc de Richelieu rentre au pouvoir. — Son alliance avec le côté droit.—Changement de la loi des élections.—Désorganisation du centre et progrès du côté droit. — Seconde chute du duc de Richelieu.—M. de Villèle et le côté droit arrivent au pouvoir............................................................ 154

## CHAPITRE VI.

### GOUVERNEMENT DU CÔTÉ DROIT.

(1822-1827.)

Situation de M. de Villèle en arrivant au pouvoir.—Il est aux prises avec le côté gauche et les conspirations. — Caractère des conspirations.—Appréciation de leurs motifs.—Leurs liens avec quelques-uns des chefs de l'opposition parlementaire. —M. de La Fayette.—M. Manuel.—M. d'Argenson.—Leur attitude dans la Chambre des députés. — Insuccès des conspirations et ses causes. — M. de Villèle aux prises avec ses rivaux au dedans et à côté du cabinet. — Le duc Mathieu de Montmorency. — M. de Chateaubriand ambassadeur à Londres. — Congrès de Vérone. — M. de Chateaubriand devient ministre des affaires étrangères.—Guerre d'Espagne.—Appréciation de ses motifs et de ses effets. — Rupture entre M. de Villèle et M. de Chateaubriand.—Chute de M. de Chateaubriand.—M. de Villèle aux prises avec une opposition sortie du côté droit.— Le *Journal des Débats* et MM. Bertin.—M. de Villèle tombe sous le joug de la majorité parlementaire.—Attitude et influence du parti ultra-catholique.—Appréciation de sa conduite. — Attaques dont il est l'objet. —M. de Montlosier.—M. Béranger.— Faiblesse de M. de Villèle. — Son déclin.—Ses adversaires à la cour.— Revue et licenciement de la garde nationale de Paris. —Trouble de Charles X.— Dissolution de la Chambre des députés. — Les élections sont contraires à M. de Villèle. — Il se retire.—Mot de Madame la Dauphine à Charles X........ 232

## CHAPITRE VII.

### MON OPPOSITION.

(1820-1830.)

Ma retraite à la *Maisonnette*.—Je publie quatre écrits politiques de circonstance : 1° *Du Gouvernement de la France depuis la Restauration et du Ministère actuel* (1820); 2° *Des Conspirations et de la Justice politique* (1821); 3° *Des Moyens de gouvernement et d'opposition dans l'état actuel de la France* (1821); 4° *De la peine de mort en matière politique* (1822).—Caractère et effet de ces écrits. — Limites de mon opposition.— Les *Carbonari.* — Visite de M. Manuel. — J'ouvre mon cours sur l'histoire des origines du gouvernement représentatif.—Son double but. — L'abbé Frayssinous en ordonne la suspension.— Mes travaux historiques, — sur l'histoire d'Angleterre, — sur l'histoire de France.—Des relations et de l'influence mutuelle de l'Angleterre et de la France. — Du mouvement philosophique et littéraire des esprits à cette époque. — La *Revue française.* — Le *Globe.* — Élections de 1827. — Ma participation à la société *Aide-toi, le ciel t'aidera.*— Mes rapports avec le ministère Martignac. — Il autorise la réouverture de mon cours. — Mes leçons de 1828 à 1830 sur l'histoire de la civilisation en Europe et en France. — Leur effet.—Chute du ministère Martignac et avénement de M. de Polignac. —Je suis élu député à Lisieux .................................................. 290

## CHAPITRE VIII

### L'ADRESSE DES 221.

(1830.)

Attitude à la fois menaçante et inactive du ministère. — Fermentation légale du pays.—Associations pour le refus éventuel de l'impôt non voté.—Caractère et état d'esprit de M. de Polignac. — Nouvelle physionomie de l'opposition. — Ouverture de la session.—Discours du Roi.—Adresse de la Chambre des pairs.—Préparation de l'Adresse de la Chambre des députés.—Perplexité du parti modéré et de M. Royer-Collard. —Débat de l'Adresse.—Début simultané dans la Chambre de M. Berryer et de moi. — Présentation de l'Adresse au Roi. — Prorogation de la session. — Retraite de MM. de Chabrol et Courvoisier.—Dissolution de la Chambre des députés. — Mon voyage à Nîmes pour les élections. — Leur vrai caractère. — Dispositions de Charles X ............................... 345

## PIÈCES HISTORIQUES.

### I

Pages.

1º Le vicomte de Chateaubriand à M. Guizot.............. 377
2º Le vicomte de Chateaubriand à M. Guizot.............. 380
3º Le vicomte de Chateaubriand à M. Guizot.............. 382

### II

Le comte de Lally-Tolendal à M. Guizot.................. 384

### III

Discours prononcé pour l'ouverture du cours d'histoire moderne de M. Guizot, le 11 décembre 1812................. 388

### IV

1º L'abbé de Montesquiou à M. Guizot.................... 405
2º L'abbé de Montesquiou à M. Guizot.................... 406

### V

Fragments extraits d'un écrit de M. Guizot, intitulé : *Quelques Idées sur la liberté de la presse,* et publié en 1814.... 408

### VI

Rapport au Roi et Ordonnance du Roi pour la réforme de l'instruction publique (17 février 1815.) ................ 416

### VII

Note rédigée et remise au Roi et au Conseil, en août 1816, par M. Laîné, ministre de l'intérieur, sur la dissolution de la Chambre des députés de 1815...................... 431

### VIII.

Correspondance entre le vicomte de Chateaubriand, le comte Decazes, ministre de la police générale, et M. Dambray, chancelier de France, à l'occasion de la saisie de la *Monarchie selon la Charte,* pour cause de contravention aux lois et règlements sur l'imprimerie (septembre 1816). 437
1º Procès-verbal de saisie............................ 437

2° M. le vicomte de Chateaubriand à M. le comte Decazes. 443
3° M. le comte Decazes à M. le vicomte de Chateaubriand. 444
4° M. le vicomte de Chateaubriand à M. le comte Decazes. 447
5° M. Dambray à M. le comte Decazes................. 448
6° M. le vicomte de Chateaubriand à M. le chancelier Dambray.................................................... 448
7° M. Dambray à M. le vicomte de Chateaubriand...... 449

## IX.

Tableaux des principales modifications et réformes introduites dans l'administration générale de la France, par MM. Lainé et Decazes, successivement ministres de l'intérieur de 1816 à 1820, et par M. le maréchal Gouvion Saint-Cyr, ministre de la guerre de 1817 à 1819 ................ 451

## X.

M. Guizot à M. de Serre.—Projet de loi sur l'organisation de la législature ...................................... 456

## XI.

Correspondance entre M. de Serre, garde des sceaux, M. le baron Pasquier, ministre des affaires étrangères, et M. Guizot, à l'occasion de la destitution de M. Guizot comme conseiller d'Etat ............................ 471
1° M. de Serre, garde des sceaux, à M. Guizot......... 471
2° M. Guizot à M. de Serre............................. 472
3° M. Guizot à M. le baron Pasquier, ministre des affaires étrangères............................................ 472
4° Le baron Pasquier à M. Guizot...................... 473

## XII.

M. Béranger à M. Guizot, ministre de l'instruction publique. 474

FIN DE LA TABLE DU TOME PREMIER.

PARIS.— IMPRIMÉ CHEZ BONAVENTURE ET DUCESSOIS,
55, quai des Augustins.

www.ingramcontent.com/pod-product-compliance
Lightning Source LLC
Chambersburg PA
CBHW050240230426
43664CB00012B/1764